普通高等教育"十三五"应用型本科系列规划教材·会计与财务管理类

初级财务管理

CHUJICAIWUGUANLI

主　编　白　宁　黄占银
副主编　孙惠娟　妥晓芬　李瑞瑞

西安交通大学出版社
XI'AN JIAOTONG UNIVERSITY PRESS

内 容 提 要

　　本书系统地阐述了财务管理的基本理论和基本方法。全书共9章。第一章主要介绍了财务管理的概念、内容、目标和环境；第二章主要介绍了货币的时间价值和投资的风险报酬；第三章主要介绍了筹资的规模、方式、资本成本、杠杆原理和资本结构；第四章主要介绍项目投资管理和证券投资管理；第五章主要介绍货币资金的管理、应收账款的管理、存货管理；第六章主要介绍利润分配管理和股利分配政策；第七章主要介绍标准成本管理和ABC成本管理；第八章主要介绍预算的编制和管理；第九章主要介绍了财务分析。

　　本书结构合理，体系完整，实践性强，应用面广，可作为普通高等学校本科财务专业的必读教材、经济管理类本科专业的重要教材以及非经济管理类学生的选修教材，也可作为高职高专相关专业学生的选用教材。

前言

财务管理是我国经济管理专业开设的核心课程之一,也是会计学、财务管理专业的主要专业课程。编者根据自己近10年的财务管理教学经验,参考了国内外已出版的优秀教材、著作和论文,以财务管理的内容为主线对财务管理的基本理论和方法进行了阐述,为了让学生更好地理解和巩固相关重点知识,每章后安排有练习题和案例。

本教材由白宁和黄占银主编,由白宁负责对全书初稿进行修改、补充;注册会计师黄占银副教授多次参加大纲和内容的讨论,对于大纲和教材内容的修改给出了建设性的建议。本书共分九章,内容分别为:财务管理总论、财务管理的价值观念、筹资管理、投资管理、营运管理、利润分配管理、成本管理、财务预算、财务分析。参加本书编写的人员有白宁、孙惠娟、妥晓芬、李瑞瑞,其中白宁编写的是第一、三、七章,孙惠娟编写的第四、五、六章,妥晓芬编写的是第八、九章,李瑞瑞编写的是第二章。

本书既可以作为高等院校财务管理、会计学等经济管理专业学生的教材,也可以作为企业财务管理人员、会计人员等经济管理人员学习财务管理知识的参考书。

在编写本书的过程中,编者参考了国内外大量的相关文献资料,在此,向这些文献资料的作者表示衷心的感谢。

为了写出一部高质量的教材,编者花了大量的时间核实数据、确认文献、修订文字及复核分析例题,但是书中不当之处还是在所难免,在此,恳请读者批评指正,并请告知作者,以便最终修改完善。

编者

目录

第一章　总论

本章将帮助您——

　　了解企业的财务关系和资金运动的规律；

　　知晓财务管理的概念和内容；

　　清楚财务管理的目标；

　　掌握财务管理的环境；

　　思考现实中的几个案例与本章学习内容的联系。

　　现代财务管理产生于 20 世纪 50 年代的美国。几十年来，企业理财环境不断变化，特别是当前，财务持续快速发展，几乎每天都在发生经济环境的变化及财务实务的创新。这使得财务管理的研究方法得到逐步改进和丰富，财务理论和方法得以极大地发展，使人们能在发生不可避免的变化时，在新形势下根据已发生的变化做出正确的决策，实现企业市场价值最大化。

第一节　财务管理概述

➤一、财务管理的发展历史

（一）财务管理的产生

　　企业财务管理大约起源于 15 世纪末 16 世纪初。当时西方社会正处于资本主义萌芽时期，地中海沿岸的许多商业城市出现了由公众入股的商业组织，入股的股东有商人、王公、大臣和市民等。商业股份经济的发展客观上要求企业合理预测资本需要量，有效筹集资本。但由于这时企业对资本的需要量并不是很大，筹资渠道和筹资方式比较单一，企业的筹资活动仅仅附属于商业经营管理，并没有形成独立的财务管理职业，这种情况一直持续到 19 世纪末 20 世纪初。

（二）财务管理的发展

　　财务管理自产生以来，经历了融资财务管理、内部决策财务管理、投资财务管理和财务管理深化发展四个阶段。

1. 融资财务管理时期

19世纪末20世纪初,工业革命的成功促进了企业规模的不断扩大、生产技术的重大改进和工商活动的进一步发展,西方国家股份公司迅速发展起来,并逐渐成为占主导地位的企业组织形式。股份公司的发展不仅引起了资本需求量的扩大,而且也使筹资的渠道和方式发生了重大变化,企业筹资活动得到进一步强化。如何筹集资本扩大经营,成为大多数企业关注的焦点。为了适应当时的情况,各个公司纷纷成立新的管理部门——财务管理部门,独立的公司理财活动应运而生。当时公司财务管理的职能主要是预计资金需要量和筹措公司所需资金,融资是当时公司财务管理理论研究的根本任务。因此,这一时期称为融资财务管理时期或筹资财务管理时期。

2. 内部决策财务管理时期

20世纪50年代以后,面对激烈的市场竞争和买方市场趋势的出现,在总结历史经验教训的基础上,财务管理普遍认识到,单纯靠扩大融资规模、增加产品产量已无法适应新的形势发展需要,财务管理的主要任务应是解决资金利用效率问题,公司内部的财务决策上升为最重要的问题,西方财务学家将这一时期称为"内部决策时期(internal decision-making period)"。在此期间,资金的时间价值引起财务经理的普遍关注,以固定资产投资决策为研究对象的资本预算方法日益成熟,财务管理的重心由重视外部融资转向注重资金在公司内部的合理配置,使公司财务管理发生了质的飞跃。由于这一时期资产管理成为财务管理的重中之重,因此称之为资产财务管理时期或者内部决策时期。

50年代后期,对公司整体价值的重视和研究,是财务管理理论的另一显著发展。实践中,投资者和债权人往往根据公司的盈利能力、资本结构、股利政策、经营风险等一系列因素来决定公司股票和债券的价值。由此,资本结构和股利政策的研究受到高度重视。

这一时期主要财务研究成果有:1951年,美国财务学家迪安(Joel Dean)出版了最早研究投资财务理论的著作《资本预算》,对财务管理由融资财务管理向资产财务管理的飞跃发展发挥了决定性影响;1952年,哈里·马科维茨(H. M. Markowitz)发表论文"资产组合选择",认为在若干合理的假设条件下,投资收益率的方差是衡量投资风险的有效方法。从这一基本观点出发,1959年,马科维茨出版了专著《组合选择》,从收益与风险的计量入手,研究各种资产之间的组合问题。马科维茨也被公认为资产组合理论流派的创始人;1958年,弗兰科·莫迪利安尼(Franco Modigliani)和米勒(Merto H. Miller)在《美国经济评论》上发表《资本成本、公司财务和投资理论》,提出了著名的MM理论。莫迪格莱尼和米勒因为在研究资本结构理论上的突出成就,分别在1985年和1990年获得了诺贝尔经济学奖;1964年,夏普(William Sharpe)、林特纳(John Lintner)等在马科维茨理论的基础上,提出了著名的资本资产定价模型(CAPM)。系统阐述了资产组合中风险与收益的关系,区分了系统性风险和非系统性风险,明确提出了非系统性风险可以通过分散投资而减少等观点。资本资产定价模型使资产组合理论发生了革命性变革,夏普因此与马科维茨一起共享第22届诺贝尔经济学奖的荣誉。总之,在这一时期,以研究财务决策为主要内容的"新财务论"已经形成,其实质是注重财务管理的事先控制,强调将公司与其所处的经济环境密切联系,以资产管理决策为中心,将财务管理理论向前推进了一大步。

3. 投资财务管理时期

第二次世界大战结束以来,科学技术迅速发展,产品更新换代速度加快,国际市场迅速扩大,跨国公司增多,金融市场繁荣,市场环境更加复杂,投资风险日益增加,企业必须更加注重投资效益,规避投资风险,这对已有的财务管理提出了更高要求。20世纪60年代中期以后,财务管理的重点转移到投资问题上,因此称为投资财务管理时期。

如前述,投资组合理论和资本资产定价模型揭示了资产的风险与其预期报酬率之间的关系,受到投资界的欢迎。它不仅将证券定价建立在风险与报酬的相互作用基础上,而且大大改变了公司的资产选择策略和投资策略,被广泛应用于公司的资本预算决策。其结果,导致财务学中原来比较独立的两个领域——投资学和公司财务管理的相互组合,使公司财务管理理论跨入了投资财务管理的新时期。前述资产财务管理时期的财务研究成果同时也是投资财务管理初期的主要财务成果。

20世纪70年代后,金融工具的推陈出新使公司与金融市场的联系日益加强。认股权证、金融期货等广泛应用于公司筹资与对外投资活动,推动财务管理理论日益发展和完善。20世纪70年代中期,布莱克(F. Black)等人创立了期权定价模型(option pricing moldel,简称OPM);斯蒂芬·罗斯提出了套利定价理论(arbitrage pricing theory)。在此时期,现代管理方法使投资管理理论日益成熟,主要表现在:建立了合理的投资决策程序;形成了完善的投资决策指标体系;建立了科学的风险投资决策方法。

一般认为,20世纪70年代是西方财务管理理论走向成熟的时期。烽火猎聘公司认为由于吸收自然科学和社会科学的丰富成果,财务管理进一步发展成为集财务预测、财务决策、财务计划、财务控制和财务分析于一身,以筹资管理、投资管理、营运资金管理和利润分配管理为主要内容的管理活动,并在企业管理中居于核心地位。1972年,法玛(Fama)和米勒(Miller)出版了《财务管理》一书,这部集西方财务管理理论之大成的著作,标志着西方财务管理理论已经发展成熟。

4. 财务管理深化发展的新时期

20世纪70年代末,企业财务管理进入深化发展的新时期,并朝着国际化、精确化、电算化、网络化方向发展。

20世纪70年代末和80年代初期,西方世界普遍遭遇了旷日持久的通货膨胀。大规模的持续通货膨胀导致资金占用迅速上升,筹资成本随利率上涨,有价证券贬值,企业筹资更加困难,公司利润虚增,资金流失严重。严重的通货膨胀给财务管理带来了一系列前所未有的问题,因此这一时期财务管理的任务主要是对付通货膨胀。通货膨胀财务管理一度成为热点问题。

20世纪80年代中后期以来,进出口贸易筹资、外汇风险管理、国际转移价格问题、国际投资分析、跨国公司财务业绩评估等,成为财务管理研究的热点,并由此产生了一门新的财务学分支——国际财务管理。国际财务管理成为现代财务学的分支。

20世纪80年代中后期,拉美、非洲和东南亚发展中国家陷入沉重的债务危机,前苏联和东欧国家政局动荡、经济濒临崩溃,美国经历了贸易逆差和财政赤字,贸易保护主义一度盛行。这一系列事件导致国际金融市场动荡不安,使企业面临的投融资环境具有高度不确定性。因此,企业在其财务决策中日益重视财务风险的评估和规避,以至效用理论、线性规划、对策论、概率分布、模拟技术等数量方法在财务管理工作中的应用与日俱增,财务风险问题与财务预测、决策数量化受到高度重视。

随着数学方法、应用统计、优化理论与电子计算机等先进方法和手段在财务管理中的应用,公司财务管理理论发生了一场"革命"。财务分析向精确方向飞速发展。20世纪80年代诞生了财务管理信息系统。

20世纪90年代中期以来,计算机技术、电子通讯技术和网络技术发展迅猛。财务管理的一场伟大革命——网络财务管理,已经悄然到来。

➤二、财务管理的内容

(一)财务管理的概念

为了更好地研究财务管理,首先必须知道财务活动和财务关系。企业财务是指企业在生产经营过程中客观存在的资金运动及其所体现的经济利益关系。

财务管理是基于企业生产经营过程中客观存在的财务活动和财务关系而产生的,它是利用价值形式对企业生产经营过程进行的管理。而在这个管理过程中,价值形式的变化是通过资金运动来反映的,表面上看,是钱和物的增减变动,然而,实际上钱和物的变动离不开人与人之间的经济利益关系。所以,财务管理的整个过程与企业的生产运营过程紧密地联系在一起,即要经过购买、生产、销售三个阶段。这个三个阶段对应的资金运动是筹资、投资、营运、分配四项活动。

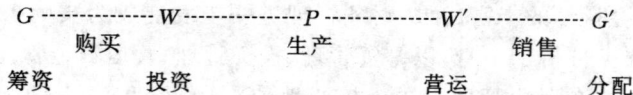

$$G \text{ -------------- } W \text{ -------------- } P \text{ -------------- } W' \text{ -------------- } G'$$

购买	生产	销售
筹资 投资		营运 分配

图1-1 财务管理三阶段对应的资金运动过程

(二)财务管理的特点

1. 涉及面广

首先就企业内部而言,财务管理活动涉及企业生产、供应、销售等各个环节,企业内部各个部门与资金不发生联系的现象是不存在的。每个部门也都在合理使用资金、节约资金支出、提高资金使用率上,接受财务的指导,受到财务管理部门的监督和约束。同时,财务管理部门本身为企业生产管理、营销管理、质量管理、人力物资管理等活动提供及时、准确、完整、连续的基础资料。其次,现代企业的财务管理也涉及企业外部的各种关系。在市场经济条件下,企业在市场上进行融资、投资以及收益分配的过程中与各种利益主体发生着千丝万缕的联系。这些联系主要包括:企业与其股东之间,企业与其债权人之间,企业与政府之间,企业与金融机构之间,企业与其供应商之间,企业与其客户之间,企业与其内部职工之间等等。

2. 综合性强

现代企业制度下的企业管理是一个由生产管理、营销管理、质量管理、技术管理、设备管理、人事管理、财务管理、物资管理等诸多子系统构成的复杂系统。诚然,其他管理都是从某一个方面并大多采用实物计量的方法,对企业在生产经营活动中的某一个部分实施组织、协调、控制,所产生的管理效果只能对企业生产经营的局部起到制约作用,不可能对整个企业的营运实施管理。财务管理则不同，作为一种价值管理，它包括筹资管理、投资管理、权益分配管理、成本管理等等，这是一项综合性强的经济管理活动。正因为是价值管理，所以财务管理通过资金的收付及流动的价值形态，可以及时全面地反映商品物资运行状况，并可以通过价值管理形态进行商品管理。也就是说，财务管理渗透在全部经营活动之中，涉及生产、供应、销售每个环节和人、财、物各个要素，所以抓企业内部管理以财务管理为突破口，通过价值管理来协调、促进、控制企业的生产经营活动。

3. 灵敏度高

在现代企业制度下，企业成为面向市场的独立法人实体和市场竞争主体。企业经营管理目标为经济效益最大化，这是现代企业制度要求投入资本实现保值增值所决定的，也是社会主义现代化建设的根本要求所决定的。因为，企业要想生存，必须能以收抵支、到期偿债。企业要发展，必须扩大收入。收入增加意味着人、财、物相应增加，都将以资金流动的形式在企业财务上得到全面的反映，并对财务指标的完成发生重大影响。因此，财务管理是一切管理的基础、管理的中心。抓好财务管理就是抓住了企业管理的牛鼻子，管理也就落到了实处。

(三)财务活动的内容

财务活动是指企业资金的筹集、投放、使用、收入、分配等一系列行为。具体包括筹资活动、投资活动、营运活动和分配等一系列活动。

1. 筹资活动

企业组织商品运动，必须以一定的资金为前提。也就是说，企业从各种渠道以各种形式筹集资金，是资金运动的起点。所谓筹资是指企业为了满足投资和用资的需要，筹措和集中所需资金的过程。在筹资过程中，企业一方面要确定筹资的总规模，以保证投资所需要的资金；另一方面要通过筹资渠道、筹资方式或工具的选择，合理确定筹资结构，以降低筹资成本和风险。

整体上看，任何企业都可以从两方面筹资并形成两种性质的资金来源：一是企业自有资金，它是企业通过向投资者吸收直接投资、发行股票、企业内部留存收益等方式取得，其投资者包括国家、法人、个人等；二是企业债务资金，它是企业通过向银行借款、发行债券、应付款项等方式取得。企业筹集资金，表现为企业资金的流入。企业偿还借款、支付利息、股利以及付出各种筹资费用等，则表现为企业资金的流出。这种因为资金筹集而产生的资金收支，便是由企业筹资而引起的财务活动，是企业财务管理的主要内容之一。

2. 投资活动

企业取得资金后，必须将资金投入使用，以谋求最大的经济效益，否则，筹资就失去了目的和效用。企业投资可以分为广义投资和狭义投资两种：广义的投资是指企业将筹集的资金投入使用的过程，包括企业内部使用资金的过程(如购置流动资产、固定资产、无形资产等)以及对外投放资金的过程(如投资购买其他企业的股票、债券或与其他企业联营等)；狭义的投资仅指对外投资。无论企业购买内部所需资产，还是购买各种证券，都需要支付资金。而当企业变卖其对内投资形成的各种资产或收回其对外投资时，则会产生资金的收入。这种因企业投资而产生的资金的收付，便是由投资而引起的财务活动。

另外，企业在投资过程中，必须考虑投资的规模，也就是在怎样的投资规模下，企业的经济效益最佳。而且，企业也必须通过投资方向和投资方式的选择，确定合理的投资结构，以提高投资效益、降低投资风险。所有这些投资活动都是财务管理的内容。

3.资金营运活动

企业在日常生产经营过程中,会发生一系列的资金收付。首先,企业要采购材料或商品,以便从事生产和销售活动,同时还要支付工资和其他营业费用;其次,当企业把产品或商品售出后,便可取得收入,收回资金;再次,如果企业现有资金不能满足企业经营需要,还要采取短期借款方式来筹集所需资金。上述各方面都会产生企业资金的收付。这就是因企业经营而引起的财务活动,也称为资金营运活动。

企业的营运资金,主要是为满足企业日常营业活动的需要而垫支的资金,营运资金的周转与生产经营周期具有一致性。在一定时期内资金周转越快,就越是可以利用相同数量的资金,生产出更多的产品,取得更多的收入,获得更多的报酬。因此,如何加速资金周转,提高资金利用效率,也是财务管理的主要内容之一。

4.分配活动

企业通过投资(或资金营运活动)应当取得收入,并相应实现资金的增值。分配总是作为投资的结果而出现的,它是对投资成果的分配。投资成果表现为取得各种收入,并在打扣除各种成本费用后获得利润。所以,广义地说,分配是指对投资收入(如销售收入)和利润进行分割和分派的过程;而狭义的分配仅指对利润的分配。

企业通过投资取得的收入如销售收入,首先要用以弥补生产经营耗费、缴纳流转税,其余部分为企业的营器业利润。营业利润和投资净收益、营业外收支净额等构成企业的利润总额。利润总额首先要按国家规定缴纳所得税,净利润要提取公积金和公益金,分别用于扩大积累、弥补亏损和改善职工集体福利设施,其余利润作为投资者的收益分配给投资者或暂时留存企业,抑或作为投资者的追加投资。值得说明的是:企业筹集的资金归结为所有者权益和负债两个方面,在对这两种资金分配报酬时,前者是通过利润分配的形式进行的,属于税后分配;后者是通过将利息等计入成本费用的形式进行分配的,属于税前分配。

另外,随着分配过程的进行,资金或者退出或者留存企业,它必然会影响企业的资金运动,这不仅表现在资金运动的规模上,而且表现在资金运动的结构上,如筹资结构。因此,在依据一定的法律原则的情况下,如何合理确定分配规模和分配方式,以使企业的长期利益最大,也是财务管理的主要内容之一。

上述财务活动的四个方面,不是相互割裂、互不相关的,而是相互联系、相互依存的。正是上述互相联系又有一定区别的四个方面,构成了完整的企业财务活动,这四个方面也就是企业财务管理的基本内容。

即问即答

现代财务活动的特征有哪些?

(四)财务活动的作用

1.财务活动是企业生产经营活动的基础

任何一个企业在从事生产经营活动之前,必须要有一定的资金,没有资金的筹集和垫支,企业生产经营活动就无法开始。同样,企业在生产经营中所发生的各种耗费和价值转移,如果没有及时准确的记录、核算,所获得的销售收入没有合理的分配,企业生产经营也将无以为继。

财务活动为企业正常的生产经营活动提供了必要的条件。科学技术的进步,商品经济的发展,使现代经济形成了高投入、高产出的特点。企业要想在激烈的市场竞争中占有优势地位,不断发展壮大,不仅要有较高的科技开发能力,而且必须有一定的财力。相对而言,财务实力是企业技术开发能力的基础。因此企业要高度重视财务活动,努力做好企业资金筹集,将资金投入到产生高效益的项目中去,对资金运用实行有效控制,保证资金尽可能多地增值。

2. 企业财务状况是企业生产经营状况的晴雨表

一个企业生产经营的好坏,在企业的财务报表上能直接全面地反映出来。企业财务状况是反映企业生产经营水平的晴雨表。企业财务中的销售收入、成本、利润等指标是企业财会人员计算出来的,但不是财会人员形成的,而是企业各个部门在生产经营过程中形成的。财务及其指标所反映的问题,一般来说纯属财务活动自身问题的并不很多,问题主要出在生产经营活动中,如不合理的物资储备,生产中人力物力的浪费,产品质量的低劣,产品与消费者、用户需求的相悖,以及对市场的错误估计,经营决策的重大失误等等。通过反映企业财务状况的财务报表,可以分析和察觉企业生产经营中的问题。因此,懂行的企业管理者总是不放过对财务报表和财务活动的分析,以便全面、综合地把握企业生产经营的状况,找出存在的问题,并加以解决。

3. 财务活动是国家财政的基础

财政是以国家为主体的分配。在我国,财政收入的绝大部分是由企业提供的,财务活动将最终决定国家财政状况。国家的财政状况与财务活动有相当大的关系。企业资金流失、负债累累、后劲不足,以及亏损或虚盈实亏,这些都影响着国家财政状况。企业财务分配是国民收入的初次分配,财政是国民收入的第二次分配。初次分配的好坏,在一定程度上制约了二次分配的规模和数量,初次分配中各种财务关系处理好了,才能保证财政有足够的收入。

(五)财务关系

企业财务关系是指企业在组织财务活动过程中与各有关方面发生的经济关系。企业的筹资活动、投资活动、经营活动、利润及其分配活动与企业上下左右各方面有着广泛的联系。企业的财务关系可概括为以下几个方面。

1. 企业与投资者之间的财务关系

企业与投资者之间的财务关系,是指投资者向企业投入资金,企业向其支付投资报酬所形成的经济关系。

企业的所有者要按照投资合同、协议、章程的约定履行出资义务以便及时形成企业的资本,同时,拥有参与或监督企业经营、参与企业剩余权益分配,并承担一定的风险;企业利用资本进行营运,对出资者有承担资本保值、增值的责任,实现利润后,应该按照出资比例或合同、章程的规定,向其所有者支付报酬。一般而言,所有者的出资不同,他们各自对企业承担的责任也不同,相应对企业享有的权利和利益也不相同。具体来讲:一是投资者可以对企业进行一定程度的控制,施加一定的影响;二是投资者可以参与企业净利润的分配;三是投资者对企业剩余资产享有索取权,投资者对企业承担一定的法律责任。

因此,企业与所有者之间的关系是风险与共和以资本保值、增值为核心的剩余权益分配关系,体现着一种经营权与所有权关系。

2. 企业与债权人之间的财务关系

企业与债权人之间的财务关系,是指企业向债权人借入资金,并按借款合同的规定按时支付利息和归还本金所形成的经济关系。

企业除利用资本进行经营活动外,还要借入一定数量的资金,以便降低企业资金成本,扩大企业经营规模。企业利用债权人的资金,要按约定的利息率,及时向债权人支付利息;债务到期时,要合理调度资金,按时向债权人归还本金。

因此,企业与债权人之间的关系是建立在契约之上的债务债权关系。

3. 企业与受资者之间的财务关系

企业与受资者之间的财务关系,是企业以购买股票或直接投资的形式向其他企业投资形成的经济利益关系,是体现所有权性质的投资与受资的关系。

4. 企业与债务人之间的财务关系

企业与债务人之间的财务关系,是指企业将其资金以购买债券、提供借款或商业信用等形式出借给其他单位所形成的经济关系。企业将资金借出后,有权要求其债务人按约定的条件支付利息和归还本金。

企业与债务人之间的关系也就是债权债务关系。

5. 企业与政府之间的财务关系

国家作为社会管理者,担负着维护社会正常秩序、保卫国家安全、组织和管理社会活动等任务,为企业生产经营活动提供公平竞争的经营环境和公共设施等条件,为此所发挥的"社会费用",须从受益企业的生产费用中扣除,从而形成具有强制性的纳税义务。

因此,国家以收缴各种税费的形式,与企业之间产生财务关系,企业应照章纳税,是一种强制性分配关系。

6. 企业内部各单位之间的财务关系

企业内部各单位之间的财务关系,是指企业内部各单位之间在生产经营各环节中相互提供产品或劳务所形成的经济利益关系。

企业在实行厂内经济核算制和企业内部经营责任制的条件下,企业供、产、销各个部门以及各个生产单位之间,相互提供劳务和产品要计价结算。

这种在企业内部资金使用中的权责关系、利益分配关系与内部结算关系,体现了企业内部各单位之间的经济利益关系。

7. 企业与职工之间的财务关系

企业与职工之间的财务关系,是指企业向职工支付劳动报酬过程中所形成的经济关系。

职工是企业的劳动者,他们以自身提供的劳动作为参加企业分配的依据。企业根据经营者的职务能力和经营能力高低,根据职工业务能力和劳动业绩大小,用其收入向职工支付工薪、津贴和奖金,并按规定提取公益金等。

企业与职工之间是以权、责、劳、绩为依据的在劳动成果上的分配关系。

8. 企业与董事会、监事会的财务关系

董事会决定企业经营计划和投资方案,制订企业年度财务预决算、利润分配、弥补亏损和增减注册资本等方案,企业要为董事会支付董事会经费,因此,企业与董事会之间发生经济利益关系。监事会负责检查企业财务,企业执行董事会决议的一切财务收支,都要接受监事会的检查监督,同时企业也要支付一部分监事会经费,因此,也与企业发生经济利益关系。

(六)企业资金运动的规律

企业资金运动中各种经济现象之间存在互相依存、互相转化、互相制约的关系。这种资金运动内部本质的、必然的联系,就是企业资金运动的规律。我们要搞好企业财务管理,就必须充分认识和把握企业资金运动的规律性。

马克思在《资本论》中深刻地揭示了社会化商品经济基础上价值运动的一般规律。马克思有关商品经济条件下价值运动的基本原理,是以资金运动规律及其应用方式为研究对象的财务管理学的理论基础。我们应该以马克思关于价值运动的原理为指导,研究社会主义企业资金运动的规律问题。

企业资金运动的规律,从总体上考察主要有以下几个方面。

1. 资金形态并存性、继起性规律

资金循环是各种资金形态的统一,也是各种资金形态各自循环的统一。马克思在分析资本循环时指出:"资本作为一个整体,是同时地、在空间上并列地处在它的各个不同阶段上。但是,每一个部分都不断地依次由一个阶段过渡到另一个阶段,由一种职能形式过渡到另一种职能形式,从而依次在一切阶段和一切职能形式中执行职能。因此,这些形式都是流动的形式,它们的同时并列,是由于它们的相继进行而引起的。"社会主义企业的资金也是这样,不仅要在空间上同时并存于货币资金、固定资金、生产储备资金、未完工产品资金、成品资金等资金形态,而且在时间上要求各种资金形态相继地通过各自的循环。每一种资金形态在同一时间里不能"一身二任",正在执行流通职能的资金不可能在同一时间去执行生产职能。只有把企业的资金按一定的比例分割为若干部分,使它们分别采取不同的资金形态,而每一种资金形态又都必须依次通过循环的各个阶段,资金的运动才能连续不断地进行。如果全部资金都处在固定资金、生产储备资金和未完工产品资金上,流通过程就会中断;如果全部资金都处在货币资金和成品资金上,生产过程就会中断。资金的任何一部分在循环的某一阶段发生停顿,都会使整个资金循环发生障碍。保证各种资金形态的合理配置和资金周转的畅通无阻,是生产经营活动顺利进行的必要条件。

企业资金的并存性和继起性,是辩证统一的关系。一方面,资金每一部分的相继转化,以资金各个部分的并列存在为前提,没有资金的合理配置,没有资金各个部分同时采取的不同形态,就谈不上资金每一部分的相继转化。另一方面,并列存在的本身又是相继转化的结果,相继转化一旦停滞,并列存在就会遭到破坏。可见,资金的并存性和继起性是互为条件、互相制约的,而继起性则是企业资金循环连续进行的关键。马克思说,资本"是一种运动","它只能理解为运动,而不能理解为静止物"。只有企业资金的每一部分连续不断地完成各自的循环,企业资金总的运动过程才能顺利实现。

资金形态的并存性、继起性,是由企业生产经营活动的阶段性和连续性决定的。资金运动的这一规律,要求财务组织应根据生产经营规模筹集适量的资金,合理地配置资金,使各资金占用形态科学地分布在各生产经营阶段上,并保证资金正常循环,加快资金周转速度,促进生产经营的有效运行。

2．资金收支适时平衡规律

企业取得财务收入，意味着一次资金循环的终结，而企业发生财务支出，则意味着另一次资金循环的开始，所以资金的收支是资金周转的纽带。要保证资金周转顺利进行，就要求资金收支不仅在数量上而且在时间上协调平衡。收不抵支，固然会导致资金周转的中断或停滞，但如全月收支总额可以平衡，而支出大部分发生在先、收入大部分形成在后，也必然要妨碍资金的顺利周转。资金收支在每一时点上的平衡性，是资金循环过程得以周而复始进行的条件。

资金收支的平衡，归根到底取决于购、产、销活动的平衡。企业的资金首先要通过购买阶段用货币资金买回各种生产资料，为生产做好准备。在购买生产资料时，应该从实际情况出发，使生产资料和劳动力相互适应，比例恰当，各种生产资料之间成龙配套，防止盲目采购造成资金支出超过生产需要和财力可能。生产阶段是生产产品、创造社会财富的阶段。企业必须不断采用新的科学技术，改进生产工艺流程，搞好劳动组织，节约原材料和能源的消耗，力求用较少的劳动消耗取得较多的生产成果，增加积累，防止亏损。企业还必须尽可能迅速地通过销售阶段，实现货币收入，完成一次资金循环。企业必须经常调查市场情况，了解用户需要，使商品适销对路，做好销售工作，以实现生产过程中创造的社会财富。所以，企业既要搞好生产过程的组织管理工作，又要抓好生产资料的采购和产品的销售，要购、产、销一起抓，克服任何一种片面性。只有使企业的购、产、销三个环节互相衔接、保持平衡，坚持生产和流通的统一，企业资金的周转才能正常进行，并取得应有的经济效益。资金收支主要通过购买和销售两个环节来实现，资金收支的平衡以购、产、销活动的平衡为基础，而组织好资金收支的平衡又能反过来促进购、产、销活动的协调平衡。

3．各种支出收入相互对应规律

企业经济活动的多样性，决定企业具有多种性质不同的资金支出。为了合理安排生产经营活动、正确评价经营成果，进行财务管理要自觉地分清各种不同性质的资金支出。

企业生产经营活动中客观地存在各种资金支出，而且还可能发生各种资金损失。各种资金支出，从其与生产经营过程的联系看，可分为非生产经营支出和生产经营支出，前者主要是职工集体福利设施支出；后者按其效益作用期间分为资本性支出和收益性支出，资本性支出的效益延及若干会计年度，通常要形成长期资产，收益性支出的效益仅延及本会计年度，通常形成营业费用或流动资产，最终计入当期损益。各种资金损失虽然通常为数不多，但内容更为复杂，总的说来可分为经营损失、投资损失和非经营损失。经营损失有流动资产损失（如存货的盘亏、毁损）、固定资产损失（如固定资产盘亏、毁损），应通过一定方式计入营业损益；投资损失应冲销投资收益；非经营损失包括过失性的赔偿金、违约金和违章性的罚没损失、滞纳金，分别计入营业外支出和税后利润项下。

各种性质的资金支出，用途不同，支出的效果也不同；各种性质的资金收入，则来源不同，使用的去向不同。这是不以人们意志为转移而客观存在着的。我们应该深刻地认识各种资金支出和资金损失的性质，并将它们与有关的资金收入加以匹配。只有这样，才能合理地安排资金来源（如资本性支出一般不宜用短期资金来源来解决），有效地控制资金支出（如收益性支出要受到目标利润的约束），正确地考核经营成果。此外，这对我们评价企业财务状况、进行经营决策也是十分必要的。

4. 资金运动同物资运动既一致又背离规律

资金运动和物资运动是在企业生产经营过程中同时存在的经济现象,然而资金运动作为物资价值的运动同物资实物形态的运动又是可以分离的,资金运动对于物资运动具有一定的独立性。它们之间的关系是既相一致又相背离。

资金运动与物资运动的一致性表现在两个方面:(1)企业的物资运动是资金运动的基础,物资运动决定着资金运动。资金是企业再生产过程中物资价值的货币表现,企业的资金运动经常是伴随着物资运动而发生的。有物资才有资金,物资运动状况的好坏,决定着资金运动状况的好坏。只有购、产、销等活动正常进行,才能保证资金运动畅通无阻。(2)资金运动是物资运动的反映,并对物资运动起着控制和调节的作用。人们可以通过资金在不同周转阶段上运动的通畅与否,来了解购、产、销等活动组织得如何,并据以采取措施,合理组织资金运动,促使物资充分有效地使用,提高生产经营的经济效益。资金运动同物资运动这种互相一致的关系,体现着企业再生产过程的实物形态方面和价值形态方面的本质的必然的联系。组织企业财务活动,既要着眼于物资运动,以保证购、产、销活动的顺利开展,又要自觉地利用资金运动的反作用,来促进生产经营的改善。

资金运动同物资运动的背离,这两种形态的变动在时间上和数量上有时表现是不一致的:

(1)由于结算的原因而形成两者在时间上的背离。货物运出而未收回货款,材料购进而未支付货款,就是物资运动在前,资金运动在后。预收货款、预付费用,则是资金运动在前,物资运动在后。随着双方货款的结算,这两种运动还会一致起来,但这种情况对结算双方的财务状况都会有一定影响。

(2)由于物资损耗的原因而形成两者在数量上的背离。固定资产发生磨损以后,其价值逐渐转移,但在一定时期内其实物仍然存在,并保持其原有的使用价值。有的物资因腐朽失效而贬值,其实物虽然存在,而价值已部分或全部失去。这样就产生了资金运动和物资运动的不一致。随着固定资产的更新、失效物资的报废,两者归根结底也是要一致起来的。这种背离对企业资金的运用也有重要的影响。

(3)由于生产经营的原因而形成两者在数量上的背离。生产某种产品,由于质量达到既定要求或者有所提高,销售时按优质品计价,所实现的价值量就会增加;或者由于消耗减少,收支相抵后可以获得较多的价值量。在这种情况下,价值量的增加超过实物量的增加,即增产更增收。在相反的情况下,价值量的增加则可能少于实物量的增加,即增产少增收,甚至增产不增收。这是由于生产经营的经济效益不同而造成的。在生产经营活动中价值量和使用价值量的变动趋势可能不一致,说明企业再生产过程的价值方面具有一定的独立性。我们应该利用企业再生产过程的实物方面和价值方面的背离,合理地组织资金运动,促进生产的发展,争取用尽量少的价值创造出尽量多的使用价值,为社会增加财富。

5. 企业资金同社会总资金依存关系规律

社会总资金是全社会个别资金的总和,主要包括企业经营资金、财政资金、金融资金。

个别资金是独立运行的,个别资金运动之间通过流通过程和分配过程发生联系。全社会所有的个别资金通过流通过程和分配过程的媒介,联结成统一的社会总资金运动。

企业资金运动是社会总资金运动的基础。国家财政与国有资本经营预算的收入,主要来自企业上缴的税金和国有企业的利润;国家财政与国有资本经营预算支出的安排,目前仍有相当大的部分用于对企业的投资。企业存入银行的闲置资金,是银行金融资金的重要来源;银行贷款的对象主要是企业,银行贷款也是企业借入资金的主要来源。可见,企业资金运动的状况和成果,对于财政资金、国家财务资金和金融资金的形成、分配和使用有着决定性的作用。另一方面,社会资金运动的规模和结构,反过来又制约着企业经营资金运动的规模和结构。财政、国家财务和金融资金增长为企业经营资金增长提供条件,财政、国家财务和金融资金分配用于新建扩建固定资产和增加流动资金的比例,直接影响着企业固定资金和流动资金的结构变动。

个别企业的资金运动之间也有着广泛的联系。这里既有因购销业务而发生的资金结算业务,还有因资金短期需要而发生的资金融通活动,此外还有因企业相互之间持股而发生的投资活动。随着商品经济的发展,资金的横向流动将越来越频繁。这样,社会个别资金的运动就形成纵横交错的网络体系。

企业资金运动同社会总资金运动的依存关系,要求企业全面估量各方面的资金来源渠道,经济、有效地筹集资金,在资金使用方向上要合理地决定资金投向,提高资金使用效益。在企业同各方面发生资金往来活动(如缴拨款项、存贷款项、资金结算、投资分利等)中,要遵守财政、信贷、结算等制度,保证社会总资金有条不紊地正常运转。

上述五项资金运动规律,是就总体上考察而言的。在各种不同的资金运动领域里,还存在各种具体的规律性,如资金占用、成本开支、收入分配等的规律性。我们必须总结实践经验,深刻地研究和认识企业资金运动的规律性,不断提高财务管理水平。

第二节　财务管理的目标

在现代财务管理的理论体系及理论实践活动中,财务管理目标是一个逻辑起点,决定着财务管理各种决策的选择,是企业各种理财决策的标准。科学的理财目标,有助于企业日常理财的规范化,有理有据科学理财理念的树立,有助于提高企业的理财效率并支持企业的可持续能力。

➤一、财务管理目标的含义、作用和特征

(一)财务管理目标的含义

企业财务管理目标是指企业通过融资和投资等活动所要达到的根本目的。

(二)财务管理目标的作用

(1)导向作用。财务管理是一项组织企业财务活动,协调企业同各方面财务关系的管理活动。

(2)激励作用。目标是激励企业全体成员的力量源泉,每个职工只有明确了企业的目标才能调动起工作的积极性,发挥其潜在能力,尽力而为,为企业创造最大财富。

(3)凝聚作用。企业是一个组织,是一个协作系统,只有增强全体成员的凝聚力,企业才能发挥作用。

(4)考核作用。目标是企业绩效和各级部门工作业绩的考核标准。

(三)财务管理目标的特征

企业财务管理的目标取决于企业生存和发展的目标,两者必须是一致的。企业财务管理

目标应具备以下四个特征：

(1)财务管理目标具有层次性；

(2)财务管理目标具有多元性；

(3)财务管理目标具有相对稳定性；

(4)财务管理目标具有可操作性。

➤二、财务管理的总体目标

(一)利润最大化目标

利润最大化目标，就是假定在投资预期收益确定的情况下，财务管理行为将朝着有利于企业利润最大化的方向发展。这种观点认为：利润代表了企业新创造的财富，利润越多则说明企业的财富越多，从而社会财富实现最大化。它可以直接反映企业创造的剩余产品，也可以在一定程度上反映经济效益的高低和对社会贡献的大小，还是企业补充资本、扩大经营规模的源泉。

但是，利润最大化目标在实践中存在以下难以解决的问题：

(1)利润是指企业一定时期实现的税后净利润，它没有考虑资金的时间价值；当成本和收益随着时间延续发生时，利润的计量无法恰当地调整时间差异对价值的影响。

(2)没有反映创造的利润与投入的资本之间的关系；当我们对两个报酬相同而风险不同的方案进行选择时，人们会选择投资少的方案，这就使低投资方案更有价值，而利润最大化则不考虑这种投资上的差异。

(3)没有考虑风险因素，高额利润的获得往往要承担过大的风险。当我们对两个报酬相同而风险不同的方案进行选择时，大多数人都选择风险较低的方案。这就使低风险方案更有价值，而利润最大化则无视这种风险上的差异。

(4)片面追求利润最大化，可能会导致企业短期行为，与企业发展的战略目标相背离。

(二)股东财富最大化

股东财富最大化目标是指企业的财务管理以股东财富最大化为目标，即企业应以达到股票的最高市价为目的。

在上市公司中，股东财富是由其所拥有的股票数量和股票市场价格两方面来决定。在股票数量一定时，股票价格达到最高，股东财富也就达到最大。

1. 主要优点

与利润最大化相比，这种观点认为，股东财富最大化的主要优点是：

(1)考虑了风险因素，因为通常股价会对风险作出较敏感的反应。

(2)在一定程度上能避免企业追求短期行为，因为不仅目前的利润会影响股票价格，预期未来的利润同样会对股价产生重要影响。

(3)对上市公司而言，股东财富最大化目标比较容易量化，便于考核和奖惩。

(4)反映了利润与投入资本的关系。

(5)社会资源的合理配置。

2. 存在的问题

但是，以股东财富最大化作为财务管理目标所存在的问题是：

（1）通常只适用于上市公司，非上市公司难于应用，因为无法像上市公司一样随时准确获得公司股价。

（2）股价受众多因素影响，特别是企业外部的因素，有些还可能是非正常因素。股价不能完全准确反映企业财务管理状况，如有的上市公司处于破产的边缘，但由于可能存在某些机会，其股票价格可能还在走高。

（3）它强调更多的是股东利益，而对其他相关者的利益重视不够，导致彼此之间的矛盾。

（三）企业价值最大化目标

企业价值就是企业的市场价值，也是企业未来现金净流量按照公司要求的必要报酬率计算的总现值。企业价值取决于公司未来创造的现金净流量、公司要求的必要报酬率和公司存续时间等因素，在理论上等于公司股东的价值与债务的价值之和，即金融化的资产价值。以企业价值最大化作为公司理财的目标，是现代企业发展的必然要求。

企业价值最大化的财务管理目标，反映了企业潜在的或预期的获利能力和成长能力，其优点主要表现在：

（1）该目标考虑了资金的时间价值，强调风险与报酬的均衡，将风险控制在企业可以承受的范围之内；

（2）该目标反映了对企业资产保值增值的要求；

（3）该目标有利于克服管理上的片面性和短期行为；

（4）该目标有利于社会资源合理配置。

（5）强调股东的首要地位，创造企业与股东之间的利益协调关系；

（6）加强对代理人的监督和控制；

（7）关心本企业一般职工的利益；

（8）不断加强与债权人的关系，培养可靠的资金供应；

（9）关心客户的长期利益；

（10）保持与政府部门的良好关系；

其主要缺点则是企业价值的确定比较困难，特别是对于非上市公司，一般没有股票价格，不易衡量。

即问即答

在我国，财务管理目标如何定位？为什么？

➢三、财务管理目标的协调

协调相关者的利益冲突，要把握的原则是：尽可能使企业相关者的利益分配在数量上和时间上达到动态的协调平衡。

（一）所有者与经营者利益冲突的协调

经营者和所有者的主要利益冲突，就是经营者希望在创造财富的同时，能够获取更多的报酬、更多的享受，并避免各种风险，如增加闲暇时间，公款旅游，公款消费等。经营者的这些消费牺牲的是企业的价值，经营者的这些消费动机越强烈，股东的价值损失越大；而所有者则希望以较小的代价（支付较少报酬）实现更多的财富，使股东财富最大化。

为了协调这一利益冲突,通常可采取以下方式解决:

1. 解聘

这是一种通过所有者约束经营者的办法。所有者对经营者予以监督(比如派财务总监),如果经营者绩效不佳,就解聘经营者。

2. 接收

这是一种通过市场约束经营者的办法。如果经营者决策失误、经营不力、绩效不佳,该企业就可能被其他企业强行接收或吞并,相应经营者也会被解聘。

3. 激励

激励就是将经营者的报酬与其绩效直接挂钩。激励通常有两种方式:一是股票期权。它是允许经营者以约定的价格购买一定数量的本企业股票。二是绩效股。它是企业视其绩效大小给予经营者数量不等的股票作为报酬。

(二)所有者与债权人的利益冲突与协调

首先,所有者可能要求经营者改变举债资金的原定用途,将其用于风险更高的项目,这会增大偿债风险。其次,所有者可能在未征得现有债权人同意的情况下,要求经营者举借新债,因为偿债风险相应增大,从而致使原有债权的价值降低。

所有者与债权人的上述利益冲突,可以通过以下方式解决:

1. 限制性借债

债权人通过事先规定借债用途限制、借债担保条款和借债信用条件,保护债权人自己。

2. 收回借款或停止借款

当债权人发现企业有侵蚀其债权价值的意图时,采取收回债权或不再给予新的借款的措施,从而保护自身权益。

第三节 财务管理的环境

环境是个相对的概念,它是相对于主体而言的客体。任何事物都是在一定的环境条件下存在和发展的,是一个与其环境相互作用、相互依存的系统,作为人类重要实践活动之一的财务管理活动也不例外。在财务管理活动中,财务管理主体需要不断地对财务管理环境进行审视和评估,并根据其所处的具体财务管理环境的特点,采取与之相适应的财务管理手段和管理方法,以实现财务管理的目标。因此,企业财务管理环境就是影响企业财务主体的财务机制运行的各种外部条件和因素的总和。不难看出,由于影响企业财务主体的财务机制运行的外部条件和因素错综复杂,且变幻莫测,因此,财务管理环境本身就构成了一个复杂多变的系统。

企业财务管理环境是指财务管理以外的,并对财务管理系统有影响作用的一切因素的总和。

在整个财务管理的环境中,涉及的范围很广,其中最重要的是经济环境、金融市场环境和法律环境。

➤一、经济环境

所谓经济环境是指构成企业生存和发展的社会经济状况和国家经济政策,是影响消费者购买能力和支出模式的因素,它包括收入的变化、消费者支出模式的变化等。

企业的经济环境主要由经济周期、经济发展水平、经济体制和经济政策等四个要素构成。

1. 经济周期

经济周期(business cycle)也称商业周期、景气循环,它是指经济运行中周期性出现的经济扩张与经济紧缩交替更迭、循环往复的一种现象,是国民总产出、总收入和总就业的波动,是国民收入或总体经济活动扩张与紧缩的交替或周期性波动变化。过去把它分为繁荣、衰退、萧条和复苏四个阶段,现在一般叫做衰退、谷底、扩张和顶峰四个阶段。也可以将经济周期分为两个阶段,即扩张和收缩。扩张,又叫上升,也称为繁荣,最高点称为顶峰。然而,顶峰也是经济由盛转衰的转折点,此后经济就进入收缩阶段,也叫下降阶段,即衰退。衰退严重则经济进入萧条,衰退的最低点称为谷底。当然,谷底也是经济由衰转盛的一个转折点,此后经济进入上升阶段。经济从一个顶峰到另一个顶峰,或者从一个谷底到另一个谷底,就是一次完整的经济周期。现代经济学关于经济周期的定义,建立在经济增长率变化的基础上,指的是增长率上升和下降的交替过程。

在市场经济条件下,企业家们越来越多地关心经济形势,也就是"经济大气候"的变化。一个企业生产经营状况的好坏,既受其内部条件的影响,又受其外部宏观经济环境和市场环境的影响。一个企业,无力决定它的外部环境,但可以通过内部条件的改善,来积极适应外部环境的变化,充分利用外部环境,并在一定范围内,改变自己的小环境,以增强自身活力,扩大市场占有率。因此,企业家对经济周期波动必须了解、把握,并能制订相应的对策来适应周期的波动,否则将在波动中丧失生机。

经济周期波动的扩张阶段,是宏观经济环境和市场环境日益活跃的季节。这时,市场需求旺盛,订货饱满,商品畅销,生产趋升,资金周转灵便。企业的供、产、销和人、财、物都比较好安排。企业处于较为宽松有利的外部环境中。经济周期波动的收缩阶段,是宏观经济环境和市场环境日趋紧缩的季节。这时,市场需求疲软,订货不足,商品滞销,生产下降,资金周转不畅。企业在供、产、销和人、财、物方面都会遇到很多困难。企业处于较恶劣的外部环境中。经济的衰退既有破坏作用,又有"自动调节"作用。在经济衰退中,一些企业破产,退出商海;一些企业亏损,陷入困境,寻求新的出路;一些企业顶住恶劣的气候,在逆境中站稳了脚跟,并求得新的生存和发展。这就是市场经济下"优胜劣汰"的企业生存法则。

2. 经济发展水平

经济发展水平是指一个国家经济发展的规模、速度和所达到的水准。反映一个国家经济发展水平的常用指标有国民生产总值、国民收入、人均国民收入、经济发展速度、经济增长速度。

对一个国家或地区经济发展的水平,可以从其规模(存量)和速度(增量)两个方面来进行测量。所谓"经济规模测量"是指对一个国家在特定时间范围里能够生产出来的财富总量的测量,包括从基本的生活用品到复杂的生产资料,再到各种文化和精神产品等财富的总量的测量。在对经济规模的测量中最常用的指标是"国内生产总值(GDP)",它综合性地代表了一个国家或地区在一定时期内所生产的财富(物品和服务)的总和。此外,对经济规模的测量又分为对绝对规模和相对规模的测量。绝对规模指标只是测量一个国家或地区在特定时期内的GDP 总量,而不论这一规模的 GDP 是多少劳动力创造出来的。而相对规模指标则要关心一个国家的人口（或劳动力数量）与其 GDP 总量之间的关系。在相对规模指标中，最常用的是"人均 GDP"指标。在经济发展速度方面，最常用的指标是"GDP 年增长率"。

3. 经济体制

经济体制是指国家经济组织的形式。经济体制规定了国家与企业、企业与企业、企业与各经济部门的关系，并通过一定的管理手段和方法，调控或影响社会经济流动的范围、内容和方式等。

4. 经济政策

经济政策是指国家、政党制定的一定时期国家经济发展目标实现的战略与策略，它包括综合性的全国经济发展战略和产业政策、国民收入分配政策、价格政策、物资流通政策、金融货币政策、劳动工资政策、对外贸易政策等。

因此，企业的经济环境分析就是要对以上的各个要素进行分析，运用各种指标，以准确地分析宏观经济环境对企业的影响，从而制定出正确的企业经营战略。

➤ 二、法律环境

财务管理的法律环境是指企业发生经济关系时所应遵守的各种法律、法规和规章。国家管理企业经济活动和经济关系的手段包括行政手段、经济手段和法律手段三种。随着经济体制改革不断深化，行政手段逐步减少，而经济手段，特别是法律手段日益增多，把越来越多的经济关系和经济活动的准则用法律的形式固定下来。与企业财务管理活动有关的法律规范主要有以下几个方面：①企业组织法规；②财务法规；③税收法规等。这些法规是影响财务主体的财务机制运行的重要约束条件。

（一）企业组织形式方面的法律

根据市场经济的要求，现代企业的组织形式按照财产的组织形式和所承担的法律责任划分，国际上通常分为：独资企业、合伙企业和公司企业。

1. 独资企业

独资企业，西方也称"单人业主制"。它是指依法设立，由一个自然人投资，财产为投资人个人所有，以其个人财产对公司债务承担无限责任的经营实体。它是由某个人出资创办的，有很大的自由度，只要不违法，爱怎么经营就怎么经营，要雇多少人，贷多少款，全用业主自己决定。赚了钱，交了税，一切听从业主的分配；赔了本，欠了债，全用业主的资产来抵偿。所以，独资企业具有以下特点：①只有一个出资者；②承担无限责任；③不作为企业所得税的纳税主体。

独资企业是企业制度序列中最初始和最古典的形态，也是民营企业主要的企业组织形式。其主要优点为：①企业资产所有权、控制权、经营权、收益权高度统一。这有利于保守与企业经营和发展有关的秘密，有利于业主个人创业精神的发扬。②企业业主自负盈亏和对企业的债务负无限责任成为了强硬的预算约束。企业经营好坏同业主个人的经济利益乃至身家性命紧密相连，因而，业主会尽心竭力地把企业经营好。③企业的外部法律法规等对企业的经营管理、决策、进入与退出、设立与破产的制约较小。

虽然独资企业有如上的优点，但它也有比较明显的缺点：①难以筹集大量资金。因为一个人的资金终归有限，以个人名义借贷款难度也较大。因此，独资企业限制了企业的扩展和大规模经营。②投资者风险巨大。企业业主对企业负无限责任，在硬化了企业预算约束的同时，也带来了业主承担风险过大的问题,从而限制了业主向风险较大的部门或领域进行投资的活动。这对新兴产业的形成和发展极为不利。③企业连续性差。企业所有权和经营权高度统一的产权结构,虽然使企业拥有充分的自主权,但这也意味着企业是自然人的企业,业主的病、死,其个人及家属知识和能力的缺乏,都可能导致企业破产。④企业内部的基本关系是雇佣劳动关系,劳资双方利益目标的差异,构成企业内部组织效率的潜在危险。

在独资企业的事务管理中,投资人可以自行管理企业事务,也可以委托或者聘用他人负责企业的事务管理。

2. 合伙企业

合伙企业是指依法设立,由各个合伙人订立合伙协议,共同出资、合伙经营,共享收益,共担风险,并对合伙企业债务承担无限连带责任的营利组织。它不同于所有权和管理权分离的公司企业。它通常是依合同或协议凑合组织起来的,结构较不稳定。合伙人对整个合伙企业所欠的债务负有无限的责任。合伙企业不如独资企业自由,决策通常要合伙人集体做出,但它具有一定的企业规模优势。

我国合伙组织形式仅限于私营企业。合伙企业一般无法人资格,不缴纳所得税。其包括普通合伙企业和有限合伙企业。普通合伙企业由 2 人以上普通合伙人(没有上限规定)组成,合伙人对合伙企业债务承担无限连带责任。有限合伙企业由 2 人以上 50 人以下的普通合伙人和有限合伙人组成,其中普通合伙人至少有 1 人,当有限合伙企业只剩下普通合伙人时,应当转为普通合伙企业,如果只剩下有限合伙人时,应当解散。普通合伙人对合伙企业债务承担无限连带责任,有限合伙人以其认缴的出资额为限对合伙企业债务承担责任。合伙企业可以由部分合伙人经营,其他合伙人仅出资并共负盈亏,也可以由所有合伙人共同经营。

合伙企业的特征有以下六点:

(1)生命有限。合伙企业比较容易设立和解散。合伙人签订了合伙协议,就宣告合伙企业的成立。新合伙人的加入,旧合伙人的退伙、死亡、自愿清算、破产清算等均可造成原合伙企业的解散以及新合伙企业的成立。

(2)由两个以上具有完全民事行为能力的合伙人组成。

(3)责任无限。合伙组织作为一个整体对债权人承担无限责任。按照合伙人对合伙企业的责任,合伙企业可分为普通合伙和有限合伙。普通合伙的合伙人均为普通合伙人,对合伙企业的债务承担无限连带责任。例如,甲、乙、丙三人成立的合伙企业破产时,当甲、乙已无个人资产抵偿企业所欠债务时,虽然丙已依约还清应分摊的债务,但仍有义务用其个人财产为甲、乙两人付清所欠的应分摊的合伙债务,当然此时丙对甲、乙拥有财产追索权。有限责任合伙企业由一个或几个普通合伙人和一个或几个责任有限的合伙人组成,即合伙人中至少有一个人要对企业的经营活动负无限责任,而其他合伙人只能以其出资额为限对债务承担偿债责任,因而这类合伙人一般不直接参与企业经营管理活动。

(4)相互代理。合伙企业的经营活动,由合伙人共同决定,合伙人有执行和监督的权利。合伙人可以推举负责人。合伙负责人和其他人员的经营活动,由全体合伙人承担民事责任。换言之,每个合伙人代表合伙企业所发生的经济行为对所有合伙人均有约束力。因此,合伙人之间较易发生纠纷。

(5)财产共有。合伙人投入的财产,由合伙人统一管理和使用,不经其他合伙人同意,任何一位合伙人不得将合伙财产移为他用。只提供劳务,不提供资本的合伙人仅有权分享一部分利润,而无权分享合伙财产。

(6)利益共享。合伙企业在生产经营活动中所取得、积累的财产,归合伙人共有。如有亏损则亦由合伙人共同承担。损益分配的比例,应在合伙协议中明确规定;未经规定的可按合伙人出资比例分摊,或平均分摊。以劳务抵作资本的合伙人,除另有规定者外,一般不分摊损失。⑦有书面的合伙协议。

合伙企业与独资企业和公司相比较,具有以下优点:①与个人独资企业相比较,合伙企业可以从众多的合伙人处筹集资本,合伙人共同偿还债务,减少了银行贷款的风险,使企业的筹资能力有所提高;②与个人独资企业相比较,合伙企业能够让更多投资者发挥优势互补的作用,比如技术、知识产权、土地和资本的合作,并且投资者更多,事关自己切身利益,大家共同出力谋划,集思广益,提升企业综合竞争力;③与一般公司相比较,由于合伙企业中至少有一个负无限责任,使债权人的利益受到更大保护,理论上来讲,在这种无限责任的压力下,更能提升企业信誉;④与一般公司相比较,理论上来讲,合伙企业盈利更多,因为合伙企业交的是个税而不是企业所得税。

但是,合伙企业也有一些不足之处,具体有以下两点:①由于合伙企业的无限连带责任,对合伙人不是十分了解的人一般不敢入伙;就算以有限责任人的身份入伙,由于有限责任人不能参与事务管理,这就产生有限责任人对无限责任人的担心,怕他不全心全意地干,而无限责任人在分红时,觉得所有经营都是自己在做,有限责任人仅凭一点资本投入就坐收盈利,又会感到委屈。因此,合伙企业是很难做大做强的。②虽说连带责任在理论上来讲有利于保护债权人,但在现实生活中操作起来往往不然。如果一个合伙人有能力还清整个企业的债务,而其他合伙人连还清自己那份的能力都没有时,按连带责任来讲,这个有能力的合伙人应该还清企业所欠所有债务。但是,他如果这样做了,再去找其他合伙人要回自己垫付的债款就麻烦了,因此,他一般不会这样独立承当所有债款,并且还有可能连自己的那一份都等大家一起还。

3. 公司企业

公司企业是指依法设立,以其全部法人财产出资,自主经营、自负盈亏的企业法人。公司企业主要包括有限责任公司和股份有限公司。

有限责任公司指不通过发行股票,而由为数不多的股东集资组建的公司(一般由 2 人以上50 人以下股东共同出资设立),其资本无需划分为等额股份,股东在出让股权时受到一定的限制。在有限责任公司中,董事和高层经理人员往往具有股东身份,使所有权和管理权的分离程度不如股份有限公司那样高。有限责任公司的财务状况不必向社会披露,公司的设立和解散程序比较简单,管理机构也比较简单,比较适合中小型企业。

股份有限公司全部注册资本由等额股份构成并通过发行股票(或股权证)筹集资本,公司以其全部资产对公司债务承担有限责任的企业法人。股份有限公司应当有 2 人以上 200 以下为发起人,注册资本的最低限额为人民币 500 万元。其主要特征是:公司的资本总额平分为金额相等的股份;股东以其所认购股份对公司承担有限责任,公司以其全部资产对公司债务承担责任;每一股有一表决权,股东以其持有的股份,享受权利,承担义务。股份有限公司其本质也是一种有限责任公司。

有限责任公司与股份有限公司两者的区别主要表现在:①是人合还是资合。有限责任公司是在对无限公司和股份有限公司两者的优点兼收并蓄的基础上产生的。它将人合性和资合性统一起来:一方面,它的股东以出资为限,享受权利,承担责任,具有资合的性质,与无限公司不同;另一方面,因其不公开招股,股东之间关系较密切,具有一定的人合性质,因而与股份有限公司又有区别。股份有限公司是彻底的资合公司。其本身的组成和信用基础是公司的资本,与股东的个人人身性(信誉、地位、声望)没有联系,股东个人也不得以个人信用和劳务投资,这种完全的资合性与无限公司和有限责任公司均不同。②股份是否为等额。有限责任公司的全部资产不必分为等额股份,股东只需按协议确定的出资比例出资,并以此比例享受权利,承担义务。一般说,股份有限公司必须将股份化作等额股份,这不同于有限责任公司。这一特性也保证了股份有限公司的广泛性、公开性和平等性。③股东数额。有限责任公司因其具有一定的人合性,以股东之间一定的信任为基础,所以其股东数额不宜过多。我国的《公司法》规定为 2~50 人。有限责任公司股东数额上下限均有规定,股份有限公司则只有下限规定,即只规定最低限额发起人,实际只规定股东最低法定人数,而对股东的上限则不作规定,这就使得股份有限公司的股东具有最大的广泛性和相当的不确定性。④募股集资是公开还是封闭。有限责任公司只能在出资者范围内募股集资,公司不得向社会公开招股集资,公司为出资人所发的出资证明亦不同于股票,不得在市场上流通转让。募股集资的封闭性决定了有限责任公司的财务会计无须向社会公开。与有限责任公司的封闭性不同,股份有限公司募股集资的方式是开放的,无论是发起设立或是募集设立,都须向社会公开或在一定范围内公开募集资本,招股公开,财务经营状况亦公开。⑤股份转让的自由度。有限责任公司的出资证明不能转让流通。股东的出资可以在股东之间相互转让,也可向股东以外的人转让;但由于人合性质,决定了其转让要受到严格限制。按照《公司法》的规定,转让必须经全体股东过半数同意;在同等条件下,其他股东有优先购买权。股份有限公司股份的表现形式为股票。这种在经济上代表一定价值,在法律上体现一定资格和权利义务的有价证券,一般地说,与持有者人身并无特定联系,法律允许其自由转让,这就必然加强股份有限公司的活跃性和竞争性,同时也必然招致其盲目性和投机性。⑥设立的宽严不同。股份有限公司因其经济地位和组织、活动的特性,使得国家必须以法律手段对之进行管理和监督,对其设立规定了一系列必须具备的法定条件,履行严格的法定程序。在我国,股份有限公司的设立必须经有关部门批准。有限责任公司多为中小型企业,还因其封闭性、人合性,所以法律的要求不如股份有限公司严格,有的可以简化,并有一定的任意性选择。

(二)财务会计方面的法律

1. 会计方面的法律规范

我国现行会计法律制度的构成:

(1)全国人大制定的会计法律《会计法》。《会计法》主要规定了会计工作的基本目的、会计管理权限、会计责任主体、会计核算和会计监督的基本要求、会计人员和会计机构的职责权限、并对会计法律责任作出了详细规定。《会计法》是会计工作的基本法,是指导我国会计工作的最高准则。

(2)国务院制定的会计行政法规。会计行政法规是由国务院制定发布或者国务院有关部门拟订经国务院批准发布的、调整经济生活中某些方面会计关系的法律规范。会计行政法规主要有:①《企业财务会计报告条例》,于 2000 年 6 月 21 日发布,自 2001 年 1 月 1 日起施行。它主要规定了企业财务会计报告的构成、编制和对外提供的要求、法律责任等。它是对《会计法》中有关财务会计报告的规定的细化。②《总会计师条例》,于 1990 年 12 月 31 日发布,它主要规定了单位总会计师的职责、权限、任免、奖惩等。③《企业会计准则》(基本准则),是规范企业会计确认、计量、报告的会计准则,是进行会计核算工作必须共同遵守的基本要求,体现了会计核算的基本规律。它是由会计核算的前提条件、一般原则、会计要素准则和会计报表准则组成,是对会计核算要求所作的原则性规定,具有覆盖面广、概括性强等特点。

(3)财政部制定的国家统一的会计制度。国家统一的会计制度是指国务院财政部门根据《会计法》制定发布的关于会计核算、会计监督、会计机构和会计人员以及会计工作管理的制度。它是国务院财政部门在其职权范围内依法制定、发布的会计方面的法律规范,包括各种会计规章和会计规范性文件。①会计规章,如2001年2月20日财政部发布的《财政部门实施会计监督办法》《代理记账管理办法》《会计从业资格管理办法》等。②会计规范性文件是指主管全国会计工作的行政部门即国务院财政部门制定发布的《企业会计制度》《金融企业会计制度》《小企业会计制度》《民间非营利组织会计制度》《会计基础工作规范》《内部会计控制规范》以及财政部门与国家档案局联合发布的《会计档案管理办法》等。

(4)地方人大制定的地方性会计法规。地方性会计法规是各省、自治区、直辖市的人民代表大会及其常委会在与会计法律、会计行政法规不相抵触的前提下制定的地方性会计法规。根据规定,实行计划单列管理的计划单列市、经济特区的人民代表大会及其常委会在宪法、法律和行政法规允许范围内制定、实施的有关会计工作的规范性文件,也属于地方性会计法规。

2.证券方面的法律规范

证券法律制度是调整有价证券的发行、交易、清算以及国家在证券监管过程中所发生的各种社会关系的法律规范的总称。证券法律制度所调整的社会关系,既包括发行人、投资人以及证券中介服务机构相互之间所发生的民事关系,又包括国家证券监督管理机构对证券市场主体进行引导、组织、协调和监督过程中所发生的行政管理关系。证券法律制度的核心任务是保护投资者的合法权益,维护证券市场秩序。

《证券法》对我国证券市场证券发行、交易、登记、清算、信息披露等市场运行制度均做了明确规定,是市场参与各方必须遵循的法律规范。下面重点介绍这几个方面的基本法律制度:

(1)发行上市制度。

申请公开发行证券必须履行法定程序,这在世界各国证券市场都是通例。具体来说,主要有注册制和核准制两类模式。

注册制是指发行人在发行证券之前,必须按照有关规定向证券监管机构申请注册。发行人必须披露发行人自身及与证券发行有关的一切信息,并保证所披露信息的真实、准确、完整。如果发行人符合上述要求,就可公开发行证券。在这种制度下,证券监管机构关注的是发行人信息披露的质量而不是发行人本身的质量,因此注册制并不禁止质量差、风险高的证券发行上市。注册制要求投资者具备依据公开信息作出正确判断的能力,对投资者要求较高。目前实行注册制的代表国家有美国、加拿大和英国等证券市场比较发达、机构投资者比重较高的国家。

核准制是指发行人发行证券必须获得证券监管机构或者证券交易所的核准。核准制下公司发行证券需要满足两个条件:一是与注册制相同,需要公开披露所有相关信息。二是还要符合法律规定的若干实质条件。实质条件是指发行人的财务状况、资产结构、盈利记录、公司独立性等一系列标准。核准机构有权否决不符合法定条件的公司发行证券的申请。核准制遵循的是实质管理原则,它是在信息公开的基础上,再把不符合条件的低质量公司拒之门外。这种管理制度对证券市场历史不长的发展中国家较为适用。

我国股票发行体制经历了从审批制到核准制的变化。在 2000 年 3 月以前实行的是审批制,采用"指标分配、行政推荐"的方法,由各省级政府和国务院有关部委进行初审并推荐公司发行上市,证监会进行复审。审批制具有浓厚的行政色彩,在市场发展初期虽发挥了一定作用,但其弊端也很突出,一些地方将推荐发行上市作为国企解困的手段,额度分配分散、包装现象严重;有些企业由于额度不够,采取部分改制,一个分厂甚至一个车间改制成股份公司,关联交易严重,公司独立性差,有些公司甚至成为大股东的"圈钱"工具。市场资源配置功能扭曲,投资者对此反映强烈。

2000 年 3 月开始实行核准制,从政府选择企业改为由中介机构(证券公司)推荐企业上市,取消了发行额度和指标。发行人必须履行强制信息披露义务,并保证信息披露的真实、准确、完整;中介机构对发行人负有尽职调查的责任,2004 年开始实行"保荐制",负责推荐的证券公司还负有保荐责任;由以市场专业人士组成的发审委对发行人和中介机构的申请文件进行审核,证监会进行核准;投资者根据发行人披露的信息,自主作出投资与否的决定,投资风险自担。核准制实施以来,市场约束增强,行政干预逐渐退出。

(2)交易制度。

国际上主要证券交易模式大体有以下几种方式:

一是按交易场所划分为交易所场内和场外交易。场内交易是在交易所进行的集中和连续的证券交易;场外交易一般由证券商组织,在证券商柜台进行,是分散和零散的交易。

二是按照证券商与买卖方的关系划分为经纪商交易和做市商交易。经纪商交易是指证券商接受买方或卖方的委托,经纪商与投资人是委托代理关系,并收取交易佣金。做市商交易是指证券商同时报出买价和卖价,直接用自己的账户与买卖双方交易,证券商不收取交易佣金,其获利的渠道是买卖价之间的价差。

三是按照价格发现的方式分为指令驱动和报价驱动。指令驱动是指集中竞价成交,随着投资人指令的变化,成交价格也随之涨跌。报价驱动是指做市商决定价格,投资者无论买卖都只与做市商成交,做市商按照投资者的买卖情况来调整报价,维持市场平衡。

四是按照交易的竞价范围分为集中竞价和协议成交。集中竞价是指通过统一的交易系统收集买入和卖出指令,按照价格优先、时间优先的方式撮合成交;协议成交是指买卖双方或者买卖双方的经纪商通过谈判协商的方式,确定交易价格和成交数量,多用于机构投资者的大宗交易。

按照我国《证券法》和《公司法》的规定,我国证券交易必须在依法设立的证券交易场所进行,证券在证券交易所挂牌交易应当采用公开的集中竞价交易方式,证券交易的集中竞价实行价格优先、时间优先的原则。我国法律所规定的高度集中统一的交易模式,在投资者主要是个人投资者时期,由于每笔交易额小,交易频繁,具有高效灵活、简便操作的优势。随着市场的不断发展,也需要适应投资者结构变化和多样化交易需求,逐步丰富交易方式。

(3)证券登记结算制度。

证券登记结算环节是证券交易的后台处理,证券登记结算要解决三个主要问题:一是证券登记和证券账户管理问题,二是交易清算问题,三是根据清算结果付钱交券。清算和交收两个环节统称为结算。解决这些问题有不同的登记、清算和交收模式。

登记和账户管理模式。证券登记体系可以划分成两大类,一是直接持有体系,二是间接持有体系。直接持有体系指证券的实际持有人直接出现在发行人或发行人委托的公司登记机构的簿记上,因而直接对证券发行人拥有请求权。间接持有体系是指投资者将持有证券交付给证券公司、托管银行、中央证券存管机构等名义持有人,在发行人或发行人委托的公司登记机构的簿记上只出现名义持有人,而不直接出现实际持有人,在此体系下,证券的实际持有人不直接对证券发行人拥有请求权,其持有证券而享有的请求权需通过名义持有人间接地向发行人提出。

我国证券登记体系是直接持有体系。由中央证券存管机构为证券公司开立和维护证券账户,同时也直接为证券公司的客户开立和维护证券账户,客户证券账户的证券持有情况由中央证券存管机构发送给证券公司。采用间接持有体系的,中央证券存管机构只为证券公司开立证券账户,不负责为证券公司的客户开立证券账户,证券公司客户的明细账由证券公司自行管理。

证券清算模式。证券清算模式指计算应收应付证券或资金的行为,存在逐笔清算和净额清算两种方式。逐笔清算是每成交一笔就产生一笔应收应付关系;净额清算是将一个交易日内的应收应付轧差,只产生一个应收应付的净额。我国采用的是净额清算模式。

证券交收模式。证券交收模式指通过证券过户和资金转账,了结清算产生的债权债务,包括证券交收和资金交收。证券交收模式与证券账户管理模式有关。采用中央证券存管机构直接维护证券公司客户证券账户模式的,除了需对证券公司的证券交收账户进行处理外,一般还直接处理证券公司和其客户之间的证券交收。从证券成交到交收之间的周期有长有短,如 $T+1$、$T+3$ 甚至 $T+5$ 等,T 是指成交日,$T+1$ 就是成交后的第二天完成交收,国际上交收周期以 $T+3$ 最为多见。我国目前采用的是 $T+1$ 交收方式。

总的来讲,我国采用的是集中统一的证券登记结算体系,中国证券登记结算公司是上市证券的唯一法定登记机构,集证券登记、账户管理、清算、交收等职能于一体。

(4)信息披露制度。

信息披露制度是世界各国对上市公司进行规范和管理的主要制度之一,持续向投资者披露其经营状况和财务状况是上市公司最基本的义务。投资者依据披露信息,作出投资选择,因此,各国证券法律均对上市公司信息披露责任作出了明确具体的规定。上市公司及其董事会信息披露必须真实、准确、完整,不得有虚假记载、误导性陈述或者重大遗漏,禁止欺诈行为及内幕交易。作为一个完整的体系,信息披露制度涉及信息披露主体,信息披露的时间、形式、内容、手段及法律责任等多方面内容。

我国证券市场虽然建立时间短,但是在上市公司信息披露规则建设方面已基本与国际接轨。自1993年中国证监会发布《公开发行股票公司信息披露实施细则》以来,目前已形成包括法律、行政法规、部门规章和交易所自律规则在内的四个层次的信息披露规范体系。

上市公司披露的信息通常是按信息披露时间的不同分为初次披露和持续披露,初次披露一般指招股说明书和上市公告书,持续披露主要包括定期报告和临时报告。定期报告包括年报、半年报和季度报告,临时报告包括重大事件报告和股东大会决议等常规报告。

(5)证券监管制度。

目前世界各国证券监管制度,基本可以分为三类:第一类是以美国为代表的集中型监管模式,证券监管机构根据法律设立,负责制定和实施专门的证券管理法规,实现对全国证券市场的统一监督管理。其特点是监管机构超脱于其他市场参与者之外,能客观、公正、有效地发挥监管职能,有较强的威慑力和权威性。第二类是以英国为代表的自律型监管模式,政府干预较少,更注重行业自律组织对证券市场的自律监管。其特点是反应迅速,效率较高。第三类是以德国、法国为代表的中间型监管模式,既有政府监管的成分,又有自律管理的因素。

我国的证券监管制度经历了从地方监管到中央监管、从分散监管到集中监管的过程。国务院证券委员会和中国证监会成立之前,证券市场由地方政府以及多个政府部门共同管理。1992年12月,国务院发布了《国务院关于进一步加强证券市场宏观管理的通知》,监管体制开始向集中监管过渡。1998年4月,国务院对证券监督管理体制进一步改革,明确由中国证监会对全国证券期货市场实行集中统一监管。目前,我国证券市场的监督管理体制是以中国证监会为主体,以自律组织的自律管理为补充。根据《证券法》的规定,证监会在全国中心城市设立了36个证券监管局,作为证监会的派出机构,履行监管职责。

《证券法》对中国证监会的监管职责作了明确规定,主要包括制定有关规章、规则,依法行使核准或审批权;对证券的发行、交易、登记结算等主要环节进行监管;对上市公司和各类证券中介服务机构进行监管;对证券市场的信息披露进行监管,以及对证券市场违法违规行为进行查处等。证监会可以采取的执法手段主要有:现场调查取证;就调查事件情况询问有关单位和个人;查阅、复制或封存有关单位或个人的证券交易资料等;查询有关单位或个人的账户,并根据情况向司法机关申请予以冻结。

依照《证券法》的规定,以证券公司为主要会员的证券业协会是证券业的自律性组织,对会员进行自律管理。《证券法》对证券交易所作了专章规定,证券交易所除负责组织市场交易和维护市场运行外,还依法承担着监管上市公司、证券公司及证券交易等监管职责。

(三)税收方面的法律法规

税收方面的法律主要是税法,企业在进行理财决策时,要受到税法直接和间接的影响。因此,国家税收法律制度是企业理财的重要外部环境。税收是国家实现其职能,强制地、无偿地取得财政收入的一种手段。任何企业都有纳税的法定义务。税收对财务管理的筹资、投资、股利分配决策都具有重要影响。在筹资决策中,债务的利息具有抵减所得税的作用,确定企业资本结构也必须考虑税收的影响;在投资决策中,税收是一个投资项目的现金流出量,计算项目各年的现金流量必须要扣减这种现金流出量,才能正确反映投资所产的现金净流量,进而对投资项目进行估价;股利分配比例和股利分配方式影响股东个人交纳的所得税的数额,进而可能对企业价值产生重要的影响。此外,税负是企业的一种费用,要增加企业的现金流出,企业无不希望减少税务负担,企业进行合法的税收筹划,也是理财工作的重要职责。

目前的主要税种有按收益额课征的所得税和按流转额课征的增值税、消费税、营业税等。

➤三、金融环境

金融环境是指一个国家在一定的金融体制和制度下,影响经济主体活动的各种要素的集合。构建和谐金融环境,是新形势下加强金融宏观调控,维护金融和社会稳定,促进我国经济社会持续发展的重要举措,有着十分重大的作用和深远的意义。其一,它是我们建设和谐社会的需要。如果说建设良好的生态环境是人类生存发展的必要条件,那么构建和谐金融环境就是我国建设社会主义和谐社会最重要的经济基础。其二,构建和谐金融环境是社会经济发展的需要。改革开放20多年来的实践和取得的巨大表明,没有良好的金融环境,我国社会经济建设就难以持续协调发展。其三,构建和谐金融环境是我国金融体制改革的需要。构建和谐金融环境必须以科学发展和正确的政绩观为指导,充分发挥政府、银行、企业及社会各个层面作用,大力打造诚实守信的社会体系,建立健全激励约束机制,做大做强金融产业,促进实现社会经济和谐发展。金融环境主要有金融机构、金融工具、金融市场、利息率等几个方面。

(一)金融机构

金融机构是指从事金融服务业有关的金融中介机构,为金融体系的一部分,金融服务业(银行、证券、保险[1]、信托、基金等行业)与此相应。金融中介机构也包括银行、证券公司、保险公司、信托投资公司和基金管理公司等,同时亦指有关放贷的机构,发放贷款给客户在财务上进行周转的公司。他们的利息相对银行较高,但较方便客户借贷,因为不需繁复的文件进行证明。

按照不同的标准,金融机构可划分为以下不同的类型。

1.按地位和功能划分

按地位和功能,金融机构可以分为四大类:

第一类,中央银行,即中国人民银行。

第二类,银行。银行包括政策性银行、商业银行、村镇银行。政策性银行又包括国家开发银行、中国进出口银行和中国农业发展银行,而商业银行又包括国有四大商业银行(中国工商银行、中国农业银行、中国建设银行和中国银行)、其他商业银行(招商银行、交通银行等)。

第三类,非银行金融机构。非银行金融机构主要包括国有及股份制的保险公司、城市信用合作社、证券公司(投资银行)、财务公司、第三方理财公司等。

第四类,在中国境内开办的外资、侨资、中外合资金融机构。

2.按照管理地位划分

按照管理地位,金融机构可划分为金融监管机构与接受监管的金融企业。例如,中国人民银行、银行业监督管理委员会、中国保险监督管理委员会、证券监督管理委员会等是代表国家行使金融监管权力的机构,其他的所有银行、证券公司和保险公司等金融企业都必须接受其监督和管理。

3.按照是否能够接受公众存款划分

按照是否能够接受公众存款,金融机构可划分为存款性金融机构与非存款性金融机构。存款性金融机构主要通过存款形式向公众举债而获得其资金来源,如商业银行、储蓄贷款协会、合作储蓄银行和信用合作社等,非存款性金融机构则不得吸收公众的储蓄存款,如保险公司、信托金融机构、政策性银行以及各类证券公司、财务公司等。

4.按照是否担负国家政策性融资任务划分

按照是否担负国家政策性融资任务,金融机构可划分为政策性金融机构和非政策性金融机构。政策性金融机构是指由政府投资创办、按照政府意图与计划从事金融活动的机构。非政策性金融机构则不承担国家的政策性融资任务。

5.按照是否属于银行系统划分

按照是否属于银行系统,金融机构可划分为银行金融机构和非银行金融机构;按照出资的国别属性,又可划分为内资金融机构、外资金融机构和合资金融机构;按照所属的国家,还可划分为本国金融机构、外国金融机构和国际金融机构。

(二)金融工具

金融工具是指在信用活动中产生的,能够证明债权债务关系并据以进行货币资金交易的合法凭证,它对于债权债务双方所应承担的义务和享有的权利均具有法律效力。国际会计准则委员会第 32 号准则对金融工具定义如下:"一项金融工具是使一个企业形成金融资产,同时使另一个企业形成金融负债或权益工具(equity instrument)的任何合约"。这一定义将基本金融工具也包括在内,但更侧重于表达衍生工具的特征。

一般认为,金融工具具有以下特征:

1. 偿还期

偿还期是指借款人拿到借款开始,到借款全部偿还清为止所经历的时间。各种金融工具在发行时一般都具有不同的偿还期。从长期来说,有 10 年、20 年、50 年。还有一种永久性债务,这种公债借款人同意以后无限期地支付利息,但始终不偿还本金,这是长期的一个极端。在另一个极端,银行活期存款随时可以兑现,其偿还期实际等于零。

2. 流动性

流动性是指金融资产在转换成货币时,其价值不会蒙受损失的能力。除货币以外,各种金融资产都存在着不同程度的不完全流动性。其他的金融资产在没有到期之前要想转换成货币的话,或者打一定的折扣,或者花一定的交易费用,一般来说,金融工具如果具备下述两个特点,就可能具有较高的流动性:第一,发行金融资产的债务人信誉高,在已往的债务偿还中能及时、全部履行其义务。第二,债务的期限短。这样它受市场利率的影响很小,变现时所遭受亏损的可能性就很少。

3. 安全性

安全性指投资于金融工具的本金是否会遭受损失的风险。风险可分为两类:一是债务人不履行债务的风险。这种风险的大小主要取决于债务人的信誉以及债务人的社会地位。另一类风险是市场的风险,这是金融资产的市场价格随市场利率的上升而跌落的风险。当利率上升时,金融证券的市场价格就下跌;当利率下跌时,则金融证券的市场价格就上涨。证券的偿还期越长,则其价格受利率变动的影响越大。一般来说,本金安全性与偿还期成反比,即偿还期越长,其风险越大,安全性越小。本金安全性与流动性成正比,与债务人的信誉也成正比。

4. 收益性

收益性是指金融工具能定期或不定期给持有人带来收益的特性。金融工具收益性的大小,是通过收益率来衡量的,其具体指标有名义收益率、实际收益率、平均收益率等。

由于金融工具具有表外风险,国际会计准则和美国公认会计原则均要求操作金融工具的企业在财务报表的主体和附注中披露金融工具的信息。

(三)金融市场

1. 金融市场的含义

金融市场又称为资金市场,包括货币市场和资本市场,是资金融通市场。所谓资金融通,是指在经济运行过程中,资金供求双方运用各种金融工具调节资金盈余的活动,是所有金融交易活动的总称。在金融市场上交易的是各种金融工具,如股票、债券、储蓄存单等。资金融通简称为融资,一般分为直接融资和间接融资两种。直接融资是资金供求双方直接进行资金融通的活动,也就是资金需求者直接通过金融市场向社会上有资金盈余的机构和个人筹资;与此对应,间接融资则是指通过银行所进行的资金融通活动,也就是资金需求者采取向银行等金融中介机构申请贷款的方式筹资。金融市场对经济活动的各个方面都有着直接的深刻影响,如个人财富、企业的经营、经济运行的效率,都直接取决于金融市场的活动。

金融市场的构成十分复杂,它是由许多不同的市场组成的一个庞大体系。但是,一般根据金融市场上交易工具的期限,把金融市场分为货币市场和资本市场两大类。货币市场是融通短期(一年以内)资金的市场,资本市场是融通长期(一年以上)资金的市场。货币市场和资本市场又可以进一步分为若干不同的子市场。货币市场包括金融同业拆借市场、回购协议市场、商业票据市场、银行承兑汇票市场、短期政府债券市场、大面额可转让存单市场等。资本市场包括中长期信贷市场和证券市场。中长期信贷市场是金融机构与工商企业之间的贷款市场;证券市场是通过证券的发行与交易进行融资的市场,包括债券市场、股票市场、基金市场、保险市场、融资租赁市场等。

和其他市场相比,金融市场具有自己独有的特征:

第一,金融市场是以资金为交易对象的市场。

第二,金融市场交易之间不是单纯的买卖关系,更主要的是借贷关系,体现了资金所有权和使用权相分离的原则。

第三,金融市场可以是有形市场,也可以是无形市场。

2. 金融市场的分类

金融市场从不同的角度考察,可作如下分类。

(1)按地理范围可分为国际金融市场和国内金融市场。

①国际金融市场,由经营国际间货币业务的金融机构组成,其经营内容包括资金借贷、外汇买卖、证券买卖、资金交易等。

②国内金融市场,由国内金融机构组成,办理各种货币、证券业务活动。它又分为城市金融市场和农村金融市场,或者分为全国性、区域性、地方性的金融市场。

(2)按经营场所可分为有形金融市场和无形金融市场。

①有形金融市场,指有固定场所和操作设施的金融市场。

②无形金融市场,以营运网络形式存在的市场,通过电子电讯手段达成交易。

(3)按融资交易期限划分为长期资金市场和短期资金市场。

①长期资金市场(资本市场),主要供应一年以上的中长期资金,如股票与长期债券的发行与流通。

②短期资金市场(货币市场),是一年以下的短期资金的融通市场,如同业拆借、票据贴现、短期债券及可转让存单的买卖。

(4)按交易性质划分为发行市场和流通市场。

①发行市场,也称一级市场,是新证券发行的市场。

②流通市场,也称二级市场,是已经发行、处在流通中的证券的买卖市场。

(5)按交易对象划分为拆借市场、贴现市场、大额定期存单市场、证券市场(包括股票市场和债券市场)、外汇市场、黄金市场和保险市场。

(6)按交割期限可分为金融现货市场和金融期货市场。

①金融现货市场,融资活动成交后立即付款交割。

②金融期货市场,投融活动成交后按合约规定在指定日期付款交割。按照上述各内在联系对金融市场进行科学系统的划分,是进行金融市场有效管理的基础。

(7)按交易标的物划分为:①货币市场;②资本市场;③金融衍生品市场;④外汇市场;⑤保险市场;⑥黄金及其他投资品市场。

3. 金融市场的构成要素

(1)金融市场的主体,是指参与金融市场的交易活动而形成证券买卖双方的单位。

①政府部门:通过发行债券筹集资金。

②工商企业:既是筹资者,也可能是资金供应者。

③金融机构:是金融市场最重要的参与者。主要有存款性金融机构、非存款性金融机构、中央银行。

④个人:是市场上的资金供应者。

(2)金融工具,是在信用活动中产生,能够证明金融交易金额、期限和价格的书面文件。

(3)金融市场的组织形式,是指进行金融交易所采用的方式。

①在固定场所进行的有组织的集中交易方式。"双边拍卖"方式成交。买方的最高出价等于卖方的最低要价。

②分散交易方式,通过金融机构的柜台进行。"讨价还价"方式成交,也称为店头交易。

③场外交易方式:借助于先进的通讯手段完成交易。

(4)金融市场的交易价格,是指在金融市场上,买卖有价证券的价格。

(四)利息率

1. 利息率的含义

利率表示一定时期内利息量与本金的比率,通常用百分比表示,按年计算则称为年利率。从借贷关系看,又是指一定时期运用资金这一资源的交易价格。

2. 利息率的影响因素

(1)利率水平。

社会主义市场经济中,利息仍作为平均利润的一部分,因而利息率也是由平均利润率决定的。根据中国经济发展现状与改革实践,这种制约作用可以概括为:利率的总水平要适应大多数企业的负担能力。

也就是说,利率总水平不能太高,太高了大多数企业承受不了;相反,利率总水平也不能太低,太低了不能发挥利率的杠杆作用。

(2)资金供求状况。

在平均利润率既定时,利息率的变动则取决于平均利润分割为利息与企业利润的比例。而这个比例是由借贷资本的供求双方通过竞争确定的。

一般地,当借贷资本供不应求时,借贷双方的竞争结果将促进利率上升;相反,当借贷资本供过于求时,竞争的结果必然导致利率下降。在中国市场经济条件下,由于作为金融市场上的商品的"价格"——利率,与其他商品的价格一样受供求规律的制约,因而资金的供求状况对利率水平的高低仍然有决定性作用。

(3)物价变动幅度。

由于价格具有刚性,变动的趋势一般是上涨,因而怎样使自己持有的货币不贬值,或遭受贬值后如何取得补偿,是人们普遍关心的问题。

这种关心使得从事经营货币资金的银行必须使吸收存款的名义利率适应物价上涨的幅度,否则难以吸收存款;同时也必须使贷款的名义利率适应物价上涨的幅度,否则难以获得投资收益。所以,名义利率水平与物价水平具有同步发展的趋势,物价变动的幅度制约着名义利率水平的高低。

(4)国际经济环境。

改革开放以后,中国与其他国家的经济联系日益密切。在这种情况下,利率也不可避免地受国际经济因素的影响,表现在以下几个方面:

①国际间资金的流动,通过改变中国的资金供给量影响中国的利率水平;

②中国的利率水平还要受国际间商品竞争的影响;

③中国的利率水平,还受国家的外汇储备量的多少和利用外资政策的影响。

(5)政策性因素。

自 1949 年新中国成立以来,中国的利率基本上属于管制利率类型,利率由国务院统一制定,由中国人民银行统一管理,在利率水平的制定与执行中,要受到政策性因素的影响。例如,建国后至十年动乱期间,中国长期实行低利率政策,以稳定物价、稳定市场。

1978 年以来,对一些部门、企业实行差别利率,体现出政策性的引导或政策性的限制。可见,中国社会主义市场经济中,利率不是完全随着信贷资金的供求状况自由波动,它还取决于国家调节经济的需要,并受国家的控制和调节。

3. 利率分类

(1)根据计算方法不同,分为单利和复利。

单利是指在借贷期限内,只在原来的本金上计算利息,对本金所产生的利息不再另外计算利息。复利是指在借贷期限内,除了在原来本金上计算利息外,还要把本金所产生的利息重新计入本金、重复计算利息,俗称"利滚利"。

(2)根据与通货膨胀的关系,分为名义利率和实际利率。

名义利率是指没有剔除通货膨胀因素的利率,也就是借款合同或单据上标明的利率。实际利率是指已经剔除通货膨胀因素后的利率。

(3)根据确定方式不同,分为法定利率和市场利率。

法定利率是指由政府金融管理部门或者中央银行确定的利率。市场利率是指根据市场资金借贷关系紧张程度所确定的利率。

(4)根据国家政策意向不同,分为一般利率和优惠利率。

一般利率是指在不享受任何优惠条件下的利率。优惠利率是指对某些部门、行业、个人所制定的利率优惠政策。

(5)根据银行业务要求不同,分为存款利率、贷款利率。

存款利率是指在金融机构存款所获得的利息与本金的比率。贷款利率是指从金融机构贷款所支付的利息与本金的比率。

(6)根据与市场利率供求关系,分为固定利率和浮动利率。

固定利率是指在借贷期不变的利率,在通货膨胀时,会使债权人的利益受到伤害。

浮动利率是指在借贷期调整的利率。在通货膨胀时,会使债权人减少损失。

(7)根据利率之间的变动关系,分为基准利率和套算利率。

基准利率是在多种利率并存的条件下起决定作用的利率,我国是中国人民银行对商业银行贷款的利率,在西方国家是指央行的再贴现率。套算利率是根据基准利率,各金融机构根据自己的特点换算出来的利率。

4. 利率的构成

在金融市场上,利率是由资金使用权的价格,即在金融市场上购买资金的价格。利率由资金供需双方所决定的。除此之外,经济周期、通货膨胀、国家货币政策和财政政策、国际政治经济关系、国家对利率的管制程度等对利率的变动均有不同程度的影响。因此,资金的利率通常由 3 个部分组成:纯利率、通货膨胀补偿率(或称通货膨胀贴水)、风险收益率。

利率的一般计算公式可表示如下:

$$利率 = 纯利率 + 通货膨胀补偿率 + 变现能力附加率 + 风险收益率$$

纯利率是指在没有风险和通货膨胀情况下的均衡点利率。

通货膨胀补偿率是指由于持续的通货膨胀会不断降低货币的实际购买力,为补偿其购买力损失而要求提高的利率。

变现能力附加率是指投资者在投资于变现力较低的证券时所要求的额外报酬。目的是为了补偿证券到期时变现所遭受的损失。变现能力附加率的大小主要取决于各种证券的风险大小。各种有价证券的变现能力是不同的,例如政府公债和大公司的债券易被公众接受,投资人随时可以出售以便收回投资,变现能力较强;而一些小企业的债券鲜为人知,相对不容易变现,投资人要求变现力的附加率要高些。

风险收益率包括违约风险收益率、流动性风险收益率和期限风险收益率。其中,违约风险收益率是指为了弥补因债务人无法按时还本付息而带来的风险,由债权人要求提高的利率;流动性风险收益率是指为了弥补因债务人流动不好而带来的风险,由债权人要求提高的利率;期限风险收益率是指为了弥补因偿债期长而带来的风险,由债权人要求提高的利率。

即问即答

金融市场如何影响公司理财行为?

第四节　案例分析:从财务目标论沃尔玛成功之道

2007 年 4 月 16 日,美国著名财经杂志《财富》(Fortune)公布了最新的美国企业 500 强,跨国零售商沃尔玛荣登榜首,2006 年,沃尔玛的销售收入增长 11.2%,增至 3511 亿美元,高于埃克森—美孚公司的 3473 亿美元。这也是其近 6 年内第五次荣登该榜首位。埃克森美孚、通用汽车分别列于第二、第三名。沃尔玛在短短 40 多年的时间里从美国中西部的一家乡村杂货店迅速崛起为全球 500 强的首位,是什么使得服务行业的零售百货公司多次战胜赚钱快的石油、汽车公司而成为美国最有实力的公司呢? 沃尔玛成功的因素固然很多,笔者在此仅从财务目标的角度对这一现象进行剖析。

➤一、企业财务目标

财务目标是全部财务活动实现的最终目标,是开展一切财务活动的基础和归宿,是评价企业理财活动是否合理的基本标准。一个企业的生产经营是处在社会的大环境中,不同企业的财务目标会有很大的差异。关于企业财务目标的模式,根据现代企业财务管理理论和实践,目前存在以下几种具有代表性的观点。

(一)利润最大化

利润最大化是古典微观经济学的理论基础,起源于亚当·斯密关于"经济人"假说。这种观点认为企业是以盈利为目的的经济组织,追求利润最大化是企业的财务目标,企业财务管理行为将朝着有利于企业利润最大化的方向发展。

利润最大化的财务目标虽然简明实用,也便于理解,但却存在着以下致命的弱点:利润最大化是一个绝对指标,以利润总额作为财务目标,没有考虑投入和产出之间的关系;利润最大化是一个静态指标,没有考虑货币时间价值;利润最大化没能有效地考虑风险与收益之间的关系。这可能造成财务人员不顾风险盲目去追求最大的利润;利润最大化易造成企业财务决策短期行为。企业为了追求利润的增长,注重微观利益,没有考虑宏观经济效益和社会效益,忽视企业长远的发展。

(二)股东财富最大化

股东财富最大化是指通过财务上的合理运营,为股东带来最多的财富。该观点适应于"股东至上逻辑"而存在。认为股东创办企业目的是为了扩大财富。他们是企业的所有者,其投资的价值在于它能给所有者带来未来的报酬。尽管他们也意识到相关利益者的存在,这种观点认为,相关利益者的利益仅仅是制约股东财富最大化实现的约束函数(条件)。

但是,企业的本质是一系列契约的结合,现代企业最大的特点就是所有权与经营权的分离,股东股权分散,由于企业所有者的实际缺位,因此存在着信息不对称性,职业经理实际掌握企业的控制权,职业经理可能利用职权损害股东的利益(比如:享受性消费增多),即出现"逆向选择"和"道德风险",而债权人、企业职工等因不直接参与控制企业管理,权益也受到损害。因此,股东财富最大化这一观点遭到越来越多的批评。

(三)利益相关者财富最大化

利益相关者财富最大化是指兼顾和均衡每个利益相关者的利益,使所有利益相关者都尽可能最大限度地得到利益上的满足。纳斯认为:"利益相关者是与企业有关系的人,他们使企业运营成为可能。"利益相关者一般包括:股东、经营者、职工、债权人、客户、供应商、社区、政府等。现代企业面临着复杂的社会和经济环境,要实现企业财务目标,必须正确处理好企业与相关各方之间的关系,在相关各方利益之间进行权衡。"利益相关者财富最大化"这一企业财务目标的模式,在理论界已为众多学者和专家所认同,业已成为主流观点,并为沃尔玛、戴尔等国际著名的跨国公司全方位引入。

从 20 世纪 80 年代至今,美国已有 29 个州修改了公司法,要求公司经理为公司利益的相关者(stakeholders)服务,而不仅为股东(stockholders)服务。1995 年 5 月,由 29 个发达国家组成的经济合作与发展组织(OECD)理事会正式通过了其制定的《公司治理结构原则》中指出公司治理结构框架应当确认利益相关者的合法权益,并且鼓励公司和利益相关者为创造财富和工作机会,以及保持企业财务健全而积极地进行合作。中国证监会在 2002 年初出台的《上市公司治理准则》中第六章专门为公司利益相关者的地位、范围、作用、权力等做了框架性的规范,从制度方面为中国上市公司利益相关者的利益保护奠定了基础。

➤二、沃尔玛的成功之道

在现代市场经济条件下,企业的目标并非唯一地追求股东财富最大化或企业利润最大化,而应该是相关利益者财富最大化。从某种程度上说,沃尔玛公司正是"利益相关者财富最大化"模式的最大受益者和成功的典范。下面笔者仅就沃尔玛在其经营战略和经营策略中追求股东利益、顾客利益、员工利益、供应商利益,以及社会利益等几个方面利益相关者的利益最大化,并最终达到利益相关者财富最大化,剖析沃尔玛的成功之道。

(一)顾客利益

沃尔玛创始人山姆·沃尔顿一语破的——"我们并肩合作,这就是秘诀。我们为每一位顾客降低生活开支。我们要给世界一个机会,来看一看通过节约的方式改善所有人的生活是个什么样子。"沃尔玛有句名言:"不管我们付出的代价多大,如果我们赚了很多,就应当转送给顾客。"这种始终以低出别家商店的价格出售,给予了顾客最大的实惠,强调尊重顾客,提供一流服务,"天天低价"、"顾客第一"与"微笑服务"成为沃尔玛制胜法宝。为了实现低价,沃尔玛想尽了招数,其中重要的一点就是大力节约开支,绕开中间商,直接从工厂进货。这种类似网络零售商"零库存"的做法使沃尔玛每年都可节省数百万美元的仓储费用,从而使得企业能真正做到薄利多销,将这些费用都让利给了顾客,同时,沃尔玛提供了更高的品质保证。沃尔玛超市所售货物在价格上占有绝对优势,不仅如此,沃尔玛店内的通道、灯光设计都为了令顾客更加舒适;店门口的欢迎者较其他同行更主动热情;收银员一律站立工作以示对顾客的尊敬;从而使沃尔玛成为消费者的最佳选择。

(二)员工利益

沃尔玛强调尊重公司的每一个人,多年来实行以人为本的管理策略,沃尔玛的员工不是被称为"雇员",而是被称为"合作者"或"同事"。在美国管理界,沃尔玛被公认为最具管理特色的公司之一,并多次被评为最适宜工作的公司之一。公司对员工利益的关心并不只是停留在口头上或是几条标语式的企业文化理论,而是有一套详细而具体的实施方案。沃尔玛拥有190多万名员工,公司给予每一位职工体现人生价值的机会都是均等的,每一位员工都享有培训和提升机会,更重要的是沃尔玛在全公司推行利润分享、雇员购股计划、损耗奖励计划、例会制度、福利计划等,将公司和职工结成一个利益共同体,沃尔玛员工的献身精神和团队力量都堪称一流。人力资本所有者参与企业收益的分配,不仅实现了人力资本所有者的权益,而且实现了企业财富分配原则从货币拥有者向财富创造者的转化,这已成为世界经济发展的一种趋势。

(三)供应商利益

目前一些中小零售商,包括中国大多数超市都通过压低供货商的利润来降低成本,提高利润,比如收取上架费、保证金等,而沃尔玛并不因自身规模大、实力强而以肆意损害供应商来增加自身利润,而是重视与供应商建立友好融洽的协作关系,保护供应商的利益。它通过优化供应链,降低物流成本。它花费4个亿从休斯公司购买了商业卫星,实现全球联网,因而建立起的零售链让供应商赞不绝口。沃尔玛拥有世界上最为庞大的民用数据库,沃尔玛的管理人员可以随时得知万里之外任何一家分店的运转情况,随时控制库存和进货。据调查,沃尔玛给予供应商的优惠远远超过同行,沃尔玛的库存流量速度是美国零售业平均速度的两倍,这使得供应商能及时为生产、销售提供有力的决策支持,加快资金周转速度,从而成本就会降低,提供给沃尔玛的价格也会降低,这使得沃尔玛的销售额和经营利润同时获得大幅度增长。沃尔玛公司还不断开发自己的品牌,这样不仅直接指导生产者调整产品结构,而且由于自有品牌的市场独占性,也使得沃尔玛公司获得了较其他商品更高的利润,可见,与供应商的合作,实现了双赢。

(四)债权人利益

沃尔玛深知保持良好的信用,按时还本付息是确保债权人利益的最好方法,与债权人之间也建立起了良好的按时还款信用关系,因此银行等债权人也非常乐意贷款给它,这为沃尔玛早期的发展及壮大提供了充裕的资金,从1946年第一次贷款1800美金购买冰激凌机开始,一直到1970年沃尔玛发行股票之前,贷款是沃尔玛最重要的资金来源,对财务目标的实现起到了重要的作用。

(五)股东利益

股东是企业的所有者,他们关心投资回报率和企业的发展。从满足股东要求和利益出发,沃尔玛加强与股东的交流,保证股东对公司的信心,从而得到了他们的支持,并且吸引了更多的投资者,事实上最令股东们满意的还是沃尔玛的经营业绩和投资回报。沃尔玛的股东平均年投资回报率成为全美国投资回报率最高的企业之一。在最新公布的2006年福布斯全球富豪榜排名中,在前20名中沃尔玛公司股东就占了5名。

(六)政府和社会利益

政府在制定经济政策、进行宏观调控并提供各种公共服务方面,对企业生产经营具有直接或间接的影响。对于沃尔玛这样的跨国公司,能否与所在国政府建立良好的关系,将影响到其进一步发展壮大和财务目标的实现。对此,沃尔玛通过一系列策略,建立了与当地政府之间的良好关系。多年以来,沃尔玛注重帮助政府发展教育事业,并捐助公益慈善事业,赢得了良好的社会声誉。以沃尔玛在中国的企业为例,沃尔玛在中国的企业社会责任计划重点体现在保护环境、回馈社区、关爱儿童、支持教育和救助灾区等五方面。近十年来,沃尔玛已经累计向各种慈善公益项目捐赠总额超过2600万元人民币的资金和物品,沃尔玛全国员工在社会公益事业方面所投入的工时累计超过13万个小时。

综上所知,沃尔玛公司在财务目标的定位上采用了利益相关者财富最大化模式,充分考虑了公司的竞争力和最终成功是利益相关者协同作用的结果,是来自不同资源提供者的贡献。沃尔玛公司正是考虑了顾客、员工、供应商、社会等利益相关者的利益,使它能创造奇迹,从"一个卖廉价衬衫和渔竿的摊贩"成为美国最有实力的公司。

➤ 三、结束语

我国目前正处在企业内外环境不断发生剧烈变动的新经济时代,财务的准确定位事关企业的生存和发展,企业的财务目标应该是各个利益相关者利益的最佳兼顾,各利益主体间是合作关系,财务分配政策应保持动态平衡,获得各利益主体的信任与支持,强调的是"多赢"。利益相关者财富最大化模式不仅适应市场经济的客观要求,而且能够促进企业持续健康发展,符合当今构建和谐社会的根本要求,是我国企业财务目标的最佳选择。

(资料来源:商场现代化,谢晖,2007.11.)

案例思考题

1. 讨论不同财务管理目标的优缺点。
2. 你认为沃尔玛的财务管理目标是什么？对其成功有何影响？

本章小结

1. **财务管理**：是指基于企业生产经营过程中客观存在的财务活动和财务关系而产生的，是利用价值形式对企业生产经营过程进行的管理。

2. **财务活动的内容**：筹资、投资、营运、分配。

3. **财务关系**：指企业在组织财务活动过程中与各有关方面发生的经济关系，企业的筹资活动、投资活动、经营活动、利润及其分配活动与企业上下左右各方面有着广泛的联系。

4. **财务管理的目标**：利润最大化、股东财富最大化、企业价值最大化利益相关者财富最大化。

5. **财务管理的环境**：经济环境、法律环境、金融环境。

习题

一、选择题

1. 对于财务关系的表述，不正确的是（　　）。

　A. 企业与受资者的财务关系体现所有权性质的投资与受资的关系

　B. 企业与政府间的财务关系体现为强制和无偿的分配关系

　C. 企业与客户之间的财务关系属于购买商品或接受劳务形成的关系

　D. 企业与债权人之间的财务关系属于债务与债权关系

2. 风险收益率不包括（　　）。

　A. 违约风险收益率　　　　　　　　B. 流动性风险收益率

　C. 期限风险收益率　　　　　　　　D. 偿债风险收益率

3. 决定利息率高低最基本的因素为（　　）。

　A. 经济周期　　　　　　　　　　　B. 宏观经济政策

　C. 中央银行的利率水平　　　　　　D. 资金的需求和供给水平

4. 企业价值最大化目标强调的是企业的（　　）。

　A. 生产能力　　　　　　　　　　　B. 预期获利能力和成长能力

　C. 实际利润率　　　　　　　　　　D. 每股收益

5. 下列（　　）属于企业销售商品或提供劳务形成的财务关系。

　A. 企业与供应商之间的财务关系

　B. 企业与债务人之间的财务关系

　C. 企业与客户之间的财务关系

　D. 企业与受资者之间的财务关系

6. 下列不属于所有者与经营者矛盾协调措施的是（　　）。

　A. 解聘　　　　　　　　　　　　　B. 限制性借款

C."股票选择权"方式　　　　　　　　D.激励

7.下列各项中属于狭义投资活动的是(　　)。

　　A.购置固定资产　　　　　　　　　B.购买债券

　　C.购置无形资产　　　　　　　　　D.购置流动资产

8.下列关于财务管理的目标中,既反映了资产保值增值的要求,又克服了企业管理上的片面性和短期行为的有(　　)。

　　A.企业利润最大化　　　　　　　　B.每股利润最大化

　　C.每股收益最大化　　　　　　　　D.企业价值最大化

9.下列属于企业资金营运活动的是(　　)。

　　A.采购材料支付资金　　　　　　　B.购入固定资产支付资金

　　C.向银行借入一笔长期借款　　　　D.投资者投入一笔投资款

10.以下不属于每股收益最大化作为财务管理的目标的缺陷的是(　　)。

　　A.能够反映资本的获利水平　　　　B.没有考虑资金时间价值因素

　　C.没有考虑资金的风险因素　　　　D.可以避免企业的短期行为

二、多选题

1.公司治理结构是指明确界定股东大会、董事会、监事会和经理人员职责和功能的一种企业组织结构。我国上市公司治理结构涉及股东大会以及(　　)。

　　A.董事会　　　　　　　　　　　　B.高级管理机构

　　C.监事会　　　　　　　　　　　　D.外部独立审计

2.关于经济周期中的理财策略下列说法正确的是(　　)。

　　A.在企业经济复苏期和繁荣期企业都应当增加厂房设备

　　B.在企业经济繁荣期企业应减少劳动力,以实现更多利润

　　C.在经济衰退期企业应继续扩张,以期获得更多的收益

　　D.在经济萧条期企业应裁减雇员

3.金融工具是指在信用活动中产生的、能够证明债权债务关系或所有权关系并据以进行货币资金交易的合法凭证。金融工具的特征包括(　　)。

　　A.期限性　　　　B.流动性　　　　C.风险性　　　　D.稳定性

4.金融市场利率的决定因素有(　　)。

　　A.纯利率　　　　　　　　　　　　B.通货膨胀补偿利率

　　C.流动性风险报酬率　　　　　　　D.期限风险报酬率

5.每股收益最大化目标与企业价值最大化目标相比具有的缺点是(　　)。

　　A.没有考虑资金时间价值

　　B.没有考虑风险因素

　　C.没有反映创造的利润同投入资本之间的关系

　　D.会导致企业的短期行为

6.企业通过筹资形成的不同性质的资金来源是(　　)。

　　A.流动资金　　　　　　　　　　　B.存货资金

　　C.债务资金　　　　　　　　　　　D.权益资金

7.所有者与债权人的矛盾冲突主要表现在(　　)。

A. 改变借款的用途

B. 要求得到更多的享受成本

C. 不尽最大努力实现企业的价值最大化

D. 不征得同意发行更多的新债

8. 下列各项中,属于狭义投资项目的有(　　)。

A. 股票投资　　　　　　　　B. 债券投资

C. 购置设备　　　　　　　　D. 购置原材料

9. 下列各项中属于资本市场特点的是(　　)。

A. 交易期限短　　　　　　　B. 收益较高

C. 流动性好　　　　　　　　D. 价格变动幅度大

10. 以下属于财务管理的环节内容的是(　　)。

A. 规划　　　　　　　　　　B. 财务预算

C. 财务决策　　　　　　　　D. 业绩评价与激励

三、判断题

1. 财务管理环境是指对企业财务活动和财务管理产生影响作用的企业外部各种条件的统称。　　　　　　　　　　　　　　　　　　　　　　　　　　　　　　　　(　　)

2. 从财务管理者的角度看,企业的价值就是其账面资产的总价值。　　　　(　　)

3. 公司治理结构和治理机制的有效实现是离不开财务监控的,公司治理结构中的每一个层次都有监控的职能,从监控的实务来看,最终要归结为财务评价。　　　　(　　)

4. 国库券的风险很小,通常用短期国库券的利率表示无风险报酬率(纯利率＋通货膨胀补偿率),如果通货膨胀水平极低,则可以用短期国库券利率作为纯利率(资金时间价值)。　(　　)

5. 期限风险收益率是指为了弥补因债务人无法按期还本付息而带来的风险,由债权人要求提高的利率。　　　　　　　　　　　　　　　　　　　　　　　　　　　(　　)

6. 协调相关利益群体的利益冲突就是为了使相关利益群体的利益分配在数量上达到动态的协调平衡。　　　　　　　　　　　　　　　　　　　　　　　　　　　(　　)

7. 在通货膨胀条件下采用固定利率,可使债权人减少损失。　　　　　　　(　　)

8. 资金的利率通常由三部分组成:纯利率、通货膨胀贴水和风险收益率。　　(　　)

9. 金融市场的利率受通货膨胀的影响,随着通货膨胀的起伏不定而起落。　　(　　)

10. 股价是衡量上市企业财务目标实现程度的最好尺度。　　　　　　　　(　　)

第二章 财务管理的价值观念

本章将帮助您——

了解货币的时间价值;

掌握货币时间价值的计算;

熟悉对风险进行衡量时应着重考虑的因素;

掌握标准差和标准差系数的计算;

熟悉风险与报酬的关系;

思考现实中的几个案例与本章学习内容的联系。

在市场经济条件下,财务管理关注企业的现金流量。由于现在的1元钱和未来的1元钱相比,其经济价值是不相等的,因此,企业衡量现金流量必须考虑货币的时间价值;由于未来影响现金流量的各种因素具有不确定性,因此,导致企业未来获取现金流量存在着风险。基于此,货币时间价值和投资风险报酬成为企业财务管理必须具备的基本观念。为了适应知识经济时代对财务管理变革的新要求,财务管理的观念正在不断创新与发展。

第一节 货币的时间价值

现代企业资本运营周而复始,在有效的资本运营过程中,实现资本的不断增值。货币只有作为资本或者再生产的手段,通过劳动者的劳动才能创造价值。所以,货币作为资本使用是货币增值的真正原因。

货币的时间价值是现代财务管理的基础观念之一,因其非常重要并且涉及所有理财活动,有人称之为理财的"第一原则"。

➤ 一、货币时间价值的概述

(一)货币时间价值的概念

货币时间价值是指货币经历一定时间的投资和再投资所增加的价值,也称资金的时间价值。在商品经济中,货币的时间价值是客观存在的。如将资金存入银行可以获得利息,将资金运用于公司的经营活动可以获得利润,将资金用于对外投资可以获得投资收益,这种由于资金运用实现的利息、利润或投资收益表现为货币的时间价值。

关于货币时间价值的概念,西方国家的说法是:即使在没有风险和没有通货膨胀的条件下,今天的100元钱和1年后的100元钱其经济价值也是不相等的,或者说其经济效用不同。现在的100元钱比1年后的100元钱经济价值要大一些。为什么会这样呢?例如,将现在的100元钱存入银行,假定利息率为10%,一年后的今天,你将会得到110元。其中的100元是本金,10元的利息就是这100元钱经过一年时间的投资所增加的价值,该利息就是货币时间价值。在实务中,人们习惯使用相对数字表示货币的时间价值,即用增加价值占投入货币的百分数来表示。例如,前述货币的时间价值为10%。但并非所有货币都具有时间价值,货币具有时间价值的前提条件是货币只有当作资本投入生产和流通后才能产生增值。

(二)货币时间价值的实质

根据马克思的劳动价值理论,在发达的商品经济条件下,资本流通的公式是:$G-W-G'$。这一运动的特点是始点和终点都是货币,没有质的区别。马克思指出:"$G-W-G'$过程所以有内容,不是因为两极有质的区别(二者都是货币),而只是他们有量的不同。最后从流通中取出的货币,多于起初投入的货币……因此,这个过程的完整形式是$G-W-G'$。其中,$G'=G+\Delta G$,即原来预付的货币额G加上一个增值的货币额ΔG。我把这个增值额或超过原价值的余额叫做剩余价值,可见,原预付价值不仅在流通中保存下来,而且在流通中改变了自己的价值量,加上了一个剩余价值,或者说增值了。"处于两端的属于同一性质的货币,若两个货币量完全相等,投资行为就失去了实际意义。所以,资本流通的结果不仅要保持原有资本的价值,而且还要取得更多的价值即增值。由此可见,货币时间价值的真正来源是工人创造的剩余价值的一部分。

在公司财务活动中,公司经营者会充分利用闲置资金,购买股票、债券等投资活动以获得投资收益。通常情况下,只有当所获得的投资收益大于或等于利息收入时,即投资利润率等于同期银行利息率时,公司才进行投资活动,否则宁愿把资金存在银行中,而不愿进行有一定风险的投资活动。由此可见,货币的时间价值从价值量上看,是在没有风险和没有通货膨胀条件下的社会平均资金利润率,货币的时间价值是公司资金利润率的最低限度。

(三)货币时间价值的表现形式

货币时间价值有两种表现形式:一种是相对数(时间价值率)。它是指在没有风险和没有通货膨胀条件下的社会平均资金利润率或平均报酬率。在实际工作中,人们习惯使用相对数表示货币的时间价值。另一种是绝对数(时间价值额)。它是指资金在生产经营过程中带来的增值额,它等于投资额与时间价值率的乘积。

➤二、货币时间价值的计算

由于货币随时间的延续而增值,现在的100元钱与将来的100元多钱甚至是几百元钱在经济上是等效的。换一种说法,就是现在的100元钱和将来的100元钱经济价值不相等。由于不同时间单位货币的价值不相等,所以,不同时间的货币收入不宜直接进行比较,需要把它们折算到相同的时间基础上,然后才能进行大小的比较和比率的计算。货币时间价值的计算涉及现值、终值等,又分为单利和复利两种情况。

终值,又称本利和,是指资金经过若干时期后包括本金和时间价值在内的未来价值。通常有单利终值与现值、复利终值与现值、年金终值与现值。

现值,又称本金,是指在未来某一时点上的一定数额的资金折合成现在的价值。

终值与现值是一定数额的资金在前后两个时点上对应的价值,其差额就是货币时间价值。在现实生活中,计算利息时的本金、本利和相当于货币时间价值理论中的现值和终值。

为了计算方便,本章假定有关字母的含义:

F—终值,即本利和;

P—现值,即本金;

I—利息;

i—利率(或折现率);

n—期数。

(一)单利终值与现值

单利是指计算利息时只按本金计算利息,其所生利息不再加入本金重复计算利息,即本能生利,利不能生利。目前我国银行存贷款一般都采用单利计算利息。

1. 单利终值的计算

单利终值是指现在的一定量资金按单利计算的未来价值。

其计算公式是:

$$F = P + I = P + P \times i \times n = P(1 + i \times n)$$

【例 2-1】将 100 元存入银行,利率假设为 10%,一年后、两年后、三年后的终值是多少?(注:按单利计算。)

一年后:$100 \times (1 + 10\%) = 110$(元)

两年后:$100 \times (1 + 10\% \times 2) = 120$(元)

三年后:$100 \times (1 + 10\% \times 3) = 130$(元)

2. 单利现值的计算

单利现值是指在未来某一时点上的一定量资金折合成现在的价值。

其计算公式是:

$$P = F / (1 + i \times n)$$

【例 2-2】假设银行存款利率为 10%,为三年后获得 20000 现金,某人现在应存入银行多少钱?

$P = F / (1 + i \times n) = 20000 / (1 + 10\% \times 3) = 15384.62$(元)

(二)复利终值与现值

复利是计算利息的一种方法。按照这种方法,每经过一个计息期,要将所发生利息加入本金再计利息,逐期滚算,俗称"利滚利"。这里所说的计息期,是指相邻两次计息的时间间隔,如年、月、日等。除非特别指明,计息期为 1 年。货币时间价值通常是按复利计算的。

1. 复利终值

复利终值是指一定数量的本金在一定的利率下按照复利的方法计算出的若干时期以后的本金和利息。例如公司将一笔资金 P 存入银行,年利率为 i,如果每年计息一次,则 n 年后的本利和就是复利终值。如图 2-1 所示。

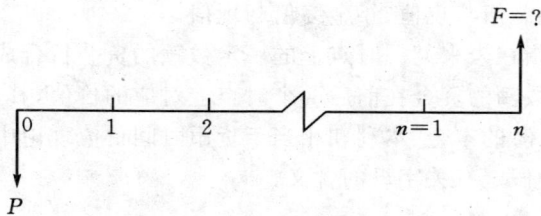

图 2-1　复利终值示意图

如图 1 所示,一年后的终值为:

$F_1 = P + P \times i = P \times (1 + i)$

两年后的终值为:

$F_2 = F_1 + F_1 \times i = F_1 \times (1 + i) = P \times (1 + i)(1 + i) = P \times (1 + i)^2$

$$\vdots$$

由此可以推出 n 年后复利终值的计算公式为:

$F = P \times (1 + i)^n$

式中的 $(1+i)^n$ 为"1 元的复利终值系数",记为 $(F/P, i, n)$,可查"1 元的复利终值系数表"(见本书附录一)。通过复利系数表,还可以在已知 F, i 的情况下查出 n;或在已知 F, n 的情况下查出 i。

上式也可以写为: $F = P(F/P, i, n)$

即:　　　　　　　　　复利终值＝现值×复利终值系数

【例 2-3】将 100 元存入银行,利率假设为 10％,一年后、两年后、三年后的终值是多少?(注:按复利计算。)

一年后:$100 \times (1 + 10\%) = 110$(元)

两年后:$100 \times (1 + 10\%)^2 = 121$(元)

三年后:$100 \times (1 + 10\%)^3 = 133.1$(元)

【例 2-4】某人有 1200 元,拟投入报酬率为 8％的投资机会,经过多少年才可使得现有货币增加 1 倍。

$F = 1200 \times 2 = 2400$

$F = 1200 \times (1 + 8\%)^n$

$2400 = 1200 \times (1 + 8\%)^n$

$(1 + 8\%)^n = 2$

$(F/P, 8\%, n) = 2$

查"复利终值系数表",在 $i = 8\%$ 的项下寻找 2,最接近的值为: $(F/P, 8\%, 9) = 1.999$,所以 $n = 9$,即 9 年后可使现有货币增加 1 倍。

2.复利现值

复利现值是指未来一定时间的特定资金按复利计算的现在价值。即为取得未来一定本利和现在所需要的本金。例如,将 n 年后的一笔资金 F,按年利率 i 折算为现在的价值,这就是复利现值。如图 2-2 所示。

由终值求现值,称为折现,折算时使用的利率称为折现率。

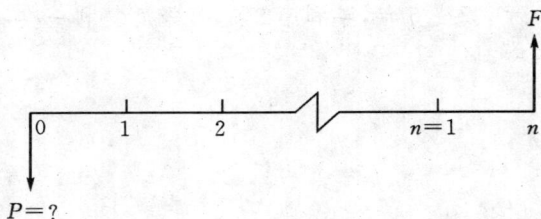

图 2-2 复利现值示意图

复利现值的计算公式为：

$$P_n = F_n / (1+i)^n = F_n(1+i)^{-n}$$

式中的 $(1+i)^{-n}$ 为"1 元的复利现值系数"，记为 $(P/F, i, n)$，可查"1 元的复利现值系数表"（见本书附录二）求得，与复利终值系数表相似，通过现值系数表在已知 i, n 的情况下查出 P；或在已知 P, i 的情况下查出 n；或在已知 P, n 的情况下查出 i。

上式也可以写为：$P_n = F(P/F, i, n)$

即：　　　　　　复利现值＝终值×复利现值系数

【例 2-5】A 钢铁公司计划 4 年后进行技术改造，需要资金 120 万元，当银行利率为 5% 时，公司现在应存入银行的资金为：

$$P = F \times (1+i)^{-n}$$
$$= 1200000 \times (1+5\%)^{-4}$$
$$= 1200000 \times 0.8227$$
$$= 987240（元）$$

3. 复利息

本金 P 的 n 期复利息等于：

$$I = F - P$$

【例 2-6】若本金 1000 元，投资 5 年，利率 8%，每年复利一次，其复利息为：

$$I = F - P$$
$$= 1000 \times (1+8\%)^5 - 1000$$
$$= 469.3（元）$$

4. 报价利率和有效年利率

上面讨论的有关计算均假定利率为年利率，每年复利一次。但实际上，复利的计息期间不一定是一年，有可能是季度、月份或日。在复利计算中，如按年复利计算，一年就是一个计息期；如按季复利计息，一季就是一个计息期，一年就有四个计息期。计息期越短，一年中按复利计息的次数就越多，利息额就会越大。这就需明确三个概念：报价利率、计息利率、有效年利率。

（1）报价利率。报价利率是指银行等金融机构提供的利率，也被称为名义利率。在提供报价利率时，还必须同时提供每年的复利次数（或计息天数），否则意义是不完整的。

（2）计息期利率。计息期利率是指借款人每期支付的利息。它可以是年利率，也可以是半年利率、季度利率、每月或每日利率等。

计息期利率＝报价利率/每年复利次数

【例2-7】本金1000元,投资5年,年利率8%,每季度复利一次,则:

每季度利率 $=8\%\div4=2\%$

复利次数 $=5\times4=20$

$F=1000\times(1+2\%)^{20}$

$\quad=1485.9(元)$

$I=1485.9-1000$

$\quad=485.9(元)$

当1年内复利几次时,实际得到的利息要比按报价利率计算的利息高。本例题的利息485.9元,比上例题要多16.6元。

(3)有效年利率。有效年利率,是指按给定的期间利率每年复息 m 次时,能够产生相同结果的年利率,也称等价年利率。

$$有效年利率=(1+报价利率/m)-1$$

上例2-7中的有效年利率高于8%,可用下述方法计算:

$$F=p\times(1+i)^n$$

$$1485.9=1000\times(1+i)^5$$

$$(1+i)^5=1.4859$$

查表得:

$(F/P,8\%,5)=1.4693$

$(F/P,9\%,5)=1.5386$

用插补法求得

有效年利率: $(1.5386-1.4693)/(9\%-8\%)=(1.4859-1.4693)/(i-8\%)$

$\qquad\qquad i=8.24\%$

也可以用换算公式直接将报价利率换算成有效年利率。

将上例题中的数据代入: $i=(1+8\%/4)^4-1=0.0824=8.24\%$

$F=1000\times(1+8.24\%)^5=1486(元)$

(三)年金终值与现值

年金是指一定时期内等额、定期的系列收付款项。如分期付款赊购,分期偿还贷款、发放养老金、支付租金、提取折旧等都属于年金收付形式。按照收付的时点和方式的不同,可以将年金分为普通年金、预付年金、递延年金和永续年金。

在年金的计算中,设定以下符号:

A——每年收付的金额;

i——利率;

F——年金终值;

P——年金现值;

n——期数。

1.普通年金的计算

普通年金,又称后付年金,是指一定期限内每期期末等额收付的系列款项。普通年金的收付形式如图2-3所示。

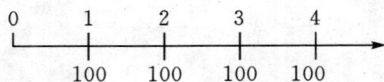

图 2-3 普通年金示意图

图 2-3 中,横轴代表时间,用数字标出各期的顺序号,竖线的位置表示支付的时刻,竖线下端数字表示支付的金额。图 2-3 表示 4 期内每年 100 元的普通年金。

(1)普通年金的终值。

普通年金终值是指一定时期内每期期末等额收付款项的复利终值之和。例如,按图 2-3 的数据,假如 $i=6\%$,第四期期末的普通年金终值的计算见图 2-4 所示。

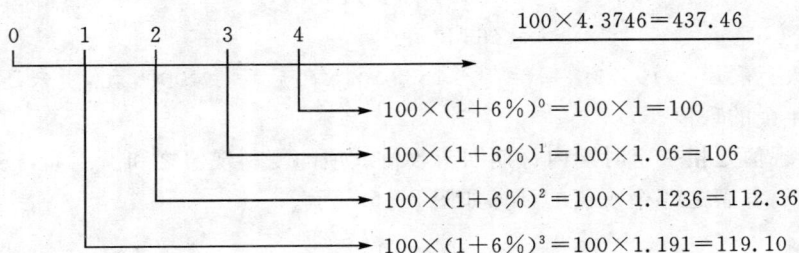

图 2-4 普通年金终值计算示意图

从图 2-4 可知,第一期期末的 100 元,有 3 个计息期,其复利终值为 119.1 元;第二期期末的 100 元,有 2 个计息期,其复利终值为 112.36 元;第三期期末的 100 元,有 1 个计息期,其复利终值为 106 元;而第四期期末的 100 元,没有利息,其终值仍为 100 元。将以上四项加总得 437.46 元,即为整个的年金终值。

$$F=A \cdot [(1+i)^n-1]/i$$

公式中,$[(1+i)^n-1]/i$ 通常称为"年金终值系数",用符号 $(F/A,i,n)$ 表示。年金终值系数可以通过查"年金终值系数表"获得。该表的第一行是利率 i,第一列是计息期数 n。相应的年金系数在其纵横交叉之处。

【例 2-8】某公司计划在 8 年后改造厂房,预计需要 400 万元,假设银行存款利率为 4%,该公司在这 8 年中每年年末要存入多少万元才能满足改造厂房的资金需要?

$F=A \cdot (F/A,i,n)$

$400=A \cdot (F/A,4\%,8)$

$A=43.41$

该公司在银行存款利率为 4% 时,每年年末存入 43.41 万元,8 年后可以获得 400 万元用于改造厂房。

(2)偿债基金。

偿债基金是指为使年金终值达到既定金额每年末应支付的年金数额。

【例 2-9】拟在 5 年后还清 10000 元债务,从现在起每年年末等额存入银行一笔款项。假设银行存款利率 10%,每年需要存入多少元?

根据普通年金终值计算公式:

$$F = A \cdot \frac{(1+i)^n - 1}{i}$$

可知：$A = F \times i / [(1+i)^n - 1]$

式中的 $i / [(1+i)^n - 1]$ 是普通年金终值系数的倒数，称为偿债基金系数，记作 $(A/F, I, n)$。它可以把普通年金终值折算为每年需要支付的金额。偿债基金系数可以制成表格备查，亦可根据普通年金终值系数倒数确定。

将例题有关数据代入上式：

$$A = 10000 \times \frac{1}{(\frac{s}{A}, 10\%, 5)}$$
$$= 10000 \times (1/6.105)$$
$$= 1638（元）$$

因此，在银行利率为 10% 时，每年存入 1638 元，5 年后可得 10000 元，用来还清债务。

（3）普通年金的现值。

普通年金现值是指一定时期内每期期末收付款项的复利现值之和。例如，按图 2-3 的数据，假如 $i = 6\%$，其普通年金现值的计算如图 2-5 所示。

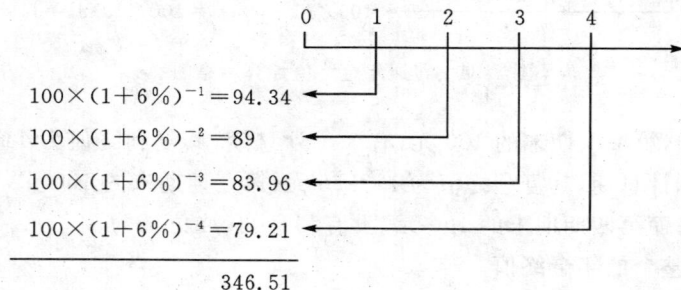

图 2-5　普通年金现值计算示意图

从图 2-5 可知，第一期期末的 100 元到第一期初，经历了 1 个计息期，其复利现值为 94.34 元；第二期期末的 100 元到第一期初，经历了 2 个计息期，其复利现值为 89 元；第三期期末的 100 元到第一期初，经历了 3 个计息期，其复利现值为 83.96 元；第四期期末的 100 元到第一期初，经历了 4 个计息期，其复利现值为 79.21 元。将以上四项加总得 346.51 元，即为四期的年金现值。

从以上计算可以看出，通过复利现值计算年金现值比较复杂，但存在一定的规律性，由此可以推导出普通年金终值的计算公式。

$$P = A \times [1 - (1+i)^n] / i$$

其中，$\frac{1 - (1+i)^{-n}}{i}$ 通常称为"年金现值系数"，用符号 $(P/A, i, n)$ 表示。年金现值系数可以通过查"年金现值系数表"获得。该表的第一行是利率 i，第一列是计息期数 n。相应的年金现值系数在其纵横交叉之处。例如，可以通过查表获得 $(P/A, 6\%, 4)$ 的年金现值系数为 3.4651，即每年末收付 1 元，按年利率为 6% 计算，其年金现值为 3.4651 元。

【例 2-10】某公司预计在 8 年中，从一名顾客处收取 6000 的汽车贷款还款，贷款利率为

6%，该顾客借了多少资金，即这笔贷款的现值是多少？

$$P = A \cdot \frac{1-(1+i)^{-n}}{i}$$
$$= 6000 \times \frac{1-(1+6\%)^{-8}}{6\%}$$
$$= 6000 \times 6.2098$$
$$= 37258.8(元)$$

在年金现值的一般公式中有四个变量 P,A,i,n，已知其中的任意三个变量都可以计算出第四个变量。

2. 预付年金

预付年金是指每期期初有等额的收付款项的年金，又称预付年金。如图 2-6 所示。

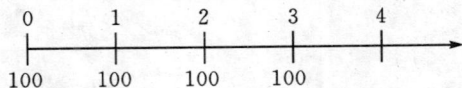

图 2-6　预付年金示意图

图 2-6 的横轴代表时间，用数字标出各期的顺序号，竖线的位置表示支付的时刻，竖线下端数字表示支付的金额。图 2-6 表示 4 期内每年 100 元的预付年金。

（1）预付年金的终值。

预付年金终值是指一定时期内每期期初等额收付款项的复利终值之和。例如，按图 2-6 的数据，假如 i=6%，第 4 期期末的年金终值的计算见图 2-7 所示。

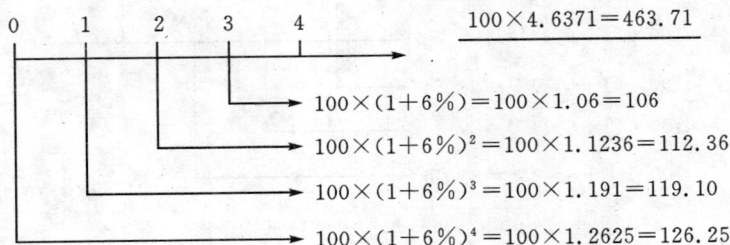

图 2-7　预付年金终值计算示意图

从图 2-7 可知，第一期期初的 100 元，有 4 个计息期，其复利终值为 126.25 元；第二期期初的 100 元，有 3 个计息期，其复利终值为 119.1 元；第三期期初的 100 元，有 2 个计息期，其复利终值为 112.36 元；而第四期期初的 100 元，有 1 个计息期，其复利终值为 106 元。将以上四项加总得 463.71 元，即为整个的预付年金终值。

从以上的计算可以看出，预付年金与普通年金的付款期数相同，但由于其付款时间的不同，预付年金终值比普通年金终值多计算一期利息。因此，可在普通年金终值的基础上乘上 $(1+i)$ 就是预付年金的终值。

预付年金的终值 F 的计算公式为：

$$P = A \cdot \frac{(1+i)^n - 1}{i} \cdot (1+i)$$

$$= A \cdot \frac{(1+i)^{n+1} - (1+i)}{i}$$

$$= A \cdot \left[\frac{(1+i)^{n+1} - 1}{i} - 1 \right]$$

公式中通常称为"预付 $\frac{(1+i)^{n+1} - 1}{i} - 1$ 年金终值系数",它是在普通年金终值系数的基础上,期数加1,系数减1求得的,可表示为 $[(F/A, i, n+1) - 1]$,可通过查"普通年金终值系数表",得 $(n+1)$ 期的值,然后减去1可得对应的预付年金终值系数的值。例题如 $[(F/A, 6\%, 4+1) - 1]$,$(F/A, 6\%, 4+1)$ 的值为5.6371,再减去1,得预付年金终值系数为4.6371。

【例2-11】某公司租赁写字楼,每年年初支付租金5000元,年利率为8%,该公司计划租赁12年,需支付的租金为多少?

$$F = A \times [(F/A, i, n+1) - 1]$$
$$= 5000 \times [(F/A, 8\%, 12+1) - 1]$$

查"年金终值系数表"得:

$(F/A, 8\%, 12+1) = 21.495$

$F = 5000 \times (21.495 - 1) = 102475$(元)

(2)预付年金的现值。

预付年金现值是指一定时期内每期期初收付款项的复利现值之和。例如,按图2-6的数据,假如 $i = 6\%$,其预付年金现值的计算如图2-8所示。

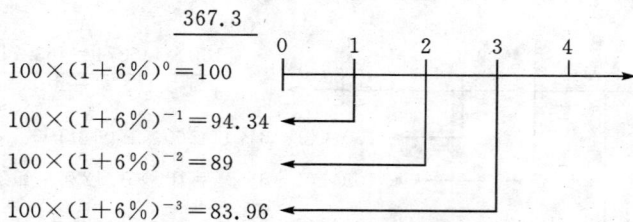

图2-8 预付年金现值计算示意图

从图2-8可知,第一期期初的100元,没有计息期,其复利现值仍然为100元;第二期期初的100元到第一期初,经历了1个计息期,其复利现值为94.34元;第三期期初的100元到第一期初,经历了2个计息期,其复利现值为89元;第四期期初的100元到第一期初,经历了3个计息期,其复利现值为83.96元。将以上四项加总得367.3元,即为四期的预付年金现值。

从以上的计算可以看出,预付年金与普通年金的付款期数相同,但由于其付款时间的不同,预付年金现值比普通年金现值少折算一期利息。因此,可在普通年金现值的基础上乘上 $(1+i)$ 就是预付年金的现值。

预付年金的现值 P 的计算公式为:

$$P = A \cdot \frac{1 - (1+i)^{-n)}}{i} \cdot (1+i)$$

$$= A \cdot \left[\frac{(1+i) - (1+i)^{-(n-1)}}{i} \right]$$

$$= A \cdot \left[\frac{1 - (1+i)^{-(n-1)}}{i} + 1 \right]$$

公式中,通常称 $\left[\frac{1-(1+i)^{-(n-1)}}{i} + 1 \right]$ 为"预付年金现值系数",预付年金

现值系数是在普通年金现值系数的基础上,期数减 1,系数加 1 求得的,可表示为 $[(P/A,i,n-1)+1]$,可通过查"年金先现值系数表",得 $(n-1)$ 期的值,然后加上 1 可得对应的预付年金现值系数的值。例题如 $[(P/A,6\%,4-1)+1]$,$(P/A,6\%,4-1)$ 的值为 2.673,再加上 1,得预付年金现值系数为 3.673。

【例 2-12】某人分期付款购买住宅,每年年初支付 6000 元,20 年还款期,假设银行借款利率为 5%,该项分期付款如果现在一次性支付,需支付现金是多少?

$$P_2 = A \cdot \left[\frac{1-(1+i)^{-(n-1)}}{i} + 1 \right]$$

$$= 6000 \times \left[\frac{1-(1+5\%)^{-(20-1)}}{5\%} + 1 \right]$$

$$= 6000 \times 13.0853$$

$$= 78511.8(元)$$

或:
$$P = A \times [(P/A,i,n-1)+1]$$
$$= 6000 \times [(P/A,5\%,20-1)+1]$$

查"年金现值系数表"得:
$(P/A,5\%,20-1) = 12.0853$
$P = 6000 \times (12.0853+1) = 78511.8(元)$

3. 递延年金

递延年金是指第一次收付款发生时间是在第二期或者第二期以后的年金。递延年金的收付形式如图 2-9 所示。

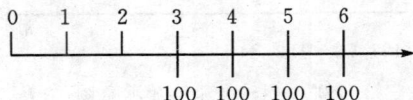

图 2-9 递延年金示意图

从图 2-9 可以看出,递延年金是普通年金的特殊形式,第一期和第二期没有发生收付款项,一般用 m 表示递延期数,$m=2$。从第三期开始连续 4 期发生等额的收付款项,$n=4$。

(1)递延年金终值。

递延年金终值的计算方法与普通年金终值的计算方法相似,其终值的大小与递延期限无关。

(2)递延年金现值。

递延年金现值是自若干时期后开始每期款项的现值之和。其现值计算方法有两种:

方法一,第一步把递延年金看作 n 期普通年金,计算出递延期末的现值;第二步将已计算出的现值折现到第一期期初。

【例 2-13】 如图 2-9 所示数据,假设银行利率为 6%,其递延年金现值为多少?

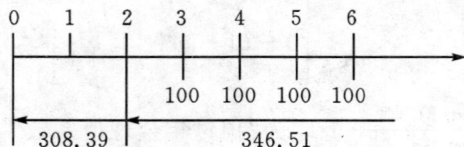

图 2-10 例 2-13 递延年金示意图(方法一)

第一步,计算 4 期的普通年金现值。

$$P_2 = A \cdot \times \frac{1-(1+i)^{-n}}{i}$$

$$= 100 \times \frac{1-(1+6\%)^{-4}}{6\%}$$

$$= 100 \times 3.4651$$

$$= 346.51(元)$$

第二步,已计算的普通年金现值,折现到第一期期初。

$$P_0 = P_2 \times \frac{1}{(1+i)^n}$$

$$= 346.51 \times \frac{1}{(1+6\%)^2}$$

$$= 346.51 \times 0.89$$

$$= 308.39(元)$$

方法二,如图 2-11 所示,第一步计算出 $(m+n)$ 期的年金现值;第二步,计算 m 期年金现值;第三步,将计算出的 $(m+n)$ 期扣除递延期 m 的年金现值,得出 n 期年金现值。的计算步骤为:

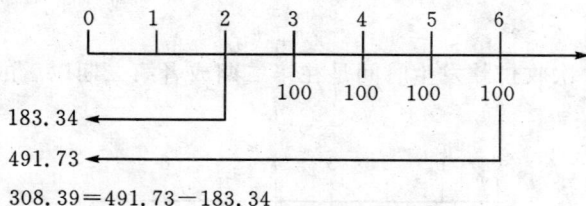

图 2-11 例 2-13 递延年金示意图(方法二)

$$P_{m+n} = 100 \times \frac{1-(1+6\%)^{-(2+4)}}{6\%}$$

$$= 100 \times 4.9173$$

$$= 491.73(元)$$

$$P_m = 100 \times \frac{1-(1+6\%)^{-2}}{6\%}$$

$$= 100 \times 1.8334$$

$$= 183.34(元)$$

$$P_n = P_{m+n} - P_m$$

$$= 491.73 - 183.34$$

$$= 308.39(元)$$

4.永续年金

永续年金是指无限期支付的年金,如优先股股利。由于永续年金持续期无限,没有终止时间,因此没有终值,只有现值。永续年金可视为普通年金的特殊形式,即期限趋于无穷的普通年金。其现值的计算公式可由普通年金现值公式推出。

永续年金现值 P 计算公式为:

$$P = A \times \frac{1-(1+i)^{-n}}{i}$$

$$= A \times \frac{1-\dfrac{1}{(1+i)^n}}{i}$$

当 $i \to \infty$ 时,$\dfrac{1}{(1+i)^n} \to 0$

故:$P = \dfrac{A}{i}$

在企业价值评估和企业并购确定目标企业价值时用到。

即问即答

说明四种年金之间的关系?

➤三、货币时间价值的应用

(一)不等额系列现金流量

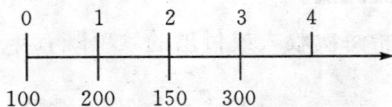

图 2-12 不等额系列现金流量示意图

从图 2-12 中看出,每期的收入或付出是不等额的。不等额现金流量的终值为各期终值之和;其现值也是各期现值之和。

不等额现金流量终值的计算,见图 2-13 计算。

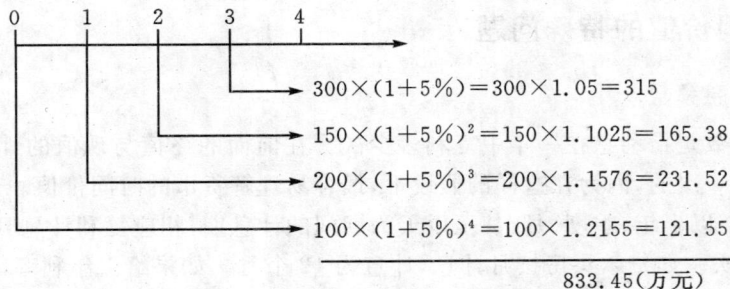

图 2-13 不等额系列现金流量终值计算示意图

不等额现金流量现值的计算,见图 2-14 计算。

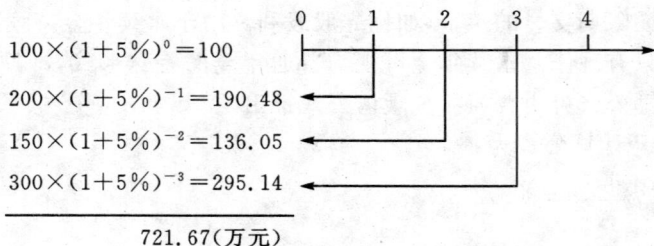

$$100 \times (1+5\%)^0 = 100$$
$$200 \times (1+5\%)^{-1} = 190.48$$
$$150 \times (1+5\%)^{-2} = 136.05$$
$$300 \times (1+5\%)^{-3} = 295.14$$
$$721.67(万元)$$

图 2-14　不等额现金流量现值计算示意图

(二)分段年金现金流量

在公司现金流入和流出中,某个时期现金流量保持在一个水平上,而过一时期又保持在另一水平上,通常称为分段年金现金流量。其收入或付出形式如图 2-15 所示。

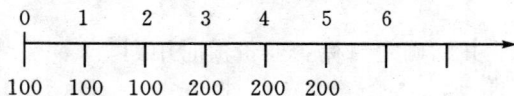

图 2-15　分段年金现金流量示意图

终值的计算:先计算前三年年金终值,然后将计算结果乘以三年期的复利终值系数;再计算后三年的年金终值,最后将二者加总。

现值的计算:先计算前三年 100 元年金现值;再计算后三年的年金现值。(后三年的年金现值是先计算后三年普通年金,再折现 3 年);最后将二者加总。

(三)年金和不等额系列现金流量

年金和不等额现金流量是指每次收入或付出的款项既有年金又有不等额的混合情况。如图 2-16 所示。

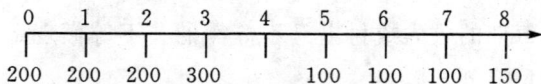

图 2-16　年金和不等额系列现金流量

➤四、货币时间价值的特殊问题

(一)复利计息频数

复利计息频数是指利息在一年中复利多少次。在前面的终值与现值的计算中,都是假定利息是每年支付一次的,因为在这样的假设下,最容易理解货币的时间价值。但是在实际理财中,常出现计息期以半年、季度、月,甚至以天为期间的计息期,相应复利计息频数为每年 2 次、4 次、12 次、360 次。如贷款买房按月计息,计息为 12 个月。如果给出年利率,则计息期数和计息率均可按下列公式进行换算:

$$r = \frac{i}{m}$$

$$t = m \cdot n$$

公式中,r 为期利率,i 为年利率,m 为每年的计息次数,n 为年数,t 为换算后的计息期数。其终值和现值的计算公式分别为:

$$F = P \cdot (1+r)^t = P \cdot \left(1+\frac{i}{m}\right)^{m \cdot n}$$

$$P = F/(1+r)^t = F/\left(1+\frac{i}{m}\right)^{m \cdot n}$$

【例 2-14】存入银行 1000 元,年利率为 12%,计算按年、半年、季、月的复利终值。

(1)按年复利的终值:

$F_1 = 1000 \times (1+12\%) = 1120(元)$

(2)按半年复利的终值:

$F_2 = 1000 \times [1+(12\%/2)]^2 = 1123.6(元)$

(3)按季复利的终值:

$F_3 = 1000 \times [1+(12\%/4)]^4 = 1125.51(元)$

(4)按月复利的终值:

$F_4 = 1000 \times [1+(12\%/12)]^{12} = 1126.83(元)$

从以上计算可以看出,按年复利终值为 1120 元,按半年复利终值为 1123.6 元,按季复利终值为 1125.51 元,按月复利终值为 1126.83 元,

在同一利率且现值相同的情况下,一年中计息次数越多,其终值就越大。

在同一利率且终值相同的情况下,一年中计息次数越多,其现值越小。这二者的关系与终值和计息次数的关系恰好相反。

(二)分数计息期

在前面的终值与现值的计算中,计息期都是整数。但是在实际中,会出现计息期是分数的情况。如 $n=10/3$。

1. 分数计息期的年金现值

【例 2-15】某公司半年后,需每年支付 100 万元的 5 年期的年金,折现率为 6%,其现值是多少?

第一步,公司要在半年后支付 5 年期的年金,若在半年前看,该年金是 5 年期的普通年金,可用年金现值公式计算:

$$P = 100 \times \frac{1-(1+6\%)^{-5}}{6\%}$$
$$= 100 \times 4.2124$$
$$= 421.24(万元)$$

第二步,将计算的结果看作是单一的现金流量,利用复利终值公式,复利半年(0.5 年)。

$F = 421.24 \times (1+6\%)^{0.5} = 421.24 \times 1.0296 = 433.71(万元)$

以上计算见图 2-17。

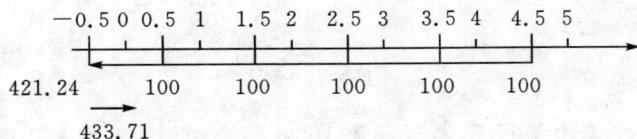

图 2-17 分数计息期年金现值计算示意图

2. 分数计息期的年金终值

【例2－16】某公司一年后，需每年支付 100 万元年金，折现率为 6%，该公司 3 年期年金在 3.5 年的价值是多少？

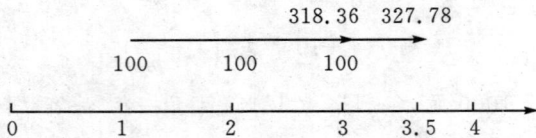

图 2－18　分数计息期年金终值计算示意图

（三）求解折现率、利息率

内插法或插值法计算折现率、利息率。

【例2－17】某人现在向银行存入 7000 元，按复利计算，在利率为多少时，才能在 8 年后每年得到 1000 元？

$$P/A=(P/A,i,n)$$

$$7000/1000=(P/A,i,8)$$

$$7=(P/A,i,8)$$

查"年金现值系数表"，当利率为 3% 时，系数是 7.0197；当利率为 4% 时，系数是 6.4632。因此判断利率应在 3%～4% 之间，设利率为 x，则用内插法计算 x 值。

利率			年金现值系数		
3%			7.0197		
?	$\}x\%$	$\}1\%$	7	$\}0.0197$	$\}0.5565$
4%			6.4632		

$$\frac{x}{1}=\frac{0.0197}{0.5565}$$

$$x=0.0354$$

故：$i=3\%+0.0354\%\approx3.04\%$

（四）连续折现

在复利计息频数讨论中我们得出的结论是：复利次数越多，终值越大；相反，折现次数越多，折现值越小。在连续折现下，现值达到最小值。其现值的计算公式为：

$$P=\frac{F}{[1+(i/m)]^{m\cdot n}}$$

公式中，当 m 趋于无穷时，就是连续折现，而且公式 $[1+(i/m)]^{m\cdot n}$ 趋向于 e^{in}，其中 e 近似等于 2.71828。因此，在利率为 i，终值为 F 时，连续折现下第 n 年年末收到的现金流量终值的现值为：

$$P=\frac{F}{e^{i\cdot n}}$$

【例2－18】某人在连续复利下，折现率为 10%，第 5、第 10 年年末收到的 10000 元的现值是多少？

$$P_5 = \frac{10000}{e^{0.1 \times 5}} = \frac{10000}{(2.71828)^{0.5}}（元）$$

$$P_{10} = \frac{10000}{e^{0.1 \times 10}} = \frac{10000}{(2.71828)} = 3678.7（元）$$

由此可见,在连续折现下现值达到最小值。

第二节　投资的风险报酬

本节主要讨论风险和报酬的关系,目的是解决股价是如何确定折现率的问题。折现率应当根据投资者要求的必要报酬来确定。实证研究表明,必要报酬率的高低取决于投资的风险,风险越大要求的必要报酬率越高。不同风险的投资,需要使用不同的折现率。那么,投资的风险如何计量? 特定的风险需要多少报酬来补偿? 就成为选择折现率的关键问题。

假设有需要投资1000万元的项目A和B,项目A是没有风险的,投资A项目可获得报酬是100万元;项目B存在着无法规避的风险,并且成功和失败的可能性分别为50%,成功后的报酬是200万元,而失败的结果是损失20万元。你选择哪个项目? 这涉及风险和报酬。

➤一、风险报酬的概念

在上一节阐述货币时间价值时,我们提出资金的时间价值是在不存在风险和通货膨胀条件下的投资报酬率。所以,在上一节中,我们是假设没有风险的。但是,风险是客观存在的,做财务管理工作不能不考虑风险问题。按风险的程度,可把企业财务决策分为三种类型。

(一)确定性决策

决策者对未来的情况是完全确定的或已知的决策,称为确定性决策。例如,A公司将100万元投资于利息率为10%的国库券,由于国家实力雄厚,到期得到10%的报酬几乎是肯定的,因而,一般认为这种投资为确定性投资。

(二)风险性决策

决策者对未来的情况不能完全确定,但他们出现的可能性——概率的具体分布是已知的或可以估计的,这种情况下的决策成为风险性决策。例题如,假设A公司将100万元投资于B制造公司的股票,已知这种股票在经济繁荣时能获得20%的报酬;在一般情况下能获得10%的报酬;在经济萧条时只能获得5%的报酬。现根据各种资料分析,认为明年经济繁荣的概率为30%,经济状况一般的概率为40%,经济萧条的概率为30%。这种决策便属于风险性决策。

(三)不确定性决策

决策者对未来的情况不仅不能完全确定,而且对其可能出现的概率也不清楚,这种情况下的决策成为不确定性决策。例题如,假设A公司把100万元投资于C煤炭开发公司的股票,如果C公司能顺利找到煤矿,则A公司可获得100%的报酬;反之,则A公司即获得-100%的报酬。但找到煤矿与找不到煤矿的可能性各为多少,事先无法确定,也就是说,事先并不能知道有多大的可能获得100%的报酬,有多大的可能获得-100%的报酬,这种投资决策便属于不确定性决策。

从理论上讲,不确定性是无法计量的,但在财务管理中,通常为不确定性决策规定一些主观概率,以便进行定量分析。不确定性规定了主观概率后,与风险就十分相近了。因此,在企业财务管理中,对风险和不确定性并不作严格区分,当谈到风险时,可能指风险,更可能指不确定性。

一般而言,投资者都讨厌风险,并力求回避风险。那么,为什么还有人进行风险投资呢?这是因为风险投资可得到额外报酬——风险报酬。风险报酬也有两种表示方法:风险报酬和风险报酬率。

风险报酬是指投资者因承担风险而获得的超过时间价值的那部分额外报酬。前述 B 项目投资者承担了 50% 风险的同时,他必然要求获得一定的风险补偿,这部分补偿就是获得 200 万元的风险报酬。通常情况下风险越高,相应所需获得的风险报酬率也就越高,在财务管理中,风险报酬通常采用相对数,即用风险报酬率来加以计量。

风险报酬率是投资者因承担风险而获得的超过时间价值率的那部分额外报酬率,即风险报酬与原投资额的比率。在财务管理中,风险报酬通常用相对数——风险报酬率来加以计量,讲到风险报酬,通常是指风险报酬率。

风险报酬率是投资项目报酬率的一个重要组成部分,如果不考虑通货膨胀因素,投资报酬率就是时间价值率与风险报酬率之和。

➣二、单项投资风险报酬率的评估

为有效地做好财务管理工作,就必须弄清不同风险条件下的投资报酬率之间的关系,掌握风险报酬的计算方法。

风险报酬的计算是一个比较复杂的问题,下面结合实例题分步加以说明。

(一)确定概率分布

在经济活动中,某一事件在相同的条件下可能发生也可能不发生,这类事件称为随机事件。概率就是用来表示事件发生可能性大小的数值。通常,把必然发生的事件的概率定为 1,把不可能发生的事件概率定为 0,而一般随机事件的概率是介于 0 与 1 之间的一个数。概率越大就表示该事件发生的可能性越大。将随机事件各种可能的结果按一定规则排列,同时列出个结果出现的相应概率,这一完整的描述称为概率分布。

概率分布必须符合以下两个要求:

(1)所有的概率即 P_i 都在 0 和 1 之间,即 $0 < \sum_{i=1}^{n} P_i < 1$。

(2)所有结果的概率之和应等于 1,即 $i=1$,这里,n 为可能出现的结果的个数。

单项投资风险是指某一项投资方案实施后,将会出现各种投资结果的概率。换句话说,某一项投资方案实施后,能否如期回收投资以及能否获得预期收益,在事前是无法确定的。因承担单项投资风险而获得的风险报酬率就称为单项投资风险报酬率。除无风险投资项目(国库券投资)外,其他所有投资项目的预期报酬率都可能不同于实际获得的报酬率。对于有风险的投资项目来说,其实际报酬率可以看成是一个有概率分布的随机变量,可以用两个标准来对风险进行衡量:

(二)期望报酬率

期望值是随机变量的均值。对于单项投资风险报酬率的评估来说,我们所要计算的期望

值即为期望报酬率,根据以上公式,期望投资报酬率的计算公式为:

$$K = \sum_{i=1}^{n} K_i P_i。$$

其中:K——期望投资报酬率;

K_i——第 i 个可能结果下的报酬率;

P_i——第 i 个可能结果出现的概率;

n——可能结果的总数。

【例 2-19】有 A、B 两个项目,两个项目的报酬率及其概率分布情况如表 2-1 所示,试计算两个项目的期望报酬率。

表 2-1 A 项目和 B 项目投资报酬率的概率分布

项目实施情况	该种情况出现的概率		投资报酬率	
	项目 A	项目 B	项目 A	项目 B
好	0.20	0.30	15%	20%
一般	0.60	0.40	10%	15%
差	0.20	0.30	0	−10%

根据公式分别计算项目 A 和项目 B 的期望投资报酬率分别为:

项目 A 的期望投资报酬率 $= K_1 P_1 + K_2 P_2 + K_3 P_3 = 0.2 \times 0.15 + 0.6 \times 0.1 + 0.2 \times 0 = 9\%$

项目 B 的期望投资报酬率 $= K_1 P_1 + K_2 P_2 + K_3 P_3 = 0.3 \times 0.2 + 0.4 \times 0.15 + 0.3 \times (-0.1) = 9\%$

从计算结果可以看出,两个项目的期望投资报酬率都是 9%。但是否可以就此认为两个项目是等同的呢? 我们还需要了解概率分布的离散情况,即计算标准离差和标准离差率。

(三)方差、标准离差和标准离差率

1. 方差

按照概率论的定义,方差是各种可能的结果偏离期望值的综合差异,是反映离散程度的一种量度。方差可按以下公式计算:

$$\delta^2 = \sum_{i=1}^{n} (K_i - \overline{K})^2 \cdot P_i$$

2. 标准离差

标准离差则是方差的平方根。在实务中一般使用标准离差而不使用方差来反映风险的大小程度。一般来说,标准离差越小,说明离散程度越小,风险也就越小;反之标准离差越大则风险越大。标准离差的计算公式为:

$$\delta = \sqrt{\sum_{i=1}^{n} (K_i - \overline{K})^2 \cdot P_i}$$

【例 2-20】分别计算上例题中 A、B 两个项目投资报酬率的方差和标准离差。

$$项目 A 的方差 = \sum_{i=1}^{n} (K_i - \overline{K})^2 \cdot P_i$$
$$= 0.2 \times (0.15 - 0.09)^2 + 0.6 \times (0.10 - 0.09)^2 + 0.2 \times (0 - 0.09)^2$$
$$= 0.0024$$

项目 A 的标准离差 $=\sqrt{0.0024}=0.049$

项目 B 的方差 $=\displaystyle\sum_{i=1}^{n}(K_i-\overline{K})^2 \cdot P_i$

$\qquad\qquad = 0.3\times(0.20-0.09)^2+0.4\times(0.15-0.09)^2$

$\qquad\qquad\quad +0.3\times(-0.10-0.09)^2$

$\qquad\qquad = 0.0159$

项目 B 的标准离差 $=\sqrt{0.0159}=0.126$

以上计算结果表明项目 B 的风险要高于项目 A 的风险。

3. 标准离差率

标准离差是反映随机变量离散程度的一个指标,但我们应当注意到标准离差是一个绝对指标,作为一个绝对指标,标准离差无法准确地反映随机变量的离散程度。解决这一问题的思路是计算反映离散程度的相对指标,即标准离差率。

标准离差率是某随机变量标准离差相对该随机变量期望值的比率。其计算公式为:

$$V=\frac{\delta}{\overline{K}}\times 100\%$$

其中:V——标准离差率;

$\qquad \delta$——标准离差;

$\qquad \overline{K}$——期望投资报酬率。

利用例题 18 的数据,分别计算项目 A 和项目 B 的标准离差率为:

项目 A 的标准离差率 $=\dfrac{0.049}{0.09}\times 100\%=0.544$

项目 A 的标准离差率 $=0.126/0.09\times 100\%=1.4$

当然,在此例题中项目 A 和项目 B 的期望投资报酬率是相等的,可以直接根据标准离差来比较两个项目的风险水平。但和比较项目的期望报酬率不同,则一定要计算标准离差率才能进行比较。

即问即答

衡量风险大小的指标有哪些?

(四)风险价值系数和风险报酬率

标准离差率虽然能正确评价投资风险程度的大小,但还无法将风险与报酬结合起来进行分析。假设我们面临的决策不是评价与比较两个投资项目的风险水平,而是要决定是否对某一投资项目进行投资,此时我们就需要计算出该项目的风险报酬率。因此我们还需要一个指标来将对风险的评价转化为报酬率指标,这便是风险报酬系数。风险报酬率、风险报酬和标准离差率之间的关系可用公式表示如下:

$$RR=bV$$

其中:RR——风险报酬率;

$\qquad B$——风险报酬系数;

$\qquad V$——标准离差率。

则在不考虑通货膨胀因素的影响时,投资的总报酬率为:

$$K = RF + RR = RF + bV$$

其中：K——投资报酬率；

RF——无风险报酬率。

其中无风险报酬率 RF 可用加上通货膨胀溢价的时间价值来确定，在财务管理实务中一般把短期政府债券的（如短期国库券）的报酬率作为无风险报酬率；风险价值系数 b 则可以通过对历史资料的分析、统计回归、专家评议获得，或者由政府部门公布。

【例 2 - 21】利用前例题的数据，并假设无风险报酬率为 10%，风险报酬系数为 10%，请计算两个项目的风险报酬率和投资报酬率。

项目 A 的风险报酬率 $= bV = 10\% \times 0.544 = 5.44\%$

项目 A 的投资报酬率 $= RF + bV = 10\% + 10\% \times 0.544 = 15.44\%$

项目 B 的风险报酬率 $= bV = 10\% \times 1.4 = 14\%$

项目 B 的投资报酬率 $= RF + bV = 10\% + 10\% \times 1.4 = 24\%$

从计算结果可以看出，项目 B 的投资报酬率（24%）要高于项目 A 的投资报酬率（15.44%），似乎项目 B 是一个更好的选择。而从我们前面的分析来看，两个项目的期望报酬率是相等的，但项目 B 的风险要高于项目 A，项目 A 才是应选择的项目。

第三节　案例分析：3 路易玫瑰花的价值

拿破仑 1797 年 3 月在卢森堡第一国立小学演讲时说了这样一番话："为了答谢贵校对我，尤其是对我夫人约瑟芬的盛情款待，我不仅今天呈上一束玫瑰花，并且在未来的日子里，只要我们法兰西存在一天，每年的今天我将亲自派人送给贵校一束价值相等的玫瑰花，作为法兰西与卢森堡友谊的象征。"时过境迁，拿破仑穷于应付连绵的战争和此起彼伏的政治事件，最终惨败而流放到圣赫勒拿岛，把卢森堡的诺言忘得一干二净。

可卢森堡这个小国对这位"欧洲巨人与卢森堡孩子亲切、和谐相处的一刻"念念不忘，并载入他们的史册。1984 年底，卢森堡旧事重提，向法国提出违背"赠送玫瑰花"诺言的索赔：要么从 1797 年起，用 3 路易作为一束玫瑰花的本金，以 5 厘复利（即利滚利）计息全部清偿这笔"玫瑰花"债；要么法国政府在法国政府各大报刊上公开承认拿破仑是个言而无信的小人。

起初，法国政府准备不惜重金赎回拿破仑的声誉，但却又被电脑算出的数字惊呆了：原本 3 路易的许诺，本息竟高达 1375596 法郎。经苦思冥想，法国政府斟词酌句的答复是："以后，无论在精神上还是在物质上，法国将始终不渝地对卢森堡大公国的中小学教育事业予以支持与赞助，来兑现我们的拿破仑将军那一诺千金的玫瑰花信誉。"这一措辞最终得到了卢森堡人民的谅解。

案例思考题

为何本案例题中每年赠送价值 3 路易的玫瑰花相当于在 187 年后一次性支付 1375596 法郎？

本章小结

1. **货币时间价值**：是指货币经历一定时间的投资和再投资所增加的价值，也称资金的时间价值。

2. **货币时间价值的计算**：单利终值现值、复利终值现值、各种年金的终值现值。

3. **风险报酬**：是指投资者因承担风险而获得的超过时间价值的那部分额外报酬。

4. **风险报酬率**：是投资者因承担风险而获得的超过时间价值率的那部分额外报酬率，即风险报酬与原投资额的比率。

5. 单项投资风险报酬率评估。

6. 投资组合风险报酬率评估。

7. 资本资产定价模型。

8. 套利定价理论。

习题

一、单项选择题

1. 货币的时间价值通常有两种表现形式，即利率和（　　）。

　　A. 年金　　　　　　　B. 本金　　　　　　　C. 利息　　　　　　　D. 利润

2. 一定数量的货币资金一定时期后的价值，称为（　　）。

　　A. 复利终值　　　　　B. 复利现值　　　　　C. 年金终值　　　　　D. 年金现值

3. 每年年底存款100元，求第五年年末的价值总额，应用（　　）来计算。

　　A. 复利终值系数　　　B. 复利现值系数　　　C. 年金终值系数　　　D. 年金现值系数

4. 下列项目中的（　　）称为普通年金。

　　A. 先付年金　　　　　B. 后付年金　　　　　C. 延期年金　　　　　D. 永续年金

5. 资金时间价值相当于没有风险和没有通货膨胀条件下的（　　）。

　　A. 利息率　　　　　　B. 额外收益　　　　　C. 社会平均资金利润率 D. 利润率

6. 在利息不断资本化的条件下，资金时间价值的计算基础应采用（　　）。

　　A. 单利　　　　　　　B. 复利　　　　　　　C. 年金　　　　　　　D. 普通年金

7. 甲方案的标准离差是1.42，乙方案的标准离差是1.06，如甲乙两方案的期望值相同，则两方案的风险关系为（　　）。

　　A. 甲大于乙　　　　　B. 甲小于乙　　　　　C. 甲乙相等　　　　　D. 无法确定

8. 投资者甘愿冒风险进行投资的诱因是（　　）。

　　A. 可获得报酬　　　　　　　　　　　　　　B. 可获得利润

　　C. 可获得等同于时间价值的报酬率　　　　　D. 可获得风险报酬率

9. 永续年金是（　　）的特殊形式。

　　A. 普通年金　　　　　B. 先付年金　　　　　C. 即付年金　　　　　D. 递延年金

10. 与年金终值系数互为倒数的是（　　）。

　　A. 年金现值系数　　　B. 投资回收系数　　　C. 复利现值系数　　　D. 偿债基金系数

11. 某大学决定建立科学奖金，现准备存入一笔资金，预计以后无限期地在每年年末支取利息20000元用来发放奖金。在存款年利率为10％的条件下，现在应存入（　　）元。

　　A. 250000　　　　　　B. 200000　　　　　　C. 215000　　　　　　D. 16000

12. 某企业年初存入5万元，在年利率为12％，期限为5年，每半年复利一次的情况下，其实际利率为（　　）。

　　A. 24％　　　　　　　B. 12.36％　　　　　C. 6％　　　　　　　D. 12.25％

13. 假设企业按12％的年利率取得贷款200000元，要求在5年内每年年末等额偿还，每年的偿付额应为（　　）元。

A. 40000　　　　　　B. 52000　　　　　　C. 55482　　　　　　D. 65400

14. 下列因素引起的风险中,企业可以通过多元化投资予以分散的是(　　　)。

A. 市场利率上升　　B. 社会经济衰退　　C. 新产品开发风险　　D. 通货膨胀

15. 某公司新产品开发成功的概率为90%,投资报酬率为40%;开发失败的概率为10%,投资报酬率－100%,则该产品开发的方案的预期投资报酬率为(　　　)。

A. 18%　　　　　　B. 26%　　　　　　C. 28%　　　　　　D. 16%

16. 下面不属于经营风险的是(　　　)。

A. 原材料供应地的政治经济情况变动　　　　B. 生产组织不合理

C. 销售决策失误　　　　　　　　　　　　　D. 增加长期借款

17. 某项目的风险系数为0.8,标准离差率为16%,风险收益率为(　　　)。

A. 16%　　　　　　B. 10%　　　　　　C. 12.8　　　　　　D. 24%

18. 投资组合能分散(　　　)。

A. 所有风险　　　　B. 系统性风险　　　　C. 非系统风险　　　　D. 市场风险

19. 某公司股票的β系数为1.5,无风险收益率为9%,市场上所有股票的平均收益率为15%,则该公司股票的必要收益率应为(　　　)。

A. 9%　　　　　　B. 15%　　　　　　C. 18%　　　　　　D. 24%

20. 当两种证券完全正相关时,由此所形成的证券组合(　　　)。

A. 能适当的分担风险　　　　　　　　　　B. 不能分担风险

C. 风险等于单项证券风险的加权平　　　　D. 可分散掉全部风险

二、多项选择题

1. 影响资金时间价值大小的因素主要包括(　　　)。

A. 单利　　　　　　B. 复利　　　　　　C. 资金额　　　　　　D. 利率和期限

2. 下列说法不正确的是(　　　)。

A. 风险越大,获得的风险报酬应该越高

B. 有风险就会有损失,二者是相伴而生的

C. 风险是无法预计和控制的,其概率也不可预测

D. 由于劳动力市场供求关系的变化而给企业带来的风险不属于经营风险

3. 递延年金具有如下特点(　　　)。

A. 年金的第一次支付发生在若干期之后　　B. 没有终值

C. 年金的现值和与递延期无关　　　　　　D. 年金的终值和与递延期无关

4. 下列各项表述正确的是(　　　)。

A. 资金时间价值不是时间的产物,而是劳动的产物

B. 资金时间价值与利率是一回事

C. 资金时间价值通常应按复利方式计算

D. 如果通货膨胀率极低,政府债券率可以视同时间价值

5. 在财务管理中,经常用来衡量风险大小的指标有(　　　)。

A. 标准离差　　　　B. 边际成本　　　　C. 风险报酬率　　　　D. 标准离差率

6. 企业的财务风险指(　　　)。

A. 企业外部环境变动引起的风险　　　　　B. 公司工人罢工,被迫停产引起的风险

C. 借款后因无法归还带来的风险　　　　　D. 筹资决策带来的风险

7.年金按其收付发生的时点不同,可以分为( )。

    A.普通年金   B.先付年金   C.递延年金   D.永续年金

8.反映随机变量离散程度的指标包括( )。

    A.标准差   B.方差   C.标准离差   D.标准离差率

9.下面有关风险与不确定性的说法正确的是( )。

    A.风险是指在一定条件下和一定时期内可能发生的各种结果的变动程度。

    B.风险是客观存在的。

    C.风险与不确定性没有十分严格的界限,但有一定差别。

    D.不确定性从理论上讲是无法计量的。

10.经投资组合分散后仍残留的风险是指( )。

    A.市场风险   B.系统风险   C.不可分散风险   D.贝塔风险

三、判断题

1.证券投资组合的风险通常是指组合内部单项资产标准差的加权平均权数。   ( )

2.递延年金现值的大小与递延期无关,故计算方法和普通年金现值是一样的。   ( )

3.先付年金与后付年金的区别仅在于付款时间的不同。   ( )

4.永续年金既无现值,也无终值。   ( )

5.用来代表资金时间价值的利息率中包含着风险因素。   ( )

6.凡一定时间内每期都有收款或付款的现金流量,均属于年金问题。   ( )

7.通常风险与报酬是相伴而生,成正方向变动。风险越大,收益也越大,反之亦然。

    ( )

8.等量资金在不同时点上的价值不相等,根本的原因是由于通货膨胀的存在   ( )

9.永续年金现值是年金数额除以贴现率。   ( )

10.在复利终值和计息期数确定的情况下,贴现率越高,则复利现值越大。   ( )

四、计算题

1.某人5年后需用现金40000元,如果每年年末存款一次,在年利率为6%的情况下,此人每年年末应存入现金多少元?

2.有一项年金,前3年年初无流入,后5年每年年初流入500万元,假设年利率为10%,求现值?

3.某人现在存入银行20000元,在银行利率为6%的情况下,今后10年内每年年末可提取现金多少元?

4.某公司拟购置一处房屋,房主提出两种付款方案:

(1)从现在起,每年年初支付20万元,连续支付10次,共200万元;

(2)从第5年开始,每年年初支付25万元,连续支付10次,共250万元;

假设该公司的最低报酬率为10%,你认为该公司应选择哪个方案。

5.某公司有一项付款业务,有甲乙两种付款方式可供选择:

甲方案:现在支付10万元,一次性结清;

乙方案:分3年付款,1—3年各年初的付款额分别为3万和4万和4万,假定年利率为10%。

要求:按现值计算,从甲乙两方案中选优。

第三章 筹资管理

本章将帮助您——

　　了解筹资的目的、原则、渠道以及资本成本的组成；

　　知晓各种筹资方式的特点和程序以及资本成本的计算；

　　清楚杠杆原理、资本结构的相关理论；

　　掌握筹资数量的预测方法、资本成本的计算方法、经营杠杆、财务；杠杆和复合杠杆的计算方法以及资本结构决策方法的应用；

　　思考现实中的几个案例与本章学习内容的联系。

　　企业需要资本购买资产，以维持或扩大生产经营规模。企业经常使用长期资本来购买固定资产等，同时用短期资金来解决一些日常的生产经营开支。留存收益是长期资本的来源之一，但是当资本的需要超出了企业内部产生现金的能力时，企业必须到外部筹集资金。那么企业究竟应采取哪一种方式或哪几种方式的一个组合？筹资决策的依据是什么？在这一章中我们将给出答案。

第一节　筹资概述

　　资金筹集是指企业根据生产经营活动对资金需求数量的要求，通过一定的渠道，采用适当的方式，获取所需资金的一种行为。资金筹集是企业资金运动的起点，关系到企业生产经营活动的正常开展和企业经营成果的获取。所以，企业应科学合理地进行筹资活动，以最经济的方式进行筹资。

➤一、筹资的动机和分类

（一）筹资的动机

　　企业筹资的目标服务于企业财务管理的总体目标，但是每次具体的筹资活动，往往受特定目的的驱使。筹资具体的动机多种多样，但是，归纳起来主要有以下几点。

1. 新建筹资动机

　　新建动机是指企业在新建时，为了满足正常生产经营活动所需的铺垫资金，而产生的筹资动机。

新建立的企业,必须准备充足的资金,以便购置厂房、设备、材料,支付相关费用等。同时还必须筹集相应数量的资本金,以满足公司设立的需要。资本金是企业权益资金的主要部分,也是企业筹集债务资金的重要保障。

2. 扩张性筹资动机

扩张性筹资动机是指企业为了满足扩大生产经营规模或者追加对外投资而产生的筹资动机。具有良好发展前景、处于成长时期的企业,通常会产生扩张筹资动机。例如,企业生产经营的产品供不应求,需要购置设备增加市场供应;需要引进技术开发生产适销对路的新产品;扩大有利的对外投资规模;开拓有发展前途的对外投资领域等。

扩张筹资动机所产生的直接结果是使企业的资产规模有所扩大,但负债规模也有所增大,从而既给企业带来收益增长的机会,同时也带来了更大的风险。这是扩张性筹资动机的典型特征。

扩大的方式常见的有两种:一种是增加厂房,增加设备,引进人才,属于外延扩大再生产。一种是改进设备,提高固定资产的生产能力,培训人员,提高劳动生产率,是内涵的扩大再生产。

3. 偿债性筹资动机

偿债性筹资动机是指企业为了偿还某种债务形成的筹资动机,即举新债还旧债。偿债性筹资只是调整了企业的资本结构。

偿债性筹资通常有两种情形:一是调整性偿债筹资,即企业虽有足够的能力支付即期债务,但为了调整原有、现已不合理的资金结构而进行的筹资行为;二是恶化性偿债筹资,即企业现有的支付能力已不足以偿付到期旧债,被迫举新债还旧债,这表明企业财务状况已经恶化。

4. 混合性筹资动机

混合性筹资动机是指企业为了满足扩大生产经营规模和调整资本结构而产生的筹资动机。

通过混合性筹资动机,企业既扩大了资金规模,又偿还了部分旧债,即在这种筹资中混合了扩张筹资和偿债筹资两种动机。因此,混合性筹资动机既能增加资产总额,又能改变资本结构。

(二)筹资的分类

1. 按资金的来源渠道分类

按照资金的来源渠道,筹资可分为权益筹资和负债筹资。权益资金是指所有者在企业净资产中享有的经济利益。在数量上是资产减负债的余额。

2. 按是否通过金融机构分类

按照是否通过金融机构,筹资可分为直接筹资和间接筹资。直接筹资不需要通过金融机构,直接筹资的工具主要有商业票据、股票、债券;间接筹资需要通过金融机构,典型的间接筹资是银行借款。

3. 按资金的取得方式分类

按照资金的取得方式,筹资可分为内部筹资和外部筹资。内部筹资是指在企业内部通过计提折旧而形成现金来源和通过留用利润等而增加资金来源,内部筹资是在企业内部形成的,一般不需花费筹资费用,但内部筹资的数量往往是有限的。企业计提折旧数量的大小,由企业的折旧资产规模和折旧政策所决定;企业留用利润的多少,则由企业可分配利润和利润分配政策所决定。外部筹资是指在企业内部筹资不能满足需要时,向企业外部筹集形成资金来源。企业内部筹资的数量往往是有限的,为了满足企业生产经营活动对资金的需求,必须广泛开展外部筹资。企业外部筹资的渠道和方式很多,前述的筹资渠道和筹资方式基本上都适用于外部筹资。外部筹资通常都需花费筹资费用,如发行股票、债券需支付发行成本,取得借款需支付一定的手续费等。

4.按筹资结果是否反映在资产负债表上分类

按照筹资的结果是否在资产负债表上得以反映,筹资可分为表内筹资和表外筹资。表内筹资是指可能直接引起资产负债表中负债和所有者权益发生变动的筹资;表外筹资是指不会引起资产负债表中负债与所有者权益发生变动的筹资。

5.按所筹资金的使用期限分类

按照所筹资金使用期限的长短,筹资可分为短期资金筹集与长期资金筹集。短期资金是指使用期限在一年以内的资金。企业由于生产经营过程中资金周转的暂时短缺,往往需要一些短期资金。短期资金主要投资于现金、应收账款、存货等,一般在短期内可收回。企业的短期资金,可以通过短期借款、商业信用等方式来筹集。长期资金是指使用期限在一年以上的资金。长期资金主要投资于新产品的开发和推广,生产规模的扩大,厂房和设备的更新,一般需要几年甚至十几年才能收回。长期资金通常采用吸收直接投资、发行股票、发行债券、长期借款、融资租赁、留存收益等方式来筹集。

➢ 二、企业筹资的基本原则

企业筹资是一项重要而复杂的工作,为了有效地筹集企业所需资金,必须遵循以下基本原则。

(一)规模适当原则

不同时期企业的资金需求量并不是一个常数,企业财务人员要认真分析科研、生产、经营状况,采用一定的方法,预测资金的需要数量,合理确定筹资规模。

(二)筹措及时原则

企业财务人员在筹集资金时必须熟知资金时间价值的原理和计算方法,以便根据资金需求的具体情况,合理安排资金的筹集时间,适时获取所需资金。

(三)来源合理原则

资金的来源渠道和资金市场为企业提供了资金的源泉和筹资场所,它反映资金的分布状况和供求关系,决定着筹资的难易程度。不同来源的资金,对企业的收益和成本有不同影响,因此,企业应认真研究资金来源渠道和资金市场,合理选择资金来源。

(四)方式经济原则

在确定筹资数量、筹资时间、资金来源的基础上,企业在筹资时还必须认真研究各种筹资方式。企业筹集资金必然要付出一定的代价,不同筹资方式条件下的资金成本有高有低。为此,就需要对各种筹资方式进行分析、对比,选择经济、可行的筹资方式以确定合理的资金结构,以便降低成本,减少风险。

➤ 三、企业筹资的环境

企业筹资环境是指影响企业筹资活动的各种因素的集合。企业正常运营只有适应环境变化的要求,才能有所发展,是企业选择筹资方式的基础。

企业筹资必须适应环境,如:国家和地区的政治制度、经济体制、方针政策、法律法规等,随着改革开放的政策实施,国内政局稳定,经济日益活跃,中国的产业政策、外汇政策和税收政策等的日益完善,与国际惯例的逐步接轨,为外资进入中国提供了保证,使我国企业的筹资区域进一步扩大,筹资数额逐年增加,方式也更加多样;企业经营过程中所面临的各种经济条件、经济特征、经济联系等客观因素,中国经济继续保持平稳、高速的发展势头,物价得到有效控制,这一切表明,中国有巨大的市场潜力与发展机会,同时也为国内外大量的游资找到了出路;一个国家和地区的技术水平、技术政策、新产品开发能力以及技术发展的动向等,国家对科技开发力度的加大,对科技人才的有计划培养,都将为企业发展创造有利条件。

影响企业发展的微观环境是指直接影响企业生产经营条件和能力的因素,包括行业状况、竞争者状况、供应商状况及其他公众的状况,这是确定企业筹资方式的前提。一个良好的销售网络、稳定的原材料供应商等微观环境,将十分有利于企业筹资的顺利实现。

第二节　筹资规模

企业的资金需要量是筹集资金的数量依据。企业在筹资之前,应当采用一定的方法预测资金需要数量,只有这样,才能使筹集来的资金既能保证生产经营的需要,又不会有太多的闲置。现介绍预测资金需要量常用的方法。

➤ 一、定性预测法

定性预测法主要是利用有关资料,依靠个人经验和主观分析、判断能力,对企业未来资金的需要量进行测定。这种方法一般是在企业缺乏完备、准确的历史资料的情况下采用的。其预测过程是:首先,由熟悉财务情况和生产经营情况的专家,根据以往所积累的经验,进行分析判断,提出预测的初步意见;然后,再通过召开座谈会或发出各种表格等形式,对预测的初步意见进行修正补充。这样进行一次或几次以后,得出预测的最终结果。

定性预测法是十分有用的,但它不能揭示资金需要量与有关因素之间的数量关系。预测资金需要量应和企业生产经营规模相联系。生产规模扩大,销售数量增加,会引起资金需求量增加;反之,则会使资金需求量减少。因此,企业在历史、现状和未来数据资料比较完备、准确的情况下,应尽量采用各种定量预测法预测资金需要量。

➤ 二、定量预测法

(一)趋势预测法

趋势预测法是根据事物发展变化的趋势和有关资料推测未来的方法。采用这种方法首先必须掌握事物发展变化的趋势,而且这种趋势能持续到需预测的未来。例如,某企业1994—

1998 年平均每年资金需要量以 10% 的幅度增长,1998 年占用资金数量为 1000 万元,若运用趋势预测法,则 1999 年的资金需要量预测为 1100 万元[1000×(1＋10%)]。趋势预测法通常适用于事物发展变化呈现长期稳定的上升或下降趋势的情况。由于财务环境日益复杂化,事物发展变化的未来趋势往往难以把握,这种方法受到越来越多的挑战,适用范围受到限制。

(二)销售百分比法

销售百分比法是指根据销售与资产负债表和损益表项目之间的比例关系,预测资金需要量的方法。在已知某项目与销售的比率固定不变的情况下,便可预测未来一定销售额下该项目的资金需要量。运用销售百分比法,一般需借助预计损益表和预计资产负债表。通过预计损益表可以预测企业留用利润(留用利润包括盈余公积金,公益金和未分配利润)这种内部资金来源的增加额;通过预计资产负债表可以预测企业资金需要总额和外部筹资的增加额。

销售百分比法的若干假设:

任何方法都是建立在一定的假设前提基础上的,销售百分比法也不例外。归纳起来,销售百分比法的假设条件有以下几个:

第一,资产负债表的各项目可以划分为敏感项目与非敏感项目。凡是随销售变动而变动并呈现一定比例关系的项目,称为敏感项目;凡不随销售变动而变动的项目,称为非敏感项目。敏感项目在短时期内随销售的变动而发生成比例变动,其隐含的前提是:现有的资产负债水平对现在的销售是最优的,即所有的生产能力已经全部使用。这个条件直接影响敏感项目的确定。例如,只有当固定资产利用率已经达到最优状态,产销量的增加将导致机器设备、厂房等固定资产的增加,此时固定资产净值才应列为敏感资产;如果目前固定资产的利用率并不完全,则在一定范围内的产量增加就不需要增加固定资产的投入,此时固定资产净值不应列为敏感项目。

第二,敏感项目与销售额之间成正比例关系。这一假设又包含两方面意义:一是线性假设,即敏感项目与销售额之间为正相关;二是直线过原点,即销售额为零时,项目的初始值也为零。这一假设与现实的经济生活不相符,比如现金的持有动机除了与销售有关的交易动机外,还包括投机动机和预防动机,所以即使销售额为零也应持有一部分现金。又如存货应留有一定数量的安全库存以应付意外情况,这也导致存货与销售额并不总呈现正比例关系。

第三,基期与预测期的情况基本不变。这一假设包含三重含义:一是基期与预测期的敏感项目和非敏感项目的划分不变;二是敏感项目与销售额之间成固定比例,或称比例不变;三是销售结构和价格水平与基期相比基本不变。由于实际经济情况总是处于不断变动之中,基期与预测期的情况不可能一成不变。一般来说,各个项目的利用不可能同时达到最优,所以基期与预测期的敏感项目与非敏感项目的划分会发生一定的变化,同样,敏感项目与销售额的比例也可能发生变化。

第四,企业的内部资金来源仅包括留用利润,或者说,企业当期计提的折旧在当期全部用来更新固定资产。但是,企业固定资产的更新是有一定周期的,各期计提的折旧在未使用以前可以作为内部资金来源使用,与之类似的还有无形资产和递延资产的摊销费用。

第五,销售的预测比较准确。销售预测是销售百分比法应用的重要前提之一,只有销售预测准确,才能比较准确地预测资金需要量。但是,产品的销售受市场供求、同业竞争以及国家宏观经济政策等的影响,销售预测不可能是一个准确的数值。

1. 预计损益表法

预计损益表是运用销售百分比法的原理预测留用利润的一种报表。通过编制预计损益表,可以预测留用利润这种内部筹资的数额,也可以为编制预计资产负债表预测外部筹资数额提供依据。

预计损益表法的基本步骤如下:

第一步,收集基年实际损益表资料,计算确定损益表各项目与销售额的百分比。

第二步,确定预测年度销售额预计数,根据基年实际损益表各项目与实际销售额的比率,计算预测年度预计损益表各项目的预计数,并编制预测年度预计损益表。预计损益表与实际损益表的内容,格式相同。

第三步,根据预测年度净利润预计数和预定的留用比例,测算留用利润的数额。

【例 3-1】大华公司 2013 年销售收入为 15000 万元,2013 年 12 月 31 日的损益表(简表)如表 3-1 所示。

表 3-1 大华公司 2013 年实际损益表(简表)

项目	金额
营业收入	15000
减:营业成本	11400
销售费用	900
管理费用	1620
财务费用	600
营业利润	480
加:营业外收入	50
减:营业外支出	80
利润总额	450
减:所得税费用	112.5
净利润	337.5

要求:

(1)计算确定损益表各项目与销售额的百分比。

(2)计算预测年度预计损益表各项目的预计数,并编制预测年度预计损益表。

(3)计算留用利润的数额。

(4)若利润留用比例为 50%,则利润为多少?

解析:

表 3-2 大华公司 2009 年预计利润表

项目	2008 年实际数	占营业收入的比例	2009 年预计数
营业收入	15000	100%	18000
减:营业成本	11400	76%	13680
销售费用	900	6%	1080

项目	2008 年实际数	占营业收入的比例	2009 年预计数
管理费用	1620	10.80%	1944
财务费用	600	4%	720
营业利润	480	3.20%	576
加：营业外收入	50	—	60
减：营业外支出	80	—	96
利润总额	450	3%	540
减：所得税费用	112.5	—	135
净利润	337.5	—	405

若利润留用比例为 50%，则利润为 202.5 元。

2. 预计资产负债表法

预计资产负债表是运用销售百分比法的原理预测外部筹资额的一种报表。通过编制预计资产负债表，可以预测资产和负债及留用利润等有关项目的数额，进而预测企业需要外部筹资的数额。

预计资产负债表法的基本步骤如下：

第一步，取得基年资产负债表资料，并计算其敏感项目与销售收入的百分比。

运用销售百分比法要选定与销售有直接关系的资产负债表项目，这些项目称为敏感项目。敏感资产项目包括现金、应收账款、存货、固定资产净值等项目；敏感负债项目包括应付账款、应付费用等项目。使用固定资产净值指标是假定折旧产生的现金即用于更新资产。对外投资、短期借款、长期负债和实收资本通常不属于在短期内的敏感项目，留用利润也不是直接的敏感项目。

第二步，确定预测年度销售收入预计数，编制预测年度预计资产负债表。

预计资产负债表与实际资产负债表的内容，格式相同。预测年度预计资产负债表各敏感项目的预计数，可根据预测年度销售收入预计数和基年实际资产负债表各项目与实际销售收入的百分比计算确定；预测年度预计资产负债表各非敏感项目，则按基年实际资产负债表各有关项目直接填列；预测年度预计资产负债表中留用利润项目，应根据基年实际资产负债表中留用利润项目的数额和预测年度预计留用利润增加额合并填列；预测年度预计留用利润增加额可根据预测年度利润总额、所得税率和留用利润比例来确定。

第三步，利用预测年度预计资产负债表中预计资产总额和预计负债及所有者权益总额的差额，测算预测年度需要外部筹资的数额。

上述预测过程可用下列公式表示：

$$需要追加的外部筹资额 = (\Delta S)\sum(A/S) - (\Delta S)\sum(B/S) - \Delta RE$$

式中：ΔS—— 预测年度销售增加额；

$\sum(A/S)$—— 基年敏感资产总额占基年销售额的百分比；

$\sum(B/S)$—— 基年敏感负债总额占基年销售额的百分比；

ΔRE—— 预测年度留用利润增加额。

【例 3-2】某公司 2009 年销售收入为 20000 万元,2009 年 12 月 31 日的资产负债表(简表)如表 3-3 所示。

表 3-3　某公司资产负债表(简表)

2009 年 12 月 31 日　　　　　　　　　　　　　　　　　　　　　单位:万元

资产	期末余额	负债及所有者权益	期末余额
货币资金	1000	应付账款	1000
应收账款	3000	应付票据	2000
存货	6000	长期借款	9000
固定资产	7000	实收资本	4000
无形资产	1000	留存收益	2000
资产总计	18000	负债与所有者权益合计	18000

　　该公司 2010 年计划销售收入比上年增长 20%,为实现这一目标,公司需新增设备一台,需要 320 万元资金。据历年财务数据分析,公司流动资产与流动负债随销售额同比率增减。假定该公司 2010 年的销售净利率可达到 10%,净利润的 60% 分配给投资者。

　　要求:

　　(1)计算 2010 年流动资产增加额;

　　(2)计算 2010 年流动负债增加额;

　　(3)计算 2010 年公司需增加的营运资金;

　　(4)计算 2010 年的留存收益;

　　(5)预测 2010 年需要对外筹集的资金量。

解析:

　　(1)流动资产增长率为 20%。

　　2009 年年末的流动资产 = 1000 + 3000 + 6000 = 10000(万元)

　　2010 年流动资产增加额 = 10000 × 20% = 2000(万元)

　　(2)流动负债增长率为 20%。

　　2009 年年末的流动负债 = 1000 + 2000 = 3000(万元)

　　2010 年流动负债增加额 = 3000 × 20% = 600(万元)

　　(3)2010 年公司需增加的营运资金 = 流动资产增加额 - 流动负债增加额

　　　　　　　　　　　　　 = 2000 - 600 = 1400(万元)

　　(4)2010 年的销售收入 = 20000 × (1 + 20%) = 24000(万元)

　　2010 年的净利润 = 24000 × 10% = 2400(万元)

　　2010 年的留存收益 = 2400 × (1 - 60%) = 960(万元)

　　(5)2010 年需要对外筹集的资金量 = (1400 + 320) - 960 = 760(万元)

　　销售百分比法的优点如下:

　　(1)根据公司的"负担能力"制订促销费用。

　　(2)促使管理当局考虑促销成本、售价与单位劳动之间的关系。

　　(3)各竞争者若以近似或相同的比率编列促销预算,那么能促使市场竞争渐趋稳定。

销售百分比法的缺点如下：

(1)错误地视销售为促销活动的"因"而非其"果"；

(2)预算的编列是依据资金的有无，而非视市场的机会而定；

(3)不鼓励特殊时期为扭转销量而不断变动预算，对于长期规划也会造成不利的影响；而且在选择特定百分比方面，除了过去的经验及竞争者的做法，并没有任何合理的基础。

(三)资金习性法

所谓资金习性，是指资金的变动与产销量的变动之间的依存关系。按照资金同产销量之间的依存关系，可以把资金区分为不变资金、变动资金和半变动资金。

不变资金是指在一定的产销量范围内，不受产销量变动的影响而保持固定不变的那部分资金，即产销量在一定范围内变动，这部分资金保持不变。这部分资金主要包括：为维持营业而占用的最低的现金，原材料的保险储备，必要的成品储备，厂房、机器设备等固定资产占用的资金。

变动资金是指随产销量的变动而成同比例变动的那部分资金，它一般包括直接构成产品实体的原材料及外购件等占用的资金。另外，在最低储备以外的现金、存货、应收账款等也具有变动资金的性质。

半变动资金是指虽然受产销量变动的影响，但不成同比例变动的那部分资金，如一些辅助材料所占用的资金。半变动资金可采用一定的方法划分为不变资金和变动资金。

进行资金习性分析，把资金划分为不变资金和变动资金两部分，从数量上掌握资金同产销量之间的规律，对正确地预测资金需要量有很大的帮助。

资金习性法就是根据上述原理，预测资金需要量的方法。其数学模型为：

$$Y = a + bX$$

式中：Y——资金需要量；

a——不变资金；

b——单位产销量所需要的变动资金；

X——产销数量。

运用上式，在已知 a,b 的条件下，即可求得一定产销量 X 所需要占用的资金量。运用这种方法，可以直接预测资金占用总额，也可以先分若干资金占用项目预测，然后汇总测算出资金占用总额。使用资金习性法，关键是利用真实的历史资料，正确地区分不变资金和变动资金。区分的方法通常有回归分析法、高低点法等。

1. 回归分析法

回归分析法是运用最小二乘法原理，用回归直线方程求得 a 和 b，然后预测资金需要量。回归直线方程的公式为：

$$\sum Y = na + b\sum X$$

$$\sum XY = a\sum X + b\sum X^2$$

现根据以上公式计算出 a 和 b，然后代入预测模型 $y = a + bx$，计算 y。

2. 高低点法

用高低点法分别求出各资金占用项目(如现金、存货、应收账款、固定资产)和资金来源项

目的 a 和 b，然后汇总在一起，计算出总的 a 和 b，求出企业变动资金总额和不变资金总额，进而预测资金需求量。汇总计算 a 和 b 时，需要注意一个问题：由于负债是资金来源，负债的增加减少资金需求，因此，应该减掉负债项目的 a 和 b。另外注意，在给定的资料中，高低点的选择以销售收入（或业务量）为依据，高点（销售收入或业务量）的资金占用量不一定最大；低点（销售收入或业务量）的资金占用量不一定最小。

公式：

b＝（最高收入期资金占用量－最低收入期资金占用量）/（最高销售收入－最低销售收入）

a＝最高收入期资金占用量$-bx$ 最高销售收入

用以上公式求解出 a、b，然后代入预测模型 $y＝a+bx$，计算 y。

【例 3-3】某企业 2009 年至 2013 年的产销数量和资金占用数量的历史资料如表 3-4 所示，该企业 2014 年预计产销量为 95000 件。

要求：

(1)采用高低点法计算该企业 2014 年的资金需要量；

(2)采用回归分析法计算该企业 2014 年的资金需要量；

(3)说明两种方法预测的 2014 年资金需要量出现差异的原因。

表 3-4　某企业产销量与资金占用量表

年度	产量(X)(万件)	资金占用量(Y)(万元)
2009	8.0	650
2010	7.5	640
2011	7.0	630
2012	8.5	680
2013	9.0	700

解析：

(1)采用高低点法预测 2014 年的资金需要量。

① $b＝(700-630)/(9.0-7.0)＝35$(元/件)

②由 $Y＝a+bX$，代入 2011 年数据，求得：$a＝Y-bX＝630-35×7.0＝385$(万元)

或者：代入 2013 年数据，求得：$a＝Y-bX＝700-35×9.0＝385$(万元)

建立预测资金需要量的数学模型：

$$Y＝385+35X$$

③2014 年产量为 95000 件时的资金需要量$＝385+35×9.5＝717.5$(万元)

(2)采用线性回归法预测 2014 年的资金需要量。

①根据资料计算整理出下列计算表中数据：

表 3-5　例 3-3 计算数据

年度	产量(X)	资金占用量(Y)	XY	X^2
2009	8.0	650	5200	64
2010	7.5	640	4800	56.25

续表 3-5

年度	产量(X)	资金占用量(Y)	XY	X^2
2011	7.0	630	4410	49
2012	8.5	680	5780	72.25
2013	9.0	700	6300	81
合计($n=5$)	40	3300	26490	322.5

②将表中数据代入：

$$a = \left[\sum X^2 \sum Y - \sum X \sum XY \right] / \left[n \sum X^2 - \left(\sum X \right)^2 \right]$$

$$b = \left(n \sum XY - \sum X \sum Y \right) / \left[n \sum X^2 - \left(\sum X \right)^2 \right]$$

得到：

$a = (322.5 \times 3300 - 40 \times 26490)/(5 \times 322.5 - 40 \times 40) = 372$

$b = (5 \times 26490 - 40 \times 3300)/(5 \times 322.5 - 40 \times 40) = 36$

也可以解方程组：

$$\sum Y = na + b \sum X$$

$$\sum XY = a \sum X + b \sum X^2$$

得出 a 和 b 的数值：

$3300 = 5a + 40b$

$26490 = 40a + 322.5b$

解得：$b = 36, a = 372$

③2014 年产量为 95000 件的资金需要量 $= 372 + 36 \times 9.5 = 714$（万元）

(3)说明两种方法预测的 2014 年资金需要量出现差异的原因。

两种方法预测的 2014 年资金需要量出现差异的原因是：高低点法只考虑了 2009 年和 2011 年的情况，而回归分析法考虑了 2009～2013 年各年的情况。

即问即答

销售百分比法和资金习性预测法的关系是怎样的？

第三节　筹资方式

确定筹资渠道和选择筹资方式是企业筹资中的两个重要问题，明确筹资渠道是解决资金从哪里来的问题；明确筹资方式是解决如何取得资金的问题。筹资渠道与筹资方式既有联系，又有区别。同一来源渠道的资金往往可以采用不同的筹资方式取得，而同一筹资方式又往往可以从不同的来源渠道去筹措资金。只有分析研究筹资渠道和筹资方式的特点，才能合理地确定资金来源的结构。

➤一、企业筹资的渠道

筹资渠道是指企业筹措资金来源的方向和通道，它体现着企业可利用资金的源泉和流量。

筹资渠道是企业筹资的客观条件,为企业筹资提供了各种可能性。认识筹资渠道的种类及每种渠道的特点,有利于企业充分开拓和正确利用筹资渠道。目前,企业筹资渠道主要有以下几种:

(一)国家财政资金

国家财政资金主要是指国家对企业的直接投资。历来是国有企业,包括国有独资公司的主要资金来源。国家按照投资规划对国有企业进行投资,可以以拨款方式向企业投入,也可以以基建贷款的形式向企业投入,然后再以减债增资的形式转变为企业的资本金。国家财政资金具有广阔的源泉和稳固的基础,今后仍然是国有企业筹集资金的重要渠道。

(二)银行信贷资金

银行对企业的各种贷款,是各类企业重要的资金来源。银行一般分商业性银行和政策性银行。前者可以为各类企业提供商业性贷款,后者主要为特定企业提供政策性贷款。银行信贷资金有居民储蓄,单位存款等经常性的资金源泉,贷款方式多种多样,可以适应各类企业的多种资金需要。

(三)非银行金融机构资金

非银行金融机构主要有信托投资公司、租赁公司、保险公司、证券公司、企业集团的财务公司等。这些金融机构可以为一些企业直接提供部分资金或为企业筹资提供服务。这种筹资渠道的财力比银行要小,但具有广阔的发展前景。

(四)其他企业资金

企业在生产经营过程中,往往形成部分暂时闲置的资金,可在企业之间相互调剂使用。随着横向经济联合的发展,企业与企业之间资金联合和资金融通也有了广泛发展。其他企业投入资金方式包括联营、入股、债券及各种商业信用,既有长期稳定的联合,又有短期临时的融通。其他企业投入资金往往同本企业的生产经营活动有密切联系,它有利于促进企业之间的经济联系,有利于开拓本企业的经营业务。

(五)民间资金

企业职工和城乡居民节余的货币,可以对企业进行投资,形成民间资金渠道。随着证券市场的发展和股份经济的推广,这一筹资渠道将会发挥越来越大的作用。

(六)企业自留资金

企业内部形成的资金,主要有计提折旧形成的临时沉淀资金,提取公积金和未分配利润而形成的资金。这是企业的"自动化"筹资渠道。随着企业经济效益的提高,企业自留资金的数额将日益增加。

(七)外商资金

外商资金是外国投资者以及我国香港、澳门、台湾地区投资者投入的资金,这是引进外资以及外商投资企业的主要资金来源,吸收外资不仅可以满足我国建设资金的需要,而且能够引进先进技术和管理经验,促进我国技术的进步和产品水平的提高。为了加快我国现代化建设,有必要进一步开拓外资渠道,积极吸引外商投资。

➤二、企业筹资的方式

筹资方式是指企业取得资金所采取的具体方法和形式。筹资方式不仅受到筹资渠道的制约,还会受到企业内外各种其他因素的制约。随着中国市场经济的不断发展和完善,资金市场的日趋活跃,筹资渠道的逐渐增多,,企业可采用的筹资方式也将会越来越呈现出多元化。认识筹资方式的种类和每种筹资方式的特性,有利于企业选择适宜的筹资方式和进行筹资组合。

(一)权益筹资方式

1. 吸收直接投资

吸收直接投资是指非股份制企业以协议等形式吸收国家、法人、个人和外商等直接投入资金,形成企业资本金的一种筹资方式。吸收直接投资与发行股票、留存收益都是企业筹集自有资金的重要方式,但发行股票要以股票为媒介,而吸收直接投资则无需发行任何证券。吸收直接投资中的出资者都是企业的所有者,并对企业具有经营管理权。企业经营状况好,盈利多,各方可按出资额的比例分享利润,但如果企业经营状况差,连年亏损,甚至被迫破产清算,则各方要在其出资的限额内按出资比例承担损失。

(1)吸收直接投资的分类。

企业采用吸收直接投资方式筹集的资金一般可分为以下四类:

①吸收国家投资。吸收国家投资是国有企业筹集自有资金的主要方式。国家投资是指有权代表国家投资的政府部门或者机构以国有资产投入企业,由此形成国家资本金。目前,除了国家以拨款形式投入企业所形成的各种资金外,用利润总额归还贷款后所形成的国家资金、财政和主管部门拨给企业的专用拨款以及减免税后形成的资金,也应视为国家投资。吸收国家投资一般具有以下特点:一是产权归属于国家;二是资金数额较大;三是只有国有企业才能采用;四是资金的运用和处置受国家约束较大。

②吸收法人投资。法人投资是指法人单位以其依法可以支配的资产投入企业,由此形成法人资本金,目前主要指法人单位在进行横向经济联合时所产生的联营、合资等投资。吸收法人投资一般具有如下特点:A. 投资发生在法人单位之间;B. 投资以参与企业利润分配为目的;C. 投资方式灵活多样。

③吸收个人投资。个人投资是指社会个人或本企业内部职工以个人合法财产投入企业,由此形成个人资本金。吸收个人投资一般具有以下特点:A. 参加投资的人员较多;B. 每人投资的数额相对较少;C. 以参与企业利润分配为目的。

④吸收外商投资。随着我国改革开放的不断前进,吸收外商投资已成为企业筹集资金的重要方式。外商投资是指外国投资者以及我国香港、澳门、台湾地区投资者投入的资金,由此形成外商资本金。吸收外商投资一般具有以下特点:一是一般只有中外合资、合作或外商独资经营企业才能采用;二是可以筹集外汇资金;三是出资方式比较灵活。

(2)吸收直接投资的出资方式。

企业在采用吸收直接投资这一方式筹集资金时,投资者可以用现金、厂房、机器设备、材料物资、无形资产等多种方式向企业投资。具体而言,主要有以下几种出资方式:

①现金投资。现金投资是吸收直接投资中一种最重要的投资方式。企业有了现金,就可以购置各种物质资料,支付各种费用,比较灵活方便。因此,企业应尽量动员投资者采用现金

方式出资。吸收投资中所需投入现金的数额,取决于投入的实物及工业产权之外建立企业的开支和日常周转需要。外国公司法或投资法对现金投资占资本总额的多少,一般都有规定,目前我国尚无这方面的规定,所以,需要在投资过程中由出资各方协商加以确定。

②实物投资。实物投资是指以房屋、建筑物、设备等固定资产和材料、燃料、商品等流动资产所进行的投资。一般来说,企业吸收的实物投资应符合如下条件:一是确为企业生产、经营所需;二是技术性能比较好;三是作价公平合理。投资实物的具体作价,可由双方按公平合理的原则协商确定,也可以聘请各方同意的专业资产评估机构评定。

③工业产权投资。工业产权投资是指以专有技术、商标权、专利权等无形资产所进行的投资。一般来说,企业吸收的工业产权投资应符合以下条件:一是能帮助企业研究和开发出高新技术产品;二是能帮助企业生产出适销对路的高科技产品;三是能帮助企业改进产品质量,提高生产效率;四是能帮助企业大幅度降低各种消耗;五是作价公平合理。

企业在吸收工业产权投资时应特别谨慎,进行认真的可行性研究。因为以工业产权投资实际上是把有关技术资本化了,把技术的价值固定化了,而技术实际上都是在不断老化,价值在不断减少甚至会完全丧失。

④土地使用权投资。投资者也可以用土地使用权来进行投资。土地使用权是按有关法规和合同的规定使用土地的权利。企业吸收土地使用权投资应符合以下条件:一是为企业科研、生产、销售活动所需要的;二是交通、地理条件比较适宜;三是作价公平合理。

投入资本的出资方式除国家规定外,应在企业成立时经批准的企业合同、章程中有详细规定。例如我国财务制度规定:吸收投资者以专有技术、专利权等无形资产出资的,其出资额不得超过注册资本的20%;如情况特殊,需要超过20%的,应当经工商行政管理部门审查批准,但是最高不得超过30%。同时还规定:企业不得吸收投资者的已设立担保物权及租赁资产的出资。国家对外商投资企业的出资规定:外商以货币资金出资的仅限于合法利润所得可用作人民币出资,其他一般应以可自由兑换的外国货币(如美元、日元、英镑等)出资;外商以实物出资的,要求必须为投资企业生产必不可少,而我国不能生产或虽能生产但价格过高或在技术性能和供应时间上不能保证需要的;外商以无形资产投资的,要求该项无形资产是为外国投资者所有的,能生产我国急需的新产品或出口适销产品,或能显著改进现有产品的性能、质量,提高生产效率,或能显著节约原材料、燃料、动力,并对作价年限有一定限制。投资者的出资方式必须严格遵守国家规定和企业合同、章程,不得擅自改变出资方式,否则将构成违反合同、章程的行为(除非已经董事会补充修改并报原审批机关批准)。

2. 普通股筹资

普通股是指在公司的经营管理和盈利及财产的分配上享有普通权利的股份,代表满足所有债权偿付要求及优先股东的收益权与求偿权要求后对企业盈利和剩余财产的索取权。普通股构成公司资本的基础,是股票的一种基本形式。目前,在上海和深圳证券交易所上进行交易的股票都是普通股。

(1)普通股股东基本权利。

普通股股东按其所持有股份比例享有以下基本权利:

①公司决策参与权。普通股股东有权参与股东大会,并有建议权、表决权和选举权,也可以委托他人代表其行使其股东权利。

②利润分配权。普通股股东有权从公司利润分配中得到股息。普通股的股息是不固定

的,由公司赢利状况及其分配政策决定。普通股股东必须在优先股股东取得固定股息之后才有权享受股息分配权。

③优先认股权。如果公司需要扩张而增发普通股股票时,现有普通股股东有权按其持股比例,以低于市价的某一特定价格优先购买一定数量的新发行股票,从而保持其对企业所有权的原有比例。

④剩余资产分配权。当公司破产或清算时,若公司的资产在偿还欠债后还有剩余,其剩余部分按先优先股股东、后普通股股东的顺序进行分配。

(2)普通股的种类。

普通股按不同的标准可以分成不同的种类,具体有以下几种:

①按照有无记名,普通股分为记名股票和无记名股票。记名股票在发行时,票面上记载有股东的姓名,并记载于公司的股东名册上。记名股票的特点就是除持有者和其正式的委托代理人或合法继承人、受赠人外,任何人都不能行使其股权。另外,记名股票不能任意转让,转让时,既要将受让人的姓名、住址分别记载于股票票面,还要在公司的股东名册上办理过户手续,否则转让不能生效。显然这种股票有安全、不怕遗失的优点,但转让手续繁琐。这种股票如需要私自转让,例如发生继承和赠予等行为时,必须在转让行为发生后立即办理过户等手续。无记名股票在发行时,在股票上不记载股东的姓名。其持有者可自行转让股票,任何人一旦持有便享有股东的权利,无须再通过其他方式、途径证明有自己的股东资格。这种股票转让手续简便,但也应该通过证券市场的合法交易实现转让。

②按照是否标明金额,普通股分为面值股票和无面值股票。面值股有票面金额股票,简称金额股票或面额股票,是指在股票票面上记载一定的金额,如每股人民币 100 元、200 元等。金额股票给股票定了一个票面价值,这样就可以很容易地确定每一股份在该股份公司中所占的比例。无面值股也称比例股票或无面额股票。股票发行时无票面价值记载,仅表明每股占资本总额的比例。其价值随公司财产的增减而增减。因此,这种股票的内在价值总是处于变动状态。这种股票最大的优点就是避免了公司实际资产与票面资产的背离,因为股票的面值往往是徒有虚名,人们关心的不是股票面值,而是股票价格。发行这种股票对公司管理、财务核算、法律责任等方面要求极高,因此只有在美国比较流行,而不少国家根本不允许发行。

③按照投资主体不同,普通股分为国家股、法人股和个人股。我国上市公司的股份可以分为国有股、法人股和社会公众股。国有股指有权代表国家投资的部门或机构以国有资产向公司投资形成的股份,包括以公司现有国有资产折算成的股份。由于我国大部分股份制企业都是由原国有大中型企业改制而来的,因此,国有股在公司股权中占有较大的比重。法人股指企业法人或具有法人资格的事业单位和社会团体以其依法可经营的资产向公司非上市流通股权部分投资所形成的股份。目前,在我国上市公司的股权结构中,法人股平均占 20% 左右。根据法人股认购的对象,可将法人股进一步分为境内发起法人股、外资法人股和募集法人股三个部分。社会公众股是指我国境内个人和机构,以其合法财产向公司可上市流通股权部分投资所形成的股份。我国国有股和法人股目前还不能上市交易。国家股东和法人股东要转让股权,可以在法律许可的范围内,经证券主管部门批准,与合格物机构投资者签订转让协议,一次性完成大宗股权的转移。由于国家股和法人股占总股本的比重平均超过 70%,在大多数情况下,要取得一家上市公司的控制股权,收购方需要从原国家股东和法人股东手中协议受让大宗股权。除少量公司职工股、内部职工股及转配股上市流通受一定限制外,绝大部分的社会公众

股都可以上市流通交易。

④按照发行对象和上市地区不同,普通股分为 A 股、B 股、H 股、N 股、S 股。A 股的正式名称是人民币普通股票。它是由我国境内的公司发行,供境内机构、组织或个人(不含台、港、澳投资者)以人民币认购和交易的普通股股票。B 股的正式名称是人民币特种股票。它是以人民币标明面值,以外币认购和买卖,在境内(上海、深圳)证券交易所上市交易的。它的投资人限于:外国的自然人、法人和其他组织,香港、澳门、台湾地区的自然人、法人和其他组织,定居在国外的中国公民,中国证监会规定的其他投资人。现阶段 B 股的投资人,主要是上述几类中的机构投资者。B 股公司的注册地和上市地都在境内,只不过投资者在境外或在中国香港、澳门及台湾。H 股,即注册地在内地、上市地丰香港的外资股。香港的英文是 Hong Kong,取其字首,在港上市外资股就叫做 H 股。依此类推,纽约的第一个英文字母是 N,新加坡的第一个英文字母是 S,纽约和新加坡上市的股票就分别叫做 N 股和 S 股。

⑤按公司业绩分类,普通股分为绩优股和垃圾股。绩优股就是业绩优良公司的股票,但对于绩优股的定义国内外却有所不同。在我国,投资者衡量绩优股的主要指标是每股税后利润和净资产收益率。一般而言,每股税后利润在全体上市公司中处于中上地位,公司上市后净资产收益率连续三年显著超过 10% 的股票当属绩优股之列。在国外,绩优股主要指的是业绩优良且比较稳定的大公司股票。这些大公司经过长时间的努力,在行业内达到了较高的市场占有率,形成了经营规模优势,利润稳步增长,市场知名度很高。绩优股具有较高的投资回报和投资价值。其公司拥有资金、市场、信誉等方面的优势,对各种市场变化具有较强的随和适应能力,绩优股的股价一般相对稳定且呈长期上升趋势。因此,绩优股总是受到投资者、尤其是从事长期投资的稳健型投资者的青睐。与绩优股相对应,垃圾股指的是业绩较差的公司的股票。这类上市公司或者由于行业前景不好,或者由于经营不善等,有的甚至进入亏损行列。其股票在市场上的表现萎靡不振,股价走低,交投不活跃,年终分红也差。投资者在考虑选择这些股票时,要有比较高的风险意识,切忌盲目跟风投机。

(3)普通股筹资的优缺点。

普通股筹资具有以下优缺点:

与其他筹资方式相比,普通股筹资的优点有:发行普通股筹资具有永久性,无到期日,无需归还;股利支付视企业利润的大小而定,可以减少经营波动带给公司的风险,筹资风险小;普通股筹集的资本反应企业的实力,增加举债能力;容易吸收资金。

但是,运用普通股筹资也有缺点:普通股的风险较高,要求有较高的资本回报率,资本成本高;普通股筹资分散公司的控制权,会引起公司股价的下跌。

3. 发行优先股

优先股是"普通股"的对称,是股份公司发行的在分配红利和剩余财产时比普通股具有优先权的股份。优先股也是一种没有期限的有权凭证,优先股股东一般不能在中途向公司要求退股(少数可赎回的优先股例外)。优先股的主要特征有三:一是优先股通常预先定明股息收益率。由于优先股股息率事先固定,所以优先股的股息一般不会根据公司经营情况而增减,而且一般也不能参与公司的分红,但优先股可以先于普通股获得股息,对公司来说,由于股息固定,它不影响公司的利润分配。二是优先股的权利范围小。优先股股东一般没有选举权和被选举权,对股份公司的重大经营无投票权,但在某些情况下可以享有投票权。三是如果公司股东大会需要讨论与优先股有关的索偿权,即优先股的索偿权先于普通股,而次于债权人,优先股的优先权主要表现在两个方面：①股息领取优先权。股份公司分派股息的顺序是优先股在前，普通股在后。股份公司不论其盈利多少，只要股东大会决定分派股息，优先股就可按照事先确定的股息率领取股息，即使普遍减少或没有股息，优先股亦应照常分派股息。②剩余资产分配优先权。股份公司在解散、破产清算时，优先股具有公司剩余资产的分配优先权，不过，优先股的优先分配权在债权人之后，而在普通股之前。只有还清公司债权人债务之后，有剩余资产时，优先股才具有剩余资产的分配权。只有在优先股索偿之后，普通股才参与分配。

优先股的种类很多，为了适应一些专门想获取某些优先好处的投资者的需要，优先股有各种各样的分类方式。主要分类有以下几种：

（1）累积优先股和非累积优先股。累积优先股是指在某个营业年度内，如果公司所获的盈利不足以分派规定的股利，日后优先股的股东对往年未付给的股息，有权要求如数补给。对于非累积的优先股，虽然对于公司当年所获得的利润有优先于普通股获得分派股息的权利，但如该年公司所获得的盈利不足以按规定的股利分配时，非累积优先股的股东不能要求公司在以后年度中予以补发。一般来讲，对投资者来说，累积优先股比非累积优先股具有更大的优越性。

（2）参与优先股与非参与优先股。当企业利润增大，除享受既定比率的利息外，还可以跟普通股共同参与利润分配的优先股，称为"参与优先股"。除了既定股息外，不再参与利润分配的优先股，称为"非参与优先股"。一般来讲，参与优先股较非参与优先股对投资者更为有利。

（3）可转换优先股与不可转换优先股。可转换的优先股是指允许优先股持有人在特定条件下把优先股转换成为一定数额的普通股。否则，就是不可转换优先股。可转换优先股是近年来日益流行的一种优先股。

（4）可收回优先股与不可收回优先股。可收回优先股是指允许发行该类股票的公司，按原来的价格再加上若干补偿金将已发生的优先股收回。当该公司认为能够以较低股利的股票来代替已发生的优先股时，就往往行使这种权利。反之，就是不可收回的优先股。优先股的收回方式有三种：一是溢价方式。公司在赎回优先股时，虽是按事先规定的价格进行，但由于这往往给投资者带来不便，因而发行公司常在优先股面值上再加一笔"溢价"。二是公司在发行优先股时，从所获得的资金中提出一部分款项创立"偿债基金"，专用于定期地赎回已发出的一部分优先股。三是转换方式，即优先股可按规定转换成普通股。虽然可转换的优先股本身构成优先股的一个种类，但在国外投资界，也常把它看成是一种实际上的收回优先股方式，只是这种收回的主动权在投资者而不在公司里，对投资者来说，在普通股的市价上升时这样做是十分有利的。

优先股也有它的优点：无固定的到期日，不用偿还本金；股利支付既固定，又有一定的弹性，可采取固定股利，但如财务状况不佳，可暂不支付股利；有利于增强公司的信誉。

但是，具体的缺点也有一些：筹资成本较高，因股利要从净利润中扣除；筹资限制多，比如对公司举债方面的限制；财务负担重，因股利固定，且不能在税前扣除。

4. 留存收益

留存收益是指企业从历年实现的利润中提取或留存于企业的内部积累，它来源于企业的生产经营活动所实现的净利润，包括企业的盈余公积和未分配利润两个部分。

盈余公积是指企业按照规定从净利润中提取的积累资金，包括法定公积金、任意公积金等。法定公积金按照净利润（减弥补以前年度亏损）的10％提取（非公司制企业也可按照超过

10％的比例提取），法定公积金累计额已达注册资本的 50％时可以不再提取。任意盈余公积主要是公司制企业按照股东会的决议提取，其他企业也可根据需要提取任意盈余公积。

公积金用于弥补公司的亏损、扩大公司生产经营或者转为增加公司资本。但是，资本公积金不得用于弥补公司的亏损。

法定公积金转为资本时，所留存的该项公积金不得少于转增前公司注册资本的百分之二十五。

未分配利润是指企业实现的净利润经过弥补亏损、提取盈余公积和向投资者分配利润后留存在企业的、历年结存的利润。未分配利润是企业所有者权益的组成部分。

一般而言，企业愿意采用内部留存收益筹集资金，因为这种筹资方式不会发送任何可能对股价产生不利影响的信号；利用留存收益筹集资金不用支付筹资费用，其资金成本低于普通股筹资成本。留存收益筹资的优点主要有：①资金成本较普通股低；②保持普通股股东的控制权；③增强公司的信誉。留存收益筹资的缺点主要有：①筹资数额有限制；②资金使用受制约。

（二）负债筹资方式

负债筹资是指企业以已有的自有资金作为基础，为了维系企业的正常营运、扩大经营规模、开创新事业等，产生财务需求，发生现金流量不足，通过银行借款、商业信用和发行债券等形式吸收资金，并运用这笔资金从事生产经营活动，使企业资产不断得到补偿、增值和更新的一种现代企业筹资的经营方式。

1. 发行债券

债券（bond）是政府、金融机构、工商企业等机构直接向社会借款筹措资金时，向投资者发行，并且承诺按一定利率支付利息并按约定条件偿还本金的债权债务凭证。债券的本质是债的证明书，具有法律效力。债券购买者与发行者之间是一种债券债务关系，债券发行人即债务人，投资者（或债券持有人）即债权人。债券包含了以下四层含义：债券的发行人（政府、金融机构、企业等机构）是资金的借入者；购买债券的投资者是资金的借出者；发行人（借入者）需要在一定时期还本付息；债券是债的证明书，具有法律效力。债券购买者与发行者之间是一种债权债务关系，债券发行人即债务人，投资者（或债券持有人）即债权人。

（1）债券的种类。

①按发行主体，债券可划分政府债券、金融债券和公司债券。政府债券是政府为筹集资金而发行的债券。主要包括国债、地方政府债券等，其中最主要的是国债。国债因其信誉好、利率优、风险小而又被称为"金边债券"。除了政府部门直接发行的债券外，有些国家把政府担保的债券也划归为政府债券体系，称为政府保证债券。这种债券由一些与政府有直接关系的公司或金融机构发行，并由政府提供担保。中国历史上发行的国债主要品种有国库券和国家债券，其中国库券自 1981 年后基本上每年都发行，主要对企业、个人等；国家债券曾经发行的种类包括国家重点建设债券、国家建设债券、财政债券、特种债券、保值债券、基本建设债券，这些债券大多对银行、非银行金融机构、企业、基金等定向发行，部分也对个人投资者发行。向个人发行的国库券利率基本上根据银行利率制定，一般比银行同期存款利率高 1～2 个百分点。在通货膨胀率较高时，国库券也采用保值办法。

金融债券是由银行和非银行金融机构发行的债券。在我国目前金融债券主要由国家开发银行、进出口银行等政策性银行发行。金融机构一般有雄厚的资金实力，信用度较高，因此金融债券往往有良好的信誉。

在国外,没有企业债券和公司债券的划分,统称为公司债券。在我国,企业债券是按照《企业债券管理条例》规定发行与交易、由国家发展与改革委员会监督管理的债券,在实际中,其发债主题为中央政府部门所属机构、国有独资企业或国有控股企业,因此,它在很大程度上体现了政府信用。公司债券管理机构为中国证券监督管理委员会,发债主题为按照《中华人民共和国公司法》设立的公司法人,在实践中,其发行主体为上市公司,其信用保障是发债公司的资产质量、经营状况、盈利水平和持续赢利能力等。公司债券在证券登记结算公司统一登记托管,可申请在证券交易所上市交易,其信用风险一般高于企业债券。2008 年 4 月 15 日起施行的《银行间债券市场非金融企业债务融资工具管理办法》进一步促进了企业债券在银行间债券市场的发行,企业债券和公司债券成为我国商业银行越来越重要的投资对象。

②按财产担保划分,债券可分为抵押债券和信用债券。抵押债券是以企业财产作为担保的债券,按抵押品的不同又可以分为一般抵押债券、不动产抵押债券、动产抵押债券和证券信托抵押债券。以不动产如房屋等作为担保品,称为不动产抵押债券;以动产如适销商品等作为担保品的,称为动产抵押债券;以有价证券如股票及其他债券作为担保品的,称为证券信托债券。一旦债券发行人违约,信托人就可将担保品变卖处置,以保证债权人的优先求偿权。

信用债券是不以任何公司财产作为担保,完全凭信用发行的债券。政府债券属于此类债券。这种债券由于其发行人的绝对信用而具有坚实的可靠性。除此之外,一些公司也可发行这种债券,即信用公司债券。与抵押债券相比,信用债券的持有人承担的风险较大,因而往往要求较高的利率。为了保护投资人的利益,发行这种债券的公司往往受到种种限制,只有那些信誉卓著的大公司才有资格发行。除此以外在债券契约中都要加入保护性条款,如不能将资产抵押其他债权人,不能兼并其他企业,未经债权人同意不能出售资产,不能发行其他长期债券等。

③按债券形态分类,债券可分为实物债券、凭证式债券和记账式债券。实物债券是一种具有标准格式实物券面的债券。它与无实物债券相对应,简单地说就是发给你的债券是纸质的而非电脑里的数字。在其券面上,一般印制了债券面额、债券利率、债券期限、债券发行人全称、还本付息方式等到各种债券票面要素。其不记名,不挂失,可上市流通。实物债券是一般意义上的债券,很多国家通过法律或者法规对实物债券的格式予以明确规定。实物债券由于其发行成本较高,将会被逐步取消。

凭证式国债是指国家采取不印刷实物券,而用填制“国库券收款凭证”的方式发行的国债。我国从 1994 年开始发行凭证式国债。凭证式国债具有类似储蓄、又优于储蓄的特点,通常被称为“储蓄式国债”,是以储蓄为目的的个人投资者理想的投资方式。从购买之日起计息,可记名、可挂失,但不能上市流通。与储蓄类似,但利息比储蓄高。

记账式债券指没有实物形态的票券,以电脑记账方式记录债权,通过证券交易所的交易系统发行和交易。我国近年来通过沪、深交易所的交易系统发行和交易的记账式国债就是这方面的实例。如果投资者进行记账式债券的买卖,就必须在证券交易所设立账户。所以,记账式国债又称无纸化国债。记账式国债购买后可以随时在证券市场上转让,流动性较强,就像买卖股票一样,当然,中途转让除可获得应得的利息外(市场定价已经考虑到),还可以获得一定的价差收益(不排除损失的可能),这种国债有付息债券与零息债券两种。付息债券按票面发行,每年付息一次或多次,零息债券折价发行,到期按票面金额兑付,中间不再计息。由于记账式国债发行和交易均无纸化,所以交易效率高,成本低,是未来债券发展的趋势。

即问即答

记账式国债与凭证式国债有何区别?

④按是转换可否划分,债券可分为可转换债券和不可转换债券。可转换债券是指在特定时期内可以按某一固定的比例转换成普通股的债券,它具有债务与权益双重属性,属于一种混合性筹资方式。由于可转换债券赋予债券持有人将来成为公司股东的权利,因此其利率通常低于不可转换债券。若将来转换成功,在转换前发行企业达到了低成本筹资的目的,转换后又可节省股票的发行成本。根据《公司法》的规定,发行可转换债券应由国务院证券管理部门批准,发行公司应同时具备发行公司债券和发行股票的条件。目前在深、沪证券交易所上市的可转换债券是指能够转换成股票的企业债券,兼有股票和普通债券双重特征。一个重要特征就是有转股价格。在约定的期限后,投资者可以随时将所持的可转换债券按股价转换成股票。可转换债券的利率是年均利息对票面金额的比率,一般要比普通企业债券的利率低,通常发行时以票面价发行。转换价格是转换发行的股票每一股所要求的公司债券票面金额。

不可转换债券是指不能转换为普通股的债券,又称为普通债券。由于其没有赋予债券持有人将来成为公司股东的权利,所以其利率一般高于可转换债券。

⑤按付息的方式划分,债券可分为零息债券、定息债券和浮息债券。零息债券,也叫贴现债券,是指债券券面上不附有息票,在票面上不规定利率,发行时按规定的折扣率,以低于债券面值的价格发行,到期按面值支付本息的债券。从利息支付方式来看,贴现债券以低于面额的价格发行,可以看作是利息预付,因而又可称为利息预付债券、贴水债券,是期限比较短的折现债券。

定息债券就是固定利率的债券,固定利率债券是将利率印在票面上并按其向债券持有人支付利息的债券。该利率不随市场利率的变化而调整,因而固定利率债券可以较好地抵制通货紧缩风险。

浮动利率债券的息票率是随市场利率变动而调整的利率。因为浮动利率债券的利率同当前市场利率挂钩,而当前市场利率又考虑到了通货膨胀率的影响,所以浮动利率债券可以较好地抵制通货膨胀风险。其利率通常根据市场基准利率加上一定的利差来确定。浮动利率债券往往是中长期债券。

⑥按是否能够提前偿还,债券可以分为可赎回债券和不可赎回债券。可赎回债券是指在债券到期前,发行人可以以事先约定的赎回价格收回的债券。公司发行可赎回债券主要是考虑到公司未来的投资机会和回避利率风险等问题,以增加公司资本结构调整的灵活性。发行可赎回债券最关键的问题是赎回期限和赎回价格的制定。不可赎回债券是指不能在债券到期前收回的债券。

⑦按偿还方式不同划分,债券可分为一次到期债券和分期到期债券。一次到期债券是发行公司于债券到期日一次偿还全部债券本金的债券;分期到期债券可以减轻发行公司集中还本的财务负担。

⑧按计息方式分类,债券可分为单利债券、复利债券和累进利率债券。单利债券指在计息时,不论期限长短,仅按本金计息,所生利息不再加入本金计算下期利息的债券。复利债券与

单利债券相对应,指计算利息时,按一定期限将所生利息加入本金再计算利息,逐期滚算的债券。累进利率债券指年利率以利率逐年累进方法计息的债券。累进利率债券的利率随着时间的推移,后期利率比前期利率更高,呈累进状态。

⑨按债券是否记名分类,债券可分为记名债券和无记名债券。这种分类类似于记名股票与无记名股票的划分。在公司债券上记载持券人姓名或名称的为记名公司债券;反之为无记名公司债券。两种债券在转让上的差别也与记名股票、无记名股票相似。

⑩按是否参加公司盈余分配,债券可分为参加公司债券和不参加公司债券。债权人除享有到期向公司请求还本付息的权利外,还有权按规定参加公司盈余分配的债券,为参加公司债券;反之为不参加公司债券。

（2）债券的基本要素。

债券尽管种类多种多样,但是在内容上都要包含一些基本的要素。这些要素是指发行的债券上必须载明的基本内容,这是明确债权人和债务人权利与义务的主要约定,具体包括:

一是票面价值。债券的面值是指债券的票面价值,是发行人对债券持有人在债券到期后应偿还的本金数额,也是企业向债券持有人按期支付利息的计算依据。债券的面值与债券实际的发行价格并不一定是一致的,发行价格大于面值称为溢价发行,小于面值称为折价发行。

二是偿还期。债券偿还期是指企业债券上载明的偿还债券本金的期限,即债券发行日至到期日之间的时间间隔。公司要结合自身资金周转状况及外部资本市场的各种影响因素来确定公司债券的偿还期。

三是付息期。债券的付息期是指企业发行债券后的利息支付的时间。它可以是到期一次支付,或1年、半年或者3个月支付一次。在考虑货币时间价值和通货膨胀因素的情况下,付息期对债券投资者的实际收益有很大影响。到期一次付息的债券,其利息通常是按单利计算的;而年内分期付息的债券,其利息是按复利计算的。

四是票面利率。债券的票面利率是指债券利息与债券面值的比率,是发行人承诺以后一定时期支付给债券持有人报酬的计算标准。债券票面利率的确定主要受到银行利率、发行者的资信状况、偿还期限和利息计算方法以及当时资金市场上资金供求情况等因素的影响。

五是发行人名称。发行人名称指明债券的债务主体,为债权人到期追回本金和利息提供依据。

上述要素是债券票面的基本要素,但在发行时并不一定全部在票面印制出来。例如,在很多情况下,债券发行者是以公告或条例形式向社会公布债券的期限和利率。

（3）债券特征。

债券作为一种债权债务凭证,与其他有价证券一样,也是一种虚拟资本,而非真实资本,它是经济运行中实际运用的真实资本的证书。

债券作为一种重要的融资手段和金融工具具有如下特征:

一是偿还性。债券一般都规定有偿还期限,发行人必须按约定条件偿还本金并支付利息。

二是流通性。债券一般都可以在流通市场上自由转让。

三是安全性。与股票相比,债券通常规定有固定的利率。与企业绩效没有直接联系,收益比较稳定,风险较小。此外,在企业破产时,债券持有者享有优先于股票持有者对企业剩余资产的索取权。

四是收益性。债券的收益性主要表现在两个方面,一方面投资债券可以给投资者定期或不定期地带来利息收入,另一方面投资者可以利用债券价格的变动,买卖债券赚取差额。

(4)债券评级。

公司公开发行债券通常需要由债券评信机构评定等级。债券的信用等级对于发行公司和购买人都有重要影响。这是因为:

第一,债券评级是度量违约风险的一个重要指标,债券的等级对于债务融资的利率以及公司债务成本有着直接的影响。一般说来,资信等级高的债券,能够以较低的利率发行;资信等级低的债券,风险较大,只能以较高的利率发行。另外,许多机构投资者将投资范围限制在特定等级的债券之内。

第二,债券评级方便投资者进行债券投资决策。对广大投资者尤其是中小投资者来说,由于受时间、知识和信息的限制,无法对众多债券进行分析和选择,因此需要专业机构对债券的还本付息的可靠程度进行客观、公正和权威的评定,为投资者决策提供参考。

国际上流行的债券等级是3等9级。AAA级为最高级,AA级为高级,A级为上中级,BBB级为中级,BB级为中下级,B级为投机级,CCC级为完全投机级,CC级为最大投机级,C级为最低级。

(5)债券的发行条件。

根据《公司法》的规定,我国债券发行的主体,主要是公司制企业和国有企业。企业发行债券的条件是:

①股份有限公司的净资产额不低于人民币3000万元,有限责任公司的净资产额不低于人民币6000万元。

②累计债券总额不超过净资产的40%。

③最近3年平均可分配利润足以支付公司债券1年的利息。

④筹资的资金投向符合国家的产业政策。

⑤债券利息率不得超过国务院限定的利率水平。

⑥其他条件。

但是,公司存在下列情形的不得发行公司债券:

①前一次公开发行的公司债券尚未募足;

②对已发行的公司债券或其他债务有违约或者迟延支付本息的事实,仍处于继续状态;

③违反规定,改变公开募集公司债券所募资金的用途;

④最近36个月内公司财务会计文件存在虚假记载,或公司存在其他重大违法行为;

⑤本次发行申请文件存在虚假记载、误导性陈述或重大遗漏;

⑥严重损害投资者合法权益和社会公共利益的其他情形。

根据《证券法》第十六条的规定,公开发行公司债券募集的资金,必须用于核准的用途,不得用于弥补亏损和非生产性支出。

(6)债券的发行价格。

债券的发行价格,是指债券原始投资者购入债券时应支付的市场价格,它与债券的面值可能一致也可能不一致。理论上,债券发行价格是债券的面值和要支付的年利息按发行当时的市场利率折现所得到的现值。由此可见,票面利率和市场利率的关系影响到债券的发行价格。当债券票面利率等于市场利率时,债券发行价格等于面值;当债券票面利率低于市场利率时,企业仍以面值发行就不能吸引投资者,故一般要折价发行;反之,当债券票面利率高于市场利率时,企业仍以面值发行就会增加发行成本,故一般要溢价发行。

债券的发行包括溢价,等价和折价发售。溢价:指按高于债券面额的价格发行债券。等价:指以债券的票面金额作为发行价格。折价:指按低于债券面额的价格发行债券。

从资金时间价值来考虑,债券的发行价格由两部分组成:一部分债券到期还本面额的现值;另一部分是债券各期利息的年金现值。计算公式如下:

$$P = M(P/F, i, n) + I(P/A, i, n)$$

P——发行价格

M——面值

I——债券的利息

i——市场利率

n——期数

(7)交易程序。

①投资者委托证券商买卖债券,签订开户契约,填写开户有关内容,明确经纪商与委托人之间的权利和义务。

②证券商通过它在证券交易所内的代表人或代理人,按照委托条件实施债券买卖业务。

③办理成交后的手续。成交后,经纪人应于成交的当日,填制买卖报告书,通知委托人(投资人)按时将交割的款项或交割的债券交付委托经纪商。

④经纪商核对交易记录,办理结算交割手续。

(8)债券发行的优缺点。

发行债券的优点:资本成本低,因为债券利息具有抵税作用;可利用财务杠杆的作用;保障公司的控制权。

发行债券的缺点:财务风险高,在公司经营不景气时,还本付息会给公司带来严重的财务负担,甚至导致破产;限制条件多;筹资规模受限制,我国规定:累积债券总额不超过公司净资产的40%。

2.银行借款

银行借款是指企业根据借款合同从有关银行或非银行金融机构借入所需资金的一种筹资方式。

(1)银行借款的种类。

按借款的期限分类,银行借款可分为短期借款和长期借款。短期借款期限在1年以内(含1年),长期借款期限在1年以上(不含1年)。目前从国内各金融机构的具体做法看,我国主要有三个月、六个月、九个月、十二个月等类型的短期贷款。短期贷款主要包括工业流动资金贷款、商业流动资金贷款、建筑业流动资金贷款、农业流动资金贷款、外贸流动资金贷款。短期贷款是金融机构的最主要贷款业务之一。

按借款的条件分类,银行借款可分为信用借款、担保借款、票据贴现。信用借款指凭借款人信誉的借款。担保借款指以财产做抵押或以保证人做担保的借款。担保借款,即担保贷款,包括保证贷款、抵押贷款、质押贷款。保证贷款是指按担保法规定的保证方式,第三人承诺在借款人不能偿还贷款时,第三人按约定承担一般保证责任或者连带责任而发放的贷款。抵押贷款是指按担保法规定的抵押方式,以借款人或者第三人的财产作为抵押物发放的贷款。质押贷款是指按担保法规定的质押方式,以借款人或者第三人的动产或权利作为质押物发放的贷款。票据贴现指以持有的未到期的商业汇票向银行贴付利息的借款。

按提供贷款的机构分类,银行借款可分为政策性银行借款和商业银行借款。政策性银行贷款指由政策性银行发放的政策业务贷款,利率优惠、期限较长。商业银行贷款指各类商业银行向企业组织提供的贷款。商业银行贷款人在短期贷款到期三个星期之前,长期贷款到期一个月之前,应当向借款人发送还本付息通知单。不能按期归还贷款的借款人,应当在贷款到期之前,向贷款人申请贷款展期。是否展期由贷款人决定。短期贷款展期期限累计不得超过原贷款期限,长期贷款展期期限不得超过三年。借款人提前归还借款,应当与商业银行贷款人协商。

(2)银行借款的程序。

①企业提出借款申请。企业申请贷款应具备的条件主要有:具有法人资格;生产经营方向和业务范围符合国家政策,而且贷款用途符合银行贷款办法规定的范围;借款企业具有一定的物资和财产保证,或担保单位具有相应的经济实力;具有还贷能力;在银行开立有账户办理结算。

②银行审查借款申请。银行接到企业的申请后,按照有关政策和借款条件,对借款企业进行审查以决定是否批准企业申请的借款金额和用款计划。银行审查的主要内容是:企业的财务状况及信用状况;企业盈利的稳定性,发展前景,借款投资项目的可行性、安全性和合法性;企业的抵押品和担保情况。

③签订借款合同。经银行审核同意之后,借贷双方应签订借款合同。借款合同是规定借款单位和银行双方的权利、义务和经济责任的法律文件。借款合同包括基本条款、保证条款及违约条款和其他附属条款四方面内容。一是基本条款。这是合同的基本内容,主要规定双方的权利和义务,具体包括借款金额、借款方式、发放时间、还款期限、还款方式、利率及利息支付方式等。二是保证条款。这是为了保证款项能够顺利偿还而设立的一系列条款,包括借款的用途、有关的物资保证、财产抵押、担保人及其责任等。三是违约条款。这是指在双方存在违约行为时如何处理的条款,主要包括对企业逾期不还或挪用贷款等如何处理及银行未按时发放贷款如何处理等内容。四是其他附属条款。这是与贷款双方有关的其他条款。由于长期借款的期限长,债权人承受的风险大,因此,除借款合同的基本条款之外,银行等债权人通常还在借款合同中附加各种保护性条款,以确保企业能按时足额偿还贷款。保护性条款一般有三类:一般性保护条款、例行性保护条款、特殊性保护条款。

④企业取得借款。双方订立借款合同后,贷款银行要按合同规定按期发放贷款,让企业取得相应的贷款资金。

⑤企业还本付息。企业按借款合同的规定按时足额归还借款本息。企业在接到还本付息通知单后,要及时筹备资金,按期还本付息。如果企业不能按期归还借款,应在借款到期之前,向银行申请贷款展期,但是否展期由贷款银行根据具体情况决定。

(3)银行借款对信用条件的要求。

银行贷款,是指银行根据国家政策以一定的利率将资金贷放给资金需要者,并约定期限归还的一种经济行为。

信贷额度。信贷额度是借款人与银行在协议中规定的允许借款人借款的最高限额。

周转信贷协定。周转信贷协定是银行从法律上承诺向企业提供不超过某一最高限额的贷款协定。

补偿性余额。补偿性余额是银行要求借款人在银行中保持按贷款限额或实际借用额一定百分比(一般为10%至20%)计算的最低存款余额。

银行借款是指企业根据借款合同向银行或非银行金融机构借入所需资金的一种筹资方式,又称银行借款筹资。按借款是否需要担保,银行借款可分为信用借款、担保借款和票据贴现。信用借款是指企业不需要提供抵押品,仅凭自身信用或担保人的信誉就能取得的借款。由于贷款风险较大,债权人通常需要提供利息率以获得风险补偿,而且往往附加一定的限制条件。担保借款是以特定的抵押品为担保而取得的借款。如果借款到期,企业还不能偿还,银行等债权人可取消对抵押品的赎回权,并有权处理抵押品,所得款项用于抵消债权人的所欠本息。票据贴现是指企业以持有的未到期的商业票据向银行贴付一定的利息而取得的借款。

(4)银行借款筹资的优缺点。

银行借款是企业经常采用的一种筹资方式。它的优点是:

一是筹资速度快。发行各种证券筹集资金所需时间一般较长,如印制证券、申请批准、证券发行等都需要一定时间。而银行借款与发行证券相比,一般所需时间较短,可以迅速获得资金。

二是筹资成本低。利用银行借款所支付的利息比发行债券所支付的利息要低;另外,也无需支付大量的发行费用。

三是借款弹性好。企业与银行可以直接接触,可以通过当面商谈,确定借款的时间、数额和利率。在借款期间,如果企业情况发生变化,也可以与银行进行协商,修改借款的数量和条件。借款到期后,如有正当理由,还可延期归还。

银行借款的缺点:

一是财务风险较大。企业举借银行借款,必须定期还本付息,在经营不利的情况下,可能产生不能偿付的风险,甚至导致破产。

二是限制条件较多。企业与银行签订的借款合同中,一般都有一些限制条款,如不准改变借款用途、限制企业借入其他长期资金等,这些条款可能会妨碍企业的筹资、投资活动。

三是筹资数额有限。银行一般不愿借出巨额的长期借款,因此该方式不如股票、债券那样可以一次性筹集到大笔资金。

3. 融资租赁

融资租赁(financial leasing)又称设备租赁(equipment leasing)或现代租赁(modern leasing),是指实质上转移与资产所有权有关的全部或绝大部分风险和报酬的租赁。资产的所有权最终可以转移,也可以不转移。融资租赁的主要特征是:由于租赁物件的所有权只是出租人为了控制承租人偿还租金的风险而采取的一种形式所有权,在合同结束时最终有可能转移给承租人,因此租赁物件的购买由承租人选择,维修保养也由承租人负责,出租人只提供金融服务。

(1)融资租赁与经营租赁的区别。

①作用不同。由于租赁公司能提供现成融资租赁资产,这样使企业能在极短的时间,用少量的资金取得并安装投入使用,并能很快发挥作用,产生效益,因此,融资租赁行为能使企业缩

短项目的建设期限,有效规避市场风险,同时,避免企业因资金不足而放过稍纵即逝市场机会。经营租赁行为能使企业有选择地租赁企业急用但并不想拥有的资产,特别是工艺水平高、升级换代快的设备更适合经营租赁。

②两者判断方法不同。融资租赁资产是属于专业租赁公司购买,然后租赁给需要使用的企业,同时,该租赁资产行为的识别标准,一是租赁期占租赁开始日该项资产尚可使用年限的75%以上;二是支付给租赁公司的最低租赁付款额现值等于或大于租赁开始日该项资产账面价值的90%及以上;三是承租人对租赁资产有优先购买权,并在行使优先购买权时所支付购买金额低于优先购买权日该项租赁资产公允价值的5%。四是承租人有继续租赁该项资产的权利,其支付的租赁费低于租赁期满日该项租赁资产正常租赁费的70%。总而言之,融资租赁其实质就是转移了与资产所有权有关的全部风险和报酬,某种意义来说对于确定要行使优先购买权的承租企业,融资租赁实质上就是分期付款购置固定资产的一种变通方式,但要比直接购买高得多。而经营租赁则不同,经营租赁仅仅转移了该项资产的使用权,而对该项资产所有权有关的风险和报酬却没有转移,仍然属于出租方,承租企业只按合同规定支付相关费用,承租期满的经营租赁资产由承租企业归还出租方。

③租赁程序不同。经营租赁出租的设备由租赁公司根据市场需要选定,然后再寻找承租企业;而融资租赁出租的设备由承租企业提出要求购买或由承租企业直接从制造商或销售商那里选定。

④租赁期限不同。经营租赁的租赁期较短,短于资产有效使用期;而融资租赁的租赁期较长,接近于资产的有效使用期。

⑤设备维修、保养的责任方不同。经营租赁由租赁公司负责,而融资租赁由承租方负责。

⑥租赁期满后设备处置方法不同。经营租赁期满后,承租资产由租赁公司收回;而融资租赁期满后,企业可以很少的"名义货价"(相当于设备残值的市场售价)留购。

⑦租赁的实质不同。经营租赁实质上并没有转移与资产所有权有关的全部风险和报酬,而融资租赁的实质是将与资产所有权有关的全部风险和报酬转移给了承租人。

(2)融资租赁的形式。

①直接融资,即单一投资者租赁,体现着融资租赁的基本特征,是融资租赁业务中采用最多的形式。而融资的其他形式,则是在此基础上,结合了某一信贷特征而派生出来的。

②转租凭,是指由两家租赁公司同时承继性地经营一笔融资租赁业务,即由出租人 A 根据最终承租人(用户)的要求先以承租人的身份从出租人 B 租进设备,然后再以出租人身份转租给用户使用的一项租赁交易。

③售后回租,又称租租赁,指由设备的所有者将自己原来拥有的部分财产卖给出租人以获得融资便利,然后再以支付租金为代价,以租赁的方式,再从该公司租回已售出财产的一种租赁交易。对承租企业而言,当其急需现金周转,售后回租是改善企业财务状况的一种有效手段;此外,在某些情况下,承租人通过对那些能够升值的设备进行售后回租,还可获得设备溢价的现金收益,对非金融机构类的出租人来说,售后回租是扩大业务种类的一种简便易行的方法。

④杠杆租赁,杠杆租赁又称平衡租赁,是融资租赁的一种高级形式,适用于价值在几百万美元以上,有效寿命在 10 年以上的高度资本密集型设备的长期租赁业务,如飞机、船舶、海上石油钻井平台、通讯卫星设备和成套生产设备等。杠杆租赁是指在一项租赁交易中,出租人只

需投资租赁设备购置款项的 20%～40% 的金额,即可在法律上拥有该设备的完整所有权,享有如同对设备 100% 投资的同等税收待遇;设备购置款项的 60%～80% 由银行等金融机构提供的无追索权贷款解决,但需出租人以租赁设备作抵押、以转让租赁合同和收取租金的权利作担保的一项租赁交易。参与交易的当事人、交易程序及法律结构比融资租赁的基本形式复杂。

(3)融资租赁的优缺点。

融资租赁的优点:①从出租人角度看,融资租赁的优点有:A.以租促销,扩大产品销路和市场占有率;销售对于中小企业是非常重要的,只有成功销售才能实现利润。越来越多的企业希望扩大租赁而不是一味地通过直接出卖来实现销售。这样做的好处是,大大地降低了购买的门槛,扩大了客户购买力。B.保障款项的及时回收,便于资金预算编制,简化财务核算程序;明确租赁期间的现金流量,利于资金安排。C.简化产品销售环节,加速生产企业资金周转。D.更侧重项目的未来收益。"融物"特征,决定了租赁的资金用途明确,承租人无法把款项移作他用,出租方更侧重于项目未来现金流量的考察,从而使一些负债率高但拥有好的项目的承租企业也能获得设备融资。E.降低直接投资风险。②从承租人角度看,融资租赁的优点有:A.简便时效性强。由于租赁费用被视为经营支出,所以易于决策。中小企业由于自身原因向银行借贷缺乏信用和担保,很难从银行取得贷款。而融资租赁的方式具有项目融资的特点,由项目自身所产生的效益偿还,而资金提供者只保留对项目的有限权益。B.到期还本负担较轻。银行贷款一般是采用整笔贷出,整笔归还;而租赁公司却可以根据每个企业的资金实力、销售季节性等具体情况,为企业定做灵活的还款安排,例如延期支付,递增和递减支付等,使承租人能够根据自己的企业状况,定制付款额。C.能减少设备淘汰风险。由于融资租赁的期限一般多为资产使用年限的 75% 左右,承租人不会在整个使用期间都承担设备陈旧过时的风险。D.租赁期满后,承租人可按象征性价格购买租赁设备,作为承租人自己的财产。E.加速折旧,享受国家的税收优惠政策,具有节税功能。根据财政部、国家税务总局 1996 年 4 月 7 日财工字[1996]41 号文《关于促进企业技术进步有关财务税收问题的通知》第四条第 3 款规定,"企业技术改造采取融资租赁方式租入的机器设备,折旧年限可按租赁期限和国家规定的折旧年限孰短的原则确定,但最短折旧年限不短于三年",这间接地起到了加速折旧的作用。企业可以按照最有利的原则,尽快折旧,把折旧费用打入成本。这与税后还贷相比,显然对企业有利。

但是,融资租赁也有它的缺点,总的说来,融资租赁的缺点大致有如下几点:如资金成本较高;不能享有设备残值;固定的租金支付构成一定的负担;相对于银行信贷而言,风险因素较多,风险贯穿于整个业务活动之中。

4. 商业信用

商业信用是指商品交易中的延期付款或延期交货所形成的借贷关系,是企业之间的一种直接信用关系,包括应付账款、应付票据、预收账款等。商业信用通常随着正常的商品交易自然地产生,一般不需要支付任何代价,但在卖方给出了现金折扣,而买方没有在折扣期内付款,放弃了现金折扣的条件下,商业信用筹资是有资金成本的。商业信用的资金成本可用年资金成本率表示:

年资金成本率＝[现金折扣率/(1－现金折扣率)]/超过折扣期限后延期付款的天数×365

(1)商业信用的形式。

商业信用运用广泛,在企业短期资金来源中占有相当大的比重。商业信用的形式主要包括以下内容:

①应付账款，即赊购商品。这是一种最典型、最常见的商业信用形式，在这种方式下，买卖双方发生商品交易，卖方允许买方在购货后一定时期内支付货款。

②预收账款。这是指卖方企业在交付货款之前向买方预先收取部分或全部贷款的信用形式。预收账款也是一种典型的商业信用形式。例如施工企业向建设单位、房地产开发企业等发包单位收取的预收备料款和预收工程款等均属于商业信用筹资方式，以缓解资金占用过多的矛盾。

③应付票据。这是指购销双方按照购销合同进行商品交易，因延期付款而签发的，反映债权债务关系的一种信用凭证。根据承兑人的不同，应付票据分为商业承兑汇票和银行承兑汇票。应付票据是一种期票，是应付账款的书面证明，对于付款方而言是一种短期融资方式。

④票据贴现。这是指持票人把未到期的商业票据转让给银行，贴付一定的利息以取得银行资金的一种信用形式。票据贴现是商业信用发展的产物，实为一种银行信用。企业采用票据贴现的形式，一方面可以使购买方融通临时资金，另一方面也可使自身及时得到所需要的资金，是企业一种灵活的筹资方式。

（2）商业信用筹资的基本方法。

①卖方向买方提供赊销而形成的信用，从买方的角度看，是一种利用应付账款的筹资渠道，商品的加价部分是买方筹资的成本。

②卖方给予现金折扣获取买方提前付款而形成的信用，从卖方的角度看，是一种利用预收账款或者减少应收账款的筹资渠道，现金折扣是卖方筹资的成本。

（3）商业信用筹资影响因素。

商业信用筹资的有利因素主要有：商业信用容易获得，企业有较大的机动权，企业一般不用提供担保。

商业信用筹资的最大优越性在于容易取得，对于多数企业来说，商业信用是一种持续性的信用形式，且无需办理复杂的筹资手续。

商业信用筹资的不利因素主要是：商业信用筹资成本高；商业信用筹资使企业风险控制的难度增加；商业信用筹资期限短，还款压力大；商业信用筹资受外部影响较大。

（4）商业信用筹资的优缺点。

商业信用筹资的优点是：筹资便利；筹资成本低；限制条件少，企业有较大的机动权；企业一般不用提供担保。

商业信用筹资的缺点是：期限一般较短；容易恶化企业的信用水平；筹资数量受到交易额限制；受外部环境影响大。

第四节　资本成本

➤一、资本成的概述

（一）资本成本的概念

资本成本是指企业取得和使用资本时所付出的代价。取得资本所付出的代价，主要指发行债券、股票的费用,向非银行金融机构借款的手续费用等;使用资本所付出的代价,主要由货币时间价值构成,如股利、利息等。资本成本是指企业为筹集和使用资金而付出的代价,广义讲,企业筹集和使用任何资金,不论短期的还是长期的,都要付出代价。狭义的资本成本仅指筹集和使用长期资金(包括自有资本和借入长期资金)的成本。由于长期资金也被称为资本,所以长期资金的成本也称为资本成本。从筹资企业的角度看,资本成本是企业为筹集资本和今后使用自备而支付的各项支出。从资金提供者的角度看,投资者投入一笔钱,他将失去这笔钱投资到其他风险相当的项目所预期获得的收益。从这个意义上说,资本成本是一种机会成本。

资本成本包括筹资费用和用资费用。筹资费用是指在资金筹措过程中支出的各项费用,如发行股票和债券支付的印刷费、手续费、律师费、评估费、公证费、担保费、广告费等等。这部分费用与使用时间无关,只是在筹集资金时发生,所以是一项固定的支出。用资费用是指使用资金所支付的费用,如股票的股利,银行借款和债券的利息等。这部分费用与使用的时间有关系,是一项变动费用。

资本成本既可以用绝对数表示,也可以用相对数表示,一般使用相对数表示,即称为资本成本率,是用资费用与筹资净额之间的比率。

资本成本有多种计量形式。在比较各种筹资方式中,使用个别资本成本,包括普通股成本、优先股成本、留存收益成本、长期借款成本、债券成本;在进行资本结构决策时,使用加权平均资本成本;在进行追加筹资决策时,则使用边际资本成本。

(二)资本成本的作用

1. 资本成本是企业筹资决策的重要依据

企业的资本可以从各种渠道,如银行信贷资金、民间资金、企业资金等来源取得,其筹资的方式也多种多样,如吸收直接投资、发行股票、银行借款等。但不管选择何种渠道,采用哪种方式,主要考虑的因素还是资本成本。

通过不同渠道和方式所筹措的资本,将会形成不同的资本结构,由此产生不同的财务风险和资本成本。所以,资本成本也就成了确定最佳资本结构的主要因素之一。

随着筹资数量的增加,资本成本将随之变化。当筹资数量增加到增资的成本大于增资的收入时,企业便不能再追加资本。因此,资本成本是限制企业筹资数额的一个重要因素。

2. 资本成本是评价和选择投资项目的重要标准

资本成本实际上是投资者应当取得的最低报酬水平。只有当投资项目的收益高于资本成本的情况下,才值得为之筹措资本;反之,就应该放弃该投资机会。

3. 资本成本是衡量企业资金效益的临界基准

如果一定时期的综合资本成本率高于总资产报酬率,就说明企业资本的运用效益差,经营业绩不佳;反之,则相反。同时,也反映了资本的使用效率。

➤ 二、个别资本成本

个别资本成本是指使用各种长期资金的成本。主要有债务资本成本和权益资本成本,债务资本成本包括银行借款的成本、债券的成本,权益资本成本包括普通股成本、优先股成本、留存收益成本。

(一)银行借款成本

银行借款成本指借款的利息和筹资费用。

借款利息计入税前成本费用,可以起到抵税的作用;筹资费很小时可以略去不计。所以没有考虑货币时间价值的税前银行借款资金成本的计算公式为:

$$K_i = \frac{L \cdot i(1-T)}{L(1-f)} = \frac{i(1-T)}{1-f}$$

式中:K_i 代表银行借款成本;L 代表银行借款筹资总额;i 代表银行借款利率;T 代表所得税税率;f 代表银行借款筹资费率。

【例 3-4】某企业取得长期借款 100 万元,年利率 8%,期限为 5 年,每年付息一次,到期一次还本,筹措借款的费用率为 0.2%,企业所得税率为 25%,其资金成本是多少?

解析:$K = 8\% \times (1-25\%) \div (1-0.2\%) = 5.61\%$

(二)债券成本(bond)

发行债券的成本主要是指债券的利息和筹资费用。债券利息应计入税前成本费用,可以起到抵税的作用;债券筹资费用一般较高,不可省略。所以,计算可以分为税前的债券资本成本和税后的债券资本成本。

没有考虑货币时间价值的税前债券资金成本的计算公式为:

$$K_b = \frac{i(1-T)}{B(1-f)}$$

式中:K_b 代表债券成本;B 代表债券发行价格;i 代表债券票面利率;T 代表所得税税率;f 代表债券筹资费率。

【例 3-5】某企业发行面值 1000 元的债券 1000 张,票面利率 8%,期限为 5 年,每年付息一次,发行费用率为 2%,企业所得税率为 25%,债券按面值发行,其资金成本是多少?

解析:$K = 8\% \times (1-25\%) \div (1-2\%) = 6.12\%$

即问即答

(1)假定上述企业其他条件不变,发行价格为 2000 元,则该债券的成本为多少?

(2)假定上述企业其他条件不变,发行价格为 700 元,则该债券的成本为多少?

考虑货币时间价值的税后债券资金成本的计算公式为:

$$K_b = K(1-T)$$

式中:T 代表所得税税率;K 代表税前的债券成本。

(三)优先股成本

企业发行优先股,既要支付筹资费用,又要定期支付股息,且股利在税后支付,其资金使用成本计算公式为:

$$K_P = \frac{D}{P_0(1-f)}$$

式中:K_P 代表优先股成本;D 代表优先股每年股利;P_0 代表发行优先股总额;f 代表优先股筹资费率。

【例 3-6】某企业发行优先股每股发行价为 8 元,每股每年支付股利 1 元,发行费用率为

2%,计算其资金成本是多少?

解析: $K_P = \dfrac{D}{P_0(1-f)} = \dfrac{1}{8(1-2\%)} = 12.76\%$

(四)普通股资本成本

普通股的股利不是固定的,即未来现金流出是不确定的,因此很难准确计算出普通股的资本成本。常用的普通股资本成本计算方法有:股利折现模型、资本资产定价模型和收益率法,本书主要介绍股利折现模型。

股利折现模型就是按照资本成本的基本概念来计算普通股资本成本的,即将企业发行股票所收到资金净额现值与预计未来资金流出现值相等的贴现率作为普通股的资本成本。其中预计未来资金流出包括支付的股利和回收股票所支付的现金。因为一般情况下企业不得回购已发行的股票,所以运用股利折现模型计算普通股资本成本时只考虑股利支付。因为普通股的股利支付方式不同,所以可以分为零成长股票、固定成长股票和非固定成长股票等,对应的资本成本计算也不同。

1. 零成长股票

零成长股票各年支付的股利相等,股利的增长率为0。根据其估价模型可以得到其资本成本计算公式为:

$$K_s = \frac{D}{P(1-f)}$$

式中: K_s 代表普通股资本成本; D 代表预期的年股利; P 代表普通股市价; f 代表每股筹资费率。

【例3-7】 某企业普通股市价为60元,本年发放股利4元,并将保持不变,企业拟发行普通股,筹资费率为股票市价的10%,则发行普通股的成本是多少?

解析: $K_s = 4 \div [60(1-10\%)] = 7.4\%$

2. 固定成长股票

固定成长股票是指每年的股利按固定的比例g增长。根据估价模型可以得到其资本成本计算公式为:

$$K_s = \frac{D_1}{V_0(1-f)} + g$$

式中: K_s 代表普通股成本; D_1 代表第一年股利; V_0 代表普通股金额,按发行价计算; f 代表普通股筹资费率。

【例3-8】 某企业发行普通股每股发行价为8元,第一年支付股利1元,发行费用率为2%,预计股利增长率为5%,计算其资金成本是多少?

解析: $K_s = \dfrac{1}{8(1-2\%)} + 5\% = 17.76\%$

3. 非固定成长股票

有些股票股利增长率是从高于正常水平的增长率转为一个被认为正常水平的增长率,比如高科技企业的股票,这种股票成为非固定成长股票。这种股票资本成本的计算不像固定成长股票和零成长股票有一个简单固定的公式,而是要通过解高次方程来计算。

(五)留存收益的资本成本

留存收益包含盈余公积和未分配利润,是所有者追加的投入,与普通股计算原理相同,只是没有筹资费用。但是需要调整发行新股时发生的筹资费用对资本成本的影响。计算留存收益资本成本的方法也是主要有三种:股利折现模型、资本资产定价模型和收益率法,本书主要介绍股利折现模型。

股利增长模型法:假定收益以固定的年增长率递增,其计算公式为:

$$K_e = \frac{D_1}{V_0} + g$$

式中:K_e 代表留存收益成本。

【例 3 - 9】 某企业普通股每股股价为 8 元,预计明年发放股利 1 元,预计股利增长率为 5%,计算留存收益成本。

解析: $K_e = \frac{1}{8} + 5\% = 17.5\%$

三、加权平均资本成本(综合资本成本)

企业受多种因素的制约,不可能只用一种单一的筹资方式进行筹资,往往需要通过多种方式筹集所需资金。为了进行筹资决策,就需要计算确定企业全部资金的总成本,即加权平均资本成本。加权平均资本成本就是以各种资金所占的比重为权数,对各种资金成本进行加权平均计算出来的。其计算公式为:

$$K_\omega = \sum_{i=1}^{n} W_j K_j$$

式中:K_ω 代表加权平均资本成本;W_j 代表第 j 种资金占总资金的比重;K_j 代表第 j 种资金的成本;n 代表筹资方式种类。

【例 3 - 10】 某公司共有资金 1000 万元,其中长期借款 300 万元,普通股 500 万元,留存收益 200 万元,各种资金的成本分别为 6%、13% 和 12%,计算该公司综合资本成本。

解析: $K_\omega = 300 \div 1000 \times 6\% + 500 \div 1000 \times 13\% + 200 \div 1000 \times 12\% = 10.7\%$

在实际应用中,当资本的账面价值与市场价值差别较大时,计算结果会与预计有较大的差距,从而贻误筹资决策。为了克服这一缺陷,个别资本占全部资本比重的确定还可以按市场价值或目标价值确定,分别称为市场价值权数、目标价值权数。

市场价值权数指股票、债券以市场价格确定权数。这样计算的综合资本成本能反映企业目前的实际情况。同时,为弥补证券市场变动频繁的不便,也可选用平均价格。

目标价值权数是指股票、债券以未来预计的目标市场价值确定权数。这种权数能体现期望的资本结构,而不是像账面价值权数和市场价值权数那样只反映过去和现在的资本结构,所以按目标价值权数计算得综合资本成本更适用于企业筹措新资金。然而,企业很难客观合理确定证券的目标价值,又使这种计算方法不易推广。

四、边际资本成本

1. 边际资本成本的概念

边际资本成本(marginal cost of capital)是指企业每增加一个单位量的资本而形成的追加

资本的成本。

通常地,资本成本率在一定范围内不会改变,而在保持某资本成本率的条件下可以筹集到的资金总限度称为保持现有资本结构下的筹资突破点,一旦筹资额超过突破点,即使维持现有的资本结构,其资本成本率也会增加。由于筹集新资本都按一定的数额批量进行,故其边际资本成本可以绘成一条有间断点(即筹资突破点)的曲线,若将该曲线和投资机会曲线置于同一图中,则可进行投资决策:内部收益率高于边际资本成本的投资项目应接受;反之则拒绝;两者相等时则是最优的资本预算。

2. 边际资本成本的计算

(1)假设前提:企业始终按照目标资金结构追加资金。

(2)计算步骤:

①确定目标资金结构,即确定个别资金占总体的比重。

②确定不同筹资方式在不同筹资范围的个别资金成本。(找出个别资金分界点)分界点是指特定筹资方式成本变化的分界点。

③计算筹资总额分界点。

④计算资金的边际成本。

【例 3-11】 华西公司目前有资金 100000 万元,其中长期债务 20000 万元,优先股 5000 万元,普通股 75000 万元。现在公司为满足投资要求,准备筹集更多的资金,试计算确定资金的边际成本。

表 3-6 华西公司筹资资料

筹资方式	新筹资的数量范围(万元) (2)	个别资金成本(%) (3)
长期债务	0~1000 1000~4000 大于 4000	6 7 8
优先股	0~250 大于 250	10 12
普通股	0~2250 2250~7500 大于 7500	14 15 16

解析:(1)确定公司最优的资金结构。

华西公司的财务人员经过认真分析,认为目前的资金结构即为最优资金的结构,因此,在今后筹资时,继续保持长期债务占 20%,优先股占 5%,普通股占 75% 的资金结构。

(2)确定各种筹资方式的资金成本。

华西公司的财务人员认真分析了目前金融市场状况和企业筹资能力,认为随公司筹资规模的不断增加,各种筹资成本也会增加,详细情况如表 3-7 所示。

表 3 - 7　华西公司筹资资料二

筹资方式	目标资金结构(%) (1)	新筹资的数量范围(万元) (2)	个别资金成本(%) (3)
长期债务	20	0～1000 1000～4000 大于4000	6 7 8
优先股	5	0～250 大于250	10 12
普通股	75	0～2250 2250～7500 大于7500	14 15 16

(3)筹资总额分界点＝个别资金的成本分界点/目标资本结构中该种资金占的比重。

表 3 - 8　筹资总额分界点计算表

筹资方式	个别资金成本(%)	特定筹资方式的筹资范围(万元)	筹资总额分界点(万元)	筹资总额的范围(万元)
长期债务	6 7 8	0～1000 1000～4000 大于4000	1000/0.2＝5000 4000/0.2＝20000 —	0～5000 5000～20000 大于20000
优先股	10 12	0～250 大于250	250/0.05＝5000 —	0～5000 大于5000
普通股	14 15 16	0～2250 2250～7500 大于7500	2250/0.75＝3000 7500/0.75＝10000 —	0～3000 3000～10000 大于10000

(4)计算资金的边际成本。

将筹资总额分界点由小到大排序,划分不同的筹资范围,计算各范围资金的边际成本。

表3-9 资金边际成本计算表

序号	筹资总额的范围(万元)	筹资方式	目标资金结构(%)	个别资金成本(%)	资金的边际成本(%)
1	0~3000	长期债务 优先股 普通股	20 5 75	6 10 14	1.2 0.5 10.5
		第一个范围的资金边际成本=12.2			
2	3000~5000	长期债务 优先股 普通股	20 5 75	6 10 15	1.2 0.5 11.25
		第二个范围的资金边际成本=12.95			
3	5000~10000	长期债务 优先股 普通股	20 5 75	7 12 15	1.4 0.6 11.25
		第三个范围的资金边际成本=13.25			
4	10000~20000	长期债务 优先股 普通股	20 5 75	7 12 16	1.4 0.6 12
		第四个范围的资金边际成本=14			
5	20000以上	长期债务 优先股 普通股	20 5 75	8 12 16	1.6 0.6 12
		第五个范围的资金边际成本=14.2			

有了边际资本成本后,可以将边际资本成本与投资报酬率进行比较,以判断有利的筹资和投资机会。

第五节 杠杆原理

财务管理中的杠杆效应表现为:由于特定费用(如固定成本或固定财务费用)的存在而导致的,当某一财务变量以较小幅度变动时,另一相关财务变量会以较大幅度变动。它包括经营杠杆、财务杠杆和复合杠杆三种形式。

特定费用包括:固定成本(固定生产经营成本);固定财务费用(利息、优先股股利、融资租赁租金)。

两种最基本的杠杆:一种是存在固定生产经营成本而引起的经营杠杆;还有一种是存在固定的财务费用而引起的财务杠杆。

➤一、几个基本概念

(一)成本习性

1. 成本习性的含义

成本习性是指成本总额与业务量之间在数量上的依存关系。

2. 成本习性的分类

成本按习性划分为三类:固定成本、变动成本和混合成本。

(1)固定成本。

固定成本是指其总额在一定时期和一定业务量范围内不随业务量发生变动的那部分成本,单位固定成本随着产量的增加而逐渐变小。固定成本分为约束性固定成本和酌量性固定成本。

①约束性固定成本。约束性固定成本属于企业"经营能力"成本,是企业为维持一定的业务量所必须负担的最低成本,降低约束性固定成本只能从合理利用经营能力入手。

②酌量性固定成本。酌量性固定成本是属于企业"经营方针"成本,是根据企业经营方针由管理当局确定的一定时期的成本。降低酌量性固定成本的方式:在预算时精打细算,合理确定这部分成本。

注意:固定成本总额只是在一定时期、业务量的一定范围内保持不变。

(2)变动成本。

变动成本是指成本总额是随着业务量成正比例变动的那部分成本。单位变动成本是不变的。

注意:固定成本和变动成本都要研究相关范围的问题。

(3)混合成本。

混合成本一般包括半变动成本和半固定成本。混合成本虽然随着业务量变动而变动,但不成正比例变动。

①半变动成本。半变动成本通常有一个初始量,类似于固定成本,在这个初始量的基础上随产量的增长而增长,又类似于变动成本。

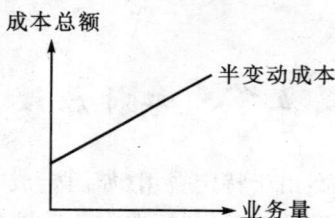

图 3-1 半变动成本

②半固定成本。这类成本随产量的变动而呈阶梯形增长。产量在一定限度内,这种成本不变,但增长到一定限度后,这种成本就跳跃到一个新水平。

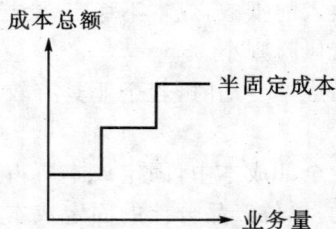

图 3-2 半固定成本

混合成本最终要分解为变动成本和固定成本,所以企业所有的成本都可以分成两部分,包括固定成本和变动成本。

3.总成本的直线方程

$$y = a + bx$$

式中:a 表示固定成本总额;b 表示单位变动成本。

比如,若总成本习性模型为 $y = 10000 + 3x$,则可以判断固定成本总额为 10000 元,单位变动成本为 3。

(二)边际贡献和息税前利润之间的关系

1.边际贡献

$$边际贡献 = 销售收入 - 变动成本$$

即: $$M = px - bx = (p - b)x = mx$$

式中:M 为边际贡献;p 为销售单价;b 为单位变动成本;x 为产销量;m 为单位边际贡献。

2.息税前利润

息税前利润是指不扣利息和所得税之前的利润。

$$息税前利润 = 销售收入 - 变动成本 - 固定生产经营成本$$

一般固定的生产经营成本简称为固定成本。

$$税前利润 = 销售收入 - 变动成本 - 固定成本 - 利息$$

$$净利润 = 销售收入 - 变动成本 - 固定成本 - 利息 - 所得税$$

3.二者之间的关系

$$息税前利润 = 边际贡献 - 固定成本$$

$$EBIT = M - a$$

式中:$EBIT$ 为息税前利润;a 为固定成本。

➤二、经营风险和经营杠杆

(一)经营风险

经营风险是指企业因经营上的原因而导致利润变动的风险。影响企业经营风险的因素很多,主要有:

(1)产品需求。市场对企业产品的需求越稳定,经营风险就越小;反之,经营风险则越大。

(2)产品售价。产品售价变动不大,经营风险则小;否则经营风险便大。

（3）产品成本。产品成本是收入的抵减，成本不稳定，会导致利润不稳定，因此产品成本变动大的，经营风险就大；反之，经营风险则小。

（4）调整价格的能力。当产品成本变动时，若企业具有较强的调整价格的能力，经营风险就小；反之，经营风险则大。

（5）固定成本的比重。在企业全部成本中，固定成本所占比重较大时，单位产品分摊的固定成本额就多，若产品量发生变动，单位产品分摊的固定成本随之变动，最后导致利润更大幅度地变动，经营风险就大；反之，经营风险就小。

（二）经营杠杆

1. 经营杠杆的概念

经营杠杆是企业固定成本占总成本的比重。由于固定成本并不随着产品销售量的增加而增加。在一定的产销规模内，随着销售量的增长，单位销售量所负担的固定成本相应减少，是企业的利润大幅度增加，给企业带来额外利润，这个收益也称经营杠杆利益。所以，企业在固定成本的存在下，在一定范围内，息税前利润变动率大于产销量变动率。

$$EBIT = px - bx - a = (p-b)x - a$$

其中在相关范围内固定成本总额 a 不变，单位变动成本 b 不变，假设单价 p 不变。假设 $(p-b)x=5, a=3$，预计销量增长 1 倍，则 $(p-b)x=10, a=3$，可以看出由于固定成本在相关范围内不变，所以息税前利润的增长大于 1 倍。

因此，由于存在固定不变的生产经营成本 a，使销量 x 的较小变动引起息税前利润较大的变动。

2. 经营杠杆系数（DOL）

（1）为了准确说明经营杠杆的作用大小，通常采用经营杠杆系数来表示，经营杠杆系数主要是反映销售量与息税前利润之间的关系，特别是用于衡量销售量变动对于息税前利润的影响程度。

根据定义，经营杠杆系数公式为：

$$经营杠杆系数 = 息税前利润变动率 / 产销量变动率$$

即：

$$DOL = (\Delta EBIT / EBIT) \div (\Delta Q / Q)$$

该公式主要用于预测，比如已知某企业经营杠杆系数为 2，已知明年企业的销售量会增长 10%，则息税前利润将会增长 $10\% \times 2 = 20\%$。反之已知息税前利润变动率也可以求得销量变动率。

（2）经营杠杆系数 DOL 的定义公式，我们可以推导出计算公式：

$$DOL = M / EBIT = M / (M-a)$$

【例 3-12】北方公司有关资料如表 3-10 所示，试计算该企业 2004 年的经营杠杆系数。

表 3-10　北方公司有关资料

项目	2003 年	2004 年	变动额	变动率
销售额	1000	1200	200	20%
变动成本	600	720	120	20%
边际贡献	400	480	80	20%
固定成本	200	200	0	—
息税前利润	200	280	80	40%

解析：经营杠杆系数（DOL）= (80/200)/(200/1000) = 40%/20% = 2

上述公式是计算经营杠杆系数的理论公式,但利用该公式,必须以已知变动前后的相关资料为前提,比较麻烦,而且无法预测未来(如 2005 年)的经营杠杆系数。经营杠杆系数还可以按以下简化公式计算:

$$DOL = M/EBIT$$

按表 3 - 9 中 2003 年的资料可求得 2004 年的经营杠杆系数:

$$DOL = 400/200 = 2$$

计算结果表明,两个公式计算出的 2004 年经营杠杆系数是完全相同的。

同理,可按 2004 年的资料求出 2005 年的经营杠杆系数:

$$DOL = 480/280 \approx 1.71$$

由此可以看出:若 $a = 0$,则 $DOL = 1$,表明息税前利润变动率等于产销量变动率;若 $a \neq 0$,则 $DOL > 1$,表明息税前利润变动率大于产销量变动率,可见只要企业存在固定成本,就存在经营杠杆效应。在其他因素不变的情况下,固定成本越高,经营杠杆系数越大,经营风险越大。

3. 经营杠杆系数的分析

(1)在固定成本不变的情况下,经营杠杆系数说明了销售额增长(或减少)所引起的营业利润增长(或减少)的幅度;

(2)在固定成本不变的情况下,销售额越大,经营杠杆系数越小,经营风险也就越小;反之,销售额越小,经营杠杆系数越大,经营风险也就越大。

(3)在销售额处于盈亏临界点前的阶段,经营杠杆系数随销售额的增加而递增;在销售额处于盈亏临界点后的阶段,经营杠杆系数随销售额的增加而递减;当销售额达到盈亏临界点时,经营杠杆系数趋近于无穷大,此时经营风险趋近于无穷大;

(4)在销售收入一定的情况下,影响经营杠杆的因素主要是固定成本和变动成本的金额。固定成本加大或变动成本变小都会引起经营杠杆系数增加。这些研究结果说明,在固定成本一定的情况下,公司应采取多种方式增加销售额,这样利润就会以经营杠杆系数的倍数增加,从而赢得"正杠杆利益"。否则,一旦销售额减少时,利润会下降得更快,形成"负杠杆利益"。

在市场繁荣业务增长很快时,公司可通过增加固定成本投入或减少变动成本支出来提高经营杠杆系数,以充分发挥正杠杆利益用途。

在市场衰退业务不振时,公司应尽量压缩开发费用、广告费用、市场营销费、职工培训费等酌量性固定成本的开支,以减少固定成本的比重,降低经营杠杆系数,降低经营风险,避免负杠杆利益。

➤三、财务风险和财务杠杆

(一)财务风险

财务风险是指企业资本结构不同而影响企业支付本息能力方面的风险。在企业资本结构中,当债务资本比率较高时,筹资者将负担较多的债务成本,并经受较多的财务杠杆作用引起的收益变动的冲击,从而使财务风险较大;反之,当债务资本比率较低时,财务风险也较小。

影响财务风险的因素很多,主要有以下几点:资本供求的变化;利率水平的变动;企业获利能力的变化;企业资本结构的变化,即财务杠杆的利用程度,其中财务杠杆对财务风险的影响最大。

(二)财务杠杆

1. 财务杠杆的含义

按固定成本取得的债务资金一定的情况下，从税前利润中支付的固定的利息费用是不变的。因此，当息税前利润增加时，每单位息税前利润所负担的固定的利息费用就会降低，扣除所得税后属于普通股的利润就会增加，从而给所有者带来额外的收益；反之，将给所有者带来额外的损失。如果不存在固定的利息费用，企业的息税前利润都是属于股东的，那么普通股的利润变动率和息税前的利润变动率就会完全一致。这种由于固定财务费用的存在而导致每股利润变动率大于息税前利润变动率的杠杆效应，称为财务杠杆作用。

$$普通股每股利润＝(净利润－优先股股利)/普通股股数$$

即：

$$EPS=[(EBIT-I)\times(1-T)-D]/N$$

其中：I、T、D 和 N 不变。

由于存在固定的利息和优先股股利，$EBIT$ 的较小变动会引起 EPS 较大的变动。

2. 财务杠杆系数（DFL）

财务杠杆作用的大小，通常用财务杠杆系数来表示。财务杠杆系数反映的是息税前利润与普通股每股收益之间的关系，特别是用于衡量息税前利润变动对普通股每股收益变动的影响程度。根据定义，得出财务杠杆的公式为：

$$财务杠杆系数＝普通股每股利润变动率/息税前利润变动率$$

即：

$$DFL=(\Delta EPS/EPS)/(\Delta EBIT/EBIT)$$

财务杠杆系数用于预测：比如某公司的财务杠杆系数为2，预计明年的息税前利润会下降10％，则每股利润会下降20％；如果预计明年每股利润增长10％，则息税前利润增长5％。

依据财务杠杆系数的定义公式，推导出计算公式为：

$$财务杠杆系数＝息税前利润/(息税前利润－利息)$$

即：

$$DFL=EBIT/(EBIT-I)$$

如果考虑优先股股利和融资租赁的租金：

$$财务杠杆系数＝\frac{息税前利润}{息税前利润－利息－融资租赁租金－优先股股利/(1-所得税税率)}$$

由此可以得出：

(1)如果企业没有负债也没有优先股，则财务杠杆系数为1，则普通股每股利润的变动率等于息税前利润的变动率；如果存在利息或者融资租赁租金或者优先股股利，则财务杠杆系数大于1，则普通股每股利润的变动率大于息税前利润的变动率。只要在企业的筹资方式中有固定财务费用支出的债务和优先股，就会存在财务杠杆效应。

(2)财务杠杆与财务风险的关系：财务杠杆系数越大，财务风险越大，财务杠杆的作用越大。反之，财务杠杆系数越小，财务风险越小，财务杠杆的作用越小。

【例 3-13】 某物流公司全年营业额为 300 万元，息税前利润为 100 万元，固定成本为 50 万元，变动成本率为 50％，资本总额为 200 万元，债务资本比率为 30％，利息率为 15％。计算该企业的财务杠杆系数是多少？

解析： 由资本总额为 200 万元，债务资本比率为 30％，利息率为 15％得出：

利息＝200×30％×15％＝9 万元

财务杠杆系数 $DFL = EBIT/(EBIT-I) = EBIT/(EBIT-I)$
$$= 100/(100-9)$$
$$= 1.0989$$

3.财务杠杆系数分析应用

财务杠杆系数可以用于预测企业的税后利润和普通股每股收益,但主要还是用于测定企业的财务风险程度。一般认为,财务杠杆系数越大,税后利润受息税前利润变动的影响越大,财务风险程度也越大;反之,财务杠杆系数越小,财务风险程度也越小。但此说法不全面,未能指明财务杠杆系数的应用条件,容易导致误解,不能达到有效防范企业财务风险的目的:首先,根据财务杠杆系数的推导式计算方法可推导出,企业在达到财务效应临界点,即企业的息后利润(亦即公式中的分母"EBIT-I")为零时,财务杠杆系数为无穷大,财务风险程度达到顶峰。但这只能限于理论表述,难以用实际资料加以证明。其次,当企业处于亏损状态时,即息后利润小于零时,根据推导式计算公式计算得到的财务杠杆系数必为负数,从数字上看则更小,若据以得出企业财务风险程度更低的结论,显然有悖于常理。再次,财务杠杆系数只能反映息税前利润变动这一因素对税后利润变动或普通股每股收益变动的影响程度。但企业资本规模、资本结构、债务利率等因素变动时,对税后利润或普通股每股收益变动同样会产生不同程度的影响,有时甚至会出现财务杠杆系数降低而财务风险却提高的情况。

综上所述,在应用财务杠杆系数测定企业财务风险程度时,必须注意其应用条件,即企业息后利润大于零,且资本规模、资本结构、债务利率等因素基本确定时,才能使计算出的财务杠杆系数具有实际价值。

▶四、企业总风险和总杠杆

(一)企业总风险

企业总风险是指企业未来每股收益的不确定性。它是经营风险和财务风险共同作用的结果。企业可以在总风险不变的条件下,通过调整各自的风险大小来规避风险。较高的经营风险可以被较低的财务风险抵消,或者相反。合适的企业总风险水平需要在企业总风险和期望收益之间进行权衡。

(二)总杠杆

1.总杠杆的含义和总杠杆系数

总杠杆,又称复合杠杆和联合杠杆,是企业同时运用经营杠杆和财务杠杆而产生的收益,即反映产销量变动对每股收益变动的影响程度。由于固定成本和固定财务费用的共同存在而导致的每股利润变动率大于产销量变动率的杠杆效应。总杠杆通常用总杠杆系数表示,根据概念得出总杠杆的定义公式为:

总杠杆系数=普通股每股利润变动率/产销量变动率

即:
$$DCL = (\Delta EPS/EPS) \div (\Delta Q/Q)$$

同样可以推导出总杠杆系数的计算公式为:

复合杠杆系数=财务杠杆系数×经营杠杆系数

即:
$$DCL = DOL \times DFL$$

【例3-14】某企业2004年资产总额是1000万元,资产负债率是40%,负债的平均利息率是5％,实现的销售收入是1000万元,变动成本率30％,固定成本和财务费用总共是220万元。如果预计2005年销售收入会提高50％,其他条件不变。计算2005年的经营杠杆、财务杠杆和复合杠杆系数;

解析:利息＝$1000 \times 40\% \times 5\% = 20$(万元)

固定成本＝全部固定成本费用－利息＝$220-20=200$(万元)

变动成本＝销售收入×变动成本率＝$1000 \times 30\% = 300$(万元)

$M=$销售收入－变动成本＝$1000-300=700$(万元)

$DOL = M/(M-a) = 700/(700-200) = 1.4$

$DFL = EBIT/(EBIT-I) = 500/(500-20) = 1.04$

$DCL = DOL \times DFL = 1.46$

2.复合杠杆系数的影响因素

在其他因素不变的情况下,固定成本a、利息I、融资租赁租金、优先股股利D越大,则复合杠杆系数越大;边际贡献M越大(单价P越高、销量x越多、单位变动成本b越低),则复合杠杆系数越小。

3.总杠杆的作用

只要企业同时存在固定成本和固定财务费用等财务支出,就会存在复合杠杆的作用。在其他因素不变的情况下,复合杠杆系数越大,企业风险越大。具体作用体现在以下几点:首先,在于能够估计出销售额变动对每股收益造成的影响。其次,它使我们看到了经营杠杆与财务杠杆之间的相互关系,即为了达到某一复合杠杆系数,经营杠杆和财务杠杆可以有很多不同组合。比如,经营杠杆系数较高的企业可以在较低的程度上使用财务杠杆;经营杠杆系数较低的企业可以在较高的程度上使用财务杠杆等。

第六节　资本结构

资金结构是指企业各种资金的构成及其比例关系。在通常情况下,企业的资本结构由长期债务资本和权益资本构成,换句话讲,资本结构也是指长期债务资本和权益资本各占多大比例。资金结构有广义和狭义之分,广义的资金结构是指全部资金的结构,狭义的资金结构是指长期资金结构,财务管理中研究的是狭义的资金结构。资金结构问题总的来说是负债资金的比例问题。

➤一、资本结构理论

关于资本结构与资本成本和企业价值的关系,西方国家已形成若干理论,统称资本结构理论。具体有以下一些代表的理论。

(一)早期的资本结构理论

最早对资本结构理论进行研究的经济学家是美国的杜兰德(Durand,1952)。杜兰德(1952)发表的《企业债务和股东权益成本:趋势和计量问题》中系统地总结了公司资本结构的三种理论,即净收入理论、净经营收益理论和折衷理论。这三种理论采取边际分析方法,从收益的角度来研究企业资本结构的选择问题,他们的区别仅在于假设条件和具体方法的不同。

1. 净收益理论

净收入理论认为随着企业负债总额的增加,企业的财务杠杆会不断提高,产生税盾效应,进而降低企业的加权平均资本成本,增加企业的总价值和市场价值。因此该理论认为企业应当尽可能利用负债融资来优化其资本结构。

净收益理论认为,当债务资本为100%,也就是说企业的资产负债率达到100%时,企业的价值就会达到最大值,因此企业应该最大限度利用其债务资本,通过不断地降低企业的资本成本来提高其市场价值。因此,净收益理论有一个隐含的假设前提条件,就是财务杠杆的提高不会增加企业的风险。但在现实中,随着债务成本的增加,企业的支付压力会不断增大,融资风险也会上升,使得企业的财务困境成本也会大幅地上升。因此,净收益理论与现实存在很大的差距。

2. 净经营收入理论

净经营收入理论认为,无论企业的财务杠杆如何变化,企业的加权平均资本成本是固定不变的,因此,企业的市场价值也不会因为其财务杠杆的变化而变化。该理论的假设条件是:企业加权平均成本及负债融资成本固定不变,负债融资的增加将增加企业的经营风险,从而使股东要求更多的权益资本收益。因此,权益资本成本会随财务杠杆的提高而增加。同时负债融资的财务杠杆作用也变大,这样加权平均总成本仍保持不变,企业价值也不会受财务杠杆变动的影响。该理论假设负债利率也是固定的,但投资者对企业负债的态度却发生了变化,投资者将以一个固定的加权资本成本来估计企业的息税前利润。

3. 折衷理论

折衷理论是以上两种理论的折衷,该理论介于上述两种理论之间。折衷理论认为,企业的债务成本、权益成本和加权平均总成本不是固定不变的,企业在一定限度内的债务比例是必要和合理的,负债比率低于100%的某种资本结构可以使企业价值最大。因为财务杠杆虽然会导致权益资本成本上升,但只要没有超过一定限度,权益资本成本的上升就能被债务的低成本所抵消,因此财务杠杆不会带来明显的风险增长,如果负债成本低于权益成本,则公司的加权平均成本会随着负债的增加而逐渐下降,从而使企业的市场价值上升,并且可能在此限度内达到最高点。折衷理论认为,确实存在一个可以使企业市场价值达到最大化的最佳资本结构,这个资本结构可以通过财务杠杆的运用来获得。正是在最佳资本结构上,负债的实际边际成本与权益资本的边际成本才相同。

(二) 现代资本结构理论

美国著名的金融学家莫迪里亚尼(Modigliani)和米勒(Miller)于1958年发表的《资本成本、公司理财和投资理论》中提出的MM定理正式标志着现代资本结构理论的诞生。MM定理承接了前面的净收入理论、净经营收入理论以及折衷理论等传统的资本结构理论,同时后面的学者在研究中逐渐放松MM定理中的假设条件,针对不同的影响企业总价值的因素发展出了形形色色的资本结构理论。

1. MM定理以及修正模型

MM定理主要有以下三个命题组成:

【命题1】企业的价值只与企业所有资产的预期收益和企业所对应的资本化率有关,而与企业的资本结构无关。这一命题说明企业的价值是其全部预期收益的资本化,资本化率可以适用于处于同样风险下的纯股权资本企业。

【命题2】 股权的预期报酬会随着企业资本负债率的提高而增加。由于企业的加权平均资本成本与其负债水平无关,因此在资本结构中引入债务资本后,股权成本也会随之增加,同时抵消低成本的债权资本会带来降低加权平均资本的作用。

【命题3】 在任何情况下,企业的投资决策完全不受融资工具类型的影响,与股权资本化率是无关的。

从这三个命题可以看出,MM定理认为在完美的市场中,任何试图改变资本结构来影响企业市场价值的努力都是徒劳的,这说明了企业的价值决定于企业的资源配置方式,而与其资本结构无关。一个追求价值最大化的企业应该在现代财务管理的要求下来寻求有效的资源安排方式,而不是对资本结构的考虑。

"MM定理"虽然在理论界引起了巨大的影响,但是却没有通过实际的检验。它与当时一些流行的观点相悖,因而受到了众多经济学家的批评。1963年,莫迪里亚尼(Modigliani)和米勒(Miller)在其发表的论文《公司所得税及资本成本:一个纠正》中对"MM定理"进行了修正,他们引入了公司所得税的影响。修正后的MM理论认为,企业的债务利息可以在税前扣除,所以负债可以起到税收挡板的作用。企业负债越多,其资本成本就越小,企业价值也就越大。由此可以认为:对于企业来说,其最好的选择是100%的负债。从结论来看,修正后MM定理的结论和传统资本结构理论中的净收益理论的结论是相同的,但二者研究的出发点不同,假设前提也不同,因此不能相提并论。应该说修正后的MM定理在理论界的影响更大。但是,从实际情况来看,引进了企业所得税的MM理论仍然不符合事实。

2. 米勒模型

鉴于MM定理的上述局限性,1977年米勒发表的《负债和税收》中提出了米勒模型,该模型对MM定理进行了修正和完善。米勒模型在对MM定理不仅引进了企业所得税,而且还考虑了个人所得税的影响,在此基础上,米勒重新研究了公司提高负债比例,追求税盾收益的制约因素。这样,米勒解释了企业负债不能无限增加的原因,证明了个人所得税会在一定程度上抵消负债的税收收益,并且认为在债券市场均衡的条件下,单个公司的负债率和市场价值都被宏观因素决定了,公司资本结构的变化与价值是无关的,这一论述使MM定理更加符合实际。但是,在米勒模型中,除了个人所得税和企业所得税因素外,MM定理的其他假设条件都进行了保留。

3. 权衡理论

经过修改后的MM定理还有一定的局限性,因为其忽略了负债经营的风险和额外的成本。但在现实经济中,企业对负债的提高会增加企业的财务风险。因此,为了对上述资本结构理论上的局限性进行弥补,资本结构理论领域中出现了税差学派和破产成本学派。这两者分别从两类税收和财务杠杆所导致的破产成本出发对企业的资本结构进行了研究,主要的代表人物有Robichek(1967)、Kraus(1973)、Rubinmstein(1973)以及Myers(1984)。随后Myers(1984)将以上两个学派的观点综合在了一起,形成了权衡理论,这一理论主要集中在其1984年在《财务杂志》上发表的《资本结构之谜》一文中。Mayers(1984)在MM定理的基础上放松了假设条件,将税收、破产成本和企业资本结构综合在一起进行研究。

权衡理论认为,如果保持企业的资产和投资计划不变,企业的最优负债率可以看作是有负债的成本和收益之间的替代所决定的。企业的资本结构会在利息的税收挡板价值与各种财务困境成本之间取得均衡。企业被假定为用负债代替权益,或者用权益代替负债,直至企业的价值最大化。

权衡理论的发展可以分为两个阶段,即前期权衡理论和后期权衡理论。前期的权衡理论主要进行负债的预期边际税收利益与负债的预期边际成本之间进行权衡,在此主要引入了财务危机成本的概念。而后期的权衡理论在前期权衡理论的基础上引入了代理成本的研究成果,以及非负债税盾的概念。

(三)新的资本结构理论

1. 代理成本理论

代理成本理论是经过研究代理成本与资本结构的关系而形成的。这种理论通过分析指出,公司债务的违约风险是财务杠杆系数的增函数;随着公司债权资本的增加,债权人的监督成本随之上升,债权人会要求更高的利率。这种代理成本最终要由股东承担,公司资本结构中债权比率过高会导致股东价值的减低。根据代理成本理论,债权资本适度的资本结构会增加股东的价值。

上述资本结构的代理成本理论仅限于债务的代理成本。

2. 信号传递理论

信号传递理论认为,公司可以通过调整资本结构来传递有关获利能力和风险方面的信息,以及公司如何看待股票市价的信息。

按照资本结构的信号传递理论,公司价值被低估时会增加债权资本,反之亦然。

3. 啄序理论

资本结构的啄序理论认为,公司倾向于首先采用内部筹资;如果需要外部筹资,公司将先选择债券筹资,再选择其他外部股权筹资,这种筹资顺序的选择也不会传递对公司股价产生比例影响的信息。

按照啄序理论,不存在明显的目标资本结构,因为虽然留存收益和增发新股均属股权筹资,但前者最先选用,后者最后选用。获利能力强的公司之所以安排较低的债权比率,并不是由于以确立较低的目标债权比率,而是由于不需要外部筹资,获利能力较差的公司选用债权筹资是由于没有足够的留存收益,而且在外部筹资选择中债权筹资为首选。

即问即答

对比这几种理论的联系和区别?

二、最佳资本结构的确定

(一)最佳资本结构的含义

最佳资本结构是指企业在一定时期内,筹措的资本的加权平均资本成本 WACC 最低,使企业的价值达到最大化。它应是企业的目标资本结构(target capital structure)。根据概念,企业的最佳资本结构具有以下特点:

1.最佳资本结构是动态的

最佳资本结构并不是固定不变的,因为最佳资本结构因时而异,此一时,彼一时的资本结构是不同的。不能因为在上一期达到了最佳资本结构,就认为当期的资本结构也是最佳的,因而对最佳资本结构的追求,不是一蹴而就的,而是一个长期的、不断优化的过程。影响资本结构的诸多因素都是变量,即使资本总量不变,企业也不能以不变的资本结构应万变。

2.最佳资本结构具有高度的易变形

影响量优资本结构的因素非常多,不仅包括企业自身因素,而且还与宏观经济、资本市场等因素具有密切的关系,这些因素当中任何一个因素的改变,都会对最佳资本结构产生影响,从而导致最佳资本结构的改变。由于影响最佳资本结构的许多因素具有不可控性,当这些不可控因素发生改变时,必然会导致最佳资本结构的改变,从而使最佳资本结构具有高度的易变形。

3.最佳资本结构的复杂性与多变性

最佳资本结构因企业、因时、因环境而异,并不存在一个为所有企业、所有时期、所有条件下都恒定不变的唯一的最佳资本结构。

(二)最佳资本结构的确定方法

1.每股收益无差别点法

每股收益无差别点又称 EBIT – EPS 分析法,是指股票筹资和负债筹资两种筹资方式下,筹集相同资本后,企业每股收益相等的那个筹资金额点的息税前利润。每股收益无差别点法是通过计算各备选筹资方案的每股收益无差别点并进行比较来选择最佳资本结构融资方案的方法。每股收益无差别点法是一种定量的分析方法,它通过企业的有效数据来对企业的最优资本结构进行分析。其计算公式为:

$$\frac{[(EBIT-I_1)(1-T)-D_1]}{N_1}=\frac{[(EBIT-I_2)(1-T)-D_2]}{N_2}$$

【例 3 – 15】 假设漓江公司目前有资金 100 万元,现在因为生产发展需要,准备再筹集 40 万元资金,这些资金可以通过发行股票来筹集,也可以利用发行债券来筹集。把原资本结构和筹资后资本结构根据资本结构的变化情况进行 EBIT – EPS 分析(参见表 3 – 11)。

表 3 – 11　漓江公司资本结构变化情况表　　　　　(单位:元)

筹资方式	原资本结构	增加筹资后资本结构	
		增发普通股 A	增发公司债券 B
公司债券(利率 8%)	200000	200000	600000
普通股(面值 10 元)	400000	600000	400000
资本公积	250000	450000	250000
留存收益	150000	150000	150000
资本总额合计	1000000	1400000	1400000
普通股股数(股)	40000	60000	40000

注:发行新股时,每股发行价 20 元,筹资 400000 元需发行 20000 股,普通股股本增加 200000 元,资本公

积增加 200000 元,适用的所得税税率为 25%。

解析: $EBIT-EPS$ 分析实质上是分析资本结构对普通股每股盈余的影响,详细的分析从表 3-12 中可以看到,息税前盈余为 300000 元的情况下,利用增发公司债的形式筹集资金能使每股盈余上升较多,这可能更有利于股票价格上涨,更符合理财目标。那么,究竟息税前盈余为多少时发行普通股有利,息税前盈余为多少时发行公司债有利呢?这就要测算每股盈余无差异点的息税前盈余。

表 3-12 漓江公司不同资本结构下每股收益 （单位:元）

项目	增发股票	增发债券
预计 EBIT	300000	300000
减:利息	16000	48000
税前利润	284000	252000
减:所得税	71000	63000
税后利润	213000	189000
普通股股数	60000	40000
每股收益(EPS)	3.55	4.73

其计算公式为:

$$\frac{[(EBIT-I_1)(1-T)-D_1]}{N_1}=\frac{[(EBIT-I_2)(1-T)-D_2]}{N_2}$$

式中,$EBIT$——每股收益无差别点处的息税前盈余;I_1,I_2——两种筹资方式下的年利息;D_1,D_2——两种筹资方式下的年优先股股利;N_1,N_2——两种筹资方式下的流通在外的普通股股数。

把表 3-11 中漓江公司的资料代入上式,得:

$[(EBIT-16000)\times(1-25\%)-0]/60000=[(EBIT-48000)\times(1-25\%)-0]/40000$

求得:$EBIT=112000$ 元,此点:$EPS_1=EPS_2=1.072$ 元。

这就是说,当盈余能力 $EBIT>112000$ 元时,利用负债筹资较为有利,当盈利能力在 $EBIT<112000$ 元时,不应再增加负债,以发行普通股为宜。当 $EBIT=112000$ 元时,采用两种方式无差别。漓江公司预计 $EBIT$ 为 300000 元,故采用发行公司债券的方式较为有利。

每股收益无差别点法用图示进行分析更为简单,只要在以息税前利润为横坐标和以每股收益为纵坐标的坐标图上,画出不同筹资方式下的 EPS 线,其交点所对应的 $EBIT$ 和 EPS 所决定的资本结构就是最优资本结构。利用表 3-12 的资料绘制 $EBIT-EPS$ 分析图简单明了。从图 3-3 可以看出,当 $EBIT$ 大于 112000 元时,负债融资的 EPS 大于普通股融资的 EPS,则应进行负债融资;反之,当 $EBIT$ 小于 112000 元,普通股融资的 EPS 大于负债融资的 EPS,则应进行普通股融资。而 $EBIT$ 等于 112000 元时,两种筹资方式的 EPS 相等,则理论上两种融资方式是等效的。

每股收益分析法这种定量的分析方法,它只考虑了资本结构对每股收益的影响,并假定每股收益最大,股票价格也就最高。但把资本结构对风险的影响置之视野以外,是不全面的。因为随着负债的增加,投资者的风险加大,股票价格和企业价值也会有下降的趋势,所以,单纯用

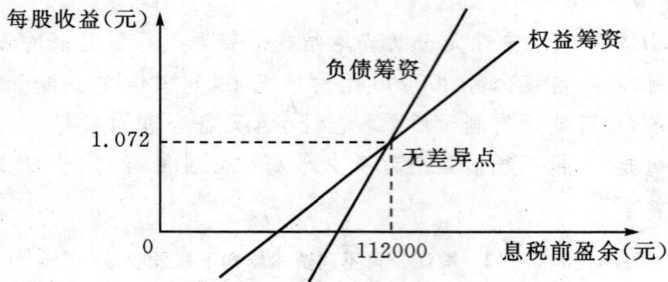

图 3-3 ESIT-EPS 分析图

每股收益分析法有时会作出错误的决策。但在资本市场不完善的时候,投资人主要根据每股收益的多少来作出投资决策,每股收益的增加也的确有利于股票价格的上升。

2.比较资金成本法

比较资金成本法是通过计算各方案加权平均资金成本并根据加权平均资金成本的高低来确定最佳资金结构的方法。在进行决策时,主要的原则是:选择加权平均资金成本最低的方案为最优方案。

企业的资本结构决策可分为初次筹资和追加筹资两种情况。前者可称为初始资本结构决策,后者可称为追加资本结构决策。

【例 3-16】华光公司原来的资本结构如表 3-13 所示。普通股每股面值 1 元,发行价格 10 元,目前价格也为 10 元,今年期望股利为 1 元/股,预计以后每年增加股利 5%。该企业适用的所得税税率假设为 25%,假设发行的各种证券均无筹资费。

表 3-13 资金结构　　　　　　　　　　　　　　　　　单位:万元

筹资方式	金额
债券(年利率 10%)	8000
普通股(每股面值 1 元,发行价 10 元,共 800 万股)	8000
合计	16000

要求:(1)计算计划年初的加权平均资金成本。

(2)计算甲方案的加权平均资金成本。

(3)计算乙方案的加权平均资本成本。

(4)计算丙方案的加权平均资本成本。

解析:(1)$K_债$=年利息×(1-T)/[筹资额×(1-f)]

$\qquad$=8000×10%×(1-25%)/[8000×(1-0)]=10%×(1-25%)=7.5%

$K_股$=D_1/[P0×(1-f)]+g

$\qquad$=1/[10×(1-0)]+5%=15%

计划年初的加权平均资金成本=50%×7.5%+50%×15%=11.25%

该企业现拟增资 4000 万元,以扩大生产经营规模,现有如下三个方案可提供选择。

甲方案:增加发行 4000 万元的债券,因负债增加,投资人风险加大,债券利率增至 12%才能发行,预计普通股股利不变,但由于风险加大,普通股市价降至 8 元/股。

(2)$W_{b1}=(8000/20000)\times100\%=40\%$

$W_{b2}=(4000/20000)\times100\%=20\%$

$W_c=(8000/20000)\times100\%=40\%$

$K_{b1}=10\%\times(1-25\%)=7.5\%$

$K_{b2}=12\%\times(1-25\%)=9\%$

$K_c=1/8+5\%=17.5\%$

甲方案的加权平均资金成本$=40\%\times7.5\%+20\%\times9\%+40\%\times17.5\%=11.8\%$

乙方案:发行债券2000万元,年利率为10%,发行股票200万股,每股发行价10元,预计普通股股利不变。

(3)乙方案筹资后债券和普通股的比重仍然分别为50%,50%;且资本成本仍然分别为7.5%,15%。所以乙方案加权平均资金成本仍然为11.25%。

丙方案:发行股票363.6万股,普通股市价增至11元/股。

(4)$W_{b1}=(8000/20000)\times100\%=40\%$

$W_c=(8000+4000)/20000\times100\%=60\%$

$K_b=10\%\times(1-25\%)=7.5\%$

注意新旧股票的资金成本是一样的,因为股票是同股同酬、同股同利的。

$K_c=1/11+5\%=14.1\%$

丙方案的加权平均资本成本$=40\%\times7.5\%+60\%\times14.1\%=11.46\%$

按照比较资本成本法决策的原则,要选择加权平均资金成本最小的方案为最优方案,因此,最优方案是乙方案。

采用比较资本成本法确定最优资金结构,考虑了风险,但是因所拟订的方案数量有限,故有把最优方案漏掉的可能。

第七节 案例分析:公司筹资决策分析

2012年8月,南方公司为扩大生产规模,公司需要到2013年1月末筹措1150万元,其中350万元可以通过公司内部留存收益及提高流动资金利用效果得以解决,该留存收益全部计入股本,相当于配股发放86000股股票给现有股东,其余部分800万元需要从外部筹措。在此之前,已经设想了几个方案,并将在2012年9月2日的董事会上正式提交讨论。

➤一、公司的基本情况

南方公司创立至今,经过十几年的发展,到2012年,销售收入从刚成立时的1000万元增至1620万元。利润增加到74万元。

根据钟晨先生介绍,南方公司的家具生产线较少,不能向市场推出大量的新产品。2013年,该公司的生产线仅包括八种卧室家具类型、五种餐厅家具类型以及其他各种系列的家具类型,如有活动顶板的书桌及酒柜等。各类家具一般是按照传统方式,采用木质结构制作的,或采用类似木制材料进行表面装饰,使其既具有实用性,又具有观赏性。

从生产能力看,目前公司拥有四套独立的生产设备,设在东图的分公司占地面积为9.7万平方米,主要生产卧室及餐厅家具;而设在西林的分公司占地面积为3万平方米,主要生产其他系列的各种家具。这两个分公司所需要的木制胶合板是由北洼林业局的一家工厂提供；其他各种装饰用材料是由几家工厂分别提供。

为了不断扩充和发展，公司经常组织有关人员进行市场调查，了解消费者的口味与偏好，不断改进产品设计，每年在家具市场上推出二至三种新型家具，并且关闭了相同数量的过时或不受欢迎的生产线，使公司避免了生产线的过度扩张与生产线的低效率。

公司的销售人员近 50 人，销售网点遍及全国各地，拥有客户 5000 多家。目前，市场部门致力于组建地区连锁店及平价商店。公司的管理人员确信，只有连锁店或平价商店才有利于在既定价格下大批量地推销家具。2013 年，公司拥有平价商店 14 家，预计到 2014 年可达到 18～24 家。

南方公司拥有 950 雇员，平均人均年生产总值为 50000 元，而同行业的人均生产总值为 16000 元。管理人员认为在公司中存在着剩余劳动力。

2012 年是家具行业的萧条年，尽管如此，南方公司的销售收入和利润仍比 2011 分别增长了 8.7％和 27.6％。在今后的 5 年中，预计销售收入将成倍增长，而利润增长幅度相对降低（2013—2017 年财务预测如表 3-16 所示）。为了实现这一目标，公司必须扩大生产规模，到 2015 年末，使生产能力翻一番。预计在北洼附近耗资 800 万元建造一所占地 18.3 万平方米的工厂，这将是家具行业中规模最大、现代化程度最高的一家工厂。此外，还需要 50 万元整修和装备现有的厂房和设备；需要价值 300 万元的流动资金以补充生产规模扩大而短缺的部分；这三项合计共需资金 1150 万元，该项目建成后能使每年息税前利润增加至 700 万。

家具业是高度分散的行业。据了解，在 1000 多家家具企业中，雇员少于 20 人的占三分之二。2011 年，家具行业的销售收入为 50 亿元，但其中销售收入超过 1500 万元的公司只有不到 30 家。在过去的 5 年中，家具行业一直经历着兼并和收购的风险，而且这种趋势愈演愈烈。在其他行业的大公司以收购家具公司的形式实现多种经营的同时，本行业中的大公司也在吞并小公司。例如年销售收入 6500 万元的宏远公司被中美合资的科克公司兼并。

家具行业的发展前景是可观的。经济不景气时期已经过去，该行业也随着整个经济的复苏发展起来。

➤二、公司财务状况及其规划

南方公司现有长期借款 100 万元，年利率为 5.5％，借款合约规定公司至少要保持 225 万元的流动资金。

南方公司 2008 年以每股 5 元公开发行普通股 170000 股。目前，该公司发行在外的普通股共计 600000 股，其中高级职员和董事会成员持有 20％左右。其股利分配政策保持不变，年股利率为每股 0.4 元；公司筹措 800 万元的两种方案如下：

1. 发行普通股

除非在股票发行日之前证券市场情况发生重大变化，公开发行普通股 258065 股将为公司筹措 800 万元。股利政策与原有政策保持不变，这种方案必须在董事会讨论决定后 90 天，即在 2013 会计年度结束后方可实施。

2. 向银行借款，即向银行举借年利率为 7％，期限为 10 年的贷款

其有关内容为：公司的流动资金必须保持在借款总额的 10％，借款利息必须在每年年末

支付。

3.发放债券

债券年利率为 10%,面值为 100 张,发放 8 万张债券,年末付息,到期还本,市场利率 8%,发行时手续费 2%。

案例思考题

1.试根据以上案例所提供的资料编制一份分析报告。

2.根据三种种筹资按每股收益无差别点法,说明不同的筹资方式对公司的财务状况有何影响。三种不同筹资方式下的资本成本各为多少?

3.你应采取哪种筹资方式?是发行股票还是取得银行借款?做出你最终的决策。

附录

表 3-14 南方公司资产负债表(12 月 31 日)   单位:万元

项目	2010	2011	2012	2013.8.20
资产				
现金	26	23	24	63
应收账款	209	237	273	310
存货	203	227	255	268
其他	8	10	11	14
流动资产合计	446	497	563	655
固定资产总值	379	394	409	424
减:累积折旧	135	155	178	189
固定资产净值	244	239	231	235
固定资产合计	244	239	231	235
资产总计	690	736	794	890
负债及股东权益				
应付账款及应计费用	62	90	102	105
一年内到期的长期借款	10	10	10	10
应付股利	—	—	—	5
应付税金	36	25	26	50
流动负债合计	108	125	138	170
长期负债(5.5%)	105	95	85	80
股东权益(600000 股)	477	516	571	640
负债及股东权益总计	690	736	794	890

表 3-15　南方公司损益表　　　　　　　　单位:万元(每股价格除外)

项 目	会计年度末(12月31日)					32周末	
	2008	2009	2010	2011	2012	6/14/12	6/13/13
销售净额	1062	1065	1239	1491	1620	926	1279
销售成本	853	880	1046	1201	1274	724	968
销售毛利	209	185	247	290	346	202	311
销售和管理费用	111	122	142	160	184	109	136
利息费用	8	7	7	6	5	3	3
税前利润	90	56	98	124	157	90	172
所得税	44	27	51	66	83	48	87
非常项目前利润	46	29	47	58	74	42	85
非常项目税后净额	—	15	—	—	—	—	—
净收益	46	44	47	58	74	42	85
普通股每股收益							
非常项目前	0.77	0.48	0.78	0.97	1.23	0.70	1.42
非常项目	—	0.25	—	—	—	—	—
净收益	0.77	0.73	0.78	0.30	0.30	0.23	0.27
每股现金股利	0.27	0.27	0.27	0.30	0.30	0.23	0.27
上述成本中包含折旧	—	—	21	22	22		

表 3-16　南方公司以预计息税前收益　　　　　　　　单位:万元

项目	2013	2014	2015	2016	2017
销售净额	2080	2500	3100	3700	4200
销售成本	1574	1800	2347	2800	3179
销售毛利	506	610	753	900	1021
销售及管理费用	223	270	335	400	454
息税前利润	283	340	418	500	567
上述成本中包括的折旧	23	75	100	100	100

表 3-17　家具公司其他资料(1989年)

项目	AA公司	BB公司	CC公司	南方公司
销售收入	3713.2	12929.3	7742.7	1490.8
净收益	188.4	1203.3	484.9	58.4
流动比率	3.2	7.2	4.3	4.0
流动资本	1160.7	4565.1	2677.8	372.6
资产负债率%	1.4%	2.0%	10.4%	16.0%
流动资本占普通股权益%	65.4%	64.9%	67.3%	74.5%
净收益占销售收入%	5.1%	8.6%	6.3%	3.95%
净收益占普通股权益%	10.6%	17.1%	12.2%	11.7%
普通股每股收益	0.70	2.00	1.93	0.97
普通股每股股息	0.28	0.80	0.60	0.30
价格收益比率	16.2	17.8	16.2	7.2

本章小结

1.**资金筹集**：是指企业根据生产经营活动对资金需求数量的要求，通过一定的渠道，采用适当的方式，获取所需资金的一种行为。

2.**筹资动机**：新建动机、扩张性动机、偿债性动机、混合性动机。

3.**筹资规模的定量分析方法**：销售百分比法、资金习性预测法。

4.**筹资方式**：权益筹资方式、负债筹资方式。

5.**资本成本**：是指企业筹集资本和使用资本而支付的各项支出。资本成本包括个别资本成本、加权平均资本成本、边际资本成本。

6.**资本结构的理论**：早期资本结构理论、现代资本结构理论、新的资本结构理论。

7.**最佳资本结构**：是指企业在一定时期内，筹措的资本的加权平均资本成本 WACC 最低，使企业的价值达到最大化。

8.**最佳资本结构的确定方法**：每股收益分析法、比较资本成本法、企业价值法

习题

一、单项选择题

1.某公司普通股目前的股价为 25 元/股，筹资费用率为 6%，刚刚支付的每股股利为 2 元，股利固定增长率 2%，则该企业利用留存收益的资金成本为（　　）。

　　A.10.16%　　　　　　　　　　　B.10%

　　C.8%　　　　　　　　　　　　　D.8.16%

2.目前国库券收益率为 13%，市场投资组合收益率为 18%，而该股票的贝塔系数为 1.2，那么该股票的资金成本为（　　）。

　　A.19%　　　　　　　　　　　　B.13%

　　C.18%　　　　　　　　　　　　D.8%

3.在下列各项中，不属于商业信用融资内容的是（　　）。

　　A.赊销商品　　　　　　　　　　B.预收货款

　　C.办理应收票据贴现　　　　　　D.用商业汇票购货

4.相对于负债融资而言，采用吸收直接投资方式筹措资金的优点是（　　）。

　　A.有利于降低资金成本　　　　　B.有利于集中企业控制权

　　C.有利于降低企业财务风险　　　D.有利于发挥财务杠杆作用

5.企业在选择筹资渠道时，需要优先考虑的因素是（　　）。

　　A.资金成本　　　　　　　　　　B.企业类型

　　C.融资期限　　　　　　　　　　D.偿还方式

6.根据财务管理理论，按照企业资金的来源渠道不同，可以将筹资分为（　　）。

　　A.直接筹资和间接筹资　　　　　B.内源筹资和外源筹资

　　C.权益筹资和负债筹资　　　　　D.短期筹资和长期筹资

7.相对于发行债券和利用银行借款购买设备而言，通过融资租赁方式取得设备的主要缺点是（　　）。

A.限制条款多　　　　　　　　B.筹资速度慢

C.资金成本高　　　　　　　　D.财务风险大

8.某公司拟发行面值为 1000 元,不计复利,5 年后一次还本付息,票面利率为 10% 的债权。已知发行时资金市场的年利率为 12%,(P/F,10%,5) = 0.6209,(P/F,12%,5) = 0.5674。则该公司债券的发行价格为(　　　)。

A.851.10　　　　　　　　　　B.907.84

C.931.35　　　　　　　　　　D.993.44

9.已知某企业目标资本结构中长期债务的比重为 20%,债务资金的增加额在 0~10000 元范围内,其利率维持 5% 不变。该企业与此相关的筹资总额分界点为(　　　)元。

A.5000　　　　　　　　　　　B.20000

C.50000　　　　　　　　　　 D.200000

10.如果企业一定期间内的固定生产成本和固定财务费用均不为零,则由上述因素共同作用而导致的杠杆效应属于(　　　)。

A.经营杠杆效应　　　　　　　B.财务杠杆效应

C.符合杠杆效应　　　　　　　D.风险杠杆效应

11.如果企业的资金来源全部为自有资金,且没有优先股存在,则企业财务杠杆系数(　　　)。

A.等于 0　　　　　　　　　　B.等于 1

C.大于 1　　　　　　　　　　D.小于 1

12.运用普通股每股收益无差别点确定最佳资本结构时,须计算的指标是(　　　)。

A.息税前利润　　　　　　　　B.营业利润

C.净利润　　　　　　　　　　D.利润总额

13.在下列各项中,属于半固定成本内容的是(　　　)。

A.计件工资费用　　　　　　　B.按年支付的广告费用

C.按直线法计提的折旧费用　　D.按月薪开支的质检人员工资

14.在下列各项中,不能用于加权平均资金成本计算的是(　　　)。

A.市场价值权数　　　　　　　B.目标价值权数

C.账面价值权数　　　　　　　D.边际价值权数

15.某企业某年的财务杠杆系数为 2.5,息税前利润的计划增长率是 10%,假定其他因素不变,则该年普通股每股收益的增长率为(　　　)。

A.4%　　　　　B.5%　　　　　C.20%　　　　　D.25%

二、多项选择题

1.下列属于来源于国家财政资金渠道的资金有(　　　)。

A.国家政策性银行提供的政策性贷款形成的资金

B.国家财政直接拨款形成的资金

C.国家给予企业的"税前还贷"优惠形成的资金

D.国家对企业见面各种税收形成的资金

2.下列属于吸收直接投资的出资方式的有(　　　)。

A.以现金出资　　　　　　B.以实物出资

C.以工业产权出资　　　　D.以土地使用权出资

3. 按股东权利和义务,股票可以分为(　　)。

    A. 普通股和优先股　　　　　　B. 记名股票和不记名股票

    C. A 股和 B 股　　　　　　　　D. H 股和 N 股

4. 在个别资金成本的计算中,不考虑筹资费用影响因素的是(　　)。

    A. 吸收直接投资成本　　　　　B. 债券成本

    C. 留存收益成本　　　　　　　D. 普通股成本

5. 下列各项中,属于吸收直接投资与发行普通股筹资方式所共有的缺点的有(　　)。

    A. 限制条件多　　　　　　　　B. 财务风险大

    C. 控制权分散　　　　　　　　D. 资金成本高

6. 根据资本结构理论,下列各项中,属于影响资本结构决策因素的有(　　)。

    A. 企业资产结构　　　　　　　B. 企业财务状况

    C. 企业产品销售状况　　　　　D. 企业技术人员学历结构

7. 在事先确定企业资金规模的前提下,吸收一定比例的负债资金,可能产生的结果有(　　)。

    A. 降低企业资金成本　　　　　B. 降低企业财务风险

    C. 加大企业财务风险　　　　　D. 提高企业经营能力

8. 下列属于酌量性固定成本的项目有(　　)。

    A. 管理人员工资　　　　　　　B. 广告费

    C. 房屋折旧费　　　　　　　　D. 职工培训费

9. 降低企业经营风险的途径一般有(　　)。

    A. 增加销售　　　　　　　　　B. 增加自有资本

    C. 降低变动成本　　　　　　　D. 增加固定成本比例

10. 下列各项中,影响财务杠杆系数的因素有(　　)。

    A. 销售收入　　　　　　　　　B. 变动成本

    C. 固定成本　　　　　　　　　D. 财务费用

三、判断题

1. 与长期借款相比,短期借款融资的期限短、成本低,其偿债风险也相对较小。　　(　　)

2. 发行优先股的上市公司如不能按规定支付优先股利,优先股股东有权要求企业破产。(　　)

3. 筹资渠道解决的是资金来源问题,筹资方式解决的是通过何种方式取得资金的问题,他们之间不存在对应关系。　　　　　　　　　　　　　　　　　　　　　　　　　　　(　　)

4. 最佳资本结构是使企业筹资能力最强、财务风险最小的资本结构。　　　　　　(　　)

5. 无论是经营杠杆系数变大,还是财务杠杆系数变大,都可能导致企业总杠杆系数变大。(　　)

6. 如果销售具有较强的周期性,则企业在筹资时不宜过多采取负债筹资。　　　　(　　)

7. 经营杠杆能够扩大市场和生产等不确定性因素对利润变动的影响。　　　　　　(　　)

8. 发行股票时,既能为企业带来杠杆收益,又具有抵税效应,所以企业在筹资时应优先考虑发行股票。　　　　　　　　　　　　　　　　　　　　　　　　　　　　　　　(　　)

9. 在个别资金成本一定得情况下,综合资金成本取决于资金总额。　　　　　　　(　　)

10. 经营杠杆本身并不是利润不稳定的根源。　　　　　　　　　　　　　　　　(　　)

四、计算分析题

1. MC 公司 2012 年初的负债及所有者权益总额为 9000 万元,其中,公司债券为 1000 万元(按面值发行,票面利率为8%,每年末付息,三年后到期);普通股股本为4000万元(面值1元,4000万股);资本公积为2000万元;其余为留存收益。

2012年该公司为扩大生产规模,需要再筹资1000万元,有以下两个筹资方案可供选择。

方案一:增加发行普通股,预计每股发行价格为5元;

方案二:增加发行同类公司债券,按面值发行,票面利率为8%。

预计2012年可实现息税前利润2000万元,适用的企业所得税税率为33%。

要求:(1)计算增发股票方案的下列指标:①2012年增发普通股股份数;②2012年全年债券利息。

(2)计算增发公司债券方案下的2012年全年债券利息。

(3)计算每股收益无差别点,并据此进行筹资决策。

2.某公司2012年只经营一种产品,息税前利润总额为90万元,变动成本率为40%,债务筹资的利息为40万元,单位变动成本100元,销售数量10000台,预计2009年息税前利润会增加10%。

要求:(1)计算该公司2012年的经营杠杆系数、财务杠杆系数、总杠杆系数。

(2)预计2012年该公司的每股收益增长率。

五、综合题

1.已知:某上市公司现有资金10000万元,其中:普通股股本3500万元,长期借款6000万元,留存收益500万元。普通股成本为10.5%,长期借款年利率为8%,有关投资服务机构的统计资料表明,该上市公司股票的系统性风险是整个股票市场的1.5倍。目前整个股票市场平均收益率为8%,无风险报酬率为5%。公司适用的所得税税率为33%。公司拟通过再筹资发展甲、乙两个投资项目。有关资料如下:

资料一:甲项目投资额为1200万元,经测算,该项目的资本收益率存在-5%,12%和17%三种可能,三种情况出现的概率分别为0.4,0.2和0.4。

资料二:乙项目投资额为2000万元,经过逐次测试,得到以下数据:当设定折现率为14%和15%时,乙项目的净现值分别为4.9468万元和-7.4202万元。

资料三:乙项目所需资金有A、B两个筹资方案可供选择。A方案:发行票面利率为2%、期限为3年的公司债券;B方案:增发普通股,股东要求每年股利增长2.1%。

资料四:假定该公司筹资过程中发生的筹资费用可忽略不计;长期借款和公司债券均为年末付息,到期还本。

要求:(1)指出该公司股票的贝塔系数;

(2)计算该公司股票的必要收益率;

(3)计算甲项目的预期收益率;

(4)计算乙项目的内部收益率;

(5)以该公司股票的必要收益率为标准,判断是否应当投资于甲、乙项目;

(6)分别计算乙项目A、B两个筹资方案的资金成本;

(7)根据乙项目的内部收益率和筹资方案的资金成本,对A、B两方案的经济合理性进行分析;

(8)计算乙项目分别采用A、B两个筹资方案再筹资后,该公司的综合资金成本;

(9)根据再筹资后公司的综合资金成本,对乙项目的筹资方案做出决策。

第四章 投资管理

本章将帮助您——

了解投资的概念、特点以及投资的种类、原则；

知晓各种投资方式的特点和投资的程序以及现金流量的构成；

清楚各种投资方式的收益评价；

掌握投资回收期、投资利润率法、净现值法、获利指数等项目投资决策收益的计算方法，掌握股票投资价值的计算方法；

思考现实中的几个案例与本章学习内容的联系。

投资是指为了获取将来某些不确定的价值而放弃目前一定价值的决策活动，其目的是为了获取一定数量的未来价值。

我国大多企业现状是有了资金想发展，却不善于、不敢于进行投资。社会经济生活越来越复杂，投资风险越来越大，不少企业难以对投资机会做出理性判断，不敢将资金轻易投出，害怕血本无归。这种现象在中小型民营企业中尤为突出。在商品供应充足甚至过剩的经济背景下，激烈的竞争，残酷的优胜劣汰，使这些企业不敢越"雷池"半步，只能死死把握住手中的资金，维持自己的主营业务，只求能维持现状就万事大吉。

在这种投资环境下，我们用怎样的方法去寻找合适的投资，本章将介绍与投资有关的理论和应用，帮我们解决这个现实的问题。

第一节 投资概述

➤一、投资的概念

投资是指企业为获取收益而向一定对象投放资金的经济行为。企业筹资的目的是为了投资。在市场经济条件下，企业能否将筹集到的资金投放到收益高、回收快和风险小的对象上去，对企业的生存和发展是非常重要的。在财务管理中，投资的含义与会计中投资的含义是不同的，会计上的投资仅指企业内部资金和外部资金的投放，是广义的。

二、企业投资的特点

企业投资事关企业的全局,影响企业的未来发展。之所以企业投资在企业财务管理中占有如此特殊的地位,同其所具有的基本特点分不开。具体地说,企业投资的特点主要包括以下几个方面。

(一)投入资金数量较多

企业投资实际上是根据企业未来的生产经营而进行的巨额资金运用,通常来讲,任何投资项目都需要大量甚至巨额的资金,全面制约着企业的财务状况和经营成果。企业投资一旦成功,就意味着有关长期资金得到了有效的运用,由此而取得了理想的资金效益。而投资一旦失败,则将对企业的现金流和财务状况造成严重的损害,从而给企业的各项生产经营活动带来不良的甚至是灾难性的后果。

(二)投资持续时间较长

企业长期投资实际上是为了追求企业长期利益,实现企业未来持续发展而进行的长期资金支出抉择。在通常情况下,任何长期投资项目都将在较长(至少在1年)的期间内连续发挥效用,直接影响到企业目前和未来的现金流出及现金流入。投资决策一旦成功,即意味着企业在今后相当长的时期内将会获得满意的现金流量,必然对企业未来的发展产生深远的影响。而一旦投资失误,则会给企业带来持续性的破坏,使其生产经营活动长期处于被动状态之中。

(三)面临风险较大

企业投资实际上是在利弊共生、安危并存的条件下,为了获得期望的资金报酬而进行的风险性资金投入。从总体上看,任何企业投资项目都是在错综复杂的环境中选定的,不可避免地会受到某种非稳定状态或某些不确定因素的影响,因为有关企业投资极有可能存在着两种或两种以上的结果,使某一决策行动方案的实际资金运用效益同其预期的资金运用效益发生背离,给企业带来一定的经济损失。有时候,这种损失是相当严重和久远的,高新技术方面的长期投资尤其如此。

可见,企业投资的成败,不仅广泛涉及企业人、财、物等各项经济资源的合理配置,关系到供、产、销等各项生产活动的正常进行,而且深刻影响着企业的经营能力、获利能力和偿债能力的提升或下降,进而关系到企业目前的存在和未来的发展。为此,企业管理当局必须努力加强企业投资管理,科学制定和有效实施企业投资决策,力求最大限度地发挥长期资金的运用,不断提高投资效益。

三、投资的种类

投资按不同的分类标准,有多种不同的种类,具体分类如下:

(一)按投资行为的介入程度不同进行分类

按投资行为的介入程度不同,可分为直接投资和间接投资。

1. 直接投资

直接投资是指由投资人直接将资金投入投资项目,形成实物资产,或者购买现有企业资产的投资。

2. 间接投资

间接投资又称证券投资，是指投资人以其资金购买各种债券和公司股票等，以获取利息或股利等收益的投资。

（二）按投资回收期长短不同进行分类

按投资回收期的长短不同，投资可以分为短期投资和长期投资。

1. 短期投资

短期投资是指能够并且也准备在 1 年内变现的投资。它包括投放在货币资金、应收款项、存货、短期有价证券和准备在 1 年内变现的长期有价证券等方面的资金。

2. 长期投资

长期投资是指 1 年以上才能收回的投资。它包括投放在固定资产、无形资产、其他长期资产和不准备在 1 年内变现的长期有价证券等方面的资金。

（三）按投资方向不同进行分类

按投资的方向不同，可以分为内部投资和外部投资。

1. 内部投资

内部投资是指企业将资金投放在企业内部生产经营使用的固定资产、无形资产、其他资产和垫支流动资金而形成的投资。通常，内部投资的风险小于外部投资。

2. 外部投资

外部投资是指企业以货币资金、实物资产、无形资产向其他企业注入资金或者以购买股票、债券等有价证券或其他金融产品而发生的投资。通常，外部投资的收益要大于内部投资。

（四）按照投资的风险程度进行分类

1. 确定性投资

确定性投资是指未来情况可以较为准确地予以预测的投资。由于未来的结果较为确定，风险比较小，因此企业在进行此类投资的决策时，可以不考虑风险问题。

2. 风险性投资

风险性投资是指未来情况不确定，难以准确预测的投资。由于未来结果难以预测，风险比较大，企业在进行此类决策时，应该充分考虑到投资的风险问题，采用科学的投资分析法，以作出正确的投资决策，企业的大多数战略性投资都属于风险性投资。

（五）按照投资项目的相互关系进行分类

1. 独立型投资

独立型投资是指某一投资项目是否应予选择，完全不受其他任何投资项目应否选择的影响，只需考虑其自身是否可行的投资。在这类投资中，各有关备选投资目或方案可以同时并存，它们之间既不相互冲突，也不彼此依赖。就独立型投资方案的决策分析而言，其所要解决的问题是：如何在筛选出若干可行性方案的基础上，根据某种特定决策标准对它们进行排序，继而确定投资顺序。

2. 互斥型投资

互斥型投资是指在两个或两个以上不能同时并存、相互排斥的投资项目中作出最终抉择的投资。在这类投资中,还必须按照"非此即彼"的原则,经过与之相联系的至少1个以上的备选投资项目进行比较和筛选之后才可决定。比如,在可以生产同种产品的两种同型号的机器设备中作出购买何种型号生产设备的选择。就互斥型投资方案的决策分析而言,其要解决的问题是:如何在计算、分析有关备选方案的预期效益的基础上,根据某种特定的决策标准对它们进行比较、鉴别,继而选定一个最优的决策行动方案。

四、投资的程序

企业投资的程序主要包括以下五个步骤:

(一)提出投资领域和投资对象

财务管理人员应在市场调查和市场分析的基础上,根据企业的长远发展战略、中长期投资计划、投资环境、生产经营的需要和市场状况,提出投资领域和投资对象。

(二)评价投资方案的财务可能性

在分析和评价特定投资方案和技术可行性基础上,再进一步评价其是否具有财务可行性。

(三)投资方案的比较与选择

在财务可行性评价的基础上,对可供选择的多个投资方案进行比较分析,从中选择最优的投资方案。

(四)投资方案的执行

投资方案经批准后,应按照投资方案的需要,积极筹措投资方案所需要的资金,并着手实施投资。

(五)投资方案的再评价

在投资方案的执行过程中,应注意原来作出的投资决策是否合理,客观情况是否发生了没有预见到的变化等。一旦发生新的情况,就应随时根据变化的情况,作出新的评价和调整。

第二节　项目投资管理

筹资的目的是为了投资,投资决定了筹资的规模和时间,投资决定了购置的资产类别。不同的生产经营活动需要不同的资产,因此投资决定了日常经营活动的特点和方式。投资是指企业以未来收回现金并取得收益为目的而发生的现金流出活动,包括直接投资和间接投资两种类型。直接投资是指把资金投放于生产经营性资产,以便创造价值的投资。间接投资是指资金投放于证券等金融资产,以便取得股利或利息收入的投资。本节主要研究直接投资,也就是项目投资管理问题。

一、项目投资概述

(一)项目投资的概念

项目投资是一种以特定项目为对象,直接与新建项目或更新改造项目有关的长期投资行为,是对企业内部生产经营所需要的各种资产的投资。其目的是为保证企业生产经营过程的连续和生产经营规模的扩大。在企业的整个投资中,项目投资具有十分重要的地位。它不仅数额大、投资面广,而且对企业的稳定与发展、未来盈利能力、长期偿债能力都有着重大影响。

(二)项目投资的特点

项目投资是对企业内部各种生产经营资产的长期投资,在企业整个投资中具有十分重要的地位。与其他类型投资相比,项目投资具有以下一些特点:

1. 发挥作用时间长

作为长期投资的项目,投资发挥作用的时间较长。有可能几年、十几年甚至几十年才能收回投资。因此,项目投资对企业未来的生产经营活动和长期经济效益将产生重大影响。其投资决策的成败对企业未来的命运将产生决定性作用。

2. 投资数量巨大

项目投资,特别是战略性的扩大生产能力投资一般都需要较多的资金,如小企业上百万、上千万元,大企业上千万、上亿元的设备和建设项目,其投资数额往往是企业或其投资人多年的资金积累。在企业总资产中占有相当大的比重。因此,项目投资对企业未来的现金流量和财务状况都将产生深远的影响。

3. 发生频率低

与企业的短期投资和长期性金融投资相比,企业内部项目投资的发生次数不太频繁,特别是大规模的具有战略投资意义的扩大生产能力投资一般要几年甚至十几年才发生一次。这就要求企业财务管理人员对此进行慎之又慎的可行性研究。

4. 变现能力差

作为长期投资的项目投资,不仅不准备在一年或超过一年的一个营业周期内变现,而且在一年或超过一年的一个营业周期内变现的能力也很差。因为,项目投资一旦完成,要想改变是相当困难的,不是无法实现就是代价太大。

5. 投资的风险大

由于项目投资变现能力差,历经时间长,大批的资金一旦投入,项目不能顺利进展,按期完成,给企业带来的投资风险是很大的。

(三)项目投资决策

项目投资是一项复杂的系统工程,其特点显示了项目投资的风险大、周期长、环节多、考虑因素较为复杂。同时,项目投资决策对企业未来的生产经营活动、长期经济效益和长期偿债能力都将产生重大而深远的影响。因此,企业既要抓住投资机会,又要进行深入的调查研究和科学、严密的可行性论证。根据项目周期,项目的投资的程序主要包括以下步骤。

1. 项目的提出

投资项目的提出是根据企业的长远发展战略、中长期投资计划和投资环境的变化,在把握良好投资机会的前提下提出的。投资项目的提出可以由企业管理当局或企业高层管理人员提出,也可以由企业的各级管理部门和相关部门领导提出。一般而言,企业管理当局和企业高层管理人员提出的项目投资多是具有战略意义的项目投资或扩大生产能力的项目投资,投资金额巨大,影响深远;由企业各级管理部门和相关部门领导提出的项目投资主要是一些战术性项目投资或维持性项目投资。对于由企业管理当局和企业高层管理人员提出的,具有战略意义的项目投资或扩大生产能力的项目投资一般要由企业的战略、市场、生产、财务和物资部门共同参与论证;对于企业各级管理部门和相关部门领导提出的战术性项目投资或维持性项目投资,可先由提出部门进行可行性论证。

2. 项目的评价

投资项目的评价主要涉及如下几项工作:

(1)对提出的投资项目进行适当分类,为分析评价做好准备;

(2)计算有关项目的建设周期,测算有关项目投产后的收入、费用和经济效益,预测有关项目的现金流入量和现金流出量;

(3)利用各种投资评价指标,把各项投资按可行程度进行排序;

(4)以定性和定量相结合的方式,全面客观地写出分析评价报告,报有关领导批准。

3. 项目的决策

投资项目评价报告完成后,按企业投资决策管理权限,在不同层面上(部门经理、总经理、董事会乃至股东大会)进行决策。决策者应根据企业的经济技术实力和风险承受能力以及决策者自身对未来形势的判断对投资方案进行选择。决策者应着重检验各种方案的可行性,特别是各种假设的合理性和可靠性。决策中既要考虑方案的自身效益,还要考虑企业的整体效益和战略选择;既要考虑方案的短期投资效益,又要重视企业的长远发展需要。决策中,方案的各种评价指标固然重要,但它不是投资决策的全部依据。决策实质上是对未来的判断。因此,它在很大程度上取决于决策者或决策者集体自身的经验和判断力,取决于他们的综合素质。决策的结果通常有三种:

(1)接受这个投资项目,可以进行投资;

(2)拒绝这个投资项目,不能进行投资;

(3)将项目发还给项目提出部门,重新论证后再行处理。

4. 项目的执行

决定对某项目进行投资后,要积极筹措资金,实施项目投资。在投资项目的执行过程中要对工程进度、工程质量、施工成本和工程预算进行监督、控制和审核,防止工程建设中的舞弊行为,确保工程质量,保证项目按时完成。

5. 项目的再评价

在投资项目的执行过程中,一方面要强调严格按照计划办事,另一方面也要强调考虑原有决策的信息基础是否可靠、预测是否准确、客观情况是否发生了没有预见到的变化等。一旦发现这些方面存在的问题而使原计划难以执行甚至无法执行时,应及时作出新的分析评价和决策,并对计划进行必要的调整。如果原有决策依据发生了根本性变化,原有投资项目已失去继续投资的意义,为了避免更大的损失,则应作出放弃投资项目调整的决策。

投资项目建设完成并投入实际运行后,并不意味着投资过程和投资决策分析过程的结束。投资过程包括该投资项目的建设期和项目实际发挥作用的整个寿命期,完整的投资决策分析过程应从投资项目建设前期开始,一直到该项目发挥作用的寿命期为止。因此,投资者应在项目建设完工后,对项目的运行状况和效果进行分析评价,并与原决策分析进行对比,找出差异、分析原因、总结经验教训，以便改进以后的投资决策。同时，这种事后分析评价也为考核项目提出者、决策者和执行者的业绩提供了基础。

二、项目投资的现金流量分析

投资决策的关键是做好投资方案的经济评价工作，在投资决策过程中，通常采用现金流量作为对投资方案进行经济评价的基础，现金流量的估算是投资决策中最为关键且难度最大的环节。采用现金流量作为投资决策指标，比利润更能可靠地衡量企业的投资收益。

(一)现金流量及其构成

企业投资决策中的现金流量是指与投资决策有关的现金流入和现金流出的数量。现金流入量是指某项目引起的现金流入的增额。即以产品销售收入、营业外收入、项目终结时回收的固定资产余值和垫支的流动资金等形式体现的流入项目系统的现金。现金流出量是指某项目引起的现金流出的增加额，即以投资成本、经营成本、税金、营业外支出等形式体现的流出项目系统的现金。现金净流量是指相应的一定期间内的现金流入量与现金流出量的差额。

在确定投资项目相关的现金流量时，应遵循的最基本的原则是：只有增量现金流量才是与项目相关的现金流量。所谓增量现金流量，是指接受或拒绝某个投资项目时，企业总现金流量因此发生的变动。只有那些由于采纳某个项目引起的现金支出增加额，才是该项目的现金流出；只有那些由于采纳某个项目引起的现金流入增加额，才是该项目的现金流入。

这里所说的"现金"，是广义的现金，不仅包括各种货币资金，而且还包括项目需要投入的企业拥有的非货币资产的变现价值。如一个项目需要使用原有的厂房、设备和材料等，则相关的现金流量是指它们的变现价值，而不是其账面价值。现金流量作为评价投资项目经济效益的基础，具有以下优点：

(1)现金流量的估算采用收付实现制，它以企业实际收到或付出的款项作为计算基础，避免了企业因使用权责发生制而出现的应收应付问题给企业计算收益带来的弊端。

(2)利润在各年的分布受人为因素的影响，如存货的计价、折旧方法的选择和费用的摊配等有较大的主观随意性。而现金流量的分布不受这些人为因素的影响，可如实反映现金流量发生的时间与金额，保证方案评价的客观性。

(3)现金流量概念使货币时间价值在计量企业的投资收益中得以应用，有利于企业的投资者更新观念。

(4)采用现金流量考虑了项目投资逐步收回的问题。项目投资形成的固定资产、无形资产等可以长期使用。在使用中逐步摊销从收入中得到补偿，同时会产生现金流入量形成企业的利益。其未来经济利益的多少和期限的长短也是项目投资必须考虑的因素。现金流量包括现金流入量、现金流出量和净现金流量三个具体部分。

1. 现金流入量

现金流入量是指投资项目实施后在项目计算期内所引起的企业现金收入的增加额，简称现金流入量。具体包括以下内容。

(1)营业收入：是指项目投产后每年实现的全部营业收入。

(2)固定资产的余额：是指投资项目的固定资产在终结报废清理时的残值收入或中途转让时的变价收入。

（3）回收流动资金：是指投资项目在项目计算期结束时收回原来投放在各种流动资产上的营运资金。

（4）其他现金流入量：是指以上三项指标以外的现金流入量项目，如政府补贴收入等。

2. 现金流出量

现金流出量是指投资项目实施后在项目计算期内所引起的企业现金流出的增加额，简称现金流出。具体包括以下内容。

（1）项目初始投资。

初始总投资包括固定资产投资、无形资产投资和垫支的流动资金。固定资产投资包括固定资产建造过程中用于项目各种工程建设的投资费用，包括：土建工程费用、设备购置费用、安装费用、工程建设其他费用、工程预备费用。现行会计制度下资本化的利息费用等。无形资产投资是指项目建成后为开展正常经营活动而投入的无形资产。流动资产投资是指投资项目建成投产后为开展正常经营活动而投放在流动资产（存货、应收账款等）上的营运资金。

（2）项目运营成本（或经营成本）。

项目运营成本是指在经营期内为满足正常生产经营而需用现金支付的成本，它是生产经营期内最主要的现金流出量。

$$付现成本＝变动成本＋付现的固定成本$$
$$＝总成本－折旧额（及摊销额）$$

（3）所得税额。

所得税额是指投资项目建成投产后，因应纳税所得额增加而增加的所得税。

（4）其他现金流出量。

其他现金流出量是指不包括在以上内容中的现金流出项目。

3. 净现金流量

净现金流量是指投资项目在项目计算期内现金流入量和现金流出量的净额。需要说明的是，我们所述的净现金流量是以年为单位的，并且在本节中不考虑所得税因素。因为投资项目的计算期超过一年，且资金在不同的时间具有不同的价值。计算公式为：

$$净现金流量（NCF）＝年现金流入量－年现金流出量$$

当流入量大于流出量时，净流量为正值；反之，净流量为负值。

（二）投资项目现金流量的计算

为了简化净现金流量的计算，可以根据项目计算期不同阶段上的现金流入量和现金流出量的具体内容，直接计算各阶段净现金流量。

1. 建设期净现金流量的计算

建设期净现金流量是指项目建设期间的现金净流量。建设期只有现金流出量而没有现金流入量，所以建设期的净现金流量总为负值。建设期间各年度净现金流量大小取决于投资额的投入方式是一次投入还是分次投入。

2. 经营期营业净现金流量的计算

经营期营业净现金流量是指投资项目投产后，在经营期内由于生产经营活动而产生的净现金流量。

$$净现金流量＝营业收入－付现成本$$
$$＝营业收入－（总成本－折旧额及摊销额）$$
$$＝净利＋折旧额$$

3. 经营期终结净现金流量的计算

经营期终结净现金流量是指投资项目在项目计算期结束时所发生的净现金流量。

$$净现金流量＝营业净现金流量＋投资回收额$$

【例 4-1】某企业拟更新一套尚可使用 5 年的旧设备，旧设备原价 170000 元，账面净值 110000 元，期满残值 10000 元，目前旧设备变价净收入 60000 元，旧设备每年营业收入 200000 元，付现成本 164000 元。新设备投资总额 300000 元，可用 5 年，使用新设备后每年可增加营业收入 60000 元，并降低付现成本 24000 元，期满残值 30000 元。要求：计算新旧方案的各年净现金流量。

计算过程如下：

(1) 继续使用旧设备的各年净现金流量：

初始：NCF＝－60000（元）（变价净收入转化为机会成本）

第一年到第四年：NCF＝200000－164000＝36000（元）

期满时：NCF＝36000＋10000＝46000（元）

采用新设备的各年净现金流量：

(2) 初始：NCF＝－300000（元）

第一年到第四年：NCF＝（200000＋60000）－（164000－24000）＝120000（元）

期满时：NCF＝120000＋30000＝150000（元）

(三) 项目投资决策的评价方法及应用

投资收益的高低是投资项目决策的核心标准。项目投资决策评价指标是衡量和比较投资项目可行性并据以进行方案决策的定量化标准与尺度，它由一系列综合反映投资效益、投入产出关系的量化指标构成。项目投资决策评价指标有很多，常用的投资项目决策的评价方法可分为静态评价方法和动态评价方法两类。

1. 静态评价方法

静态评价方法是指在项目投资决策中不考虑资金的时间价值因素的评价方法。它包括投资回收期法和投资收益率法，具体表述如下：

(1) 投资回收期法。投资回收期是指回收某项投资所需的时间（通常为年数）的长短来评价投资项目的方法。这是一种根据重新回收某项投资金额所需的时间来判断该项投资方案是否可行的方法。一般而言，投资者总是希望尽快收回投资，即投资回收期越短越好，这同时也说明了回收期越短，该项投资的风险程度就越小。

运用投资回收期法进行决策时，首先，应当将投资方案的投资回收期同决策者主观上的期望投资回收期相比较：如果方案的投资回收期小于期望回收期，可接受该投资方案；如果方案的投资回收期大于期望回收期，则拒绝该投资方案。其次，如果同时存在数个可接受的投资方案，则应比较各个方案的投资回收期。选择回收期最短的方案。由于方案的每年现金净流量可能相等，也可能不等。所以投资回收收期的计算方法有以下两种。

① 每年的现金净流量相等时：

投资回收期＝投资总额÷年净现金流量

②当每年的净现金流量不等时，可通过累积净现金流量计算。

【例4-2】天华公司A投资项目需要在建设起点一次性投入全部资金900万元，预计投产后每年的净现金流量为300万元，计算其投资回收期。

解：投资回收期＝900÷300＝3（年）

【例4-3】龙江公司A投资项目需要在建设起始一次投入全部资金1000万元，投产后预计净现金流量第一年为310万元，第二年为350万元，第3年为400万元，第四年为150万元，计算投资回收期。

投资回收期＝2＋（1000－310－350）÷400＝2.85（年）

投资回收期法的优点是计算简便，反映直接，容易掌握。缺点是不考虑资金的时间价值，把不同时点上的现金收入和支出进行等值对比，不能真实地反映实际的回收时期和利润水平；而且又没有考虑到回收期满后继续发生的现金流量的变化情况。目前作为辅助方法主要用来评价方案的流动性。

（2）投资收益率法。投资收益率法是指某一投资方案的年平均净收益与原始投资额的比率，是反映投资项目的获利能力的一个相对指标。

投资收益率＝年平均净收益÷投资总额×100%

通过测算各投资方案的年平均投资报酬率来评价投资方案的优劣的方法，叫做投资收益率法。投资收益率法的决策标准是：只有高于必要的投资收益率的方案才能入选，而在多个方案选优时，则选用投资收益率最高的方案。

【例4-4】某企业准备将100万元资金对外进行固定资产投资，有效使用期为5年，无残值。现有两个方案可供选择，如表4-1所示。

计算如下：A方案投资收益率＝18÷100×100%＝18%

B方案投资收益率＝[（28＋23＋18＋13＋8）÷5]÷100×100%＝18%

表4-1 年净利润、折旧、净现金流量表

年次	A方案			B方案		
	年净利润	折旧	净现金流量	年净利润	折旧	净现金流量
1	18	20	38	28	20	48
2	18	20	38	23	20	43
3	18	20	38	18	20	38
4	18	20	38	13	20	33
5	18	20	38	8	20	28
合计	90	100	190	90	100	190

从以上计算结果来看，两个方案的投资收益率相同，故选哪一个都可以。

投资收益率法的优点是简单、易算、便于掌握，并能说明各投资方案的收益水平。缺点是：第一，没有考虑现金净流量，只考虑净收益，具有局限性；第二，没考虑资金时间价值，不能正确反映建设期长短及投资方式对项目的影响；第三，该指标的分子分母其时间特征不一致（分子是时期指标，分母是时点指标），因而在计算口径上可比基础较差。

2.动态评价方法

动态评价方法是指在项目投资决策中充分考虑资金的时间价值,并将预测的各期现金流量折算为现时价值后再进行评价的方法。它包括净现值法、获利指数法和内含报酬率法。

动态评价方法的表述具体如下:

(1)净现值法。

净现值是指一项投资的未来报酬按照一定的折现率计算的总现值超过原投资额现值的金额,记作 NPV。

$$NPV = \sum_{t=1}^{n} \frac{NFC_t}{(1+i)t} - C$$

其中:NCF_t——第 t 年的净现金流量;

C——初始投资现值;

n——项目寿命期;

i——折现率(资本成本或预计报酬率)。

以净现值法进行投资决策分析时一般按以下步骤进行。

第一步,计算投资方案的每年营业净现金流量。

$$每年净现金流量=每年现金流入量-每年现金流出量$$
$$=净利润+折旧$$

第二步,根据资金成本率或适当的报酬率将以上营业净现金流量折算成现值,如果每年的净现金流量相等,按年金复利折成现值;如果每年的净现金流量不等,则按普通复利分别折成现值并加以计算。

第三步,将方案的投资额也折算成现值,如果是一次投入,则原始投资金额即为现值;如果是分次投入,则应按年金复利或普通复利折成现值。

第四步,以第二项的计算结果减去第三项计算结果,即可得出投资方案的净现值。用公式表示:

$$净现值(NPV)=未来报酬总现值-原始投资额的现值$$

在只有一个备选方案的方案中,若净现值为正值,说明可接受此方案;若净现值为负值,则应拒绝此方案。在有多个备选方案的互斥选择决策中,应选择净现值是正值中最大的那个。

【例4-5】假设某公司有 A、B 两个投资方案,其所需的固定资产投资和各年的现金流量资料表见表4-2所示,该公司的资本成本为 10%,试计算 A、B 方案的净现值。

表4-2 A、B 投资方案的现金流量资料

时间	0	1	2	3	4	5
A 方案						
固定资产投资	-10000					
营业现金流量		3200	3200	3200	3200	3200
累积净现金流量	-10000	-6800	-3600	-400	2800	6000
B 方案						
固定资产投资	-12000					

续表 4 - 2

时间	0	1	2	3	4	5
营业现金流量		3800	3560	3320	3080	2840
累积净现金流量	－12000	－8200	－4640	－1320	1760	4600

解：A 方案 NPV ＝未来报酬的总现值－初始投资

$$= NCF \times PVIFA_{i,n} - 10000$$
$$= 3200 \times PVIFA_{10\%,5} - 10000$$
$$= 3200 \times 3.7908 - 10000$$
$$= 2131（元）$$

B 方案 NPV ＝来报酬的总现值－初始投资

$$= 3800 \times 0.9091 + 3560 \times 0.8264 + 3320 \times 0.7513 + 3080 \times 0.6830 + 2840 \times 0.6209 - 10000$$
$$= 2758（元）$$

由于 A、B 两个方案的净现值均为正值，故都可接受。但进行比较后发现，B 方案的净现值较 A 方案高，但 B 方案的原始投资额比 A 方案高，两者不可比，因此，不能直接确定 B 方案为最优方案。

应当指出的是，在项目评价中，正确地选择折现率至关重要，它直接影响项目评价的结论。如果选择的折现率过低，则会导致一些经济效益不太好的项目得以通过，从而浪费了有限的社会资源；如果选择的折现率过高，则会导致一些经济效益较好的项目不能通过，从而使有限的社会资源不能充分发挥作用。在实务中，一般有以下几种方法确定项目的折现率：①以投资项目的资金成本作为折现。②以投资的机会成本作为折现率。③根据不同阶段采用不同的折现率，在计算项目建设期净现金流量现值时，以贷款的实际利率作为折现率；在计算项目经营期净现金流量时，以全社会资金平均收益率作为折现率。④以行业平均收益率作为项目折现率。

净现值法的优点：一是考虑了资金时间价值，增强了投资经济性的评价；二是考虑了项目计算期的全部净现金流量，体现了流动性与收益性的统一；三是考虑了投资风险性，因为折现率的大小与风险大小有关，风险越大，折现率就越高。

净现值法的缺点也是明显的。一是不能从动态的角度直接反映投资项目的实际收益率水平，当各项目投资额不等时，仅用净现值无法确定投资方案的优劣；二是净现金流量的测量和折现率的确定比较困难，而它们的正确性对计算净现值有重要影响。

（2）获利指数法（PI）。

获利指数，又称为现值指数，是指投资项目未来现金流入的现值与未来现金流出的现值之比。它用来说明每元投资额未来可以获得的报酬的现值是多少。获利指数法与净现值法的不同之处在于：获利指数不是简单地计算投资方案未来报酬的现值同原投资额之间的差额，根据各个投资方案的获利指数的大小来判定不同方案的优劣，有共同的可比基础。

获利指数计算公式为：$PI = \sum_{t=1}^{n} \frac{NCF_t}{(1+i)^t} / C$

获利指数的计算像净现值一样，也必须先设定一个贴现率。从计算结果上看，现值指数的分界点正数、零和负数是相对应的。其基本经济意义也是一致的。由于获利指数是相对数形式，它反映项目的投资效率；净现值是绝对数形式，它反映项目的投资效益。因此，获利指数更适用于独立投资方案的活力能力的比较,净现值适用于互斥投资方案的效益比较。

以获利指数法进行投资决策分析时一般按以下步骤进行:

第一步,计算未来报酬的总现值。这与计算净现值所采用的方法相同。

第二步,计算获利指数。即根据未来报酬的总现值和初始投资额之比计算获利指数。

第三步,决策。在只有一个备选方案的采纳与否决策中,获利指数大于或者等于1,则采纳;反之,拒绝采纳。在有多个方案的互斥选择决策中,应采用获利指数超过1最多的投资项目。

【例4-6】沿用表4-2的资料,该公司的资本成本为10%。试计算A、B方案的获利指数。

解: A方案的获利指数 $PI_A = \dfrac{12131}{10000} = 1.21$

B方案的获利指数 $PI_B = \dfrac{12758}{100000} = 1.28$

如若从A、B两个方案中选择一个方案,毫无疑问,选择B方案。

获利指数法的优点除了包含净现值法的优点外,它还可以进行独立投资机会获利能力的比较,便于原始投资额不同的项目之间的比较。其缺点主要是计算繁琐且净现金流量的测量和折现率的确定比较困难。

(3)内含报酬率法。

内含报酬率(internal rate of return,IRR)是指能使投资项目的净现值等于零的贴现率,也就是能使投资项目未来现金流入的现值等于现金流出现值的贴现率。它是投资项目本身所具有的真实报酬率,与计算净现值和获利指数之前都需要设定一个贴现率不同,计算内含报酬率不需要做这样的设定,因为现在贴现率本身成为求解的对象。计算净现值和获利指数时,贴现率的设定是否合理,会影响投资方案的优劣顺序;而计算内含报酬率时就不存在这个问题,它最后只需要有一个合理的资本成本率或投资者愿意接受的最低报酬率作为项目是否可行的判断标准。即:内含报酬率大于和等于资本成本率,项目可行;内含报酬率小于资本成本率,项目则不可行。如果是不同方案之间的比较,则应在内含报酬率大于和等于资本成本率的各个方案中,选择内含报酬率最高的方案作为最优方案。

其计算公式为: $\sum\limits_{t=1}^{n} \dfrac{NCF_t}{(1+i)^t} - C = 0$

计算此时的i,即为 IRR,内含报酬率。

①如果各年的净现金流量相等,初始投资在建设期一次投入,可以用年金求现值的方法计算。

第一步,计算年金现值系数。

每年的 $NCF \cdot (P/A, IRR, n) - 初始投资额 = 0$

$(P/A, IRR, n) = 初始投资额 / 每年的 NCF$

第二步,查阅年金现值系数表,在相同的期数内,找出与上述年金现值系数相同的贴现率,或相邻近的较大和较小的两个贴现率。

第三步,根据上述两个相邻近的贴现率和年金现值系数,采用插值法计算该方案的内含报酬率。

②如果各年的净现金流量不相等,内含报酬率的计算通常采用"逐年测试法"。首先估计

一个贴现率,并按此贴现率计算净值。如果计算出的净现值为正数,则表示估计的贴现率小于该项目的实际内含报酬率,应提高贴现率后进一步测算;如果计算出的净现值为负数,则表示估计的贴现率大于该项目的实际内含报酬率,应降低贴现率后进一步测算。经过如此反复测算,直至找到使净现值由正到负或由负到正的两个贴现率。然后根据上述两个邻近的贴现率,使用插位法计算出方案的内含报酬率。

在只有一个备选方案的采纳与否决策中,如果计算中来的内部报酬率大于或者等于企业的资本成本或者必要报酬率时,采纳该方案,反之则拒绝。在有多个备选方案的互斥选择决策中,应该选用内部报酬率超过资本成本或者内部报酬率最高的投资项目。

内部报酬率法考虑了资金的时间价值,反映了投资项目的真实报酬率,概念也比较容易理解。但是这种方法的计算过程比较复杂,特别是每年净现金流量不相等时的投资项目。一般要经过多次测算才可以求出。

(四)各项决策指标的比较

上面介绍了投资中的静态指标和动态指标两类指标,下面对上述指标做一些比较分析。

1. 各种指标在投资决策中应用的变化趋势

投资回收期法作为评价企业投资收益的主要方法,在20世纪50年代里流行全世界,但是后来它的缺陷逐渐暴露出来,于是建立起货币时间价值原理为基础的贴现现金流量指标。在20世纪50—80年代,在时间价值原理基础上建立起来的贴现现金流量指标,在投资决策指标体系中的地位发生了显著的变化。使用贴现现金流量指标的公司不断增多。从20世纪70年代开始,贴现现金流量指标已经占据主导地位,并形成了以贴现现金流量指标为主、以静态回收期为辅的多种指标共存的指标体系。

2. 贴现现金流量指标广泛应用的原因

贴现现金流量指标在投资决策中得到广泛应用有着多种原因。

(1)非贴现流量指标把不同时点上的现金收入与支出当作毫无差别的资金进行对比,忽略了货币的时间价值因素,这是不科学的。而贴现流量指标则把不同时点上的收入和支出按照统一的贴现率折算到同一时间点上,使不同时期的现金具有可比性,这样才能作出正确的投资决策。

(2)非贴现指标的静态回收期法只能反映投资的回收速度,不能反映投资的主要目标——净现值的多少。同时,由于回收期没有考虑时间价值因素,因而夸大了投资的回收速度。

(3)静态回收期法和平均报酬率法等非贴现指标对寿命不同、资金投入时间和提供收益的时间不同的投资方案缺乏鉴别能力,而贴现指标,则可以通过计算净现值、内部报酬率和获利指数等指标。有时还可以通过净现值的年均化等方法进行综合分析,从而作出投资决策。

(4)非贴现指标中的投资报酬率指标,由于没有考虑资金的时间价值,因而夸大了项目的实际盈利水平。而贴现指标中的内部报酬率是以预计的现金流量为基础,考虑了资金的时间价值以后计算出的真实的项目报酬率。

(5)在运用静态回收期这一指标时,标准回收期是方案取舍的依据。但标准回收期一般都是以经验数据或者主观判断为基础来确定的,缺乏比较客观的依据,而贴现指标中的净现值和内部报酬率等指标实际上都是以企业的资本成本为取舍指标的,任何企业的资本成本都可以通过计算准确地得到,因此,这一指标标准更加符合实际。

(6)管理人员水平的不断提高和计算技术的广泛应用,加速了贴现指标的使用。在20世纪50—60年代,只有很少企业的财务人员能够真正了解贴现现金流量指标的真正含义。而今天,几乎所有大企业的高层财务人员都懂得这一方法的科学性和正确性。计算机技术的广泛应用也使贴现指标中的复杂计算变得简单,因此也加速了贴现现金流量指标的推广。

总的来看,企业在进行投资决策时,应该以贴现现金流量指标为主、非贴现现金流量指标为辅。在贴现现金流量指标中,净现值法和内部报酬率法应用得最为广泛,但是两种可能会产生冲突。对互斥项目进行评价时,应该以净现值法为主要方法;对独立项目进行评价时,应该综合利用多种评价方法。考虑企业的实际情况,进行综合评价。

(五)固定资产更新决策

固定资产更新是对技术上或经济上不宜继续使用的旧资产,用新的资产更换或用先进的技术对原有设备进行局部改造。固定资产更新决策主要研究两个问题:一个是决定是否更新;另一个是决定选择什么样的资产进行更新。更新决策不同于一般的投资决策,一般来说,更新设备并不改变企业的生产能力,不增加企业的现金流入,而主要是现金流出,这就给采用贴现现金流量分析带来了困难,无论哪个方案都难以计算其净现值和内含报酬率。

通常,如果新旧设备未来使用年限相等,在分析时主要采用差额分析法,先求出对应项目的现金流量差额,再用净现值法对差额进行分析、评价。如果新旧设备的投资寿命期不相等,则分析时主要采用平均年成本法,以年成本较低的方案作为较优方案。

第三节 证券投资管理

证券投资是市场经济条件下一项重要的投资活动,具有投资方便、变现能力强等特点。如果运用得当,可以起到扩大投资范围、分散投资风险、促进企业稳定发展的作用。但是,证券投资同时又是一项专业性很强、风险很高的投资活动。如果运用不当,也会给企业带来巨大的损失。在各类市场中,证券市场是最接近完全竞争状态的市场之一,而在完全竞争的市场上,是无法得到超额利润的。因此,企业特别是生产经营型企业一般不应把追求最大化利润作为自己进行证券投资的主要目的(当然,这并不是说进行证券投资不要追求尽可能多的利润),而应把证券投资作为实现企业整体目标的手段之一,围绕企业的整体目标规划自身的证券投资行为。

➤一、证券投资的概念

证券是各类财产所有权或债券凭证的通称,是用来证明证券持有人有权按证券所载的票面金额取得相应权益的凭证。从证券的性质来看,证券具有信用性,证券是一种信用凭证或金融工具。无论是股票、债券还是各种结算票据、单据,它们都是商品经济发展的产物。

证券具有法律性。凡根据一国政府有关法规发行的证券都具有法律效力。我国改革开放以来,证券市场得到较快发展,证券立法也开始走向正轨。从1981年开始,中央和地方人民代表大会、人民政府及有关主管机关,先后制定了若干相关法规和行政规章。其中,全国性的法规主要有《国库券管理办法》《企业证券管理法》《国务院关于加强股票、债券管理的通知》《证券公司管理暂行办法》《公司法》《股票发行与交易管理暂行条例》《禁止证券欺诈行为暂行办法》《公开发行股票公司信息披露实施细则》等。各地证券法规也纷纷出台,其中以《上海市证券交易管理办法》和《深圳市股票发行与交易管理暂行办法》最为引人注目。其内容涉及股票与债券发行与交易管理体制、信息公开制度、证券市场各类主体行为的规范、证券业服务机构、上市公司的收购、违规违法行为的调查和处罚、证券业监管和从业人员的纪律和守则、争议和纠纷的仲裁、证券市场信息传播的管理等方方面面。

我国的这些证券法规为了确保证券发行与上市的质量,确保投资者的利益。体现"公开、公正、公平"的原则,对证券的发行程序、交易程序都作了较为严格的规范。

证券具有价值性。它是一种具有一定票面金额、证明持有人有权按期取得一定收入并可自由买卖和转让的所有权或债权证书。人们通常所说的证券,也就是指这种有价证券。由于有价证券不是劳动产品,故其自身并没有价值,只是由于它能为持有者带来一定的股息或利息收入,因而可以在证券市场上自由买卖和流通。在转让或买卖的过程中,其价位可能是票面价值,也可能大于或小于票面价值。影响有价证券行市的因素多种多样,但主要因素则是预期利息收入和市场利率。因此,有价证券价格实际上是资本化了的收入,有价证券是虚拟资本的一种形式,是筹措资金的重要手段。

➤二、证券投资的种类

金融市场上的证券很多,证券投资按其投资的对象不同,可分为以下几种。

1. 债券投资

债券投资是指投资者购买债券以取得资金收益的一种投资活动。企业将资金投向各种各样的债券,如企业购买国库券、公司债券和短期筹资券等都属于债券投资。与股票投资相比,债券投资能获得稳定收益,投资风险较低。当然,也应看到,投资于一些期限长、信用等级低的债券,也会承担较大风险。与股票投资相比,债券投资的风险较小,相应地,其收益也比较低。

根据债券的发行主体不同,债券分为政府债券、金融债券和企业债券。从投资风险和收益的角度来看,政府债券的风险较小,金融债券次之,企业债券的风险根据企业的规模、财务状况和其他情况而定。

2. 股票投资

股票投资是指投资者将资金投向于股票,通过股票的买卖获取收益的投资行为。企业将资金投向其他企业所发行的股票,将资金投向优先股、普通股都属于股票投资。企业投资于股票,尤其是投资于普通股票,要承担较大风险。但在通常情况下,也会取得较高收益。根据股票的性质不同,股票投资可分为优先股股票投资和普通股股票投资。

3. 基金投资

基金投资是指投资者通过购买投资基金股份或受益凭证来获取收益的投资方式。这种方式可使投资者享受专家服务,有利于分散风险,获得较大投资收益。

4. 期权投资

期权投资是指为了实现盈利的目的或避免风险而进行期权买卖的一种投资方式。根据期权买进卖出的性质划分,期权投资可分为看涨期权、看跌期权和双向期权;根据期权合同买卖的对象划分,期权投资又可分为商品期权、股票期权、债券期权、期货期权等的投资。期权投资与期货投资作为投资方式,在交易投资方法、特点与作用上都有着许多相似之处,如:两者都有套期交易方式和投机性交易方式,都具有套期保位和价格发现的作用等。然而期权投资与期货投资相比,还具有一些自身的特点,主要表现在:①期权投资买卖的是一种特殊权利,而不必一定履行合同,投资者在支付期权费、购买期权合同之后,便获得了买或卖的选择权,即可自行决定是否行使该项权利;②期权投资的风险小于期货投资,期权投资者的损失仅限于期权费;③期权投资可在交易所内进行,也可在场外进行;④由于期权合同投资者可以放弃权利,因此其需要真正进行商品交割的比率更低;⑤期权投资可以双向操作,因此其规避风险的范围比期货投资更广泛。

5. 期货投资

期货投资是指投资者通过买卖期货合约躲避价格风险或赚取利润的一种投资方式。所谓期货合约,是指为在将来一定时期以指定价格买卖一定数量和质量的商品而由商品交易所制定的统一的标准合约,它是确定期货交易关系的一种契约,是期货市场的交易对象。期货投资可以分为商品期货投资和金融期货投资。

一般来讲,期货投资有两种方式:一是套期交易,也称套期保值;二是投机性交易。随着商品经济的发展,期货投资已成为一种重要的投资方式,并在许多国家和地区都得到了普遍、迅速的发展。与其他投资方式相比,期货投资具有以下特点:①期货投资采取交纳保证金的形式,所需资金少、见效快、方便灵活;②期货投资的对象是标准期货合约,对于交易商品的质量和数量、交易地点、方式、环境等都有严格的限制;③期货投资在多数情况下根本无须进行商品的实际交割,而是经过"对冲",进行差额结算;④期货投资可以转移价格波动的风险,起到套期保位的作用,并有利于推动市场竞争,形成商品价格;⑤期货投资具有较大的投机性,且易发生欺诈行为,因此受到严格的法律和规则限制。

➤ 三、证券投资的特征

1. 流动性强

当企业需要资金时,可以随时将证券在金融市场上出售,其流动性明显强于实物资产。

2. 投资风险大

由于证券的价值受政治、经济环境等各种因素的影响较大,证券投资和实物投资相比,其具有价值不稳定、投资风险大的特点。

3. 交易成本低

证券交易的成本明显低于实物资产。

第四节 案例分析:雅戈尔股票投资案例

雅戈尔公司是我国纺织服装行业内的重点上市公司,也是我国服装纺织行业的龙头企业之一,其中出口业务占据公司主业的30%左右。雅戈尔集团以优异的业绩和持续的增长潜力入选"2007中国顶尖企业榜百强"。被国家统计局认定为全国制造业500强第81位,分列浙江省百强企业榜第14位。同时以良好的企业公民形象多次上榜《福布斯慈善榜》,获评中华慈善事业突出贡献奖,连续两年入选《胡润企业社会责任50强》。

雅戈尔公司前身宁波青春发展公司,创建于1979年,经过近30年的发展,逐步确立了以品牌服装、地产开发、股权投资等产业为主体,多元并进、专业化发展的经营格局。1993年3

月18日,经宁波市体改委批准设立雅戈尔集团公司,1998年10月在上海证交所上市。

雅戈尔已经成为拥有员工5万余人的大型跨国集团公司,是我国近年来服装行业中发展速度较快的企业之一,拥有包括纺织服装、房地产、证券投资三驾马车,综合实力和盈利能力居服装企业前列。

2012年雅戈尔公司实现主营业务收入107.8亿元,同比增长53.26%;服装和房地产净利润分别同比增长28.14%和181.86%,但由于投资亏损,公司净利润较2011年下降36.05%,为15.83亿元。2008年每股收益为0.71元,10派3元的分配预案。

2012年雅戈尔投资情况如下。

1. 证券投资情况

表4-3 雅戈尔证券投资情况表

证券简称	持有量（股）	初始投资金额（元）	期末账面值（元）	占期末证券投资比例（%）	报告期损益（元）
百联股份	70702	133541.90	600259.98	73.22	−1027300.06
上海九百	60480	61400.00	219542.40	26.78	−281232.00
报告期已出售证券投资损益	—	—	—	—	−17972182.86
		194941.90	819802.38	100%	−19280714.92

2. 持有其他上市公司股权情况

表4-4 雅戈尔持有其他上市公司股份情况表

证券简称	初始投资金额（万元）	占该公司股权比例（%）	期末账面值（万元）	报告期损益	报告期所有者权益变动
金马股份	30100	13.56	20085.3	−10014.7	−11083.1
海通证券	261264	1.77	139581.1	−155893.8	−171887.4
交通银行	849.4	0.001	3343.5	17.6	−83.2
中信证券	14665.4	2.58	307233	200341.9	−490562.9
宁波银行	18155	7.16	18155	3580	3580
宜科科技	1890.1	12.84	5370.9	190.9	22.2
广博股份	983.2	14.95	983.2	326.5	326.5
合计	327142.7	—	491742.9	38548.5	−669687.9

2012年,公司资产减值损失较上年度金额增加6254.33%,主要原因是公司持有的海通证券(600837)和金马股份(000980)的股价持续下跌,2012年计提资产减值损失1316976145.24元。

2012年中报显示,雅戈尔持有包括中信证券、海通证券、金马股份、交通银行、双鹤药业、中国铁建、百联股份、大秦铁路在内的8家上市公司股权,同时持有1.5万股恒源转债。2011年雅戈尔因持有中信证券获得丰厚收益。雅戈尔2011年投资收益27.54亿元,占利润总额的70%,传统主业纺织服装和房地产只贡献了30%的利润。

其实,雅戈尔投资证券较早。1999年雅戈尔投资中信证券股份3.2亿元,列第四大股东,中信证券的发起人之一。从2012年下半年开始,雅戈尔累计出售中信证券1.6987亿股,共套现近30亿元。

雅戈尔公司保持稳健的经营策略,其纺织服装和房地产业务都已成为全国或地区性行业龙头。此外,公司拥有丰厚的金融资产,变现能力强,可为主业提供良好的资金支持。

📝 案例思考题

1. 你怎样理解雅戈尔在2012年的证券出售行为?

2. 请你根据雅戈尔公司的近三年投资状况,并结合2013年的年报,分析该公司投资的策略,并预测其未来的投资趋势。

3. 作为外部投资者,你愿意投资雅戈尔吗?

📚 本章小结

1. **投资**:是指企业为获取收益而向一定对象投放资金的经济行为。

2. **企业投资特点**:持续时间长、投入资金数量多、面临风险大。

3. **企业投资的程序**:①提出投资领域和投资对象;②评价投资方案的财务可能性;③投资方案的比较与选择;④投资方案的再评价;⑤投资方案的执行。

4. **项目投资**:是一种以特定项目为对象,直接与新建项目或更新改造项目有关的长期投资行为。

5. **项目投资的特点**:变现能力差、投资数量巨大、发生频率低、发挥作用时间长。

6. **项目投资决策的评价方法**:分为静态评价法和动态评价法。静态评价法有投资回收期法、会计收益率法;动态评价方法有净现值法、获利指数法和内含报酬率法。

7. **证券投资的种类**:债券投资、股票投资、基金投资、期权投资和期货投资。

8. **证券投资的特点**:流动性强、投资风险大、交易成本低。

❓ 习题

一、单项选择题

1. 从投资项目的角度看,原始投资包括( )。

 A. 建设投资和流动资金投资

 B. 固定资产投资和无形资产投资

 C. 建设投资和无形资产投资

 D. 建设投资和其他资产投资

2. 在投资项目决策评价时,选用数值小的指标是( )。

 A. 投资回收期法 B. 净现值法

 C. 会计收益率法 D. 获利指数

3. 债券的购买价格是( )。

 A. 债券投资的现金流出 B. 债券投资的现金流入

 C. 债券价值 D. 债券投资收回的现金流入

4. 下列选项中,违约风险最小的是(   )。

    A. 政府债券   B. 金融债券

    C. 企业债券   D. 证券投资基金

5. 长期持有的零成长的股票价值即股利的(   )现值。

    A. 普通年金   B. 即付年金

    C. 永续年金   D. 递延年金

6. 当项目的净现值大于零时,其获利指数(   )。

    A. 大于零   B. 小于零

    C. 大于1   D. 小于1

7. 具有能反应投资项目的真实报酬率的优点而计算较为复杂的缺点的投资决策方法是(   )。

    A. 会计收益率法   B. 净现值法

    C. 获利指数法   D. 内含报酬率法

8. 购买力风险最大的是(   )。

    A. 普通股股票   B. 优先股股票

    C. 证券投资基金   D. 债券

二、多项选择题

1. 动态评价的方法主要有(   )。

    A. 会计收益率法   B. 净现值法

    C. 内含收益率法   D. 获利指数法

2. 获利指数法的优点主要有(   )。

    A. 增加了不同投资额投资项目之间的可比性

    B. 考虑了资金的时间价值

    C. 能够反映投资项目的真实收益率

    D. 能够反映各投资项目的投资收益水平

3. 按投资的性质不同可将投资分为(   )。

    A. 短期投资   B. 长期投资

    C. 直接投资   D. 间接投资

4. 投资项目与其他形式的投资相比较,具有投资内容独特、投资数额多、(   )的特点。

    A. 投资风险大   B. 影响时间长

    C. 发生频率低   D. 变现能力弱

5. 证券投资的目的主要有获得对相关企业的控制权,满足季节性经营对现金的客观需求、(   )等。

    A. 获得丰厚的投资收益

    B. 与筹集长期资金相结合

    C. 暂时存放闲置资金

    D. 满足未来的财务需求

6. 普通股股票投资具有(   )的优点。

    A. 投资收益高   B. 购买力风险低

C. 拥有经营控制权　　　　　D. 建设投资和其他资产投资

7. 投资者在进行股票评价时主要使用股市上的(　　)。

A. 开盘价　　　　　　　　B. 收盘价

C. 最低价　　　　　　　　D. 最高价

8. 完整的工业投资项目的现金流入量包括(　　)。

A. 营业收入　　　　　　　B. 回收固定资产余值

C. 回收无形资产余值　　　D. 回收流动资金

三、判断题

1. 股票反映的是一种产权关系,投资者一旦购进公司的股票,就成了公司的所有者。
（　　）

2. 由于债券上的票面上列有利率,因此票面利率可以作为评价其债券收益的主要依据。
（　　）

3. 对于每年付息一次,到期规划本金的债券,其债券价值等于债券利息收入的现值与该债券到期收回本金的现值之和。（　　）

4. 当测算的结果为:有多种债券的实际收益率达到预期投资收益率时,应选择实际收益率高的债券进行投资。（　　）

5. 固定资产在使用过程中随着时间的推移,运行成本和持有成本呈反方向变化,两者之间呈马鞍形,这样就存在了固定资产的经济寿命。（　　）

6. 在购置新固定资产与继续使用旧固定资产的决策时,可以采用差量分析法。（　　）

7. 内部投资是指企业将资金投放在企业内部生产经营使用的固定资产、无形资产和其他资产而形成的投资。（　　）

四、计算题

1. 金叶公司准备新建一条生产线,需要在假设起点一次性投入固定资产250万元,在建设期末投入无形资产投资25万元。建设期为1年,建设期资本化利息为12万元,全部计入固定资产原值,流动资金投资合计为30万元。计算该公司的固定资产原值以及建设投原始投资和项目总投资。

2. 南方工厂H投资项目预计现金流出量为1500万元,预计现金净流量第1年为380万元,第2年为510万元,第3年为620万元,第4年为320万元,第5年为250万元。分别计算H项目的投资回收期和会计收益率。

第五章　营运管理

本章将帮助您——

　　了解营运资金的概念、本质、特点、管理原则、管理模式；

　　知晓各种现金、应收账款、存货等流动资产的概念及原理；

　　清楚成本分析模式、存货模式、经济进货批量模型的相关理论；

　　掌握最佳现金持有量、信用制度的计算方法以及经济进货批量的计算及应用；

　　思考课后的几个案例与本章学习内容的联系。

　　在现代市场经济中,企业面临的竞争日趋激烈,要想在竞争中立于不败之地,就必须强化资产管理,优化资金运用。尤其是对于营运资金的管理,更事关企业的生存和发展,所以企业必须将营运资金的各个环节进行优化管理,实现营运资金管理的目标,增强企业的核心竞争力,实现企业的健康,平稳,快速的发展。

第一节　营运管理概述

　　营运资金,顾名思义是企业生产经营所需的主要资金。营运资金的本质特征是流动性。在营运资金不断流动的过程中,实现了企业价值的补偿和增值。营运资金管理的目标是在保证企业日常经营周转需求的前提下,加速资金的运转,降低资金的使用成本。

➤ 一、营运资金概念

　　营运资金是指企业投资在流动资产方面的资金。广义的营运资金又称毛营运资金,是指企业的流动资产总额。狭义的营运资金又称净营运资金,是指企业的流动资产减去流动负债后的余额。它与流动比率、速动比率等结合可用来衡量企业资产的流动性。广义的营运资金管理既包括流动资产的管理,也包括流动负债的管理。

(一)流动资产

　　流动资产是指可以在一年内或超过一年的一个营业周期内变现或者耗用的资产。企业拥有较多的流动资产,可在一定程度上降低财务风险。流动资产可按以下标准进行分类。

1．按实物形态分类

按其实物形态，流动资产可分为现金、短期有价证券、应收及预付款项和存货。

①现金是指企业在生产经营过程中由于种种原因而持有的、停留在货币形态的资金。现金主要包括库存现金和存入银行的各种存款。

②短期有价证券是指企业购买的、准备随时变现的各种有价证券。

③应收及预付款项是指企业在商业信用条件下延期收回和预先支付的款项，包括应收票据、应收账款、其他应收款、预付货款等。

④存货是指企业在生产经营过程中为销售或者耗用而储备的各种资产，包括产成品、半成品、在产品、原材料、辅助材料、低值易耗品、包装物等。

2．按在再生产过程中的作用分类

按其在再生产过程中的作用，流动资产可分为生产领域的流动资产和流通领域的流动资产。

①生产领域的流动资产是指在产品生产过程中发挥作用的流动资产，包括在产品、原材料、半成品、辅助材料、低值易耗品等。

②流通领域中的流动资产是指在商品流通过程中发挥作用的流动资产，包括产成品、现金外购半成品等。

3．按盈利能力分类

按其盈利能力，流动资产分为收益性流动资产和非收益性流动资产。

①收益性流动资产是指可以直接给企业带来收益的各种流动资产，包括短期投资、商品产品、应收账款、应收票据等。企业将资金投资于这类流动资产，其目的主要是为了取得收益，提高企业的整体经济效益。

②非收益性流动资产是指不能直接给企业带来收益的流动资产，包括现金、银行存款、预付账款、其他应收款、待摊费用等。这类流动资产虽然不能给企业带来明显的收益，但它是维持企业正常生产经营活动，加速资金的循环和周转的基础和前提。

（二）流动负债

流动负债是指将在一年或超过一年的一个营业周期内用流动资产或举借新的流动负债来偿还的债务。流动负债又称短期融资，具有成本低偿还期短等特点。流动负债可按以下标准分类。

1．按其应付金额是否确定分类

按其应付金额是否确定，流动负债可分为应付金额确定的流动负债和应付金额不确定的流动负债。

①应付金额确定的流动负债，是指那些根据合同或法律规定，在到期日必须偿付，并有确定金额的流动负债。其包括短期借款、应付票据、应付账款、应付短期融资券等。

②应付金额不确定的流动负债，是指由过去或目前业已完成的经济活动所引起的金额无法确定，但必须于未来某一日期偿付的流动负债。如应交税金、应交利润、应付产品质量担保债务、票据兑换债务等。对于这类负债，企业必须根据已掌握的资料和以往的经验，予以合理地估计。

2. 按形成情况分类

按其形成情况,流动负债可分为自然性流动负债和人为性流动负债。

①自然性流动负债是指那些由于法定结算程序的原因自然形成的支付时间晚于形成时间的流动负债。

②人为性流动负债是指那些由财务人员根据企业对短期资金的需求情况,通过人为安排而形成的流动负债。如银行短期借款、应付短期融资券等。

使用"营运资金"这一概念,是因为在企业的流动资产中,来源于流动负债的部分由于面临债权人的短期索求权,而无法供企业在较长期限内自由运用。只有扣除短期负债之后的剩余流动资产,即营运资金,才能为企业提供一个宽裕的自由使用期间。营运资金是企业流动资产的一个有机的组成部分,因为其具有流动性而成为企业日常生产经营活动的润滑剂和衡量企业短期偿债能力的重要指标。企业在日常经营活动中持有一定量的运营资金非常重要。

➤ 二、营运资金的特点

(一)营运资金的总特点

为了有效地管理企业的营运资金,必须研究营运资金的特点,以便有针对性地对其进行管理。总体来说,营运资金一般具有以下几方面的特点。

1. 流动性

流动资产包括货币,或者是能够迅速地转化为货币的有价证券、应收账款和存货。所有的流动负债也均应该在一年或者长于一年的一个营业周期内偿还。正是由于营运资金的不断流动,才能使企业不断地实现销售收入并产生利润。

2. 补偿性

营运资金具有补偿性。这主要表现在企业资金流动过程中一种实物形态对另一种实物形态的替代,而且在这个过程中资金的价值不会丧失。

3. 增值性

营运资金存在的根本动力是其增值性。在营运资金不断流动的过程中,劳动者创造的剩余价值不断被吸收,使营运资金每经过一个循环都出现一个价值增值额,即利润。正是营运资金的不断流动,利润额的实现才有了相应的保证。

具体从流动资产和流动负债来说,其特点又各有不同。

(二)流动资产的特点

流动资产投资又称经营性投资,与固定资产相比,有以下特点。

1. 投资回收期短

投资于流动资产的资金一般在一年或一个营业周期内收回。对企业影响的时间比较短。因此,流动资产投资所需要的资金一般可通过商业信用、短期银行借款等加以解决。

2. 流动性

流动资产在循环周转过程中,经过供、产、销三个阶段,其占用形态不断变化。即按现金、材料、在产品、产成品到应收账款再到现金的顺序转化。这种转化循环往复,川流不息。流动性使流动资产的变现能力较强,如遇意外情况,可迅速变卖流动资产,以获取现金。这对于财务上满足临时性资金需求具有重要意义。

3. 并存性

在流动资产的周转过程中,每天不断有资金流入,也有资金流出。流入和流出总要占用一定的时间,从供、产、销的某一瞬间看,各种不同形态的流动资产同时存在。因此合理地配置流动资产各项目的比例,是保证流动资产得以顺利周转的必要条件。

4. 波动性

占用在流动资产的投资并非一个常数,随着供、产、销的变化,其资金占用时高时低,起伏不定,季节性企业如此,非季节性企业也如此。随着流动资产占用量的变动,流动负债的数量也会相应变化。

(三)流动负债的特点

与长期负债融资相比,流动负债融资具有以下特点。

1. 速度快

申请短期借款往往比申请长期借款更容易、更便捷。通常在较短时间内便可获得。长期借款的借贷时间长、贷方风险大,贷款人需要对企业的财务状况评估后方能作出决定。因此,当企业急需资金时,往往首先寻求短期借款。

2. 弹性高

与长期债务相比,短期贷款给债务人更大的灵活性。长期债务债权人为了保护自己的利益,往往要在债务契约中对债务人的行为加以种种限制,使债务人丧失某些经营决策权。而短期借款契约中的限制条款比较少,使企业有更大的行动自由。对于季节性企业,短期借款比长期借款具有更大的灵活性。

3. 成本低

在正常情况下,短期负债筹资所发生的利息支出低于长期负债筹资的利息支出。而某些"自然融资"(如应付税金、应计费用等)则没有利息负担。

4. 风险大

尽管短期债务的成本低于长期债务,但其风险却大于长期债务。这主要表现在两个方面。一是长期债务的利息相对比较稳定,即在相当长一段时间内保持不变。而短期债务的借款利率则随市场利率的变化而变化,时高时低,使企业难以适应。另一方面,如果企业过多筹措短期债务,当债务到期时,企业不得不在短期内筹措大量资金还债。这极易导致企业财务状况恶化,甚至会因无法及时还债而破产。

➤三、营运资金管理的模式

营运资金管理的基本模式实际上就是营运资金战略的制定,包括营运资金投资战略、营运资金筹资战略、营运资金战略组合等具体内容。

(一)营运资金投资战略

营运资金投资战略就是要解决在既定的总资产水平下,流动资产与固定资产及无形资产等长期资产之间的比例关系问题。这一比例关系可由流动资产占总资产的百分比来表示。可供企业选择的营运资金投资战略可归纳为以下三种。

(1)中庸的营运资金投资战略。企业流动资产占总资产的比例适中,流动资产在保证正常需要的情况下,再适当增加一定的保险储备。

(2)激进的营运资金投资战略。企业流动资产占总资产的比例相对较少。流动资产一般只能保证正常需要的情况,不安排或只安排很少的保险储备。

(3)保守的营运资金投资战略。企业流动资产占总资产的比例相对较大,除正常需要量及基本保险储备量外,再增加一定的额外储备量。

不同投资战略下的风险和收益水平有着明显的不同。在激进战略下,由于收益率较高的长期资产所占比例相对较大,企业将具有较高的获利能力。但由于流动资产的比例较低,在既定的流动负债水平下,其流动性相对较差,从而面临无力偿债风险也相应较高。在保守战略下,由于收益率较低的流动资产所占比例相对较大,导致企业的获利能力较低,但高流动资产持有率将使企业有足够的流动资产用于备付到期债务,从而企业的流动性较强,偿债风险较低。在中庸战略下,届于其流动资产比例在激进战略和保守战略之间,因此其风险水平和收益水平也介于两者之间。可见,在营运资金投资战略的决策上,首要问题就是风险和收益的权衡。企业应根据自身的具体情况,结合其对风险的态度和对收益的偏好程度,作出以企业价值最大化为目标的相应选择。一般来说,适用于所有企业的单一的营运资金最优投资战略是不存在的。

(二)营运资金筹资战略

营运资金筹资战略就是要解决在既定的总资产水平下,流动负债筹资与长期资本筹资的比例关系问题。这一比例关系可由流动负债占总资产的百分比来表示。可供企业选择的营运资金筹资战略可归纳为以下三种。

(1)中庸的营运资金筹资战略。筹资来源的到期日与资本占用的期限长短相匹配。即临时性流动资产所需资金以流动负债即短期资本来筹集,而永久性流动资产(指企业经常占用的一部分最低的产品和原材料储备)、固定资产、无形资产等长期资产所需资本则由长期负债、自有资金等长期资本来筹集。

(2)激进的营运资金筹资战略。临时性流动资产和一部分永久性流动资产由流动负债即短期资本来筹集,其余的长期资产则由长期资本来筹集。更加极端的表现是:有的企业所有的永久性流动资产乃至一部分固定资产所需资金也由流动负债即短期资金来筹集。在这种情况下,短期筹资过度利用,流动负债即短期资金占全部资产的比例大大提高。

(3)保守的营运资金筹资战略。全部长期资产及部分临时性流动资产所需资金均由长期资金来筹集,其余部分临时性流动资产由短期资金来筹集。在这种情况下,短期筹资的使用及流动负债占全部资产的比例均被限制在一个较低水平上。

不同筹资战略下的风险和收益水平也有着明显的不同。在激进战略下,由于流动负债的比例大大提高,从而使企业的资本成本下降,利息支出减少,企业收益增加。但由于大量使用了期限较短的流动负债,导致企业流动比率下降,偿债压力较大,从而企业面临的无力偿债风险也相应增加。在保守战略下,由于流动负债处于一个较低水平,企业的流动比率较高,从而偿债风险相应降低,但由于长期筹资比重较高而使资本成本上升,企业需承担大量的利息支出,从而使收益水平下降。在中庸战略下,由于其流动负债比例在激进战略和保守战略之间,因此,其风险水平和收益水平也介于两者之间。可见,在营运资金筹资战略的决策上,首要问题仍然是风险和收益的权衡。企业应根据自身的具体情况,结合其对风险的态度和对收益的偏好程度,作出以企业价值最大化为目标的相应选择。一般来说,适用于所有企业的单一的最优营运资本筹资战略也是不存在的。

第二节 货币资金管理

现金、应收账款和存货是企业最为重要的流动资产,加强对这些资产的管理,采取适当的财务管理政策,对于提高企业价值,实现财务管理的总目标,具有非常重要的意义。

➤一、货币资金管理政策

现金是流动性最强的资产,具有普遍的可接受性。属于现金管理内容的主要包括企业的库存现金、各种形式的银行存款和银行本票、银行汇票等其他货币资金。拥有足够的现金对降低企业财务风险、增强企业资金的流动性具有十分重要的意义。

现金管理政策就是根据持有现金的各种动机所需要的现金,来确定合理的现金持有量,在出现剩余现金时,将其投资于合适的项目(如投资于有价证券),以获取投资收益,当出现现金短缺时,通过恰当的方式(比如出售有价证券)及时补充所需现金的政策。

企业持有现金的动机有:

(1)交易的动机。交易的动机是指持有现金以便满足日常支付的需要。如用于购买材料、支付工资、缴纳税软、支付股利等。企业当天的现金收入和现金支出很少同时等额发生,保留一定的现金余额可使企业在现金支出大于现金收入时,不致中断交易。支付需要现金的数量取决于其销售水平。正常营业活动所产生的现金收入和支出以及它们的差额,一般同销售量成正比例变化。其他现金的收支,如买卖有价证券、购入机器设备、偿还借款等比较难预测,但随着销售数量的增加,都有增加的倾向。

(2)预防的动机。预防的动机是指持有现金,以应付意外事件对现金的需求。企业预计的现金需要量一般是指正常情况下的需要量,但有许多意外事件会影响企业现金的收入与支出。例如,地震、水灾、火灾等自然灾害,生产事故,主要顾客未能及时付款等。这些都会打破企业的现金收支计划,使现金收支出现不平衡。持有较多的现金,便可使企业更好地应付这些意外事件的发生。预防动机所需要现金的多少取决于以下三个因素:①现金收支预测的可靠程度;②企业临时借款的能力;③企业愿意承担的风险程度。

(3)投机的动机。投机的动机是指企业持有现金,以便当证券价格剧烈波动时,从事投机活动,从中获得收益。当预期利率上升、有价证券的价格将要下跌时,投机的动机就会鼓励企业暂时持有现金,直到利率停止上升为止。当预期利率将要下降,有价证券的价格将要上升时,企业可能会将现金投资于有价证券以便从有价证券价格的上升中得到收益。

➤二、现金持有的成本

(一)机会成本

机会成本是企业将资金占用于现金形态所付出的代价,这种代价即资金被占用在现金形态而丧失投资于其他领域可获取的收益。企业持有的现金越多、投资收益率越高,则机会成本越大。企业为了维持正常的经营,持有一定数量的现金付出相应的机会成本是必要的,但持有量不宜过多,否则将导致机会成本过大。这部分成本与现金的持有量成正比例关系。

(二)管理成本

管理成本是企业对持有的现金进行管理而发生的费用。这些管理费用包括管理人员的工资、采取安全措施的费用等。这部分成本在一定的范围内不会发生变化,和现金的持有量之间无明显比例关系。

(三)短缺成本

短缺成本是企业因现金持有量不足而又无法及时筹措资金致使企业遭受的损失。短缺成本包括直接损失和间接损失。如:不能及时采购造成停工损失、不能及时还款造成信用损失等。短缺成本与现金的持有量成反比例关系,即随现金持有量的增加而下降,随现金持有量的减少而上升。

(四)转换成本

转换成本是企业用现金购入有价证券以及将有价证券转换成现金的过程中发生的交易费用。如委托买卖佣金、委托手续费、印花税等。

➤三、目标现金持有量的确定

一般来说,资产的流动性越强,其风险越小,收益越低。现金的流动性在所有资产中是最强的,其收益也是最低的。企业的库存现金没有收益,银行存款的利息率也远远低于企业的资金利润率。现金结余过多,虽然可以降低财务风险,但会降低企业的收益。现金太少,又可能会出现现金短缺,将不能应付业务开支。影响生产经营活动,使企业蒙受报失,造成现金短缺不能及时购买理想的材料、造成信用损失等。因此。货币资金管理的目标是在保证企业生产经营所需现金的同时,节约使用资金,并从暂时闲置的现金中获得最多的利息收入。现金管理应力求做到既保证企业交易所需资金,降低风险,又不使企业有过多的闲置现金以增加收益。

在权衡风险与报酬的基础上,为企业设定一个一定时期最佳的现金持有量,即确定一个目标现金持有量是现金管理的重要内容。在西方财务管理理论中,确定目标现金持有量的方法很多,现结合我国实际情况,最常用的方法有成本分析模式和存货模式。

(一)成本分析模式

成本分析模式是根据现金有关成本分析预测其总成本最低时现金持有量的一种模型。

1. 假设条件

成本分析模型是建立在以下假设基础上的:

(1)只考虑持有现金的机会成本和短缺成本,而不考虑管理费用和转换成本。

(2)假设各种现金持有量的机会成本和短缺成本都可以准确预知。

(3)假设使得机会成本和短缺成本之和最低的现金持有量即为最佳现金持有量。

2. 模型的建立与应用

持有现金的机会成本就是企业因持有现金而放弃的再投资收益。与现金持有量成正比例变化。机会成本的计算公式如下:

$$机会成本＝平均现金持有量×投资报酬率(或有价证券利率)$$

现金的短缺成本是指由于现金持有量不足而又无法及时通过有价证券变现,企业因缺乏必要的现金,不能应付业务开支所需,会使企业蒙受损失或为此付出代价。例如,由于现金短缺而无法购进急需的原材料,从而使企业的生产经营中断而给企业造成损失,这是直接的损失;由于现金短缺而无法按期支付货款或不能按期归还货款,将给企业的信用和企业形象造成损害,这是间接损失。现金的短缺成本随现金持有量的增加而下降,随现金持有量的减少而上升。现金持有量与短缺成本负相关。

上述两项成本之和最小的现金持有量,就是最佳现金持有量。如果把以上两种成本的曲线放在一个图上(见图5-1),就能表现出持有现金的总成本(总代价),找出最佳现金持有量的点:机会成本线向右上方倾斜,短缺成本线向右下方倾斜,总成本线便是一条抛物线。该抛物线的最低点即为持有现金的最低总成本。超过这一点,机会成本上升的代价会大于短缺成本下降的好处;这一点之前,短缺成本上升的代价又会大于机会成本下降的好处。这一点对应横轴上的量,即是最佳现金持有量。

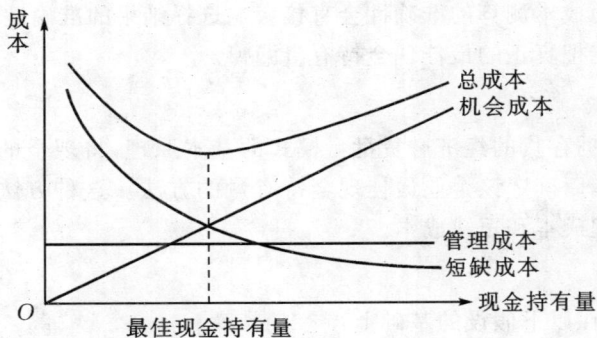

图5-1 成本分析模式示意图

成本分析模式是基于上述原理来确定现金最佳持有量的。在这种模式下,最佳现金持有量,就是持有现金而产生的机会成本与短缺成本之和最小时的现金持有量。

在实际工作中运用该模式确定最佳现金持有量的具体步骤为:(1)根据不同现金持有量测算并确定有关成本数值;(2)按照不同现金持有量及其有关成本资料编制最佳现金持有量测算表;(3)在测算表中找出相关总成本最低时的现金持有量,即最佳现金持有量。

【例5-1】大河公司甲、乙、丙、丁四种现金持有量备选方案,机会成本率为10%,其他相关成本资料如表5-1所示。

表5-1 现金持有量备选方案

项目 方案	A	B	C	D
现金持有量	100000	150000	200000	250000
短缺成本	40000	29000	19000	16000

根据上例资料编制该企业最佳现金持有量如表5-2所示。

表 5-2　最佳现金持有量计算表

项目 \ 方案	A	B	C	D
机会成本	10000	15000	20000	25000
短缺成本	40000	29000	19000	16000
相关总成本	50000	44000	39000	41000

表 5-2 中计算结果显示,C 方案的现金持有量为 200000 元时,总成本最低,为 39000 元,因此大河公司的最佳现金持有量是 200000 元。

3. 成本分析模型的局限性

成本分析模型的局限性主要表现在:根据该模型确定最佳现金持有量时,必须首先测算出各方案下的现金持有量及其各自的机会成本和短缺成本。其实这两种成本尤其是短缺成本很难在事前准确测定,而成本测算的准确性会直接影响选择结果的准确性。此外,事前列举出的方案毕竟有限,很可能把真正的最佳现金持有量漏掉。

(二)存货模式

存货模式是指根据存货的经济进货批量模式的基本原理,将现金的机会成本与有价证券的转换成本进行权衡,以确定该企业最佳现金持有量的方法。这种方法只考虑机会成本和转换成本,而不考虑管理成本和短缺成本。

1. 假设条件

存货模式是建立在以下假设的基础上:

(1)假设收入是每隔一段时间发生的。而支出则是在一定时期内均匀发生的。

(2)假设在计算期内,企业可以通过销售有价证券获得现金。

(3)假设特定时期(计算期)内的现金需求总量是可以准确预测的。

(4)假设在计算期内,现金与有价证券的转换成本可以准确预测而且保持不变。

(5)不考虑短缺成本和管理成本。

2. 模型的建立与应用

在该模型中只考虑以下两个与持有现金有关的成本:

(1)持有现金的机会成本。即企业因持有现金而放弃的再投资收益,一般是指将现金投资于有价证券所可能获得的收益,或者是企业向外筹措资金的资金成本,是企业要求的最低报酬率。现金作为企业的一项资金占用,是有代价的。这种代价就是它的机会成本。持有现金的机会成本与现金持有量成正比例变化。

假设用 i 表示有价证券的投资收益率,用 Q 表示目标现金持有量,则持有现金的机会成本为 $i \times Q/2$。

(2)现金转换成本。即企业用现金购入有价证券以及转让有价证券换取现金时付出的交易费用,如经纪人费用等。这种成本只与交易的次数有关,而与现金的持有量无关。假设特定时间内的现金需求总额为 T,则在该特定时间内的现金转换次数为 T/Q,假设每次现金与有价证券的转换成本为 b,则现金转换成本为 $T/Q \times b$。

则:　　持有现金的相关总成本=持有现金的机会成本+现金转换成本

用公式表示：$TC = i \times Q/2 + T/Q \times b$

式中：TC ——持有现金的相关总成本；

Q——目标现金持有量（最佳现金持有量）；

i——有价证券的年投资收益率；

T——特定时间内的现金需求总额；

b——每次现金与有价证券的转换成本；

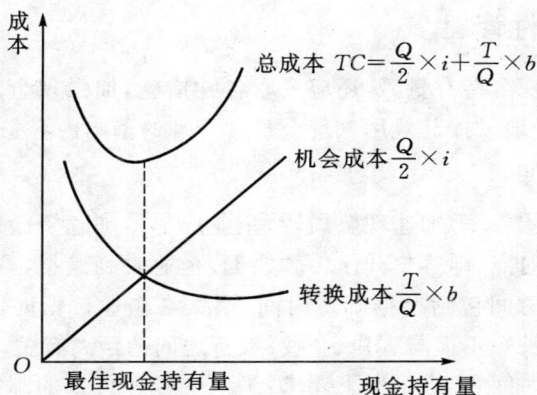

图 5-2 存货模式示意图

从图 5-2 可以看出，在存货模式中现金管理的相关总成本与现金持有量呈凹形曲线关系。持有现金的机会成本与现金和有价证券的转换成本相等时，现金管理的相关总成本最低，此时的现金持有量为最佳现金持有量，计算公式如下：

$$Q = \sqrt{\frac{2Tb}{i}}$$

最低现金管理相关总成本 $TC = \sqrt{2Tbi}$

【例 5-2】恒大公司预计下月份现金需要总量为 18 万元，有价证券每次变现的交易费用为 0.04 万元，有价证券月报酬率为 1%。分别计算其最佳现金持有量、最佳现金持有总成本和有价证券的变现次数。

解：从题目中得出：$T = 18$ 万元，$b = 0.04$ 万元，$i = 1\%$，则：

最佳现金持有量 $Q = 12$（万元）

最佳现金持有量总成本 = 0.12（万元）

有价证券的变现次数 = $18 \div 12 = 1.5$（次）

3. 存货模式的局限性

根据存货模式可以精确地测算出最佳现金持有量和变现次数，表述了现金管理中基本的成本结构，它对加强企业的现金管理有一定的作用；而且存货模式可能是最简单、最直观的确定最佳现金持有量的模型，但是这种模型也存在以下局限性。

（1）该模型假设货币支出均匀发生，但实际上，由于现金的需求动机不同，而使得现金的支出不可能是均匀发生的。

（2）该模型假设收入是每隔一段时间发生的，而事实上，绝大多数企业在每一个工作日内都会有现金收入也会有现金支出。

（3）该模型没有考虑安全现金库存。即使企业能够在较短的时间内出售有价证券或取得银行贷款，但为了降低现金短缺的可能性，企业极有可能拥有一个安全现金库存。

企业在实际的经营活动中，应在计算结果的基础上，在根据历史经验，再适当增加一定的余量。

➤ 四、现金收回与支付管理

企业在确定了最佳现金持有量后，还应采取各种措施，加强现金的日常管理，以保证现金的安全、完整。最大限度地发挥其效用。现金日常管理的基本内容主要包括以下几个方面。

（一）现金的回收管理

为了提高现金的使用效率，加速现金周转，企业应尽量加速资金的回收。一般来说，企业账款的回收要经过四个时点，即客户开出付款票据、企业收到票据、票据交存银行和企业收到现金。企业账款回收的时间包括票据邮寄时间、票据在企业停留时间以及票据结算的时间。前两个阶段所需时间的长短不但与客户、企业、银行之间的距离有关，而且与收款的效率有关。企业要缩短款项的回收时间，应满足以下要求：①减少顾客付款的邮寄时间；②减少公司收到顾客开来支票与支票兑现之间的时间；③加速资金存入自己往来银行的过程。为达到以上要求，企业除了建立科学的信用政策，科学地选择转账结算方式并采用有效的催收策略外，还可以借鉴西方国家常用的两种收款方法：邮政信箱法和银行业务集中法。

1. 邮政信箱法

邮政信箱法又称锁箱法，是西方企业加速现金流转的一种常用方法。企业可以在各主要城市租用专门的邮政信箱，并开立分行存款户，授权当地银行每日开启信箱，在取得客户票据后立即予以结算。并通过电汇再将货款拨给企业所在地银行。在锁箱法下，客户将票据直接寄给客户所在地的邮箱而不是企业总部。不但缩短了票据邮寄时间，还免除了公司办理收账、货款存入银行等手续。因而缩短了票据邮寄以及在企业的停留时间。但采用这种方法成本较高，因为被授权开启邮政信箱的当地银行除了要求扣除相应的补偿性余额外，还要收取办理额外服务的劳务费，导致现金成本增加。因此，是否采用邮政信箱法，需视提前回笼现金产生的收益与增加的成本的大小而定。

2. 集中银行法

这是一种通过建立多个收款中心来加速现金流转的方法。在这种方法下，企业指定一个主要开户行（通常是总部所在地）为集中银行，并在收款额较集中的若干地区设立若干个收款中心；客户收到账单后直接汇给当地收款中心。中心收款后立即存入当地银行，当地银行在进行票据交换后立即转给企业总部所在银行。

（1）集中银行法系统的基本做法是：

①根据客户分布的地理状况和收款业务的多少，选择客户较为集中、收款业务较多和数额较大的地点建立服务于该地区的收款中心；

②将所确定的收款中心通知各地区的客户，让其将支票直接寄到当地的收款中心；

③各收款中心收妥款项后，将补偿性余额以外的部分及时交汇总部所在地的开户银行。

(2)采用集中银行法的主要优点如下：

①可以大大缩减账单和款项的邮寄时间。由各个收款中心向该地区客户寄发付款账单，客户付款直接邮寄到最近的收款中心，由此，可以大大缩短账单和款项的邮寄时间。

②缩短支票兑现的时间。各个收款中心收到客户交来的支票，直接存入当地的银行，而支票的付款银行通常也在该地区，这样支票兑现较方便。

(3)集中银行法存在的缺点如下：

①增加现金的持有成本。各个收款中心的地区银行都要求有一定的补偿性余额。补偿性余额是一种闲置的不能自由支配的资金。设立的收款中心越多，补偿性余额就越多，现金的持有成本就越高。

②增加公司的管理费用。设立收款中心需要一定的人力、物力和财力，会加大公司的管理费用。因此，企业应在权衡利弊得失的基础上，作出是否采用集中银行法的决策。这需要计算分散收账收益净额。

$$分散收益收账净额 = (分散收账前应收账款投资额 - 分散收账后应收账款投资额) \times 企业综合资本成本率 - 因增设收账中心每年增加费用额$$

(二)现金的支付管理

与现金收入的管理相反，现金支出管理的主要任务是尽可能延缓现金的支出时间。当然这种延缓必须是合理合法的，否则企业延期支付账款所得到的收益将远远低于由此而遭受的损失。延期支付账款的方法一般有以下几种：

1. 支付浮差的利用

现金的支付浮差又称为现金浮游量，是指企业账户上现金余额与银行账户上所示的存款余额之间的差额。有时，企业账户上的现金余额已为零或负数，而银行账上的该企业的现金余额还有很多。这是因为有些企业已经开出的付款票据尚处在传递过程中。银行尚未付款出账。如果能正确预测浮游量并加以利用，可节约大量现金。

2. 汇票替代支票

在使用支票付款时，只要受票人将支票存入银行，付款人就要无条件地付款。但汇票不是"见票即付"的付款方式，在受票人将汇票送达银行后，银行要将汇票送交付款人承兑，并由付款人将一笔相当于汇票金额的资金存入银行，银行才会付款给受票人。这样就有可能合法地延期付款。

3. 员工工资的利用

有的企业在银行单独开设一个账户专供支付职工工资。为了最大限度地减少这一存款余额，企业可预先估计出开出支付工资支票到银行兑现的具体时间。例如，某企业在每月5日支付工资。根据经验，5日、6日、7日及7日以后的兑现率分别为20%，25%，30%和25%。这样，企业就不需在5日支付全部工资所需要的现金，而可将节余下的部分现金用于其他投资。

4. 力争现金流出与现金流入同步

企业应尽量使现金流出与流入同步，这样，就可以降低交易性现金余额，同时可以减少有价证券转换为现金的次数，提高现金的利用效率，节约转换成本。为此，企业应认真编制现金预算，从而有效地组织销售及其他现金流入，合理安排购货等现金支出，使现金流入线与现金流出线的波动基本一致。

(三)闲置现金管理

企业在生产经营过程中,会产生大量的现金,这些现金在用于资本投资或其他业务活动之前,通常会闲置一段时间。这些现金可用于短期证券投资以获取利息收入或资本利得,而当企业现金短缺时,又可以通过出售各种证券获取现金。因此,如果闲置现金管理得当,可为企业增加相当可观的净收益。

企业现金管理的目的首先是保证主营业务的现金需求,其次才是使这些现金获得较多的收益。这两个目的要求企业把闲置资金投入到流动性高、风险性低、交易期限短的金融工具中,以期在容易变现的条件下获得较多的收入。在货币市场上,财务人员通常使用的金融工具主要有国库券、大额定期可转让存单、企业债券、企业股票、回购协议等。

第三节 应收账款管理

应收账款是指由于对外销售商品、材料以及提供劳务等原因应向购货方收取的款项。在激烈的市场竞争中,每家企业除了依靠提高商品质量、降低价格、做好售后服务等措施外,提供信用也成为必要的手段。

➤一、应收账款的功能

应收账款在企业的生产经营过程中,其有两方面的功能。

1. 增加销售,扩大市场份额

应收账款的发生是企业采用赊销方式的必然结果。企业之所以采用赊销方式而不是现销方式,主要原因在于它想通过赊销方式来为顾客提供一些方便,以便扩大其销售规模。

(1)许多顾客限于可用现金的规模而愿意赊购。如果销售企业不能采用赊销方式的话,顾客只能从其他商家选购或降低需求或要求降价,这对销售方扩大销售规模是不利的。

(2)许多顾客希望保留一定时间的支付期限以检验商品和复核单据。如果顾客采用现购方式购买的话,一旦以后发现商品数量、规格、品质和计算误差,要求退还货款将是非常不方便的。

(3)激烈的市场竞争也要求销售企业采用赊销方式。在买方市场的情况下,许多企业都愿意采取一种能够吸引顾客的营销策略,以此扩大销售规模,增大市场占有份额。其中,赊销就是一种占有市场、争夺顾客和打败对手的行之有效的方法。

2. 减少存货,提高存货周转率

在企业的生产经营过程中,当商品或产成品存货较多时,企业可以采用较为优惠的信用条件进行赊销,尽快地实现商品产品存货向销售收入的转化,变持有存货为持有应收账款,以降低商品产品存货的管理费用、仓储费和保险费等支出。

➤二、应收账款的成本

企业在市场竞争中为了促进销售而进行赊销成为必不可少的促销手段。赊销可以促进企业的销量,减少企业的库存并加速资金的周转。但与此同时,也会给企业带来成本。应收账款的成本主要包括以下几个方面。

1. 机会成本

企业的资金因占用于提供商业信用而放弃投资于其他方面可获得的收益就是应收账款的机会成本。影响该成本大小的因素有三个：应收账款的资金占用额、资金成本率和应收账款周转期。计算应收账款机会成本的有关公式如下：

应收账款周转率＝360÷应收账款周转期

应收账款平均余额＝赊销收入净额÷应收账款周转率

应收账款的资金占用额＝应收账款平均余额×（变动成本÷销售收入）

＝应收账款平均余额×变动成本率

应收账款机会成本＝应收账款资金占用额×资金成本率

2. 管理成本

应收账款的管理成本是指与应收账款管理有关的费用，包括调查客户信用情况的费用、收集各种信息的费用、账簿记录费用和收账费用等。在应收账款一定数额范围内，管理成本一般为固定成本。

3. 坏账成本

应收账款是基于商业信用而产生的，坏账成本是指应收账款收不回来而给企业造成的经济损失。存在应收账款就难以避免坏账的发生，会给企业带来不稳定与风险，企业可按有关规定以应收账款的一定比例提取坏账准备。坏账成本一般与应收账款的数额大小、拖欠时间有关。

三、信用政策的制定

信用政策即应收账款的管理政策，是企业为了实现应收账款管理目标而制定的赊销与收账政策，包括信用标准、信用条件和收账政策三个方面的内容。通过制定信用政策，指导和协调各机构业务活动，从客户的资信调查、付款方式的选择、信用限额的确定，到款项回收等环节实行全面监督和控制，以保障应收账款的安全、及时回收。

（一）信用标准

信用标准是企业向客户提供商业信用、允许客户暂不付款的标准，或者说客户获得企业的商业信用所必须具备的条件。信用条件一般以预期的坏账损失率表示，可以理解为如果允许客户暂不付款，其将来不付款的可能性是多大。企业制定信用标准的高低，与客户的信用状况有着密切的关系。

1. "5C"信用评级系统

客户的信用状况由客户的信用品质、偿付能力、资本、抵押品和经济条件5个方面决定，简称为"5C"信用评级系统。

信用品质（character）是指客户履约或赖账的可能性。这是决定是否给予客户信用的首要条件。企业可通过了解客户以往的付款履约情况进行评价。

偿付能力（capacity）是客户付款的能力。客户偿付能力的高低，取决于其资产特别是流动资产的数量、可变现能力与流动负债的比率大小。一般情况下，客户流动资产的数量越多，流动比率越大,表明其偿还债务的物质保证越雄厚。当然,对客户偿付能力的判定还要对其资产的变现能力及其负债的流动性进行分析。

资本(capital)反映了客户的经济实力与财务状况的优劣,是客户偿付债务的最终保证。

抵押品(collateral)是客户提供的担保付款的资产,客户提供了具有变现能力的抵押品,企业可以向他提供信用,这样即使客户不付款,企业可变卖抵押品,以满足其债权。

经济条件(condition)是指不利经济环境对客户偿付能力的影响及客户是否具有较强的应变能力。

上述各种信用状况5个方面的资料,可以通过以下途径得到:企业可通过商业代理机构或者资信调查机构,提供客户信息资料及信用等级标准资料;委托往来银行信用部门向与客户有关联业务银行索取信用资料;与同一客户有信用关系的其他企业相互交换该客户信用资料;查阅客户财务报告资料或凭企业自身的经验或其他方面取得资料。

企业应结合实际情况制定合适的信用标准。严格的信用标准,即只允许那些不付款可能性极小的客户暂不付款,将会减少销售收入,从而减少扣除信用成本前的利润。同时,严格的信用标准将减少赊销规模,减少在应收账款下的资金占用,从而降低机会成本。由于只对不付款可能性极小的客户予以赊销,将有利于降低坏账成本。由于信用成本减少,将会有利于增加扣除信用成本后的利润。反之,宽松的信用标准,即允许那些不付款可能性较大的客户暂不付款,将会有利于扩大销售收入,因而将会增加扣除信用成本前的利润。同时,宽松的信用标准将扩大赊销规模,增加在应收账款上的资金占用,从而增加机会成本。由于对不付款可能性较大的客户也予以赊销,将会增加坏账成本。由于信用成本增加,将会减少扣除信用成本后的利润。因此,信用标准的确定应在权衡收益和成本的基础上做出决策。

2. 制定信用标准的步骤

企业在制定信用标准时应该先找出影响客户信用的指标,并对这些指标进行量化,确定优劣区间;然后将客户的相关指标数值与优劣标准进行比较;最后进行风险排队,并确定各个客户的信用等级及其可以获得的信用额度。具体步骤如下:

第一步,确定信用等级评价指标,并对其量化。这些指标应该是能够说明客户付款能力及财务状况的若干比率,如流动比率、速动比率、产权比率、存货周转率、赊购付款履约情况等)。根据数年内最坏年景的情况,分别找出信用好和信用差两类客户的上述比率的平均值,以此作为评价标准。

【例5-3】信用标准的确定。某行业的信用标准如表5-3所示。

表5-3 信用标准一览表

指标	信用标准	
	信用好	信用差
流动比率	2.5:1	1.6:1
速动比率	1.1:1	0.8:1
现金比率	0.4:1	0.2:1
产权比率	1.8:1	4:1
已获利息倍数	3.2:1	1.6:1

指标	信用标准	
	信用好	信用差
有形净值负债率	1.5:1	2.9:1
应收账款平均收账天数	26	40
存货周转率	6	4
总资产周转率	35	20
赊购付款履约情况	及时	拖欠

第二步,利用客户的财务报表数据,计算各自的指标值,并与标准值比较。如果客户的某项指标流等于或好于信用好的指标值,则该客户这一指标流无拒付风险,如果客户的某项指标值等于或低于信用差的指标值,则该客户的拒付风险系数(坏账损失率)增加 10 个百分点。如果客户的某项指标值介于好与差之间,则该客户的拒付风险系数增加 5 个百分点,最后将客户的各项指标风险系数累加,即得出该客户的累计拒付风险系数。

【例 5-4】拒付风险系数的确定。甲客户的各项指标值及累计拒付风险系数如表 5-4 所示。

表 5-4 甲客户信用指标及拒付风险系数

指标	指标值	拒付风险系数(%)
流动比率	2.6:1	0
速动比率	1.3:1	0
现金比率	0.3:1	5
产权比率	1.5:1	0
已获利息倍数	3.5:1	0
有形净值负债率	2.5:1	10
应收账款平均收账天数	40	10
存货周转率	6	0
总资产周转率	37	0
赊购付款履约情况	及时	0
累计拒付风险系数		20

在表 5-4 中,甲客户的流动比率、速动比率、产权比率、已获利息倍数、存货周转率、总资产周转率、赊购付款履约情况等指标均等于或好于信用好的标准值,因此,这些指标的拒付风险系数为 0;现金比率、有形净值负债率两项指标介于信用好和信用差之间,各自的拒付风险系数为 5%;应收账款平均收账天数指标值等于信用差的标准值,其拒付风险系数为 10%;累计共 20%。

第三步,进行风险排队,确定各客户的信用等级。对每个客户确定完拒付风险系数之后,结合企业自身的风险承受能力及利弊得失,划分客户的信用等级。如累计拒付风险系数在 10% 以内的为 A 级客户,可以获得最优的信用政策;10%～20% 为 B 级客户,可以获得一般的信用优惠等。对于不同信用等级的客户,分别采取不同的信用对策,包括拒绝或接受客户信用订单,以及给于不同的信用优惠条件或附加某些限制条款等。

对信用标准进行定量分析,有利于企业提高应收账款投资决策的效果。但由于实际情况错综复杂,不同企业的同一指标往往存在着很大差异,难以按照统一的标准进行衡量。因此,要求企业财务决策者必须在深刻考察各指标内在质量的基础上,结合以往的经验,对各项指标进行具体的分析、判断。

(二)信用条件

信用标准是企业评价客户等级,决定给予或拒绝客户信用的依据,一旦企业决定给予客户信用优惠时,就需要考虑具体的信用条件。所谓信用条件,是指企业要求客户支付赊销款项的条件,主要包括信用额度、信用期限、折扣期限和现金折扣。

1. 信用额度

信用额度就是允许客户赊欠的最高限额。

2. 信用期限

信用期限是指企业允许客户从购货到延期付款的最长时间限定。例如,若某企业允许顾客在购货后的 50 天内付款,则信用期为 50 天。信用期过短,不足以吸引顾客。会使销售额下降;信用期过长,对销售额增加固然有利,但所得的收益有时会被增长的费用抵消,甚至造成利润减少。因此,企业必须研究确定恰当的信用期。信用期的确定,主要是分析改变现行信用期对收入和成本的影响。延长信用期,会使销售收入增加,与此同时应收账款、收账费用和坏账损失等也相应增加。决策时可列表计算各种信用期下收入和成本费用的净增加额,然后采用净增加额最大的信用期。

3. 现金折扣

现金折扣是企业为了鼓励客户在信用期限内尽早付款,而给予的低于定价的优待。现金折扣期限是在信用期限内,客户可以得到现金折扣的时间限定。它的长短和折扣率的高低如果定得不适当就不能发挥出现金折扣应有的作用。企业应根据行业的特点及所售产品的特点,权衡现金折扣利弊,制订出合理的折扣期限和折扣率。因此,在选择现金折扣期限和折扣率时应考虑其所产生的以下影响。

(1)适当的现金折扣期限及折扣率能够激励客户提早付款,从而加速企业应收账款周转率,降低应收账款资金占用。

(2)客户平均付款期限的缩短有利于降低坏账损失率和收账费用。

(3)适当的现金折扣能吸引更多的客户,从而提升企业的销售量。

(4)客户如果获得现金折扣,对于企业来讲相当于货物降价出售,从而使单位产品的销售收入减少,因此折扣率定得较大而销售量又无显著上升就会使得企业销售额下降,从而导致利润减少。

信用条件在发票账单中是这样表述的,如"3/10,2/20,n/45"等。其含义是:在 45 天的信用期限内,客户若能在开票后的 10 天内付款,可以得到 3% 的现金折扣,超过 10 天而在 20 天内付款,可以得到 2% 的现金折扣,否则便要支付全额价款。在这里的 45 天为信用期限,10 天为折扣率 3% 的现金折扣期限,20 天为折扣率 2% 的现金折扣期限。

【例 5-5】某企业预测下一年度的赊销额为 360 万元,其信用条件为 n/30,变动成本率为

60%,资金成本率为10%,假设企业收账政策不变,固定成本总额不变。该企业拟定了三种信用条件方案:A方案维持 $n/30$ 的信用条件;B方案将信用条件放宽到 $n/60$;C方案则是 $n/90$,各种备选方案的估计赊销水平、坏账比率和收账费用等数据如表5-5所示。

表5-5 备选方案资料表

项目	信用条件	方案	A方案	B方案	C方案
			$n/30$	$n/60$	$n/90$
年赊销额			360	396	420
应收账款平均收账天数			30	60	90
应收账款平均余额			$360÷360×30=30$	$396÷360×60=66$	$420÷360×90=105$
维持赊销业务所需资金			$30×60\%=18$	$66×60\%=39.6$	$105×60\%=63$
坏账损失/年赊销额(%)			2%	3%	6%
坏账损失			$360×2\%=7.2$	$396×3\%=11.88$	$420×6\%=25.2$
收账费用			4	6	15

根据上述资料,可以计算相应的指标,如表5-6所示。

表5-6 信用条件分析表

项目	信用条件	方案	A方案	B方案	C方案
			$n/30$	$n/60$	$n/90$
年赊销额			360	396	420
变动成本			216	237.6	252
信用成本前收益			144	158.4	168
信用成本:					
应收账款机会成本			$18×10\%=1.8$	$39.6×10\%=3.96$	$63×10\%=6.3$
坏账损失			7.2	11.88	25.2
收账费用			4	6	15
小计			13	21.84	46.5
信用成本后收益			131	136.56	121.5

根据表5-6的资料可知,三种方案中,B方案的获利最大,因此,在其他条件不变的情况下,应选择B方案。

➤(三)收账政策

收账政策是指当客户拖欠甚至拒付账款时企业采取的收账策略与措施。当企业向客户提供商业信用时,就必然会面临客户拖欠或拒付账款的风险,因此,企业必须通过制定完善的收账政策应对这一风险的发生。从理论上讲,履约付款是客户义不容辞的责任与义务,当客户不履行这一义务时,企业有权通过法律诉讼来解决问题。但并不是所有的诉讼都能有效地解决问题,也并非所有的拖欠都适合通过诉讼来解决。有些时候,那些信用品质良好的客户也可能由于种种原因发生拖欠,这时企业无需进行诉讼。另外,诉讼要耗费较长的时间和花费相当数额的诉讼费用,最后还可能面临无法执行的结果。一般而言,收账费用支出越多,坏账损失越少,但这两者并不一定存在线性关系。通常情况是:①开始花费一些收账费用,应收账款和坏账损失有小部分降低,但不明显;②收账费用继续增加,应收账款和坏账损失明显减少;③收账费用达到某一限度以后,应收账款和坏账损失的减少就不再明显了,这个限度称为饱和点。在制定信用政策时,应权衡增加收账费用与减少应收账款机会成本和坏账损失之间的得失。通常情况下,当客户拖欠或拒付账款时,企业可先通过信函、电讯或派人前往等方式进行催收,态度可以逐渐加强,并进行警告。当所有措施都无效时,可以诉诸法律。当然,无论采取哪种措施都要发生一定的费用,即收账费用。积极的收账政策会减少企业应收账款的机会成本和坏账损失,但同时也会增加收账费用;反之,消极的收账政策虽然可以减少收账费用,但会增加企业应收账款的机会成本和坏账损失。因此,企业在制定收账政策时,必须将应收账款机会成本和坏账损失与收账费用进行比较,确定合理的收账政策。

➤ 四、应收账款的日常管理

企业建立起信用政策并实施信用政策后,还应该加强应收账款的日常管理。

(一)管理目标和专门组织机构

企业进行信用管理目的并非是要为避免风险而丢掉生意和机会,而是给企业确定一个承担商业风险的范围,从而增加有效和有利可图的销售。然而企业要提高销售、降低风险的水平是要用相应的指标来具体描述的,同时要有具体的数字来衡量和考核。通常企业实施信用政策设定的目标是:通过合理的信用销售支持企业的销售目标,保持回款速度,保持低坏账率,确保高水平的客户服务。

组织结构是指与整个流程相关的管理和组织结构,它首先要规定谁对整个信用管理流程负责,有权进行调整。通常企业要成立专门的一个小组来负责整个流程的审定和修改,通常这个小组要由主管财务的副总来担当。其次它要规定信用部门的构成、组织图表、工作范围、委托的权责界定,同时还要其他相关部门的权责界定。在这部分中,企业还可以说明信用部门的地位和与其他部门的关系,以及常规和特别情况下的授权界定等等。

(二)建立应收账款的坏账准备制度

不论企业采用怎样严格的信用政策,只要存在着商业信用行为,坏账损失的发生总是不可避免的。企业应当在期末分析各项应收账款的可收回性,并预计可能产生的坏账损失。对预计可能发生的坏账损失,计提坏账准备。企业计提坏账准备的方法由企业自行确定。企业应当制定计提坏账准备的政策,明确计提坏账准备的范围、提取方法、账龄的划分和提取比例,按法律、行政法规的规定报有关各方备案,并备置于企业所在地。坏账准备计提方法一经确定,不得随意变更,应当在会计报表附注中予以说明。在确定坏账准备的计提比例时,企业应当根据以往的经验、债务单位的实际财务状况和现金流量等相关信息予以合理估计。除有确凿证据表明该项应收款不能够收回或收回的可能性不大外(如债务单位已撤销、破产、资不抵债、现金流量严重不足、发生严重的自然灾害等导致停产而在短时间内无法偿付债务等,以及 3 年以上的应收款项),下列各种情况不能全额计提坏账准备:

(1)当年发生的应收款项;

(2)计划对应收款项进行重组;

(3)与关联方发生的应收款项;

(4)其他已逾期,但无确凿证据表明不能收回的应收款项。

企业的预付账款,如有确凿证据表明其不符合预付账款性质,或者因供货单位破产、撤销等原因已无望再收到所购货物的,应当将原计入预付账款的金额转入其他应收款,并按规定计提坏账准备。企业持有的未到期应收票据,如有确凿证据证明不能够收回或收回的可能性不大时,应将其账面余额转入应收账款,并计提相应的坏账准备。

(三)监督应收账款的回收情况

企业可以采取以下方法实施对应收账款回收情况的监督。

1.采用 ABC 分析法

ABC 分析法,即重点管理法(抓住重点,照顾一般),把金额较大、欠款期限较久的应收账款列为管理重点,将最危险的客户往前排。

2.账龄分析法

账龄分析法是通过编制账龄分析表,以显示应收账款存账时间(账龄)的长短,并按时间长短进行排序。企业应实施严密的监督,随时掌握应收账款的回收情况。实施对应收账款的全过程监督,可以通过编制账龄分析表进行。账龄分析表是一张能显示应收账款在外天数长短的报告,其格式如表 5-7 所示。

表 5-7 账龄分析表

应收账款账龄	账户数量	金额/千元	百分率%
信用期内	200	80	40
超过信用期 1～20 天内	100	40	20
超过信用期 21～40 天内	50	20	10
超过信用期 41～80 天内	50	20	20
超过信用期 81～100 天内	15	10	5
超过信用期 100 天以上	5	10	5
合计	420	200	100

通过账龄分析表,公司财务管理部门可以掌握以下信息:①有多少客户能够在折扣期限内付款;②有多少客户能够在信用期限内付款;③企业有多少应收账款超过了信用期,有多少客户能够在信用期限过后才付款;④有多少应收账款拖欠太久,可能会成为坏账。

表 5-7 显示,有价值 80000 元的应收账款处在信用期内,占全部应收账款的 40%。这些款项未到期,欠款是正常的;但到期后能否收回,还要待时再定。故及时的监督仍是必要的。有价值 120000 元的应收账款已经超过了信用期,占全部应收账款的 60%。不过,其中拖欠时间较短的(20 天)有 40000 元,占全部应收账款的 20%。这部分欠款收回的可能性很大;拖欠时间较长的(21～100 天)有 70000 元,占全部应收账款的 35%,这部分欠款回收有一定的难度;拖欠时间很长的(100 天以上)有 10000 元,占全部应收账款的 5%,这部分欠款有可能成为

坏账。对不同拖欠时间的欠款,公司应采取不同的收账方法,制定出经济、可行的收账政策;对可能发生的坏账损失,则应提前做出准备,估计这一因素对应收账款的影响。

3. 财务指标分析法

分析应收账款周转率和平均收账期,看流动资金是否处于正常水平。借以评价应收账款管理中的成绩与不足,并修正信用条件。

4. 清欠预算管理

年初销售部门会同会计部门做好清欠预算。每月或每旬由销售部门或会计部门出具清欠报告,检查和分析清欠情况。据此,向销售部门及时发布客户状况预警(周转天数超过 x 天),并建立信用高风险名单,进行定期跟踪。

5. 平均收账期法

平均收账期法是通过计算应收账款从形成到收回的平均所经历的时间,并将其与目标位(如同行业有关数据等)进行比较分析,为加强应收账款的监控提供依据。公司对拖欠的应收账款无论采取哪种方式进行催收,均会发生一定的收账费用。通常,收账费用越高,收回的账款就越多,平均收款期也会相应缩短,应收账款投资额和坏账损失也就越小。企业财务人员应常对公司由于信用政策和收账政策变化所引起的公司各期平均收账期的变动进行分析比较,找出影响公司平均收账期变化的原因,掌握到底是由于信用期限的宽松还是收账政策的不力,而引起平均收账期的延长,以便寻求有效的改进措施。平均收账期的变化,直接关系到公司资金的周转和利用效率,对其进行定期的分析评估,能促进公司制定合理的信用政策和改善收账的方法。

第四节　存货管理

有学者统计,一个制造企业的存货比例约占企业资产总额的 15% 以上,商业企业的存货比例要占资产总额的 25% 以上,存货的管理水平和效率将直接关系到企业的资金占用水平以及资产运作效率。因此,加强存货的规划和控制,使存货保持在最优水平上,成为财务管理的一项重要内容。

存货是指企业在日常生产经营过程中为生产或销售而储备的物资。企业持有充足的存货,不仅有利于生产过程的顺利进行,节约采购费用与生产时间,而且能够迅速地满足客户各种订货的需要,避免因存货不足带来的机会损失。然而,存货的增加必然要占用更多的资金将使企业付出更大的持有成本(即存货的机会成本),而且存货的储存与管理费用也会增加,影响企业获利能力的提高。因此如何在存货的功能(收益)与成本之间进行利弊权衡,在充分发挥存货功能的同时降低成本、增加收益、实现它们的最佳组合成为存货管理的基本目标。

➤ 一、存货的功能

存货的功能是存货在企业生产经营中所起到的作用。存货的功能主要体现在以下几个方面:

1. 防止停工待料

适量的原材料存货和在制品、半成品存货是企业生产正常进行的前提和保障。就企业外部而言,供货方的生产和销售往往会因某些原因而暂停或推迟,从而影响企业材料的及时采购、入库和投产。就企业内部而言,有适量的半成品储备,能使各生产环节的生产调度更加合理,各生产工序步调更为协调,联系更为紧密,不至于因等待半成品而影响生产。可见,适量的存货能有效防止停工待料事件的发生,维持生产的连续性。

2. 适应市场变化

存货储备能增强企业在生产和销售方面的机动性以及适应市场变化的能力。企业有了足够的库存产成品,能有效地供应市场,满足顾客的需要。相反,若某种畅销产品库存不足,将会坐失目前的或未来的销售良机,并有可能因此而失去顾客。在通货膨胀时,适当地储存原材料,能使企业获得因市场物价上涨而带来的好处,使企业保持价格竞争的优势。

3. 降低进货成本

很多企业为扩大销售规模,对购货方提供较优厚的商业折扣待遇,即购货达到一定数量时,便在价格上给予相应的折扣优惠。企业采取批量集中进货,可获得较多的商业折扣。此外,通过增加每次购货数量,减少购货次数,可以降低采购费用支出。即便在推崇以零存货为管理目标的今天,仍有不少企业采取大批购货方式,原因就在于这种方式有助于降低购货成本,只要购货成本的降低额大于因存货增加而导致的储存等各项费用的增加额,便是可行的。

4. 维持均衡生产

对于那些所生产的产品属于季节性产品,生产所需材料的供应具有季节性的企业,为实行均衡生产,降低生产成本,就必须适当储备一定的半成品存货或保持一定的原材料存货。否则,这些企业若按照季节变动组织生产活动,难免会产生忙时超负荷运转,闲时生产能力得不到充分利用的情形,这也会导致生产成本的提高。其他企业在生产过程中,同样会因为各种原因导致生产水平的高低变化,拥有合理的存货可以缓冲这种变化对企业生产活动及获利能力的影响。

➤ 二、存货的成本

为了充分发挥存货的固有功能,企业必须储备一定的存货,但也会由此而发生各项支出,这就是存货成本。存货的持有量也会受到存货成本的影响,存货的成本主要有以下几方面构成。

1. 进货成本

进货成本是指存货的取得成本。主要由存货的进价成本和进货费用两个方面构成。其中,进价成本又称购置成本,是指存货本身的价值,等于采购单价与采购数量的乘积。在一定时期进货总量既定的条件下,无论企业采购次数如何变动,存货的进价成本通常是保持相对稳定的(假设物价不变且无采购数量折扣),因而属于决策无关成本;进货费用又称订货成本,是指企业为组织进货而开支的费用,如与材料采购有关的办公费、差旅费、邮资、电话电报费、运输费、检验费、入库搬运费等支出。进货费用有一部分与订货次数有关,如差旅费、邮资、电话电报费等费用与进货次数成正比例变动,这类变动性进货费用属于决策的相关成本;另一部分与订货次数无关,如专设采购机构的基本开支等,这类固定性进货费用则属于决策的无关成本。

2. 储存成本

企业为持有存货而发生的费用即为存货的储存成本，主要包括：存货资金占用费（以贷款购买存货的利息成本）或机会成本（以现金购买存货而同时损失的证券投资收益等）、仓储费用、保险费用、存货残损霉变损失等。与进货费用一样，储存成本可以按照与储存数额的关系分为变动性储存成本和固定性储存成本两类。其中，固定性储存成本与存货储存数额的多少没有直接的联系，如仓库折旧费、仓库职工的固定月工资等，这类成本属于决策的无关成本；而变动性储存成本则随着存货储存数额的增减成正比例变动关系，如存货占用资金的利息、存货残损和变质损失、存货的保险费用等。这类成本属于决策的相关成本。

3. 缺货成本

缺货成本是因存货不足而给企业造成的损失，包括由于材料供应中断造成的停工损失、成品供应中断导致延误发货的信誉损失及丧失销售机会的损失等。如果生产企业能够以替代材料解决库存材料供应中断之急的话，缺货成本便表现为替代材料紧急采购的额外开支。缺货成本能否作为决策的相关成本，应视企业是否允许出现存货短缺的不同情形而定。若允许缺货，则缺货成本便与存货数量反向相关，即属于决策相关成本。反之，若企业不允许发生缺货情形，此时缺货成本为零，也就无需加以考虑。

➤ 三、存货的控制

存货管理的目的就是控制存货水平，使存货能为企业带来最大的效益。通常企业的存货越足，对生产经营活动的顺利进行就越有保障。然而，存货越足，其持有的成本也就越高。因此，企业在确定存货持有量时，必须在效益与成本之间进行权衡，并对存货持有量进行有效控制，控制的方法主要有经济批量法。经济批量法是指能够使一定时期存货的总成本达到最低点的存货进货量的方法。

（一）经济进货批量模型

经济进货批量是指能够使一定时期存货的相关总成本达到最低点的进货数量。通过上述对存货成本分析可知，决定存货经济进货批量的成本原因主要包括以下几种：①变动性进货费用，简称进货费用；②变动性储存成本，简称储存成本；③允许缺货时的缺货成本。不同的成本项目与进货批量呈现着不同的变动关系。减少进货批量，增加进货次数，在影响储存成本降低的同时，也会导致进货费用与缺货成本的提高。相反，增加进货批量，减少进货次数，尽管有利于降低进货费用与缺货成本，但同时会影响储存成本的提高。因此，如何协调各项成本之间的关系，使其总和保持最低水平，是企业组织进货过程需解决的主要问题。

存货经济进货量的一般模型是建立在一系列假设的基础之上的。其假设主要包括：

（1）企业一定时期存货的进货总量可以确定；

（2）每日存货的需求均匀稳定；

（3）企业提出进货时，能够立即到货；

（4）不允许缺货；

（5）每次进货可以集中到货，而不是陆续供应；

（6）存货价格稳定，不存在数量折扣或者商业信用。

由于存货每天需要量均匀稳定，所以每次到货后存货量达到最高点，随着每天存货的耗用,存货量呈直线下降的趋势,当存货量降至零时,由于企业不允许缺货,下一批进货便会随即全部购入,故不存在缺货成本,存货量又重新恢复到最高点,如此循环往复。因此,平均的存货量可以按每次进货量的 1/2 来进行计算。

在上述情况下,由于不存在数量折扣,所以不管每次购货量为多少,在全年总需求一定的情况下,存货的采购成本总是固定不变的。因而存在存货经济进货量决策基本模型中,采购成本是属于无关成本,也不考虑缺货成本;同时,不管每次进货数量是多是少,一定时期进货固定成本总额和储存固定成本总额都不变,因而,进货固定成本和储存固定成本与存货进货量的决策是无关的,属于无关成本。所以,与存货经济进货量决策的基本模型中,相关的成本包括储存变动成本和进货变动成本。从进货变动成本看,虽然单位进货变动成本不变,但每次进货量越多,全年的进货次数就越少,进货变动成本总额就越少。反之,每次进货量越少,全年的进货次数就越多,进货变动成本总额就越大。所以进货变动成本与每次进货量成反比,从节约进货变动成本的角度,要求每次进货量越多越好。从储存变动成本看,虽然单位储存变动成本一般不变,但每次订货量越多,全年平均的存货量就越高,一定时期储存变动成本总额也就越大,反之,每次进货量越少,全年平均的存货量就越低,储存变动成本总额就越小。所以储存变动成本与每次进货量成正比。从节约储存变动成本的角度考虑,要求每次进货量越少越好。因此与存货订购批量和批次直接相关的就只有进货费用和存储成本两项。

经济进货批量模型的计算如下:

$$平均的存货量 = Q/2$$
$$全年订货次数 = A/Q$$
$$全年订货变动成本 = (A/Q) \times B$$
$$全年订货存储成本 = (Q/2) \times C$$
$$存货相关总成本\ TC = (A/Q) \times B + (Q/2) \times C$$

其中:A——定时期存货需求总量;

$\quad Q$——经济进货批量;

$\quad TC$——表示存货总成本;

$\quad B$——表示每次进货费用;

$\quad C$——表示单位存货存储成本。

上述公式经推导后,可得经济进货批量的计算公式如下:

$$经济进货批量\ Q = \sqrt{\frac{2AB}{C}}$$

$$经济进货批量的存货相关总成本(Tc) = \sqrt{2ABC}$$

$$经济进货批量平均占用资金(W) = \frac{PQ}{2} = P\sqrt{\frac{AB}{2C}}$$

$$年度最佳进货批次(N) = \frac{A}{Q} = \frac{AC}{2B}$$

其中:W——经济进货批量平均占用资金;

$\quad P$——进货单价;

$\quad N$——年度最佳进货批次。

【例 5-6】天华公司 A 材料全年进货总量为 72000 千克,进货单价为 2 元,每次进货费用为200元,每千克A材料的年储存成本为0.8元,分别计算A材料的经济进货批量、存货总成本、经济进货批量平均占用资金和年度最佳进货批次。

计算如下:$A=72000$千克,$P=2$元,$B=200$元,$C=0.8$元;

则$\left(Q=\sqrt{\dfrac{2AB}{C}}\right)=6000$(千克)

$(Tc)=\sqrt{2ABC}=4800$(元)

$(W)=\dfrac{PQ}{2}=P\sqrt{\dfrac{AB}{2C}}=6000$(元)

$(N)=\dfrac{A}{Q}=\dfrac{AC}{2B}=12$(次)

计算结果显示,A材料的经济进货批量为6000千克,存货总成本为4800元,经济进货批量平均占用资金为6000元,年度最佳进货批次为12次。

(二)经济进货批量模型的扩展

存货的经济进货批量模型是在前述各种假设条件下建立的,但在实际工作中,能够满足这些假设条件的情况是极少的。为了使模型更接近于实际情况,具有较高的实用性,需逐一放宽假设,同时改进模型。

1. 享受商业折扣的经济进货批量模式

当供货方根据购货进货批量大小给予一定比例的商业,在计算经济进货批量时,既要考虑存货的进货费用和存储成本,又要考虑存货的进价成本,因为这时的存货进价成本已经与进货数量的大小有了直接的关系,成为存货控制决策的相关成本。届时存货总成本的计算即为:

存货总成本=进价成本+进货费用+存储成本。

实行商业折扣的经济进货批量模型的具体步骤是:首先,按照经济进货批量模型确定经济进货批量;其次,计算按经济进货批量进货时的存货总成本;再次,计算按照给予商业折扣的进货批量进货时的进货总成本;最后,比较不同进货批量的存货总成本,与最低存货总成本相对应的进货批量,就是实行商业折扣的最佳经济进货批量。

【例5-7】上例中,若供货方规定A材料的进货批量达到7200千克时,可享受1%的商业折扣;进货批量达到9000千克时,可享受1.2%的商业折扣,确定在有商业折扣情况下的经济进货批量如下:

(1)在不享受商业折扣,A材料的经济进货批量为6000千克时:

进价成本$=72000\times2=144000$(元)

年进货费用及存储成本$=72000\div6000\times200+6000\div2\times0.8=4800$(元)

存货总成本$=14400+4800=148800$(元)

(2)若进货批量提高到7200千克,享受1%商业折扣时:

进价成本$=72000\times2(1-1\%)=142560$(元)

年进货费用及存储成本$=72000\div7200\times200+7200\div2\times0.8=4880$(元)

存货总成本$=142560+4880=147440$(元)

(3)若进货批量达到9000千克,享受1.2%商业折扣时:

进价成本$=72000\times2(1-1.2\%)=142272$(元)

年进货费用及存储成本＝72000÷9000×200＋9000÷2×0.8＝5200(元)

存货总成本＝142272＋5200＝147472(元)

计算结果表明,A 材料的经济进货批量为 7200 千克,届时总成本最低,为 147440 元。

2. 保险储备量的确定

保险储备量是指企业为了防止到货延误或者销售量增加等不确定因素所引起的增加的储备量。因为在实际生产经营活动中,供货方的交货日期不可能固定不变,每日的耗用或者销售量也会上下波动,所以,企业需要有保险储备量,以防止这些不确定因素引起停工待料或者产品脱销,从而影响企业的生产经营活动。

保险储备量的确定要适当,倘若保险储备量过大,虽然将会减少缺货成本,却会增加存储成本。因此,存货短缺所发生的成本与保险储备的存储成本之和的最低点就是最佳保险储备量。

【例 5-8】前例中,A 材料的经济采购批量为 7200 千克,年进货 10 次,其在一定时期内订货到货间隔天数的不确定概率和耗用量的不确定概率分别如表 5-8、表 5-9 所示。

表 5-8　订货至到货间隔天数的不确定概率表

订货至到货间隔天数(天)	4	5	6	7	8
概率	0.03	0.08	0.75	0.10	0.04

表 5-9　A 材料耗用量不确定概率表

耗用量(千克)	6600	6900	7200	7500	7800
概率	0.05	0.10	0.70	0.11	0.04

根据表 5-8,计算防止到货延误的保险储备量如下:

防止到货延误保险储备量＝[(7－6)×0.10＋(8－6)×0.04]×200＝36(千克)

从图表 5-9 分析,以 7200 千克作为每批次的进货量,将没有保险储备量,以 7500 千克作为每批次的进货量,将有 300 千克保险储备量;以 7800 千克作为每批次的进货量,将有 600 千克保险储备量。若每千克的缺货成本为 1.2 元,根据这三种情况计算防止耗用量上升的保险储备量如下:

(1)进货批量为 7200 千克时。此时没有保险储备量,因此无存储成本,计算其缺货成本如下:

缺货成本＝[(7500－7200)×10×0.11＋(7800－7200)×10×0.04]×1.2＝684(元)

(2)进货批量为 7500 千克时。此时有 300 千克保险储备量,计算其存储成本和缺货成本如下:

存储成本＝300×0.8＝240(元)

缺货成本＝(7800－7500)×10×0.04×1.2＝144(元)

(3)进货批量为 7800 千克时。此时有 600 千克保险储备量,无缺货成本,计算其存储成本如下:

存储成本＝600×0.8＝480(元)

计算结果表明,为防止耗用量上升,保险储备量为 300 千克时缺货成本和存储成本总额最低。为防止到货延误的保险储备量与为防止耗用量上升的保险储备量之和构成了最佳保险储备量。

最佳保险储备量＝36＋300＝336（千克）

3. 再订货点

再订货点是指企业为了保持存货的正常周转，在再次订货时必须持有的存储量。企业存货的购进、存储、耗用或销售是一个连续不断的周转过程，企业不可能等到存货全部耗用或者销售完毕之后再去进货，务必保持一定的储备量，以满足进货期间产品生产或者销售的需要。在订货点的确定要适当，倘若过大，存货平均储备量就会增加，将会造成年存储成本上升；倘若过小，将会造成停工待料或者商品脱销，损失就会更大。在确定再订货点时，除了要考虑订货日至到货日的间隔天数外，还要考虑保险储备量，其计算公式如下：

再订货点＝平均每日耗用量或者销售量×订货至到货间隔天数＋保险储备量

【例 5－9】上例中，若 A 材料的平均每天耗用量为 200 千克，订货至到货期的间隔天数为 6 天，保险储备量为 336 千克，计算其再订货点如下：

再订货点＝200×2＋336＝1536（千克）

计算结果表明，当 A 材料结存量为 1536 千克时，应按 7200 千克的经济批量立即发出订货单，至第 6 天后 A 材料正好降至 336 千克保险储备量时，就能收到新购入的 A 材料。

➤ 四、存货的日常管理

(一)存货管理的基本要求

存货管理是指在日常生产经营过程中，按照存货规划的要求，对存货的使用和周转情况进行组织、调节和监督。在实际工作中，按照会计准则的要求，企业在建立并实施存货内部控制制度中，至少应当强化对以下关键方面或者关键环节的风险控制，并采取相应的控制措施：

(1)权责分配和职责分工应当明确，机构设置和人员配备应当科学合理。

(2)存货采购依据应当充分适当，采购事项和审批程序应当明确。

(3)存货采购、验收、领用、盘点、处置的控制流程应当清晰，对存货预算、供应商的选择、存货验收、存货保管及重要存货的接触条件、内部调剂、盘点和处置的原则及程序应当有明确的规定。

(4)存货成本核算方法、跌价准备计提等会计处理方法应当符合国家统一的会计制度的规定。

(二)ABC 控制法及管理

1. ABC 控制法

ABC 控制法又称 ABC 分类管理法。是 19 世纪意大利经济学家巴雷特首创并引入经济管理领域的。所谓 ABC 控制法，是指企业将存货按重要程度进行分类，重要的列为 A 类，一般的列为 B 类，不重要的列为 C 类。然后根据分类结果实施不同侧重程度的管理。存货分类的标准有两个：一是金额标准，二是品种数量标准。其中，金额标准是最基本的，品种数量标准仅作参考。列为 A 类存货的需求满足金额巨大而品种数量较少；B 类存货需满足金额一般，品种数量相对较多；C 类存货的特征是品种数量较多但金额很小。通常来说，A 类存货资金百分比合计为 70%～80%，B 类存货资金百分比合计为 10%～20%，而 C 类存货资金百分比合计仅为 5%～15%。而各类存货品种合计占企业全部存货品种百分比正好相反,即 A 类占 5%～20%,B 类占 20%～30%,C 类占 60%～70%。当企业存货种类非常多时,对于重要程度不同的存货实施同样程度的控制无疑会浪费企业的人力物力,效果也可能不尽如人意。如果企业对其拥有的存货按重要性进行分类,重要存货重点管理、一般存货次重点管理、不重要存货一般管理就会收到事半功倍的效果。

运用 ABC 控制法时一般可分为以下几个步骤:

(1)计算每一种存货在一定时期内的资金占用额;

(2)计算每一种存货的资金占用额占全部存货资金总额的百分比,并按大小排序;

(3)按照标准将存货分为 A、B、C 三类,其中金额标准为主要分类标准,品种数量标准为辅助分类标准;

(4)编制存货 ABC 分类表,实行 ABC 分类控制。

如某企业的各种原材料按 ABC 分类法编制原材料品种及金额比重表如表 5-10 所示。

表 5-10　企业各原材料比重表

类别	原材料品种	比重(%)	原材料结存额(元)	比重(%)
A	128	8.00	12333000	72.04
B	240	15.00	3157000	18.44
C	1232	77.00	163000	9.52
合计	1600	100.00	17120000	100.00

从图表 5-10 所示可以看出,A 类材料的品种仅占全部原材料的 8%,而结存额却占原材料的 72.04%;B 类原材料的品种占全部原材料的 15%,其结存额占全部原材料的 18.44%;C 类原材料的品种占全部原材料的 77%,而结存额仅占全部原材料的 9.52%。因此,企业应根据这三类原材料的特点,采取不同的管理方法。

2. ABC 三类存货的特点与管理方法

(1)A 类存货的特点和管理方法。A 类存货具有品种少而金额大的特点。企业应集中主要力量进行周密的规划和严格的管理。首先,要计算确定每种 A 类存货的经济进货批量和最佳保险存储量,在保证生产和销售的前提下,使存货占用的资金压缩到最低水平;其次,要及时登记 A 类存货收入、发出和结存的数量,当账面结存降低到再订货点时,应及时通知采购部门组织进货。

(2)B 类存货的特点与管理方法。B 类存货具有品种较多金额也不大的特点。企业在管理上可以采取分类管理,按存货的类别进行控制,实行一般管理,定期检查。

(3)C 类存货的特点与管理方法。C 类存货具有品种繁多,而金额却很小的特点。企业在管理上可以采用总金额控制法,根据历史资料分析后,按经验适当调整进货批量和进货批次。

(三)存货的归口分级管理

存货的归口分级管理是存货日常管理的一种基本方法,主要包括以下几项内容。

1. 存货资金实行统一管理

由财务部门对存货实行统一综合管理,实现资金使用的平衡。财务部门的主要职责有:根据企业具体情况和财务制度的要求,制定存货资金的各项管理制度;预测各种存货的资金占用额,编制存货资金计划;将各项控制指标归口落实到供应、生产、销售等部门,以便具体负责;对各部门的资金运用情况进行检查、分析和考核。

2. 存货资金实行归口管理

根据物资管理和资金管理相结合的原则,物资由哪个部门使用,相应的资金就由哪个部门负责管理。一般来说,原料及主要材料、包装物等占用的资金归供应部门负责;在产品和自制半成品占用的资金归生产部门负责;产成品占用的资金归销售部门负责等。

3. 存货资金的分级管理

已经实施归口管理的部门,在其部门内部将资金控制计划层层分解,分配给所属的基层单位。如原材料资金计划指标分解到供应计划、材料采购、仓储保管等业务组管理;在产品资金计划指标分解给各车间、半成品库管理;产成品资金计划指标分解给仓库保管、销售机构等业务组管理。

第五节　案例分析:家乐福的存货管理

世界著名商品零售商家乐福在商业上所取得的成就广为人知,但是在成功的背后有怎样的管理诀窍却不一定为人所熟知。我们来看看家乐福的存货管理,其存货管理分为需求估算、购料订货、仓储作业以及账务处理四个阶段.

➤一、需求估算阶段

第一个环节是计划环节(plan)。预先周全的计划,可以防止各种可能的缺失,也可以使人力、设备、资金、时机等各项资源得到有效充分的运用,又可以规避各类可能的大风险。制订一个良好的库存计划可以减少公司不良库存的产生,又能最大效率地保证生产的顺利进行。

1. 家乐福的库存计划模式

在库存商品的管理模式上,家乐福实行品类管理,优化商品结构。一个商品进入之后,会有 POS 机实时收集库存、销售等数据进行统一的汇总和分析,根据汇总分析的结果对库存的商品进行分类。然后,根据不同的商品分类拟订相应适合的库存计划模式,对于各类型的不同商品,根据分类制订不同的订货公式的参数,根据安全库存量的方法,可得到的仓库存储水平下降到确定的安全库存量或以下的时候,该系统就会启动自动订货程序。

2. 从家乐福获得的启示

(1)运用 ABC 法对物料分类管理。运用 ABC 分类法对所有物料进行分类。家乐福根据流量大、移动快速,流量适中以及流量低、转移速度慢三种情况把物料分为 A 类、B 类和 C 类。这就有助于管理部门为每一个分类的品种确立集中的存货战略。

(2)根据品类管理制订不同的库存计划模式。大致而言,存货的管理模式有 7 种模式:A/R 法(订单直接展开法)、复仓法、安全存量法、定时定购法、定量定购法、MRP 法(用料需求规划法)以及看板法(JIT)。

在同一个企业中,同时可以存在两种甚至以上的库存计划模式,这取决于物料的类型和企业的管理制度。现假设一家制造企业的物料已经按照 ABC 分类的概念并结合自身的情况进行了品种分类,分别为 A 类物料、B 类物料和 C 类物料。A 类的特性为:流量大、移动快速,在企业物料中最为重要。管理方式就会采取严密的管理方式和预测准确的库存计划。即使预测的成本较高,也要尽可能使无效库存数为零。管理模式可以采用 MRP 方式。B 类的特征为:流量适中的物料,仅次于 A 类的重要物料品种,管理方式为采用管理中度的管理方式。原则上,同时容许少量风险的无效库存的存在。管理模式可以是采取安全存量的管理方式。C 类的特征为:流量低或转移缓慢,相对重要性也较低。管理方式为采用宽松的管制即可,简化仓储出库、入库手续,管理模式是复仓法。

➤ 二、购料订货阶段

计划层面的下一个层面即为实施层面,也就是购料订货阶段。在选用合理的存货管理模式后,就根据需求估算的结果来实施订货的动作,以确保购入的货物能够按时、按量到达,保证以后生产或销售的顺利进行。

1. 家乐福的购料订货模式

在家乐福有一个特有的部门——OP,也就是订货部门,是整个家乐福的物流系统核心,控制了整个企业的物流运转。在家乐福,采购与订货是分开的,由专门的采购部门选择供应商、议定合约和订购价格。OP 则负责对仓库库存量的控制,生成正常订单与临时订单,保证所有的订单发送给供应商;同时进行库存异动的分析。作为一个核心控制部门,它的控制动作将它的资料联系到其他各个部门。对于仓储部门,它控制实际的和系统中所显示的库存量,并控制存货的异动情况;对于财务部门,它提供相关的入账资料和信息;对于各个营业部门,它提供存量信息给各个部门,提醒各部门根据销售情况及时更改订货参数,或增加临时订量。

2. 从家乐福获得的启示

(1)在公司内部形成一个控制中心。在公司内部形成一个类似 OP 的专门的控制部门,以它为中心,成射线状对企业其他各个部门形成控制。对财务提供资料,同时对各个营运部门形成互动的联系。可以形容为"牵一发而动全身"。在制造企业的内部,我们同样需要一个得力的控制中心的存在。

(2)明确各个部门的职责。在订货这个流程中,如果各个部门的职责没有分清的话,订货的效率会显然降低,或者说订货出错的几率会增加。在制造业中,我们要让采购、仓库、财务、生产各个部门的职责明白清晰,物料管理的效率才能够提高。

(3)优化进货流程。比较家乐福的订货流程,可以拟出制造业的一个进货流程如下:首先,电脑根据订货公式,计算自动订单;第二,由业务员人工审核确认后,由计算机输出,发给供应商;第三,供应商凭借计算机订单及订单号送货;第四,收货员下载订单到收货终端,持收货终端验收商品,未订货商品无法收货(严格控制未订货商品),第五,上传终端数据至电脑系统,生成电脑验收单(超出订货数量商品,作为增品验收或退还供应商);第六,将电脑验收单加盖收货章后交给供应商作为结算凭证;最后,进行业务每日查验(超期未到货订单汇总表),确保供应商准时送货。通过上述流程,可以达到优化进货流程的目的。

➤ 三、仓储作业阶段

1. 家乐福的仓储作业

家乐福的做法是将仓库、财务、OP、营业部门的功能和供应商的数据整合在一起。从统一的视角来考虑订货、收货、销售过程中的各种影响因素。因此,看家乐福仓储作业的管理就必须联系它的 OP、财务、营业部门来看,这是一个严密的有机体。仓库在每日的收货、发货之外会根据每日存货异动的资料,存量资料的数据传输给 OP 部门,OP 则根据累计和新传输的资料生成各类分析报表;同时,家乐福已逐步将周期盘点代替传统一年两次的"实地盘点"。在实行了周期盘点后,家乐福发现,最大的功效是节省一定的人力、物力、财力,没有必要在两次实地盘点的时候大规模的兴师动众了。同时,盘点的效率得到了提高。

2. 从家乐福所获得的启示

(1)加强仓库的控制作用。根据"战略储存"的观念,仓库在单纯的存储功能以外还有更重要的管理控制的功能。第一,加强成品管理,有效维护库存各物料的品质与数量。第二,强化料账管理,依据永续盘存的会计理念进行登账管理。第三,要及时提供库存资讯情报,要具备稽核功能、统计功能。以料、账和盘点的数据为基准,制订出有关资讯报表。第四,注重呆废料管理。通过制订呆废料分析表,利用检查及分析等手段使仓库中的呆废料突显出来,并及早使用,最大限度地减少损失。

(2)推行周期盘点。家乐福利用周期盘点代替一年两次实地盘点的做法在一定程度上也是值得制造业企业学习的。"周期盘点"以一个月或几星期为一个周期,根据品类管理对物料的分类,同样也对所储存的物料进行盘点周期的分类。每一次盘点若干个储位或料项,根据盘点的结果进行调整,并生成周期盘点的相关报表。采用"周期盘点"可以达到缩短盘点周期,及早发现"人"的问题以及仓储中存在的问题。但周期盘点的实施需要企业财务、采购、仓库各个部门有更强的控制能力和相互间联系反应的能力。(本案例来源于品牌世家,网址:http://guide.ppsj.com.cn/art/2294/22943/index.html)

📝 案例思考题

1. 存货管理在营运资金中处于什么位置?

2. 从家乐福存货管理启示中你学到了哪些具体的管理方法?

3. 如何提高我国企业尤其是中小企业营运资金管理的水平?

📚 本章小结

1. **营运资金**:营运资金是指企业投资在流动资产方面的资金,有广义和狭义之分。

2. **持有货币的动机**:交易动机、预防动机、投机动机。

3. **持有货币的成本**:机会成本、管理成本、短缺成本、转换成本。

4. **最佳现金持有量的计算**:成本分析模式、存货模式。

5. **应收账款的成本**:机会成本、管理成本、坏账成本。

6. **信用政策的制定**:"5C"评价法以及信用条件相关的计算。

7. 存货的功能有防止停工待料,适应市场变化,降低进货成本和维持均衡生产。存货产生的成本有进货成本、储存成本和缺货成本。存货控制的计算方法有经济进货批量及模型扩展的相关计算方法。

8. **存货日常管理的方法**:ABC 分类法、归口分级管理。

③ 习题

一、单项选择题

1. 企业因现金持有量不足,造成信用危机而给企业带来的损失,属于现金的(　　)。

   A. 机会成本　　　　　　　　B. 转换成本

   C. 管理成本　　　　　　　　D. 短缺成本

2. 应收账款的机会成本在很大程度上取决于(　　)。

   A. 资金成本率　　　　　　　B. 维持赊销业务所需要的资金

   C. 年赊销额　　　　　　　　D. 应收账款平均余额

3. ABC分类法是将各种存货按照(　　)的大小进行分类。

   A. 品种　　　　　　　　　　B. 金额

   C. 数量和金额　　　　　　　D. 品种和金额

4. 企业为满足交易动机而持有现金,所需考虑的主要因素是(　　)。

   A. 企业销售水平的高低　　　B. 企业发展能力的强弱

   C. 企业举债能力的大小　　　D. 企业对待风险的态度

5. 现金周转金包括(　　)。

   A. 应收账款周转期和应付账款周转期

   B. 应收账款周转期和存货周转期

   C. 应付账款周转期和存货周转期

   D. 应收账款周转期、应付账款周转期和存货周转期

6. 在企业应收账款管理中,明确规定信用期限和现金折扣的是(　　)。

   A. 信用条件　　　　　　　　B. 信用政策

   C. 收账政策　　　　　　　　D. 账龄分析

7. 一般情况下,企业采用积极的收账政策,可导致(　　)。

   A. 坏账损失增加　　　　　　B. 收账费用增加

   C. 应收账款增加　　　　　　D. 收账期延长

8. (　　)在计算过程中要运用进价成本。

   A. 经济进货批量模型

   B. 享受商业折扣的经济进货批量模型

   C. 保险储备量的确定

   D. 再订货点的确定

9. 成本分析模式确定最佳现金持有量不考虑的因素是(　　)。

   A. 机会成本　　　　　　　　B. 管理成本

   C. 转换成本　　　　　　　　D. 短缺成本

10. 持有过量现金可能导致的不利后果是(　　)。

    A. 财务风险大　　　　　　　B. 资产流动性下降

    C. 偿债能力下降　　　　　　D. 盈利能力下降

二、多项选择题

1. 企业持有现金的动机是（　　　）。

　　A. 满足交易的需要　　　　　　B. 投机性需要

　　C. 保证正常的营运　　　　　　D. 为了应付紧急情况

2. 对信用期限描述不正确的是（　　　）。

　　A. 信用期限越长，企业坏账风险越大

　　B. 信用期限越长，企业坏账风险越小

　　C. 信用期限越长，应收账款的机会成本越低

　　D. 信用期限越长，应收账款的机会成本越高

3. 经济进货批量基本模型是建立在（　　　）假设基础之上的。

　　A. 企业能及时补充所需存货

　　B. 每批订货之间相互独立

　　C. 存货不考虑销售折扣

　　D. 年需求量可以预测

4. 采用成本分析模式确定最佳现金持有量时，现金的持有成本包括（　　　）。

　　A. 机会成本　　　　　B. 变动成本　　　　　C. 管理成本　　　　　D. 短缺成本

5. 企业之所以采用赊销，是为了（　　　）。

　　A. 促进销售　　　　　　B. 多交朋友

　　C. 减少存货　　　　　　D. 扩大销售额

6. 影响信用标准的因素有（　　　）。

　　A. 同行业竞争对手的情况

　　B. 预期的坏账损失率

　　C. 企业承担风险的能力

　　D. 客户的资信程度

7. 存货的主要功能主要表现在：维持均衡生产，（　　　）。

　　A. 防止停工待料　　　　　B. 适应市场变化

　　C. 防止市场脱销　　　　　D. 降低进货成本

8. 现金支出管理中延期支付账款的主要方法有（　　　）。

　　A. 合理利用"浮游量"　　　B. 延期票据的结算时间

　　C. 推迟付款时间　　　　　D. 采用汇票付款

9. 通过现金预算可以（　　　）。

　　A. 确定现金需求量　　　　B. 规划企业的现金流量

　　C. 控制企业的现金流量　　D. 提高现金的运用效率

10. 流动资产具有流动性强、（　　　）的特点。

　　A. 具有并存性　　　　　　B. 具有波动性

　　C. 弹性大　　　　　　　　D. 投资回收期短

三、判断题

1. 收账政策是指企业针对客户违反信用条件所采取的收账策略与措施。　　　（　　　）

2. 变动性储存成本有存货资金的应计利息、存货残损、霉变损失和存货的保险费等，属于

决的相关成本。　　　　　　　　　　　　　　　　　　　　　　　　（　　）

3.享受商业折扣的经济进货批量模式的存货总成本由进货成本、进货费用和储存成本构成。

　　　　　　　　　　　　　　　　　　　　　　　　　　　　　　　（　　）

4.营运资金是指一个企业维持生产经营活动所需要的资金,它是流动资产减去流动负债后的差额。　　　　　　　　　　　　　　　　　　　　　　　　　（　　）

5.确定用于预防动机的现金需要额取决于企业对现金流量预测的准确程度和企业临时举债能力的强弱。　　　　　　　　　　　　　　　　　　　　　　　（　　）

6.销售商品、提供劳务收到的现金是指预算期内销售产品和提供劳务收到的现金以及前期销售产品和提供劳务预算期内收到的现金。　　　　　　　　　　　（　　）

7.A类存货具有品种少、金额大的特点,企业应集中主要力量对其进行周密和严格的管理。

8.现金融通是指对预算期企业现金多余或不足的情况,采取措施,予以调节的方法。

　　　　　　　　　　　　　　　　　　　　　　　　　　　　　　　（　　）

9.应收账款机会成本的大小与应收账款平均余额和资金成本有密切的关系。（　　）

10.企业应在权衡成本和收益的基础上,确定适当的信用标准。　　　　（　　）

四、计算题

1.天华公司 A、B、C、D 四种现金持有方案,机会成本为 12.5%,其他有关资料如表 5-11 所示,计算最佳现金持有量及其总成本。

表 5-11　现金持有方案

项目＼方案	A	B	C	D
现金持有量	70000	90000	120000	150000
管理成本	9600	9600	9600	9600
短缺成本	13500	7000	3300	0

2.华夏公司预计下月份现金需要总量为 16 万元,有价证券每次变现的交易费用为 0.04 万元,有价证券月报酬率为 0.9%。计算最佳现金持有量和有价证券的变现次数。

3.山河公司预计 2010 年需要现金150000 元,其现金收支状况基本稳定,有价证券的年利率为 5%,有价证券与现金的转换成本为每次 600 元。要求计算:

(1)该公司的最佳现金持有量。

(2)在最佳现金持有量条件下的全年现金管理相关总成本、全年现金转换成本和全年现金持有机会成本。

(3)在最佳现金持有量条件下的全年有价证券交易次数和交易间隔期。

4.华商公司甲材料的年需求量为 3600 吨。销售公司规定:客户每批购买量不足 900 吨的,按照每吨8000 元的单价销售;每批购买;量在 900 吨以上1800 吨以下的。按照每吨价格优惠 1% 销售;每批购买1800 吨以上的,价格优惠 3%。已知每批进货费用 250 元,每吨材料的年储藏成本为 20 元。要求计算实行数量折扣时的最佳经济订货批量。

5.山地公司预测 2012 年度的赊销收入净额为 3600000 元,应收账款周转期(收账天数)为 60 天,变动成本率为 75%,资金成本率为 10%。要求计算应收账款机会成本。

第六章　利润分配管理

本章将帮助您——

　　了解利润分配的原则、影响因素和利润分配的形式；

　　知晓利润分配的项目和利润分配的顺序；

　　清楚本量利分析法、相关比率法、因素分析法等方法的原理；

　　掌握利润的预测的几种方法，会进行计算，据此进行利润预测，掌握常见的股利政策的用法；

　　思考本章后的案例与本章学习内容的联系。

　　目标利润管理是一项十分重要的财务管理活动，是在国家、投资者、债权人、员工、企业之间进行经济利益的分配，因涉及各个主体之间的利益而备受关注。加强目标利润分配管理是企业正确处理财务关系的关键。

第一节　利润分配管理概述

　　利润分配，是将企业实现的净利润，按照国家财务制度规定的分配形式和分配顺序，在企业和投资者之间进行的分配。利润分配的过程与结果，是关系到所有者的合法权益能否得到保护，企业能否长期、稳定发展的重要问题，为此，企业必须加强利润分配的管理和核算。企业利润分配的主体是投资者和企业，利润分配的对象是企业实现的净利润；利润分配的时间即是利润分配发生的时间和企业作出决定向内向外分配利润的时间。

➤一、企业利润分配的基本原则

　　企业进行利润分配时，考虑到与企业相关的方方面面的关系，应兼顾不同方面的利益，处理好投资者现实利益与企业长远发展的关系，保证利润分配与企业的筹资、投资决策相互协调一致。企业利润分配要遵循的主要原则是：

　　1. 依法分配原则

　　企业利润分配的对象是企业缴纳所得税后的净利润，这些利润是企业的权益，企业有权自主分配。国家有关法律、法规对企业利润分配的基本原则、一般次序和重大比例也作了较为明确的规定,其目的是为了保障企业利润分配的有序进行,维护企业和所有者、债权人以及职工的合法权益,促使企业增加积累,增强风险防范能力。国家有关利润分配的法律和法规主要有公司法、外商投资企业法等,企业在利润分配中必须切实执行上述法律、法规。利润分配在企业内部属于重大事项,企业的章程必须在不违背国家有关规定的前提下,对本企业利润分配的原则、方法、决策程序等内容作出具体而又明确的规定,企业在利润分配中也必须按规定办事。

2. 资本保全原则

资本保全是责任有限的现代企业制度的基础性原则之一,企业在分配中不能侵蚀资本。资本保全原则要求利润分配不能减少企业的资本,企业的利润分配是对投入资本的增值部分进行分配,是对经营中资本增值额的分配,不是对资本金的返还。按照这一原则,一般情况下,企业如果存在尚未弥补的亏损,应首先弥补亏损,再进行其他分配。

3. 先盈后分原则

债权人的利益按照风险承担的顺序及其合同契约的规定,企业必须在利润分配之前偿清所有债权人到期的债务,否则不能进行利润分配。同时,在利润分配之后,企业还应保持一定的偿债能力,以免产生财务危机,危及企业生存。此外,企业在与债权人签订某些长期债务契约的情况下,其利润分配政策还应征得债权人的同意或审核方能执行。

4. 多方及长短期利益兼顾原则

利益机制是制约机制的核心,而利润分配的合理与否是利益机制最终能否持续发挥作用的关键。利润分配涉及投资者、经营者、职工等多方面的利益,企业必须兼顾,并尽可能地保持稳定的利润分配。在企业获得稳定增长的利润后,应增加利润分配的数额或百分比。同时,由于发展及优化资本结构的需要,除依法必须留用的利润外,企业仍可以处于长远发展的考虑,合理留用利润。在积累与消费关系的处理上,企业应贯彻积累优先的原则,合理确定提取盈余公积金和分配给投资者利润的比例,使利润分配真正成为促进企业发展的有效手段。

➤二、企业利润分配的影响因素

企业制定利润分配政策,必须充分考虑到各种影响利润分配政策的影响因素,使企业能在保持长远能力与稳定各方利益之间寻求一条合理的途径。影响企业利润分配的因素主要包括以下几个方面。

1. 法律因素

企业在进行利润分配时,应坚持法定利润分配程序,不能以企业资本分配利润,不能当年无利润而动用以前年度留存收益分配利润等,这些都是企业利润分配过程中所必须遵循的法律规定。国家对企业的利润分配做了明确具体的规定,企业的利润分配政策必然要受到这些规定的影响和制约。

(1)资本保全约束。

企业收益分配不能侵蚀资本,即:要求企业向投资者分配利润不得来源于原始投资或股本,只能来源于企业当期利润或者留存收益。

(2)资本累计约束。

企业实现的净利润应按规定的比例提取法定公积金。在弥补企业以前年度亏损和提取法定公积金之前,企业不得向投资者分配利润。

（3）偿债能力约束。

企业如果已经无力偿还到期债务或因向投资者分配利润将影响偿还到期债务，则企业向投资者分配利润就会受到限制。

（4）超额累积利润约束。

由于股利所得税通常高于资本利得税，企业通过保留利润来提高其股票价格，则可使股东避税。许多国家规定企业不得超额累积利润，一旦盈余的积累大大超过企业目前及未来投资的需要，则可看成是过度保留，将被加征额外的税款。我国目前股东接受现金股利缴纳的所得税税率为 20％，为开征股票交易的资本利得税，也未规定超额累积利润限制。

2. 股东构成因素

不同阶层、不同收入水平以及不同投资目的的股东，对股利分配的要求也是不同的。在做出利润分配决策时，企业管理层必须对不同的要求加以考虑。比较关心本期收入的股东，他们希望公司能将较大比重的收益作为股利发放，在个人所得税上，他们往往损失不大，因为采用的是超额累进征税，而个人所得额较低者纳税很少。但是，另外一些股东更愿意重新投资，他们并不需要本期股利来消费，因此对股票资本利得更感兴趣。因为公司支付的股利越多，股东当年所要缴纳的税也越多。总的来说，股东在税负、投资机会、股权控制等方面的意愿也会对公司的收益分配政策产生影响。

（1）税负。

股东所得税通常高于资本利得税，因而很多股东会出于对税负因素额考虑而倾向于公司少支付现金股利，以获得更多纳税上的好处。

（2）股东的投资机会。

如果公司将留存收益用于再投资所获得的报酬，低于股东进行其他投资所获得的报酬，则股东倾向于公司不应多留存收益，而应多支付现金股利。相反，如果公司的投资机会可以使股东获得比其他外部投资机会更高的报酬，则股东倾向于公司应多留存收益，而不应多支付现金股利。可见，对股东的外部投资机会的评估，也是公司制定收益分配政策时必须考虑的一个因素。

（3）股权控制要求。

如果公司向投资者支付较多的现金股利，那么就可能造成公司未来经营资金短缺，从而借举新债，这样会增加公司的财务风险，而发行新股又会导致现有股东对公司控制权的稀释。因此，股东往往会将收益分配政策作为维持其控制地位的工具，倾向于公司留存更多的收益。

3. 企业因素

影响利润分配的企业因素有：企业的现金支付能力、收益的稳定性、筹资能力、资本成本、企业拓展因素等。

（1）企业现金支付能力。

企业若想以现金的形式分配利润，就必须考虑企业现金的支付能力。企业盈利不等于一定有相应的现金。实践中，企业往往出现会计账面利润很多，但现金十分拮据的情况。这是由于企业在创利的过程中，同时进行实物资产的购置，从而使以往的盈利和当期的利润固定化为非现金资产，影响了资产的流动性。如果企业具有较强的筹集资金能力，也可以增强现金支付能力，可以考虑采用现金分配。反之则宜采取少分现金利润的政策。另外，一些较为成熟的企业,在没有很好的扩张项目和投资机会的情况下,如果持有较充裕的现金,往往倾向于多分配现金利润,以期提高企业形象。如上市公司,可能希望以多分配现金的方式提高股价。但事实证明,并非高现金股利一定带来股价攀升,有时甚至会出现相反的情况,这可能是由于传达出公司发展潜力受限的信息所致。

(2)收益的稳定性。

企业收益的稳定性是影响收益分配政策的首要因素。企业只有在盈利的情况下,才谈得上分不分收益和分配多少收益的问题。因此,企业必须以当年的盈利状况和未来的发展趋势为出发点,制定适当的收益分配政策。

(3)筹资能力。

企业筹资能力的大小也是决定收益分配政策的首要因素。如果企业筹资能力强,在决定向投资者分配利润时就有较大的选择余地。如果企业筹资能力弱,则应将更多的收益留存在企业。

(4)资本成本。

留存收益是企业内部筹资的来源。与发行新股和举债相比,留存收益无筹资费用,筹资成本低。因而从资本成本来考虑,企业往往留存更多的收益来满足企业的资金需要。

(5)企业拓展因素。

从企业生命周期来看,处于上升期的企业会有更多的投资机会,资金需求量大,更适合向投资者分配较少的利润。从长远的眼光看,这对投资者也是有利的。处于成熟期或者衰退期的企业投资机会减少,资金需求量相对较少,企业可以考虑向投资者分配更多的利润,以维护企业的形象和投资者的信心。由此可见,对股东来说,公司大量支付现金股利未必是好事。

4. 负债因素

当公司举借长期债务时,债权人为了保护自身的利益,可能会对公司发放股利加以限制。比如在债务合同中规定借款方未来只能以当年盈利而不是过去的留存收益发放股利,以及要求借款企业的营运资金应保持在一定的金额之上,若低于此特定金额则不得发放股利。

5. 通货膨胀因素

在通货膨胀时期,企业的购买力下降,原计划以折旧基金为来源购置固定资产则难以实现,为了弥补资金来源的不足,企业购置长期资产,往往会使用企业的盈利,因此股利支付会较低。当然这种情况不是绝对的,一些公司在通货膨胀中因其产品售价上涨的好处,可能会高于其所受的损失,则盈利水平会更高一些。尽管如此,从长远的发展看,通货膨胀的害处都会降临到企业,稀释其盈利,降低其采购原材料、设备及招聘员工的能力。

第二节 利润分配管理

企业在实际的生产经营活动中,不断取得各种收入,用收入减去相关的成本费用,考虑直接计入当期利润的利得和损失,从而计算出企业的盈亏。企业实现利润要按照规定进行分配。发生亏损要及时弥补,扭亏为盈。为实现企业的有效资本运营,保证企业的持续经营和发展,对利润的分配管理就显得极为重要。

➤一、利润的构成

利润是企业在一定时期内,从生产经营活动中取得的总收益,按权责发生制及收入、费用配比的原则,扣除各项成本费用损失和有关税金后的净额,包括营业利润、投资净收益、补贴收入和营业外收支净额等。它表明企业在一定会计期间的最终经营成果。企业的利润主要有以下几个部分构成。

1.营业利润

营业利润是指企业从事生产经营活动所产生的利润,它是企业最基本经营活动的成果,也是企业一定时期获得利润中最主要、最稳定的来源。营业收入减去营业成本(主营业务成本加其他业务成本)、营业税金及附加、销售费用、管理费用、财务费用、资产减值损失,加上公允价值变动净收益、投资净收益得到营业利润。2006 年财政部颁布的新企业会计准则 30 号财务报表列报中已对营业利润进行了调整,将投资收益调入营业利润,同时取消了主营业务利润和其他业务利润的提法,补贴收入被并入营业外收入,营业利润经营业外收支调整即得到了利润总额。

按企业利润的构成,其计算公式如下:

营业利润＝营业收入－营业成本－营业税金及附加－销售费用－管理费用－财务费用－
资产减值损失＋公允价值变动净收益＋投资净收益

营业利润永远是商业经济活动中的行为目标,没有足够的利润企业就无法继续生存,没有足够的利润,企业就无法继续扩大发展。企业面对市场激烈的竞争,面对超低利润的产品销售局面,举步维艰。做企业和持家一样,好的企业掌门人就像好的家庭主妇一样,能用最少的钱过最好的生活,避免每一份不必要的浪费。作为企业更是如此,一般企业内部导致资源浪费的原因,以及增加利润的方法,主要体现在以下方面:

(1)企业内部管理方面。①企业人力资源浪费,这在绝大部分企业都是存在,只是程度的轻重问题,一个人的事情三个人做,这在中国企业是常有的事情,这对于企业来说就是人员开销导致企业增加不必要的浪费。企业不是慈善机构,多余的闲人,不能起作用的员工就应当果断地清除出局。稍微有一点规模的公司就当制定严厉的人事考评和录用辞退制度,以使人力资源利用最大化。②办公用品开销,很多企业在办公用品的领用上没有健全的领用制度,导致任意领取使用,搞地办公桌就像开杂货店的,既浪费资源也污染了办公环境。③行为不规范导致浪费,在一些制作加工型的企业,很多企业没有严厉的 4S 标准,也没有品质管理的监控程序,导致人员加工产品的报废率很高,即影响了生产速度,也严重导致生产成本的递加。综上所述,企业要开源节流就要从管理入手,根据自身的情况,建立一套科学、完善的人事录用管理制度、企业物料申请领用管理制度、办公操作行为规范。

(2)通过在包装上做文章,减量不减价来减少产品成本、递升销售利润,这在快速消费品行业是惯用的手法。不妨看看我们的快餐业老大,麦当劳、肯德基的冰淇淋就知道了,表面上看堆得满满的冰淇淋,吃到下面却是空的。再看看上好佳的系列儿童零食产品,被空气充得鼓鼓的包装袋子让客户看了就觉得实惠,其实打开才发现里面有 80% 是空气的成分。这种方法虽然在某种程度上欺骗了消费者的眼球,不过我们消费者买的不就是这种感觉么?当降价减量都变成自然的时候,当这种现象变成司空见惯的时候,一切都是理所当然了。

(3)当产品进入衰退期时,商家就不得不通过促销、降价等手段来博得最后的一点销售利润,当这点利润变成负值的时候,企业就不得不开发新的产品来替代旧的产品。这种现象在电子产品行业最常见的,购买的手机、电脑等产品就是在不断地通过更新换代来弥补产品的衰竭而导致薄利的。有很多人疑问为什么电脑不能直接从奔二升级奔四,干吗还要奔二、奔三慢慢地升级?甚至还奔三一代,奔三二代。作为商家,适当地加快升级进程还是可以的,然而商家却并不这么做,就是为了多增加些产品周期以博得市场的喝彩,从而追究更高的销售利润。

(4)有效地疏通进货、出货渠道,精简环节也是精减销售开销、增加销售利润的一种有效途径。我们有的企业在产品导入市场初期,由于销售量的限制,不能大批量的采购原料,只能通过原料代理商、零售商进货,这样就大大递升了进货成本。对于一些产品导入初期的企业,由于进货量的限制可以通过连横、连纵采购的战略模式已达到降低采购成本的目的,所谓连横采购就是与我们的竞争厂家或者关联企业联合采购同样的产品;所谓连纵就是当我们的企业有足够的运营成本的时候可以在保质期内适当采购未来几个月原料用量。当然对于企业的销售渠道也是关系到企业销售利润的重要元素。有的企业为追求市场占有率,大力地发展代理商、分销商,结果导致一个产品需要通过3~4层代理商才能到达顾客的手上,这样不但增加了渠道管理开销,还大大地剥削了产品的销售利润。

(5)当产品通过上面这些正常的渠道增加产品销售利润还不能满足商家需求的时候,还可以变更思路,通过创意销售来增加企业的销售利润。房地产商当楼盘难以销售的时候,就可以挖渠一些品牌文化,可以改头换面,重新包装,隆重推出"花园洋房","学生公寓","白领之家""景观房"等概念房。当保健品在正常的销售模式下遭受市场冷漠时,就可以改变思路,更新包装,摇身一变成为礼品、药物保健品等新的定位与市场见面,从而受到市场的青睐。随着近些年来中国策划产业的快速发展,很多商家通过专业策划公司的精心调研、深度分析、科学策划、有效定位从而达到创意销售产品的目的。

递升产品销售利润的有效方法有很多种,总结下来企业只要建立科学严格的管理体系,疏通流畅简练的物流渠道,科学创意的产品定位,深度研究市场、挖掘企业文化、提炼产品优势,经过系统策划,就不难达到有效递升产品销售利润的目的。

2. 营业外收支净额

营业外收支净额是指企业发生的与企业的生产经营活动无直接关系的营业外收入与营业外支出的差额。营业外收入是指企业发生的与其日常活动无直接关系的各项利得,主要包括非流动资产处置利得、政府补助、盘盈利得、捐赠利得、非货币性资产交换利得、债务重组利得等。其中:非流动资产处置利得包括固定资产处置利得和无形资产出售利得。政府补助,是指企业从政府无偿取得货币性资产或非货币性资产形成的利得。盘盈利得,是指企业对现金等清查盘点时发生盘盈,报经批准后计入营业外收入的金额。捐赠利得,指企业接受捐赠产生的利得。营业外支出是指企业发生的与其日常活动无直接关系的各项损失,主要包括非流动资产处置损失、公益性捐赠支出、盘亏损失、罚款支出、非货币性资产交换损失、债务重组损失等。其中:非流动资产处置损失包括固定资产处置损失和无形资产出售损失。公益性捐赠支出,指企业对外进行公益性捐赠发生的支出。盘亏损失,主要指对于固定资产清查盘点中盘亏的固定资产,查明原因并报经批准计入营业外支出的损失。罚款支出,指企业由于违反税收法规、经济合同等而支付的各种滞纳金和罚款等。营业外收支虽然与企业生产经营活动没有多大的关系,但从企业主体来考虑,同样带来收入或形成企业的支出,也是增加或减少利润的因素,对企业的利润总额及净利润产生直接的影响。营业外收支净额指营业外收入与营业外支出的差额。其计算公式如下：

$$营业外收支净额＝营业外收入－营业外支出$$

3. 利润总额与净利润

利润总额包括营业利润与营业外收支净额。计算公式为：

$$利润总额＝营业利润＋营业外收支净额$$

如果计算企业的净利润，还应减去所得税。计算公式如下：

$$净利润＝营业利润＋营业外收支净额－所得税$$

➤ 二、利润预测

企业加强利润管理，一项十分重要的工作就是要做好利润规划与预测，这是企业实行目标管理的必然要求。进行利润规划和预测，就是在销售预测的基础上，通过对产品的销售数量、价格水平、成本状况等进行分析和预测，预测出企业未来一定时期的利润水平。利润预测对企业的经营决策具有十分重要的意义。企业通过利润预测可以对有关收入、成本和利润进行综合细致的分析，为企业的经营决策提供可靠的依据，同时，进行利润预测也可发现生产经营中存在的问题，有利于改善经营管理，提高企业的经济效益。利润预测要了解企业过去和现在的生产经营状况及所处经济环境的基础上，运用一定科学方法，对影响利润的各种因素进行分析，测算出企业未来的利润水平。利润预测的方法很多，这里主要介绍本量利分析法。

（一）本量利分析法的基本原理

本量利分析法是将成本划分在固定成本和变动成本计算模式的基础上，对成本、业务量、利润三者之间的依存关系所进行的分析，揭示固定成本、变动成本、销售量、单价、销售额、利润等变量之间的内在规律性的联系，为会计预测决策和规划提供必要的财务信息的一种定量分析方法。它可以用来确定企业的保本点和目标利润，进而测算有关因素变动对企业盈亏的影响。

在现实经济生活中，成本、销售数量、价格和利润之间的关系非常复杂。例如，成本与业务量之间可能呈线性关系也可能呈非线性关系；销售收入与销售量之间也不一定是线性关系，因为售价可能发生变动。为了建立本量利分析理论，必须对上述复杂的关系做一些基本假设，由此来严格限定本量利分析的范围，对于不符合这些基本假设的情况，可以进行本量利扩展分析。

1. 相关范围和线性关系假设

由于本量利分析是在成本性态分析基础上发展起来的，所以成本性态分析的基本假设也就成为本量利分析的基本假设，也就是在相关范围内，固定成本总额保持不变，变动成本总额随业务量变化成正比例变化，前者用数学模型来表示就是 $y=a$，后者用数学模型来表示就是 $y=bx$，所以，总成本与业务量呈线性关系，即 $y=a+bx$。相应的，假设售价也在相关范围内保持不变，这样，销售收入与销售量之间也呈线性关系，用数学模型来表示就是以售价为斜率的直线 $y=px$（p 为销售单价）。这样，在相关范围内，成本与销售收入均分别表现为直线。由于有了相关范围和线性关系这种假设，就把在相关范围之外，成本和销售收入分别与业务量呈非线性关系的实际情况排除在外了。但在实际经济活动中，成本、销售收入和业务量之间却存在非线性关系这种现象。为了解决这一问题，将在后面放宽这些假设，讨论非线性条件下的情况。

2.品种结构稳定假设

该假设是指在一个生产和销售多种产品的企业里,每种产品的销售收入占总销售收入的比重不会发生变化。但在现实经济生活中,企业很难始终按照一个固定的品种结构来销售产品,如果销售产品的品种结构发生较大变动,必然导致利润与原来品种结构不变假设下预计的利润有很大差别。有了这种假定,就可以使企业管理人员关注价格、成本和业务量对营业利润的影响。

3.产销平衡假设

所谓产销平衡就是企业生产出来的产品总是可以销售出去,能够实现生产量等于销售量。在这一假设下,本量利分析中的量就是指销售量而不是生产量,进一步讲,在销售价格不变时,这个量就是指销售收入。但在实际经济生活中,生产量可能会不等于销售量,这时产量因素就会对本期利润产生影响。

(二)几个基本概念

这里,首先要建立几个基本概念。

1.变动成本和固定成本

成本按其总额和业务量之间的依存关系,可划分为变动成本和固定成本。

变动成本是指成本总额会随着业务量的变动呈正比例变动的成本,但其产品的单位变动成本则是不变的。如直接人工、直接材料都是典型的变动成本,在一定期间内它们的发生总额随着业务量的增减而成正比例变动,但单位产品的耗费则保持不变。

固定成本是指其成本总额在一定的相关范围内不受业务量变动的影响而相对固定不变的成本,但就其产品的单位固定成本而言,则与业务量的增减呈反比例变动。

固定成本通常可区分为约束性固定成本和酌量性固定成本。约束性固定成本是指管理当局的短期(经营)决策行动不能改变其具体数额的固定成本。例如:保险费、房屋租金、设备折旧管理人员的基本工资等。这些固定成本是企业的生产能力一经形成就必然要发生的最低支出,即使生产中断也仍然要发生。由于约束性固定成本一般是由既定的生产能力所决定的,是维护企业正常生产经营必不可少的成本,所以也称为"经营能力成本",它最能反映固定成本的特性。降低约束性固定成本的基本途径,只能是合理利用企业现有的生产能力,提高生产效率,以取得更大的经济效益。酌量性固定成本是指管理当局的短期经营决策行动能改变其数额的固定成本。例如:广告费、职工培训费、新产品研究开发费用等。这些费用发生额的大小取决于管理当局的决策行动。一般是由管理当局在会计年度开始前,斟酌计划期间企业的具体情况和财务负担能力,对这类固定成本项目的开支情况分别作出决策。

假定业务量为 x,单位变动成本为 b,固定成本总额为 a,总成本为 y,则:

总成本为:　　　　　　　$y = a + bx$

单位成本为:　　　　$y \div x = a \div x + b$

2.贡献毛益

贡献毛益又称"边际收益",它是指产品销售收入超过变动成本的数额。单位贡献毛益是每种产品的销售单价超过单位变动成本的数额。贡献毛益总额是产品销售收入总额超过变动成本总额的数额。贡献毛益率是贡献毛益和产品销售收入的比率,它与变动成本率之和等于1。

假定某种产品的销售单价为 p，则该种产品：

单位贡献毛益 $=p-b$

贡献毛益总额 $=(p-b)x$

贡献毛益率 $=(p-b)\div p=1-b\div p$

如果生产销售多种产品，则：

各种产品贡献毛益总额 $=\sum(p-b)x$

综合贡献毛益率 $=\sum(p-b)x\div\sum x$

需要特别说明的是，各种产品提供的贡献毛益首先用来补偿固定成本，如果有剩余，才能形成利润，如果贡献毛益不能够补偿固定成本，则发生亏损。

(三)保本点的预测

保本点是指企业正好处于不亏不盈的状态。保本点有两种表现形式，即保本销售量和保本销售额。

$$产品销售收入-变动成本总额-固定成本总额=利润$$

设利润为零，则：产品销售收入-变动成本总额-固定成本总额 $=0$

即 $$px-bx-a=0$$

假设只生产一种产品，则： 保本销售量 $=a\div(p-b)$

保本销售额 $=pa\div(p-b)$

如果生产或销售多种产品，则保本点用综合保本销售额表示。

$$综合保本销售额 =a\div\left[\sum(p-b)\,x\div\sum px\right]$$

综合保本销售额的大小和生产、销售产品的品种结构有关。

【例6-1】某企业是生产灯泡，固定成本为10000元，每只灯泡的变动成本为3元，销售单价为5元。要求，计算保本点的销售量和销售额。

$$保本销售量 = a\div(p-b)=10000\div(5-3)=5000$$

$$保本销售额 = pa\div(p-b)=5\times5000=25000(元)$$

(四)目标利润的预测和实现

设目标利润为 T，则： $px-bx-a=T$

为保证目标利润的实现，那么预测企业应实现的目标销售量或者目标销售额。

如果生产、销售的是一种产品，则：

目标销售量 $=(a+T)\div(p-b)$

目标销售额 $=(a+T)\div[(p-b)\div p]$

如果生产、销售多种产品，则用综合目标销售额表示。

$$综合目标销售额 =(a+T)\div\left[\sum(p-b)\,x\div\sum px\right]$$

【例6-2】接例6-1，若企业计划期目标利润为90000元，要求测算目标销售量和目标销售额。

$$目标销售量 =(a+T)\div(p-b)=(10000+900000)\div(5-3)=50000(只)$$

$$目标销售额 =(a+T)\div[(p-b)\div p]=(100000+90000)\div[(5-3)\div5]$$
$$=250000(元)$$

【例6-3】A企业计划生产甲、乙、丙三种产品,假定产销平衡,有关资料如图6-1所示。

表6-1　A企业计划生产和销售甲、乙、丙三种产品的有关资料

项目＼产品	甲	乙	丙
销售量(件)	1000	2000	3000
销售单价(元/件)	50	15	8
单位变动成本(元/件)	40	9	6
固定成本总额(元)	10800		

要求:(1)测算甲、乙、丙三种产品的保本销售额分别是多少?

(2)若实现目标利润21600元,预测甲、乙、丙三种产品的目标销售额分别是多少?

解:计算步骤如下:

(1)首先,计算该企业计划期甲、乙、丙三种产品的贡献毛益,如表6-2所示。

然后计算综合贡献毛益率(见表6-2)和综合保本销售额:

综合贡献毛益率 $= \sum (p-b)x \div \sum px = 27000 \div 100000 \times 100\% = 27\%$

或者:综合贡献毛益率 $= 50\% \times 20\% + 30\% \times 40\% + 20\% \times 25\% = 27\%$

综合保本销售额 $= a \div \left[\sum (p-b)x \div \sum px \right] = 10800 \div 27\% = 40000(元)$

则各产品的保本销售额分别为:

甲产品的保本销售额 $= 40000 \times 50\% = 20000(元)$

乙产品的保本销售额 $= 40000 \times 30\% = 12000(元)$

丙产品的保本销售额 $= 40000 \times 20\% = 8000(元)$

表6-2　A企业甲、乙、丙三种产品的贡献毛益

项目＼产品	甲	乙	丙	合计
销售收入(元)	50000	30000	20000	100000
占销售收入总额的比重(%)	50	30	20	100
单位贡献毛益(元/件)	10	6	2	—
贡献毛益总额(元)	10000	12000	5000	27000
贡献毛益率(%)	20	40	25	27

(2)计算综合目标销售额。

综合目标销售额 $= (a+T) \div \left[\sum (p-b)x \div \sum px \right]$

$= (10800 + 21600) \div 27\% = 120000(元)$

则各产品的目标销售额分别是:

甲产品的目标销售额 $= 120000 \times 50\% = 60000(元)$

乙产品的目标销售额 $= 120000 \times 30\% = 36000(元)$

丙产品的目标销售额 $= 120000 \times 20\% = 24000(元)$

➤三、利润分配的顺序

企业利润分配的主体一般有国家、投资者、企业和企业内部职工;利润分配的对象主要是企业实现的净利润;利润分配的时间即确认利润分配的时间是利润分配义务发生的时间和企业做出决定向内向外分配利润的时间。根据公司法等有关法规的规定,一般企业和股份有限公司当年实现的净利润,一般应按照下列顺序分配。

1. 弥补以前年度亏损

弥补以前年度亏损是指在会计处理上,如果上年的净利润为负(或以前各年的净利润总和为负),本年的税后净利润要首先弥补掉这部分亏损,才能作为可供分配的净利润,来计提公积金、公益金或者分红。

2. 提取法定盈余公积金

法定盈余公积金是按10%的比例,从税后利润中提取的,用于企业生产经营的积累。一方面可以防止企业滥分利润损害债权人的利益,保全企业资本;另一方面也是企业扩大再生产的积累。当法定盈余公积金已提取达到注册资本的50%时,可不再提取。其用途可用于弥补亏损或转增资本,但转增资本后,剩余的法定盈余公积金不得低于注册资本的25%。

3. 支付优先股股利

优先股股利是指企业按优先股发放章程的有关规定,按约定的股息率或金额发放给优先股股东的报酬。

4. 提取任意盈余公积金

任意公积金又称任意盈余公积金,是指根据公司章程或股东会决议于法定公积金外自由提取的公积金。公司从税后利润中提取法定公积金之后,经股东大会或股东会决议,还可从税后利润中提取任意公积金。

5. 支付普通股股利

应付普通股股利项目反映企业应分配给普通股股东的现金股利,或企业分配给投资者的利润。一般而言,应付普通股股利的数额与提取任意盈余公积、未分配利润数额成反比,其从另一个侧面反映出企业当前面临的经营状态和理财政策。

6. 转作资本(股本)的普通股股利

必须指出的是上述利润分配的顺序不能颠倒。也就是说,企业以前年度的亏损未得到完全弥补前,不得提取法定盈余公积金和任意公积金;在提取法定盈余公积和公益金以前,不得向投资者支付股利和利润;支付股利的顺序必须是先支付优先股股利后支付普通股股利。

外商投资企业实现的净利润,应首先弥补以前年度尚未弥补的亏损,之后再按照法律、行政法规的规定提取储备基金、企业发展基金、职工奖励及福利基金等。中外合作经营企业按规定在合作期内以利润归还投资者的投资,以及国有工业企业按规定用利润补充的流动资本,都属于利润分配的内容。

第三节 股利分配政策

股利政策是指公司在法律允许的范围内是否发放股利、发放股利的数额和时机的方针及对策。

公司的净利润可以分配给股东,也可以留存在公司内部。股利政策的关键问题是确定分配和留存的比例。股利分配政策不仅会影响到股东的财富,而且也会影响公司在资本市场上的形象以及企业股票的价格,更会影响公司的长短期利益。因此,合理的股利政策对公司及股东是非常重要的。

➤一、股利分配政策的种类

1. 剩余股利政策

这种政策是指上市公司将税后利润首先用于再投资,剩余部分才用于股利发放。剩余股利政策的理论依据是 MM 理论股利无关论。该理论是由美国财务专家米勒(Miller)和莫迪格莱尼(Modigliani)于 1961 年在他们的著名论文《股利政策,增长和股票价值》中首先提出的,因此被称为 MM 理论。该理论认为,在完全资本市场中,股份公司的股利政策与公司普通股每股市价无关,公司派发股利的高低不会对股东的财富产生实质性的影响,公司决策者不必考虑公司的股利分配方式,公司的股利政策将随公司投资、融资方案的制订而确定。因此,在完全资本市场的条件下,股利完全取决于投资项目需用盈余后的剩余,投资者对于盈利的留存或发放股利毫无偏好。当上市公司有获得较丰厚利润的投资机会,预期投资收益率高于留存盈利的资本成本率时,这种股利政策就会成为上市公司的理智抉择。理由很简单:上市公司用于再投资的这部分现金流量,是税后利润的一部分,属于内源融资,它既不需对外支付利息和股利,也不需向外源融资那样耗费融资交易成本。显然,这种股利政策可以降低总资本成本,有利于实现公司资本结构的优化和企业利润最大化。

综上所述,根据剩余股利政策,公司确定其股利分派额的步骤为:①根据公司的投资计划确定公司的最佳资本预算。②根据公司的目标资本结构及最佳资本预算预计公司资金需求中所需要的权益资本数额。③尽可能用留存收益来满足资金需求中所需增加的股东权益数额。④留存收益在满足公司股东权益增加需求后,如果有剩余再用来发放股利。

【例 6-4】航通股份公司 2001 年的税后净利润为 1850 万元,由于公司尚处于初创期,产品市场前景看好,产业优势明显。确定的目标资本结构为:负债资本为 45%,股东权益资本为 55%。如果 2002 年该公司有较好的投资项目,需要投资 2000 万元,该公司采用剩余股利政策,则该公司应当如何融资和分配股利。

首先,计算权益资本额和发放现金股利。根据目标资本结构的要求,计算该公司投资方案所需要的权益资本额和 2002 年可以发放的现金股利如下:

$2000 \times 55\% = 1100$(万元)

公司 2002 年可以发放的现金股利为:$1850 - 1100 = 750$(万元)

因此,航通股份公司还应当筹集负债资金:

$2000 - 1100 = 900$(万元)

留存收益优先保证再投资的需要,从而有助于降低再投资的资金成本,保持最佳的资本结构,实现企业价值的长期最大化,这是剩余股利政策的优点;但如果完全遵照执行剩余股利政策,股利发放额就会每年随投资机会和盈利水平的波动而波动。即使在盈利水平不变的情况下,股利也将与投资机会的多寡呈反方向变动:投资机会越多,股利越少;反之,投资机会越少,股利发放越多。而在投资机会维持不变的情况下,股利发放额将因公司每年盈利的波动而同方向波动。剩余股利政策不利于投资者安排收入与支出,也不利于公司树立良好的形象。剩余股利政策一般适用于公司初创阶段.

2. 固定或稳定股利政策

在这种股利政策下,上市公司每年的股利基本固定在某一水平上或者在这个基础上维持某一固定比率逐年稳定增长。采用该政策的理论依据是"一鸟在手"理论和股利信号理论。该理论认为:①股利政策向投资者传递重要信息。如果公司支付的股利稳定,就说明该公司的经营业绩比较稳定,经营风险较小,有利于股票价格上升;如果公司的股利政策不稳定,股利忽高忽低,这就给投资者传递企业经营不稳定的信息,导致投资者对风险的担心,进而使股票价格下降。②稳定的股利政策,是许多依靠固定股利收入生活的股东更喜欢的股利支付方式,它更利于投资者有规律地安排股利收入和支出。普通投资者一般不愿意投资于股利支付额忽高忽低的股票,因此,这种股票不大可能长期维持于相对较高的价位。③稳定股利或稳定的股利增长率可以消除投资者内心的不确定性,等于向投资者传递了该公司经营业绩稳定或稳定增长的信息,从而使公司股票价格上升。只有在确信公司未来的盈利增长不会发生逆转时,公司才会宣布实施固定或者稳定的股利政策。这种股利政策具有两个特征:一是能够以"丰"补"歉"。当某一年度公司经营业绩下滑时,也不会减少股利发放;二是股利水平虽然相对固定,但随着公司业绩提高,亦会略有增长,即股利支付呈向上倾斜的线性趋势。

这种股利政策属稳健型,其优越之处表现在:其一,有利于增强公司对投资者的凝聚力。股利分配在某种程度上具有刚性。其二,这种股利政策向市场传递着公司稳健发展的信息,有利于稳定公司的股价,树立公司良好的市场形象。其三,这种股利政策有利于吸引众多的投资者,特别是风险厌恶型的个人投资者和实行谨慎投资策略的机构投资者。其缺点是该政策下的股利分派只升不降;在公司发展过程中,难免会出现经营状况不佳或者暂时的困难时期,如果执行这一政策派发的现金股利额大于公司实现的净利润,则必将侵蚀公司的留存收益,影响公司的后续发展,给公司的财务运作带来很大的压力,最终将影响公司的正常生产经营活动。固定股利或稳定增长股利政策一般适用于经营比较稳定的企业。

3. 固定股利支付率政策

股利支付率,即股利占公司税后利润的比率。所谓固定股利支付率政策,是指事先确定一个股利占公司税后利润的比率,然后长期按此比率对股东支付股利。主张采用此政策的人认为,通过固定的股利支付率向股东发放股利,能使股东获取的股利与公司实现的盈余紧密联系,以真正体现"多盈多分,少盈少分,无盈不分"的原则,只有这样,才算真正公平地对待了每一个股东。另外,采取此政策向股东发放股利时,实现净利润多的年份向股东发放的股利多,实现净利润少的年份向股东发放的股利少,所以不会给公司带来固定的财务负担。在这种股利政策下,各年的股利支付额随公司税后利润的变化而相应发生变化。较之稳定股利政策,这种股利政策约束下的股利支付额与公司税后利润的关联度明显为高。

该种政策的优点主要体现在:①使股利与企业盈余紧密结合,以体现多盈多分、少盈少分、不盈不分的原则。②保持股利与利润的一定比例关系,体现了风险投资与风险收益的对称。在实际工作中,固定股利支付率政策的不足之处表现为:①公司财务压力较大。根据固定股利支付率政策,公司实现利润越多,派发股利也就应当越多。而公司实现利润多只能说明公司盈利状况好,并不能表明公司的财务状况就一定好。在此政策下,用现金分派股利是刚性的,这必然给公司带来相当的财务压力。②缺乏财务弹性。股利支付率是公司股利政策的主要内容,股利分配模式的选择、股利政策的制定是公司的财务手段和方法。在公司发展的不同阶段,公司应当根据自身的财务状况制定不同的股利政策,这样更有利于实现公司的财务目标。但在固定股利支付率政策下,公司丧失了利用股利政策的财务方法,缺乏财务弹性。③确定合理的固定股利支付率难度很大。一个公司如果股利支付率确定低了,则不能满足投资者对现实股利的要求;反之,公司股利支付率确定高了,就会使大量资金因支付股利而流出,公司又会因资金缺乏而制约其发展。可见,确定公司较优的股利支付率是具有相当难度的工作。④传递的信息容易成为公司的不利因素。大多数公司每年的收益很难保持稳定不变,如果公司每年收益状况不同,固定支付率的股利政策将导致公司每年股利分配额的频繁变化。而股利通常被认为是公司未来前途的信号传递,那么波动的股利向市场传递的信息就是公司未来收益前景不明确、不可靠等,很容易给投资者带来公司经营状况不稳定、投资风险较大的不良印象。一般说来,税后利润较为稳定的公司采用这种股利政策较为适宜。

4.低正常股利加额外股利政策

这种政策是指公司在一般情况下每年只支付数额较低的股利,而在税后利润较多的年度,则在原有数额基础上再发放额外股利。低正常股利加额外股利政策的理论依据是"一鸟在手"理论和股利信号理论。将公司派发的股利固定地维持在较低的水平,则当公司盈利较少或需用较多的保留盈余进行投资时,公司仍然能够按照既定的股利水平派发股利,体现了"一鸟在手"理论。而当公司盈利较大且有剩余现金,公司可派发额外股利,体现了股利信号理论。公司将派发额外股利的信息传播给股票投资者,有利于股票价格的上扬。采用这种股利政策,可使公司在股利发放上具有较大的回旋余地。

这种股利政策的优点主要体现在:①低正常股利加额外股利政策赋予公司一定的灵活性,使公司在股利发放上留有余地和具有较大的财务弹性。同时,每年可以根据公司的具体情况,选择不同的股利发放水平,以完善公司的资本结构,进而实现公司的财务目标。②低正常股利加额外股利政策有助于稳定股价,增强投资者信心。由于公司每年固定派发的股利维持在一个较低的水平上,在公司盈利较少或需用较多的留存收益进行投资时,公司仍然能够按照既定承诺的股利水平派发股利,使投资者保持一个固有的收益保障,这有助于维持公司股票的现有价格。而当公司盈利状况较好且有剩余现金时,就可以在正常股利的基础上再派发额外股利,而额外股利信息的传递则有助于公司股票的股价上扬,增强投资者信心。

这种政策的不足主要有:①由于年份之间公司的盈利波动使得额外股利不断变化,或时有时无,造成分派的股利不同,容易给投资者以公司收益不稳定的感觉。②当公司在较长时期持续发放额外股利后,可能会被股东误认为是"正常股利",而一旦取消了这部分额外股利,传递出去的信号可能会使股东认为这是公司财务状况恶化的表现,进而可能会引起公司股价下跌的不良后果。可以看出,低正常股利加额外股利政策既吸收了固定股利政策对股东投资收益的保障优点,同时又摒弃其对公司所造成的财务压力方面的不足,所以在资本市场上颇受投资者和公司的欢迎。一般多为尚未进入成熟期、盈利不稳定的上市公司所采用。

股利分配政策是上市公司对盈利进行分配或留存用于再投资的决策问题,在公司经营中起着至关重要的作用,关系到公司未来的长远发展、股东对投资回报的要求和资本结构的合理性。合理的股利分配政策一方面可以为企业规模扩张提供资金来源,另一方面可以为企业树立良好形象,吸引潜在的投资者和债权人,实现公司价值即股东财富最大化。因此,上市公司非常重视股利分配政策的制定,通常会在综合考虑各种相关因素后,对各种不同的股利分配政策进行比较,最终选择一种符合本公司特点与需要的股利分配政策予以实施。

股利分配政策的发布也会对市场产生重要影响。既然股利分配政策与公司价值有很强的相关性,那么其中必然传递着某些价值信息。"信号传递"理论认为,公司股利分配政策不仅是一种分配方案,同时还是一种有效的信号传递工具。股利分配政策的变化往往是公司经营状况发生变化的信号,这些信号有积极的也有消极的市场影响。资本市场的效率性越强,这种传递方式越有效、成本越低。因为,投资者相信,作为内部人的管理层拥有公司目前最真实全面的经营发展信息,他们会通过发放股利向投资者证明其经营能力。投资者由于具有不同的股利偏好特性,会选择在适合自己股利偏好的上市公司群落周围积聚。因此,公司可能通过设计和修改股利分配政策、在股利分配政策中包含更丰富的信息来吸引投资者。

➤ 二、股利支付方式

国外成熟资本市场上,上市公司股利政策一般可以分为现金股利、股票股利、财产股利、负债股利四种方式,其中现金股利方式运用最普遍。在中国股票市场上,公司常见的股利分配方式一般有三种:派发现金股利、送红股、公积金转增股。不同的股利支付方式,给企业带来的影响不同。因此,企业应当选择适合企业自身发展的股利支付方式。常见的股利支付方式主要有以下几种。

1. 现金股利

现金股利是指企业以现金方式向股东支付的股利,是最普通最常见的股利支付形式。企业支付现金股利要拥有足够的现金资金,因此,企业在支付现金股利前必须做好财务上的安排,以便有充足的现金支付股利。因为企业一旦向股东宣布发放现金股利,就对股东承担了支付责任,形成了企业的一项负债,必须如期履行。

企业支付现金股利可以刺激投资者的信心。现金股利侧重于反映近期利益,对于看重近期利益的股东非常有吸引力。

2. 财产股利

财产股利是指以现金以外的财产分配的股利,主要是以企业拥有的其他企业的有价证券,如债券、股票、作为股利支付给股东。财产股利多用于现金支付能力不足的情况下。财产股利也会引起企业经济资源的流出,可能会影响企业的偿债能力和未来的发展。

3. 负债股利

负债股利是企业以负债发放的股利。负债股利使股东又成为企业的债权人。

负债股利通常应采用应付票据支付,在不得已的情况下,也有的企业采用发放企业债券来抵付股利。负债股利虽然可以达到延期支付的目的,但企业因此也承担了一项负债,增加了财务风险。

财产股利和负债股利实际上是现金股利的替代品,这两种股利支付方式在我国企业很少采用,但也并非法律所禁止。

4. 股票股利

股票股利是指企业自身发行的股票发放给股东的股利。股票股利实质上是留存收益的凝固化和资本化。发放股票股利不影响所有者权益总额,但会引起所有者权益的结构发生变化。

股票股利对企业的实际意义在于:一方面,发放股票股利是一种能有效降低现金流出风险的股利支付方式,它使企业留存了大量现金,便于进行再投资,有利于企业长期发展。另一方面,发放股票股利往往向社会传递企业继续发展的信息,它侧重于反应长远利益,对看重企业潜在发展能力而不计较即期分红的股东具有吸引力。但在某些情况下,发放股票股利也会被认为是企业资金周转不灵的征兆,从而降低投资者对企业的信心,加剧股价的下跌。最后,在盈余和现金股利不变的情况下,发放股票股利可以降低每股价格,从而吸引更多的投资者。

5. 股票分割

股票分割是一种收益分配补充的股利分配形式。所谓股票分割,又称股票分拆,是将新股按一定比例交换流通在外普通股的行为。例如,两股换一股的股票分割是指用两股新股换取一股旧股。股票分割对企业的股东权益总额及其结构不会产生任何影响,它只是增加发行在外普通股的数量,使得每股面值降低、每股收益下降。它与股票股利相似,都是在不增加股东权益总额的情况下增加股票的数量,所不同的是发放股票股利会引起股东权益的结构发生变化。

实施股票分割具有以下意义。

(1)可降低股票市价,吸引更多投资者。通过股票分割,股票的价格下降,企业发行在外的普通股票将广泛地分散到投资者当中,有利于防止一些股东通过委托代理权对企业实施控制。

(2)有利于企业并购政策的实施。股票分割有利于企业并购政策的实施,增加对被兼并方股东的吸引力。例如,假如有 A、B 两个企业,A 企业准备通过股票交换兼并 B 企业,A 企业股票市价每股 100 元,B 企业股票市价每股 10 元,如果以 A 企业 1 股股票换取 B 企业 10 股股票,可能会使 B 企业的股东心理上难以接受;相反,如果 A 企业先进行股票分割,将原来 1 股分拆为 5 股,然后再以 1∶2 的比例换取 B 企业股票,则 B 企业的股东在心理上就比较容易接受了。通过股票分割的办法,改变被并购企业股东的心理差异,有助于企业实施并购方案。

(3)可传递企业发展前景良好的信号。股票分割可以向股票市场和广大投资者传递企业盈利能力增强、发展前景良好的信息。一般在股票分割的信息公布前后,股票价格就会出现重大而积极的反应,这说明股票分割有利于增强投资者企业的信心。

6. 股票回购

股票回购是指股份公司出资将其发行流通在外的股票以一定价格购回的一种资本运作方式。公司在进行股票回购时,可以直接使用现金购回,也可以先发行债券,然后用筹得的款项购回部分股票。股票回购完,或将所回购的股票予以注销,或将其作为库存股保留,库存股仍然属于发行在外的股份,但不参与每股利益的计算和收益分配,是企业股本缩减的主要方式。

(1)股票回购的目的。公司进行股票回购,主要目的一般有以下几点:

①替代现金股利形式。当公司有富余资金,但又不希望通过现金股利形式进行分配时候,股票回购可作为现金股利的一种替代形式。

②推动股价上升。通过股票回购的方式,公司可提高每股收益,降低市盈率,推动股价上升,从而树立自身良好形象,满足投资人渴望高回报的心理需求。

③调整资本结构,提高财务杠杆水平。当公司认为权益资本在资本结构当中所占比例较大时,往往会为了调整资本结构而进行股票回购,达到一定程度上降低整体资本成本的目的。

④预防敌意并购。股票回购导致股价上升,有助于避开竞争对手企业企图收购公司的威胁。

(2)股票回购的相关规定。我国《公司法》规定,公司不得收购本公司股份。但是,有下列情形之一的除外:①减少公司注册资本。②与持有本公司股份的其他公司合并。③将股份奖励给本公司职工。④股东因对股东大会作出的公司合并、分立决议持异议，要求公司收购其股份的。

公司因上述①②③的原因收购本公司股份的，应当经股东大会决议。公司依照上述规定收购本公司股份后，属于第①种情形的，应当自收购之日起 10 天内注销；属于第②、第④项情形的，应当在 6 个月内转让或者注销。公司依照第③项规定收购的本公司股份，不得超过本公司已发行股份总额的 5%，用于收购的资金应当从公司的税后利润中支出，所收购的股份应当在 1 年内转让给职工。

第四节　案例分析：苏宁电器股份有限公司股利分配

▶ 一、公司概况

苏宁电器于 1991 年创立于江苏南京，是中国 3C（家电、电脑、通讯）家电连锁零售企业的领先者，是国家商务部重点培育的"全国 15 家大型商业企业集团"之一。公司围绕市场需求，按照专业化、标准化的原则，将电器连锁店面划分为旗舰店、社区店、专业店、专门店 4 大类、18 种形态。苏宁电器采取"租、建、购、并"四位一体、同步开发的模式，保持稳健、快速的发展态势。预计到 2020 年，网络规模将突破 3000 家，销售规模突破 3500 亿元。

▶ 二、历史分配政策及其原因

2007 年，苏宁电器实现营业收入 401.5 亿元，同比增长 53.5%，实现净利润 14.7 亿元，同比增长 93.4%，实现每股收益 1.02 元。公司业绩高速增长，鉴于公司的持续外延扩张政策，公司无拟定的利润分配或资本公积金转增股本预案，力图于内生和外延的稳步增长。2007 年 3 月 30 日，本公司 2006 年年度股东大会决议通过了以资本公积转增股本，向全体股东每 10 股转增 10 股，经此次转增后，股本总额由原来的 72075.2 万元变更为 144150.4 万元。

2008 年，苏宁新进地级以上城市 26 个，新开连锁店 210 家，置换连锁店 30 家，净增加连锁店 180 家，其中旗舰店、中心店和区店分别新增 30 家、41 家和 109 家。公司报告期内实现营业收入 498.97 亿元，利润总额 29.5 亿元。归属于上市公司股东净利润为 21.7 亿元，分别较上年增长 24.27%、31.66%、48.09%。公司实现基本每股收益为 0.74 元，归属于上市公司股东的每股净资产 2.93 元，分别较上年增加 45.1% 以及下降 3.21%。2008 年公司经营活动产生的现金流量净额达到 38.19 亿元，较上年增长 9.23%。

表 6-3　苏宁电器 2008 年股利分配派息

公告日期	2008 年 9 月 22 日	分红截止日期	2008 年 6 月 30 日
分红对象	全体股东	派息股本基数	1495504000 元
每十股现金（含税）	1.0000 元	每十股现金（税后）	0.9000 元
每十股送红股	0.0000 元	每十股转增资本	10.0000 股
股权登记日	2008 年 9 月 25 日	除权除息日	2008 年 9 月 26 日
最后交易日		股权到账日	2008 年 9 月 26 日
红股上市日		转增资本上市日	2008 年 9 月 26 日

2009年度利润分配方案：以2009年年末公司总股本4664141244股为基数,向全体股东每10股派发现金0.5元(含税),本次利润分配23320.7万元,利润分配后,利余未分配利润283115.1万元转入下一年度;同时以资本公积金向全体股东每10股转增5股,转增后,公司资本公积金由30112.6万元减少为67918.9万元。

2010年1月25日,苏宁电器的O2C网购平台"苏宁易购"正式上线。由此了解到,苏宁在2010年大规模建造自建店,对固定资产的投资大幅度增加,投资性现金支出为56.63亿元,同比2009年增加198%。由于这种资本开支计划的庞大,并且其资本公积在2009年进行了一次分拆。与此同时,苏宁为了下一个十年规划,2010年的股利分配方案仅按照净利润的17%派息。

表6-4　苏宁电器2010年股利分案派息

公告日期	2010年4月19日	分红截止日期	2009年12月31日
分红对象	全体股东	派息股本基数	4664141244股
每10股现金(含税)	0.5000元	每十股现金(税后)	0.4500元
每10股送红股	0.0000元	每十股转增资本	5.0000股
股权登记日	2010年4月15日	除权除息日	2010年4月16日
最后交易日		股息到账日	2010年4月16日
红股上市日		转增资本上市日	2010年4月16日

➤三、苏宁电器股利分配政策的启示

在A股市场上,没有哪家公司像苏宁电器那样如此频繁地"慷慨"配送。

苏宁电器于2004年7月21日以16.33元的发行价上市,此后便拉开了用资本公积转增成倍扩大股本的大幕。苏宁电器不断地用资本公积转增的方式增加股本,转增后再利用"填权效应"复原股价,股本增加了,发行同样数额的新增股份所占股本总额的比例减小了,对控股股东和实际控制人股权的稀释作用就减弱了。上述循环可以概括为:"大比例转增股本——再融资——大比例转增股本——再融资。"如此大量地频繁转股,其实是为了再融资的时候尽量减少对控股股东控股权的稀释作用。

股利分配政策与公司投资、筹资方案是分不开。苏宁属于快速成长阶段,因此需要大量投资筹资。所以,利润分配倾向于保持较多的留存收益,资本公积转增股本以扩大公司股本规模。

📝 案例思考题

1. 苏宁电器股份有限公司采用了什么股利分配政策?
2. 你如何评价苏宁电器股份有限公司的股利分配政策?

📚 本章小结

1. **利润分配**:是将企业实现的净利润,按照国家财务制度规定的分配形式和分配顺序,在

企业和投资者之间进行的分配。利润分配遵从依法分配、资本保全、先盈后分、多方及长短期利益兼顾等基本原则。

　　2.利润分配的影响因素：法律因素、股东构成因素、企业因素、负债因素、通货膨胀因素。

　　3.利润分配项目：有公积金和股利（向投资者分配的利润）。

　　4.利润的构成：营业利润、营业外收支净额。

　　5.利润的预测：本量利分析法、相关比率法、因素分析法。

　　6.利润分配的顺序：弥补以前年度亏损；提取法定盈余公积金；支付优先股股利；提取任意盈余公积金；支付普通股股利；转作资本（股本）的普通股利。

　　7.常见的股利政策：剩余股利政策、固定或稳定股利政策、固定股利支付率政策、低正常股利加额外股利政策。

　　8.股利支付方式：现金股利、财产股利、负债股利、股票股利。

　　9.股票分割：又称股票分拆，是将新股按一定比例交换流通在外普通股的行为。

习题

一、单项选择题

　　1.公司采用固定股利政策发放的好处主要表现为（　　　）。

　　　A. 降低资金成本　　　　　　　　B. 实现资本保全

　　　C. 提高支付能力　　　　　　　　D. 维持股价稳定

　　2.公司以股票形式发放股利，可能带来的结果是（　　　）。

　　　A. 引起公司资产减少

　　　B. 引起公司负债减少

　　　C. 引起股东权益内部结构的变化

　　　D. 引起股东权益与负债同时变化

　　3.主要考虑了未来投资机会的影响的股利分配政策是（　　　）。

　　　A. 剩余股利政策　　　　　　　　B. 固定股利政策

　　　C. 固定股利支付率政策　　　　　D. 低正常股利加额外股利政策

　　4.下列各项中，将会导致企业股本变动的股利形式有（　　　）。

　　　A. 财产股利　　　　　　　　　　B. 负债股利

　　　C. 股票股利　　　　　　　　　　D. 现金股利

　　5.公司董事会将有权领取股利的股东资格登记截止日期为（　　　）。

　　　A. 股利宣告日　　　　　　　　　B. 股利支付日

　　　C. 股权登记日　　　　　　　　　D. 除息日

　　6.企业在进行收益分配时应当要体现"谁投资谁收益"，收益的大小与投资比例相适应的要求所体现的原则是（　　　）。

　　　A. 依法分配原则　　　　　　　　B. 资本保全原则

　　　C. 兼顾各方面利益原则　　　　　D. 投资与收益对等原则

　　7.（　　　）的优点是留存收益优先保证再投资的需要，有助于降低再投资的资金成本，保持最佳资本结构，实现企业价值的长期最大化。

A. 剩余股利政策 B. 固定或稳定增长的股利政策

C. 固定股利支付率政策 D. 低正常股利加额外股利政策

8. 公司累计计提的法定公积金总额达到注册资本的(   )以后,可以不再提取。

A. 10%   B. 25%   C. 50%   D. 60%

9. (   )是确定收益分配政策的最重要的限制因素。

A. 投资需求 B. 筹资能力

C. 资金成本 D. 现金流量

10. 在通货膨胀时期,公司通常采取(   )的收益分配政策。

A. 较松 B. 较紧

C. 偏松 D. 偏紧

二、多项选择题

1. 公司的收益分配作为一项重要的财务活动,应当遵循(   )。

A. 相关性原则 B. 利益相关原则

C. 合法性原则 D. 效益优先、兼顾公平原则

2. 公司确定股利分配方案需要考虑(   )等方面的内容。

A. 选择股利政策 B. 确定股利支付水平

C. 确定股利发放日 D. 确定股利支付形式

3. 低股利支付政策(   )。

A. 有利于公司对收益的留存

B. 有利于增强公司股票的吸引力

C. 有利于扩大投资规模和未来的持续发展

D. 有利于公司在公开市场上筹集资金

4. 高股利支付政策(   )。

A. 有利于公司对收益的留存

B. 有利于增强公司股票的吸引力

C. 有利于扩大投资规模和未来的持续发展

D. 有利于公司在公开市场上筹集资金

5. 下列公司中,不适合采用固定股利政策的是(   )。

A. 收益显著增长的公司 B. 收益相对稳定的公司

C. 财务风险较高的公司 D. 投资机会较多的公司

6. 公司发放股票股利可能导致的结果有(   )。

A. 公司股东权益内部结构发生变化

B. 公司每股收益和每股股市价上升

C. 公司所有者权益的总额发生变化

D. 公司股份发生变化

7. 利润预测的方法有很多,最常用的方法有(   )。

A. 相关比率分析法 B. 资金利润率法

C. 因素预测法 D. 基期分析法

8. 公司利润分配的项目可用于(   )。

    A. 发放股利   B. 提取任意盈余公积

    D. 弥补亏损   D. 提取法定公积金

三、判断题

1. 股利无关论认为公司股利政策不会对公司股票价格产生任何影响。（　　）

2. 股利相关理论认为，股利发放多少直接影响股东对公司的态度，从而影响公司的股票价格。（　　）

3. 企业的利润主要由营业利润、投资净收益和营业外收支净额构成。（　　）

4. 公司以额外增发的股票来作为股利支付给股东的股利支付方式是财产股利。（　　）

5. 依靠股利维持生活的股东，往往要求公司支付较低的股利。（　　）

6. 收益分配是指公司将净利润在投资者、经营者以及企业留存之间进行的合理有效的分配。（　　）

7. 公司出于长期发展和短期经营的需要，应考虑现金流量、投资需求、筹资能力和通货膨胀等因素。（　　）

8. 公司以前年度未分配的利润，可以并入本年度利润一并进行分配。（　　）

9. 在公司快速发展阶段，其特点是公司发展快速，每股净收益呈现上升趋势，宜采用固定或者稳定增长的股利政策。（　　）

10. 股票股利不会改变公司的股东权益总额，也不会改变股东权益的构成。（　　）

四、计算题

1. 某公司 2010 年度实际销售利润为 100 万元，实际销售收入为 1000 万元。若计划销售额为 1500 万元，则 2011 年度公司的目标利润是多少？

2. 某公司上一年度实际占用资金总额为 200 万元，计划 2010 年度的投资额为 100 万元，预计资金利润率为 12%，则该企业的目标利润是多少？

3. 金叶公司采用的是剩余股利政策的股利分配政策。2009 年实现净利润 2730 万元，2008 年的投资计划需要资金 3000 万元，公司的目标资本结构为权益资本占 60%，债务资本占 40%，该公司的普通股为 6000 万股。计算该公司投资方案所需的权益资本额和每股普通股可以发放的现金股利。

第七章　成本管理

本章将帮助您——

　　了解企业成本管理的概念以及成本管理的众多方法；

　　知晓成本的性态划分；

　　清楚标准成本法；

　　掌握 ABC 成本管理法；

　　思考现实中的案例与本章学习内容的联系。

　　近年来全球企业，尤其是中国企业面临前所未有的成本上涨压力：油价、原料价格飞涨、通货膨胀、人民币升值、人力成本上涨、物流成本上涨等等。在竞争加剧，在复杂多变的经营环境下，越来越多的企业开始加强成本控制来增强企业抗风险的能力。成本控制是一门花钱的艺术，如何将每一分钱花得恰到好处、将企业每一种资源用到最需要它的地方，是企业在新的商业时代共同面临的难题。有效的成本控制是企业在激烈的市场竞争中成功与否的基本要素，但成本控制绝对不仅仅是单纯的压缩成本，需要建立起科学合理的成本分析与控制系统，让企业的管理者清楚地掌握公司的成本构架、盈利情况和决策的正确方向，成为企业内部决策的关键支持，从根本上改善企业成本状况，从而真正实现有效的成本控制。我们将通过成本管理的学习，让企业的管理者全面、清晰地掌握影响公司业绩的核心环节，全面了解企业的成本构架、盈利情况，从而把握正确的决策方向，从根本上改善企业成本状况，真正实现有效的成本管理。

第一节　成本管理概述

➤一、成本管理的含义和内容

(一)成本管理的含义

　　成本费用是企业生产经营过程中资金消耗的反映，可以理解为企业为取得预期收益而发生的各项支出，主要包括制造成本和期间费用等。成本费用是衡量企业内部运行效率的重要指标，在收入一定的情况下，它直接决定了公司的盈利水平。成本费用指标在促进企业提高经营管理水平、降低生产经营中的劳动耗费方面起着十分重要的作用。

成本费用管理是指企业对在生产经营过程中全部费用的发生和产品成本的形成所进行的计划、控制、核算、分析和考核等一系列科学管理工作的总称。加强成本费用管理,具有重要意义。它既是企业提高经营管理水平的重要因素,也是企业增加盈利的要求,并且为企业抵抗内外压力、求得生存发展提供了可靠保障。

(二)成本管理的内容

1. 成本预测

成本预测是指根据企业成本统计的历史资料和市场调查预测,研究企业外部环境和内部影响因素的变化,对成本变化的影响作用关系,运用专门的方法,科学地估算一定时间内的成本目标、成本水平,以及成本变化的趋势。

预测是成本决策的基础。只有在成本预测的基础上,提供多个不同成本控制的思路方案,才可能有决策的优选。

成本预测同时也是成本计划的基础,是编制成本计划的依据。没有成本预测,成本控制计划,也就必然是主观臆断。这种计划,以及建立这种计划基础上的预算也没有作用。

2. 成本决策

成本决策是按照既定的总目标,在充分收集成本信息的基础上,运用科学的决策理论和方法,从多种可行方案中选定一个最佳方案的过程。它是以提高经济效益为最终目标,强调划清可控与不可控因素,在全面分析方案中的各种约束条件,分析比较费用和效果的基础上,进行的一种优化选择。成本决策是成本管理工作的核心,成本管理的思路、方法都得由成本决策确定。

3. 成本计划

成本计划是在成本预测和成本决策的基础上,根据计划期的生产任务和利润目标,通过"由下而上"和"由上而下"的两条路线,在充分发挥和调动全体员工积极性的基础上,汇总编制而成的、具有可操作性的成本控制计划体系。成本计划一经决策机构批准,就具有了权威性,必须坚决贯彻执行,不得随意改动。它是成本控制和成本考核的依据。

4. 成本核算

成本核算是通过对成本的确认、计量、记录、分配、计算等一系列活动,确定成本控制效果。其目的是为成本管理的各个环节,提供准确的信息。只有通过成本核算,才能全面准确地把握企业生产经营管理的效果。企业劳动生产率的高低、固定资产的利用程度、原材料和能源的消耗情况、生产单位(车间)的管理水平,等等,都直接或间接地会表现在成本上。

5. 成本分析

成本分析主要是运用成本核算所提供的信息,通过同行比较和关联分析,包括对成本指标和目标成本的实际完成情况、成本计划和成本责任的落实情况,上年的实际成本、责任成本,国内外同类产品成本的平均水平、最好水平,进行比较,分析确定导致成本目标、计划执行差距的原因,以及可挖潜的空间。同时通过分析,把握成本变动规律,总结经验教训,寻求降低成本的途径。

6. 成本考核和奖惩

成本考核和奖惩是把成本的实际完成情况与应承担的成本责任进行对比,考核、评价目标成本计划的完成情况。其作用是对每个成本责任单位和责任人,在降低成本上所作的努力和贡献给予肯定,并根据贡献的大小,给予相应的奖励,以稳定和提升员工进一步努力的积极性。同时对于缺少成本意识,成本控制不到位,造成浪费的单位和个人,给予处罚,以促其改进改善。

二、成本管理的方法

(一)成本管理方法的含义

成本管理方法是指完成成本管理任务和达到成本管理目的的手段。成本管理方法是多种多样的,不同的阶段、不同的问题,所采用的方法就不一样,即使同一个阶段,对于不同的控制对象,或出于不同的管理要求,其控制方法也不尽相同。例如,仅就事前控制来说,就有用于产量或销售量问题的本量利分析法;有用于产品设计和产品改进的价值分析法;有解决产品结构问题的线性规划法;有用于材料采购控制的最佳批量法。因此,对于一个企业来说,具体选用什么方法,应视本单位的实际情况而定,必要时还可以自己设计出一个适合自己需要的特殊方法。

选择成本管理方法首先需要了解成本的特性与分类,通常可从以下三个方面考虑。

(1)成本发生的变动性与固定性:变动成本随产量的变动而变化,固定成本则不受产量因素的影响;

(2)成本对产品的直接性和间接性:直接生产成本与产品生产直接相关,间接生产成本则相关性并不明显;

(3)成本的可控性和不可控性:可控成本与不可控成本随时间条件的变化而会发生相互转化。

(二)成本管理的方法

1. 绝对成本控制

绝对成本控制是把成本支出控制在一个绝对金额中的一种成本控制方法。标准成本和预算控制是绝对成本控制的主要方法。

2. 相对成本控制

相对成本控制是指企业为了增加利润,要从产量、成本和收入三者的关系来控制成本的方法。

实行这种成本控制,一方面可以了解企业在多大的销量下收入与成本的平衡,另一方面可以知道当企业的销量达到多少时,企业的利润最高。所以相对成本控制是一种更行之有效的方法,它不仅是基于实时实地的管理思想,更是从前瞻性的角度,服务于企业战略发展的管理来实现成本控制。

3. 全面成本控制

全面成本控制是指对企业生产经营所有过程中发生的全部成本、成本形成中的全过程、企业内所有员工参与的成本控制。

企业应围绕财富最大化这一目标,根据自身的具体实际和特点,建立管理信息系统和成本控制模式,确定以成本控制方法、管理重点、组织结构、管理风格、奖惩办法等相结合的全面成本控制体系,实施目标管理与科学管理结合的全面成本控制制度。

4. 定额法

定额法是以事先制定的产品定额成本为标准,在生产费用发生时,就及时提供实际发生的费用脱离定额耗费的差异额,让管理者及时采取措施,控制生产费用的发生额,并且根据定额和差异额计算产品实际成本的一种成本计算和控制的方法。

5. 成本控制即时化

成本控制即时化,就是通过现场施工管理人员每天下班前记录当天发生的人工、材料、机械使用数量与工程完成数量,经过项目经理或者交接班人员的抽检合格,经过计算机软件的比较分析,得出成本指标是否实现及其原因的成本管理方法。

6. 标准成本法

标准成本法是西方管理会计的重要组成部分。标准成本法是指以预先制定的标准成本为基础,用标准成本与实际成本进行比较,核算和分析成本差异的一种产品成本计算方法,也是加强成本控制、评价经济业绩的一种成本控制制度。

7. 经济采购批量

经济采购批量,它是指在一定时期内进货总量不变的条件下,使采购费用和储存费用总和最小的采购批量。

8. 本量利分析法

本量利分析法是在成本性态分析和变动成本法的基础上发展起来的,主要研究成本、销售数量、价格和利润之间数量关系的方法。它是企业进行预测、决策、计划和控制等经营活动的重要工具,也是管理会计的一项基础内容。

9. 线性规划法

线性规划法是在第二次世界大战中发展起来的一种重要的数量方法,线性规划方法是企业进行总产量计划时常用的一种定量方法。线性规划是运筹学的一个最重要的分支,理论上最完善,实际应用得最广泛。线性规划法主要用于研究有限资源的最佳分配问题,即如何对有限的资源作出最佳方式的调配和最有利的使用,以便最充分地发挥资源的效能去获取最佳的经济效益。

10. 价值工程法

价值工程,指的是通过集体智慧和有组织的活动对产品或服务进行功能分析,使目标以最低的总成本(寿命周期成本),可靠地实现产品或服务的必要功能,从而提高产品或服务的价值。

11. 成本企划

成本企划是流行于日本企业的一种成本管理模式,其实质是成本的前馈控制,它不同于传统的成本反馈控制,即先确定一定的方法和步骤,根据实际结果偏离目标值的情况和外部环境变化采取相应的对策,调整先前的方法和步骤,而是针对未来的必达目标,据此对目前的方法与步骤进行弹性调整,因而是一种先导性和预防性的控制方式。

12.目标成本法

"目标成本法"是日本制造业创立的成本管理方法,目标成本法以给定的竞争价格为基础决定产品的成本,以保证实现预期的利润。即首先确定客户会为产品/服务付多少钱,然后再回过头来设计能够产生期望利润水平的产品/服务和运营流程。

第二节 标准成本管理

➤一、标准成本管理及相关概念

标准成本,是指通过调查分析、运用技术测定等方法制定的,在有效经营条件下所能达到的目标成本。标准成本主要用来控制成本开支,衡量实际工作效率。

标准成本管理,又称标准成本控制,是以标准成本为基础,将实际成本与标准成本进行对比,揭示成本差异形成的原因和责任,进而采取措施,对成本进行有效控制的管理方法。标准成本管理以标准成本的确定作为起点,通过差异的计算、分析等得出结论性报告,然后据以采取有效措施,巩固成绩或克服不足。

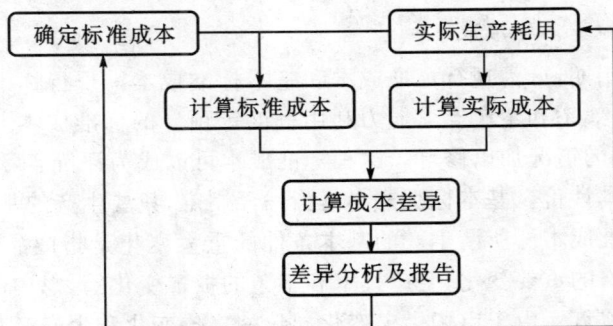

图 7-1 标准成本管理流程图

➤二、标准成本的制定

(一)标准成本的类型

1.理想标准成本和正常标准成本

标准成本按其制定所根据的生产技术和经营管理水平,分为理想标准成本和正常标准成本。

理想标准成本是指在最优的生产条件下,利用现有的规模和设备能够达到的最低成本。制定理想标准成本的依据,是理论上的业绩标准、生产要素的理想价格和可能实现的最高生产经营能力利用水平。这里所说的理论业绩标准,是指在生产过程中毫无技术浪费时生产要素消耗量,最熟练的工人全力以赴工作、不存在废品损失和停工时间等条件下可能实现的最优业绩。这里所说的最高生产经营能力利用水平,是指理论上可能达到的设备利用程度,只扣除不可避免的机器修理、改换品种、调整设备等时间，而不考虑产品销路不佳、生产技术故障等造成的影响。这里所说的理想价格，是指原材料、劳动力等生产要素在计划期间最低的价格水平。因此，这种标准是"工厂的极乐世界"，很难成为现实，即使暂时出现也不可能持久。它的主要用途是提供一个完美无缺的目标，揭示实际成本下降的潜力。因其提出的要求太高，不能作为考核的依据。

正常标准成本是指在效率良好的条件下，根据下期一般应该发生的生产要素消耗量、预计价格和预计生产经营能力利用程度制定出来的标准成本。在制定这种标准成本时，把生产经营活动中一般难以避免的损耗和低效率等情况也计算在内，使之切合下期的实际情况，成为切实可行的控制标准。要达到这种标准不是没有困难，但它们是可能达到的。从具体数量上看，它应大于理想标准成本，但又小于历史平均水平，实施以后实际成本更大的可能是逆差而不是顺差，是要经过努力才能达到的一种标准，因而可以调动职工的积极性。

在标准成本系统中，广泛使用正常的标准成本。它具有以下特点：它是用科学方法根据客观实验和过去实践经充分研究后制定出来的，具有客观性和科学性；它排除了各种偶然性和意外情况，又保留了目前条件下难以避免的损失，代表正常情况下的消耗水平，具有现实性；它是应该发生的成本，可以作为评价业绩的尺度，成为督促职工去努力争取的目标，具有激励性；它可以在工艺技术水平和管理有效性水平变化不大时持续使用，不需要经常修订，具有稳定性。通常来说，正常标准成本大于理想标准成本，但是小于历史成本。

2. 现行标准成本和基本标准成本

标准成本按其适用期，分为现行标准成本和基本标准成本。现行标准成本指根据其适用期间应该发生的价格、效率和生产经营能力利用程度等预计的标准成本。在这些决定因素变化时，需要按照改变了的情况加以修订。这种标准成本可以成为评价实际成本的依据，也可以用来对存货和销货成本计价。基本标准成本是指一经制定，只要生产的基本条件无重大变化，就不予变动的一种标准成本。所谓生产的基本条件的重大变化是指产品的物理结构变化，重要原材料和劳动力价格的重要变化，生产技术和工艺的根本变化等。只有这些条件发生变化，基本标准成本才需要修订。由于市场供求变化导致的售价变化和生产经营能力利用程度的变化，由于工作方法改变而引起的效率变化等，不属于生产的基本条件变化，对此不需要修订基本标准成本。基本标准成本与各期实际成本对比，可反映成本变动的趋势。由于基本标准成本不按各期实际修订，不宜用来直接评价工作效率和成本控制的有效性。

（二）标准成本的制定

产品成本由直接材料、直接人工和制造费用三个项目组成。无论是确定哪一个项目的标准成本，都需要分别确定其用量标准和价格标准，两者的乘积就是每一成本项目的标准成本，将各项目的标准成本汇总，即得到单位产品的标准成本。其计算公式为：

单位产品的标准成本＝直接材料标准成本＋直接人工标准成本＋制造费用标准成本

1. 直接材料标准成本的制定

单位产品耗用的直接材料的标准成本是由材料的价格标准和用量标准来确定的。

材料的价格标准通常采用企业编制的计划价格，它通常是以订货合同的价格为基础，并考虑到未来物价、供求等各种变动因素后按材料种类分别计算的。一般由财务部门和采购部门等共同制定。

材料的用量标准是指在现有生产技术条件下，生产单位产品所需的材料数量。它包括构成产品实体的材料和有助于产品形成的材料，以及生产过程中必要的损耗和难以避免的损失所耗用的材料。材料的用量标准一般应根据科学的统计调查，以技术分析为基础计算确定。

在制定直接材料标准成本时，其基本程序是：首先，区分直接材料的种类；其次，逐一确定它们在单位产品中的标准用量和标准价格；再次，按照种类分别计算各种直接材料的标准成本；最后，汇总得出单位产品的直接材料标准成本。其计算公式是：

直接材料标准成本＝材料的价格标准×材料的用量标准

【例7－1】假定某企业A产品耗用甲、乙、丙三种直接材料，其直接材料标准成本的计算如表7－1所示。

表7－1　A产品直接材料标准成本

项　　目	标　　准		
	甲材料	乙材料	丙材料
价格标准 ①	45 元/千克	15 元/千克	30 元/千克
用量标准 ②	3 千克/件	6 千克/件	9 千克/件
成本标准 ③ ＝ ①×②	135 元/件	90 元/件	270 元/件
单位产品直接材料标准成本 ④ ＝ $\sum$③	495 元		

2. 直接人工标准成本的制定

直接人工是由直接人工的价格和直接人工用量两项标准决定的。

直接人工的价格标准就是标准工资率，它通常由劳动工资部门根据用工情况制定。当采用计时工资时，标准工资率就是单位标准工资率，是由标准工资总额与标准总工时的商来确定的，即：

单位工时标准工资率＝预付支付直接人工标准工资总额÷标准总工时× 100 %

人工用量标准，即工时用量标准，它是指现有的生产技术条件下，生产单位产品所耗用的必要的工作时间，包括对产品直接加工工时，必要的间歇或停工工时以及不可避免的废次品所耗用的工时等。一般由生产技术部门、劳动工资部门等运用特定的技术测定方法和分析统计资料后确定。因此：

直接人工标准成本＝标准工资率×工时用量标准

【例7－2】沿用例7－1中的资料，A产品直接人工标准成本的计算如表7－2所示。

表7－2　A产品直接人工标准成本

项　　目	标　　准
月标准总工时 ①	15600 小时
月标准总工资 ②	168480 元
标准工资率 ③ ＝ ②÷①	10.8 元/小时
单位产品工时用量标准 ④	1.5 小时/件
直接人工标准成本 ⑤ ＝ ③×④	16.2 元/件

3. 制造费用标准成本

制造费用的标准成本是由制造费用价格标准和制造费用用量标准两项因素决定的。

制造费用价格标准，即制造费用的分配率标准。其计算公式为：

$$标准制造费用分配率＝制造费用预算总额/标准人工工时总数$$

制造费用的用量标准，即工时用量标准，其含义与直接人工用量标准相同。

因此：　　　　制造费用标准成本＝标准制造费用分配率×工时用量标准

成本按照其性态分为变动成本和固定成本。前者随着产量的变动而变动；后者相对固定，不随产量波动。所以，制定费用标准时，也应分别制定变动制造费用和固定制造费用的成本标准。

【例 7－3】沿用例 7－1 中的资料，甲产品制造费用的标准成本计算如表 7－3 所示。

表 7－3　甲产品制造费用标准成本

项　　　目		标　　　准
工　　时	月标准总工时　①	15 600 小时
	单位产品工时标准　②	1.5 小时/件
变动制造费用	标准变动制造费用总额　③	56 160 元
	标准变动制造费用分配率　④＝③÷①	3.6 小时/件
	变动制造费用标准成本　⑤＝②×④	5.4 元/件
固定制造费用	标准固定制造费用总额　⑥	187 200 元
	标准固定制造费用分配率　⑦＝⑥÷①	12 元/小时
	固定制造费用标准成本　⑧＝②×⑦	18 元/件
单位产品制造费用标准成本　⑨＝⑤＋⑧		23.4 元

➤ 三、成本差异分析

(一)成本差异的含义和类型

在标准成本管理模式下，成本差异是指一定时期生产一定数量的产品所发生的实际成本与相关的标准成本之间的差额。

成本差异按照不同标准可分为以下类型：

1. 用量差异与价格差异

用量差异是反映由于直接材料、直接人工和变动性制造费用等要素实际用量消耗与标准用量消耗不一致而产生的成本差异。其计算公式如下：

$$用量差异＝标准价格×(实际用量－标准用量)$$

价格差异是反映由于直接材料、直接人工和变动性制造费用等要素实际价格水平与标准价格水平不一致而产生的成本差异。其计算公式为：

$$价格差异＝(实际价格－标准价格)×实际用量$$

2. 纯差异与混合差异

从理论上讲，任何一类差异在计算时都需要假定某个因素变动时，其他因素固定在一定基础上不变。把其他因素固定在标准的基础上,计算得出的差异就是纯差异。

与纯差异相对立的差异就是混合差异。混合差异又叫联合差异,是指总差异扣除所有的纯差异后的剩余差异。

3. 有利差异与不利差异

有利差异,是指因实际成本低于标准成本而形成的节约差。不利差异,则指因实际成本高于标准成本而形成的超支差。但这里的有利与不利是相对的,并不是有利差异越大越好。例如,不能为了盲目追求成本的有利差异,而不惜以牺牲质量为代价。

4. 可控差异与不可控差异

可控差异,是指与主观努力程度相联系而形成的差异,又叫主观差异。它是成本控制的重点所在。

不可控差异,是指与主观努力程度关系不大,主要受客观原因影响而形成的差异,又叫客观差异。

(二)成本差异的计算和分析

从标准成本的制定过程可以看出,任何一项费用的标准成本都是由用量标准和价格标准两个因素决定的,因此,差异分析就应该从这两个方面进行。实际产量下的总差异的计算公式为:

总差异＝实际成本—标准成本

＝实际价格×实际用量—标准价格×标准用量

＝(实际价格×实际用量—标准价格×实际用量)＋(标准价格×实际用量—标准价格×标准用量)

＝(实际价格—标准价格)×实际用量＋标准价格×(实际用量—标准用量)

＝价格差异＋用量差异

其中:　　　　　　价格差异＝(实际价格—标准价格)×实际用量

　　　　　　　　用量差异＝标准价格×(实际用量—标准用量)

1. 直接材料成本差异的计算分析

直接材料成本差异,是指直接材料的实际总成本与实际产量下标准总成本之间的差异。它可进一步分解为直接材料价格差异和直接材料用量差异两部分。有关计算公式如下:

直接材料成本差异＝实际产量下实际成本—实际产量下标准成本

　　　　　　　　＝实际价格×实际用量—标准价格×标准用量

　　　　　　　　＝直接材料价格差异＋直接材料用量差异

直接材料价格差异＝(实际价格—标准价格)×实际用量

直接材料用量差异＝标准价格×(实际用量—实际产量下标准用量)

材料价格差异的形成受各种主客观因素的影响,较为复杂,如市场价格、供货厂商、运输方式、采购批量等的变动,都可以导致材料的价格差异。但由于它与采购部门的关系更为密切,所以其差异应主要由采购部门承担责任。

直接材料的用量差异形成的原因是多方面的,有生产部门原因,也有非生产部门原因。如产品设计结构、原料质量、工人的技术熟练程度、废品率的高低等等都会导致材料用量的差异。材料用量差异的责任需要通过具体分析才能确定,但主要往往应由生产部门承担。

【例7-4】沿用例7-1中的资料,A产品甲材料的标准价格为45元/千克,用量标准为3千克/件。假定企业本月投产A产品8000件,领用甲材料32000千克,其实际价格为40元/千克。其直接材料成本差异计算如下:

直接材料成本差异＝40×32000－45×3×8000＝200000(元)(超支)

其中:材料价格差异＝(40－45)×32000＝－160000(元)(节约)

材料用量差异＝45×(32000－8000×3)＝360000(元)(超支)

通过以上计算可以看出,A产品本月耗用甲材料发生200000元超支差异。由于生产部门耗用材料超过标准,导致超支360000元,应该查明材料用量超标的具体原因,以便改进工作,节约材料。从材料价格而言,由于材料价格降低节约了160000元,从而抵消了一部分由于材料超标耗用而形成的成本超支。这是材料采购部门的工作成绩,也应查明原因,巩固和发扬成绩。

2. 直接人工成本差异的计算分析

直接人工成本差异,是指直接人工的实际总成本与实际产量下标准总成本之间的差异。它可分为直接人工工资率差异和直接人工效率差异两部分。有关计算公式如下:

直接人工成本差异＝实际总成本－实际产量下标准成本

＝实际工资率×实际人工工时－标准工资率×标准人工工时

＝直接人工工资差异率＋直接人工效率差异

直接人工工资率差异＝(实际工资率－标准工资率)×实际人工工时

直接人工效率差异＝标准工资率×(实际人工工时－实际产量下标准人工工时)

工资率差异是价格差异,其形成原因比较复杂,工资制度的变动、工人的升降级、加班或临时工的增减等都将导致工资率差异。一般地,这种差异的责任不在生产部门,劳动人事部门更应对其承担责任。

直接人工效率差异是效率差异,其形成原因也是多方面的,工人技术状况、工作环境和设备条件的好坏等,都会影响效率的高低,但其主要责任还是在生产部门。

【例7-5】沿用7-2中的资料,A产品标准工资率为10.8元/小时,工时标准为1.5小时/件,工资标准为16.2元/件。假定企业本月实际生产A产品8000件,用工10000小时,实际应付直接人工工资110000元。其直接人工差异计算如下:

直接人工成本差异＝110000－16.2×8000＝－19600(元)(节约)

其中:直接人工工资率差异＝(110000÷10000－10.8)×10000＝2000(元)(超支)

直接人工效率差异＝10.8×(10000－1.5×8000)＝－21600(元)(节约)

通过以上计算可以看出,该产品的直接人工成本总体上节约19600元。其中,人工效率差异节约21600元,但工资率差异超支2000元。工资率超过标准,可能是为了提高产品质量,调用了一部分技术等级和工资级别较高的工人,使小时工资率增加了0.2×(110000÷10000－10.8)元。但也因此在提高产品质量的同时,提高了销路,使工时的耗用由标准的12000(8000×1.5)小时降低为10000小时,节约工时2000小时,从而导致了最终的成本节约。可见生产部门在生产组织上的成绩是值得肯定的。

3. 变动制造费用成本差异的计算和分析

变动制造费用成本差异是指实际发生的变动制造费用总额与实际产量下标准变动费用总额之间的差异。它可以分解为耗费差异和效率差异两部分。其计算公式如下:

变动制造费用成本差异＝实际总变动制造费用－实际产量下标准变动制造费用

　　　　　　　　　　＝实际变动制造费用分配率×实际工时－标准变动制造费用分配率×标准工时

　　　　　　　　　　＝变动制造费用耗费差异＋变动制造费用效率差异

变动制造费用耗费差异＝（变动制造费用实际分配率－变动制造费用标准分配率）×实际工时

变动制造费用效率差异＝变动制造费用标准分配率×（实际工时－实际产量下标准工时）

其中,耗费差异属于价格差异,效率差异是用量差异。变动制造费用效率差异的形成原因与直接人工效率差异的形成原因基本相同。

【例7-6】沿用例7-3中的资料,A产品标准变动费用分配率为3.6元/小时,工时标准为1.5小时/件。假定企业本月实际生产A产品8000件,用工10000小时,实际发生变动制造费用40000元。其变动制造费用成本差异计算如下:

变动制造费用成本差异＝40000－3.6×1.5×8000＝－3200（元）（节约）

其中:变动制造费用耗费差异＝（40000÷10000－3.6）×10000＝4000（元）（超支）

变动制造费用效率差异＝3.6×（10000－1.5×8000）＝－7200（元）（节约）

通过以上计算可以看出,A产品变动制造费用节约3200元,这是由于提高效率,工时由12000（1.5×8000）小时降为10000小时的结果。由于费用分配率由3.6元提高到4（40000÷10000）元,使变动制造费用发生超支,从而抵消了一部分变动制造费用的节约额。应该查明费用分配率提高的具体原因。

4.固定制造费用成本差异的计算分析

固定制造费用成本差异是指实际发生的固定制造费用与实际产量下标准固定制造费用的差异。其计算公式为:

固定制造费用成本差异＝实际产量下实际固定制造费用－实际产量下标准固定制造费用

　　　　　　　　　　＝实际分配率×实际工时－标准分配率×实际产量下标准工时

其中,　　　　标准分配率＝固定制造费用预算总额÷预算产量下标准总工时

由于固定制造费用相对固定,实际产量与预算产量的差异会对单位产品所应承担的固定制造费用产生影响,所以,固定制造费用成本差异的分析有其特殊性,分为两差异分析法和三差异分析法。

（1）两差异分析法。它是指将总差异分为耗费差异和能量差异两部分,计算公式如下:

耗费差异＝实际固定制造费用－预算产量下标准固定制造费用

　　　　＝实际固定制造费用－标准分配率×工时标准×预算产量

　　　　＝实际固定制造费用－标准分配率×预算产量下标准工时

能量差异＝预算产量下标准固定制造费用－实际产量下固定制造费用

　　　　＝标准分配率×（预算产量下标准工时－实际产量下标准工时）

【例7-7】沿用例7-3中的资料,A产品固定制造费用标准分配率为12元/小时,工时标准为1.5小时/件。假定企业A产品预算产量为10400件,实际生产A产品8000件,用工10000小时,实际发生固定制造费用190000元。其固定制造费用的成本差异计算如下:

固定制造费用成本差异＝190000－12×105×8000＝46000（元）（超支）

其中:耗费差异＝190000－12×1.5×10400＝2800（元）（超支）

能量差异＝12×(1.5×10400−1.5×8000)＝43200(元)(超支)

通过以上计算可以看出,该企业 A 产品固定制造费用超支 46000 元,主要是由于生产能力不足,实际产量小于预算产量所致。

(2)三差异分析法。它是将两差异分析法下的能量差异进一步分解为产量差异和效率差异,即将固定制造费用成本差异分为耗费差异、产量差异和效率差异三个部分。其中耗费差异的概念和计算与两差异法下一致。相关计算公式为:

耗费差异＝实际固定制造费用−预算产量下标准固定制造费用
　　　　＝实际固定制造费用−标准分配率×工时标准×预算产量
　　　　＝实际固定制造费用−标准分配率×预算产量下标准工时

产量差异＝标准分配率×(预算产量下标准工时−实际产量下实际工时)

效率差异＝标准分配率×(实际产量下实际工时−实际产量下标准工时)

【例7−8】沿用例7−7中的资料,计算其固定制造费用的成本差异如下:

固定制造费用成本差异＝190000−12×1.5×8000＝46000(元)(超支)

其中:耗费差异＝19000−12×1.5×10400＝2800(元)(超支)

产量差异＝12×(1.5×10400−10000)＝67200(元)(超支)

效率差异＝12×(10000−1.5×8000)＝−24000(元)(节约)

通过上述计算可以看出,采用三差异法,能够更好地说明生产能力利用程度和生产效率高低所导致的成本差异情况,便于分清责任。

四、分析结果的反馈

标准成本差异分析是企业规划与控制的重要手段。通过差异分析,企业管理人员可以进一步揭示实际执行结果与标准不同的深层次原因。差异分析的结果,可以更好地凸显实际生产经营活动中存在的不足或在必要时修改成本标准,这对企业成本的持续降低、责任的明确划分以及经营效率的提高具有十分重要的意义。

第三节　ABC 成本管理

ABC 成本管理法,也称作业成本管理法,最开始只是作为一种产品成本的计算方法,其对传统成本计算方法的改进,主要表现在采用多重分配标准分配制造费用的技术变革上。随着成本计算方法的完善,它也开始兼顾对制造费用和销售费用的分析,以及对价值链成本的分析,并将成本分析的结果应用到战略管理中,从而形成了作业成本管理。

一、ABC 成本管理法及相关概念

所谓作业,是指在一个组织内为了某一目的而进行的耗费资源的工作,它是作业成本计算系统中最小的成本归集单元。作业贯穿产品生产经营的全过程,从产品设计、原材采购、生产加工,直至产品的发运销售。在这一过程中,每个环节、每道工序都可以视为一项作业。

成本动因,亦称成本驱动因素,是指导致成本发生的因素,即成本的诱因。成本动因通常以作业活动耗费的资源来进行度量,如质量检查次数、用电度数等。在作业成本法下,成本动因是成本分配的依据。成本动因又可以分为资源动因和作业动因。资源动因反映作业量与耗费之间的因果关系,而作业动因反映产品产量与作业成本之间的因果关系。按照统一的作业动因,将各种资源耗费项目归结在一起,便形成了作业中心,也称成本库。

通过对所有作业活动动态地追踪反映,进行作业和成本对象的成本计量,并评价作业业绩和资源利用情况的方法,即为作业成本计算法。它基于资源耗用的因果关系进行成本分配,根据作业耗用资源的情况,将资源分配给作业,再依照成本对象消耗作业的情况,把作业成本分配给成本对象。其成本模型可以用图7-2来简单地表示。

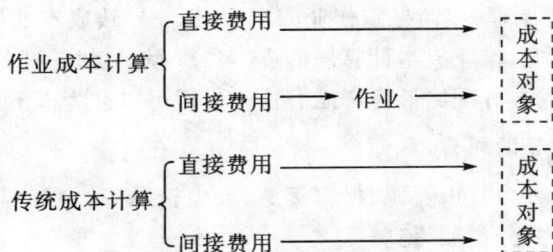

图7-2 作业成本计算法与传统成本计算法

在ABC成本法下,对于直接费用的确认和分配与传统的成本计算方法一样,而间接费用的分配对象不再是产品,而是作业。分配时,首先根据作业中心对资源的耗费情况将资源耗费的成本分配到作业中心去,然后再将上述分配至作业中心的成本按照各自的成本动因,依据作业的耗用数量分配到各产品。作业成本法很好地克服了传统成本方法中间接费用责任划分不清的缺点,使以往一些不可控的间接费用变为可控,这样可以更好地发挥决策、计划和控制的作用,以促进作业管理和成本控制水平的不断提高。

➤ 二、ABC 成本管理概述

ABC成本管理是以提高客户价值、增加企业利润为目的,基于ABC成本法的新型集中化管理方法。它通过对作业及作业成本的确认、计量,最终计算产品成本,同时将成本计算深入到作业层次,对企业所有作业活动进行追踪并动态反映。此外还要进行成本链分析,包括动因分析、作业分析等,从而为企业决策提供准确的信息,指导企业有效地执行必要的作业,消除和精简不能创造价值的作业,以达到降低成本、提高效率的目的。ABC成本管理是一种符合战略管理思想要求的现代成本计算和管理模式。它既是精确地成本计算系统,也是改进业绩的工具。ABC成本管理包含两个维度的含义:成本分配观和流程观,如图7-3所示。

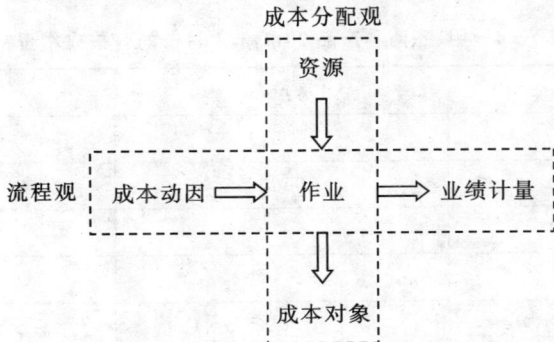

图7-3 ABC 成本管理结构图

图 7-3 中垂直部分反映了成本分配观,它说明成本对象引起作业需求,而作业需求又引起资源的需求。因此,成本分配是从资源到作业,再从作业到成本对象,而这一流程正是作业成本计算的核心。

图 7-3 中水平部分反映了流程观,它为企业提供所引起作业的原因(成本动因)以及作业完成情况(业绩计量)的信息。流程观关注的是确认作业成本的根源、评价已经完成的工作和已实现的结果。企业利用这些信息,可以改进作业链,提高从外部顾客获得的价值。

ABC 成本法的基本原理:生产导致作业的产生,作业导致成本的产生,成本与费用是通过作业联系在一起的。因此,作业成本计算法的成本计算程序,就是把各资源库成本分配给各作业,再将各作业成本库成本分配给最终产品。这一过程可以分为以下三个步骤。

1. 确认和计量各种资源耗费

资源可以简单地区分为货币资源、材料资源、人力资源、动力资源等几类。有关各类资源耗费的信息可从企业的总分类账得到。

作业成本计算法并不改变企业所耗资源的总额,作业成本计算法改变的只是资源总额在各种产品之间的分配额以及资源总额在存货和销售成本之间的分配额。

2. 把资源分配到作业,开列作业成本单,归集成本池成本

这一步要做的工作包括以下几方面:①确认作业所包含的资源种类,也就是确认作业所包含的成本要素(项目)。②确立各类资源的资源动因,将资源分配到各受益对象(作业),据此计算出作业中该成本要素的成本额。③开列作业成本单,汇总各成本要素,得出作业成本池的总成本额。

3. 选择作业动因,把作业成本池的总成本分配到产品,并开列产品成本单

这一步骤包括以下几个方面:①确认各作业的作业动因,并统计作业动因的总数,据此分别计算各作业的单位作业动因的制造费用分配率。②统计各产品所耗作业量(或作业动因数)。计算产品承担的制造费用,开列产品成本单。

三、ABC 成本管理计算法与传统成本计算法的差异

【例 7-9】中华制造厂生产甲、乙两种产品,两种产品 2011 年 1 月份的有关资料见表 7-1。甲产品为小批量生产,科技含量较高,乙产品为大批量生产,科技含量较低。该厂当月制造费用总额为 395790 元,与制造费用相关的作业有 4 个,有关资料见表 7-5。

表 7-4　甲、乙两种产品 2011 年 1 月份的有关成本资料

项目	甲产品	乙产品
产量(件)	100	8200
直接材料(元)	9500	73800
直接人工(元)	5000	451000
制造费用(元)		
月产品机器工时(小时)	300	16400

表 7-5　制造费用作业资料表

作业	作业动因	作业成本	作业动因数			单位作业成本
			甲产品	乙产品	合计	
机器调整准备	调整准备次数（次数）	16000	10	6	16	1000
生产订单	订单数量（张）	62000	15	10	25	2480
机器运行	机器运行时间（小时）	233790	300	16400	16700	14
质量检验	检验次数（次数）	84000	30	20	50	1680
合计	—	395790	—	—	—	—

（1）传统成本计算法。

中华制造厂以产品机器工时为基础分配制造费用：

制造费用分配率 = 395790 ÷ 16700 = 23.70（元/小时）

甲产品应分配的制造费用 = 23.70 × 300 = 7110（元）

乙产品应分配的制造费用 = 23.70 × 16400 = 388680（元）

表 7-6　产品成本计算表（传统成本计算法）

项目	甲产品	乙产品
直接材料（元）	9500	73800
直接人工（元）	5000	451000
制造费用（元）	7110	388680
合计（元）	21610	1577680
产量（件）	100	8200
单位产品成本（元）	216.1	192.4

（2）ABC 成本法。

表 7-7　制造费用计算表

作业	单位作业成本	甲产品		乙产品	
		作业动因数（作业量）	作业成本（元）	作业动因数（作业量）	作业成本（元）
机器调整准备	1000	10	10000	6	60000
生产订单	2480	15	37200	10	24800
机器运行	14	300	4200	16400	229600
质量检验	1680	30	50400	20	33600
合计			101800		294000

表7-8 产品成本计算表(ABC成本法)

项目	甲产品	乙产品
直接材料(元)	9500	73800
直接人工(元)	5000	451000
制造费用(元)	101800	294000
合计(元)	116300	1483000
产量(件)	100	8200
单位产品成本(元)	1163	180.85

表7-9 产品成本计算结果比较表

产品	传统成本计法	作业成本计算法	绝对差
甲产品	216.1	1163	−946.9
乙产品	192.4	180.85	11.55

显然,传统成本计算法下,批量小、科技含量高的产品成本常常被低估,而那些批量大、科技含量不高的产品成本则常常被高估。

差异产生的主要原因是:ABC成本法下,采用了多元化的分配标准分配制造费用,即为不同的作业耗费选择相应的成本动因来向产品分配费用,更符合"谁受益谁分担"的原则。

由上例计算分析可知,ABC成本核算与传统成本核算既有区别又有联系。

1. ABC成本核算与传统成本核算的区别

(1)成本核算对象不同。传统产品成本核算对象是产品,作业成本的核算对象是作业。

(2)成本计算程序不同。在传统成本核算制度下所有成本都分配到产品中去。与传统成本制度相比,作业成本制度要求首先要确认费用单位从事了什么作业,计算每种作业所发生的成本。然后,以这种产品对作业的需求为基础,将成本追踪产品。作业成本采用的分配基础是作业的数量化,是成本动因。

(3)成本核算范围不同。在传统成本核算制度下,成本的核算范围是产品成本;在作业成本制度下,成本核算范围有所拓宽,建立了三维成本模式:第一维是产品成本;第二维是作业成本;第三维是动因成本。作业成本产出的这三维成本信息,不仅消除了传统成本核算制度扭曲的成本信息缺陷,而且信息本身能够使企业管理当局改变作业和经营过程。

(4)费用分配标准不同。在传统成本核算制度下,是用数量动因将成本分配到产品里,间接费用或间接成本的分配标准是工时或机器台时。在作业成本核算制度下,作业成本法是根据成本动因将作业成本分配到产品中去。首先要确认费用单位从事了什么作业,计算每种作业所发生的成本。然后,以产品对这种作业的需求为基础,经过原材料、燃料和人力资源转换成产成品的过程,将成本追踪到产品,因而作业成本采用的分配基础是作业的数量化,是成本动因。

2. ABC成本核算与传统成本核算的联系

(1)作业成本是责任成本与传统成本核算的结合点。责任成本按内部单位界定费用,处于相对静止状态,传统成本核算是按工艺过程进行归属,处于一种动态。两项内容性质不同,很难结合,我国会计理论界进行了多年探讨,未能奏效。在作业成本制度下,作业成本的实质是一种责任成本,更严谨一点说,它是一种动态的责任成本,其原因是它与工艺过程和生产组织形式紧密结合。

(2)二者的最终目的是计算最终产出成本。在传统成本核算制度下,成本计算的目的是通过各种材料、费用的分配和再分配,最终计算出产品生产成本;在作业成本制度下,发生的间接费用或间接成本先在有关作业间进行分配,建立成本库,然后再按各产品耗用作业的数量,把作业成本计入产品成本。

因此,作业成本法从根本上解决了传统成本法的缺陷。作业成本计算与传统成本计算相比较,分配基础(成本动因)不仅发生了量变,而且发生了质变,它不再仅限于传统成本计算所采用的单一数量分配基准,而是采用多元分配基准;它不仅局限于多元分配基准,而且融财务变量与非财务变量于一体,并且特别强调非财务变量(产品的零部件数量、调整准备次数、运输距离、质量检测时间等)。

四、流程价值分析

流程价值分析关心的是作业的责任,包括成本动因分析、作业分析和业绩考核三个部分。其基本思想是:以作业来识别资源,将作业分为增值作业和非增值作业,并把作业和流程联系起来,确认流程的成本动因,计量流程的业绩,从而促进流程的持续改进。

1. 成本动因分析

要进行作业成本管理,必须找出导致作业成本的原因。每项作业都有投入和产出。作业投入是为取得产出而由作业消耗的资源,而作业产出则是一项作业的结果或产品。比如说,原料搬运,搬运到指定地点的材料数量,则是该"搬运"作业的产出量,也可以称为作业动因。然而,产出量指标不一定是作业发生的根本原因,必须进一步进行动因分析,找出形成作业成本的根本原因。例如:搬运材料的根本原因,可能是车间布局不合理造成的。一旦得知了根本原因,就可以采取相应的措施改善作业,如改善车间布局,减少搬运成本。

2. 作业分析

作业分析的主要目标是认识企业的作业过程,以便从中发现持续改善的机会及途径。分析和评价作业、改进作业和消除非增值作业构成了流程价值分析与管理的基本内容。改进流程首先需要将每一项作业分为增值作业或非增值作业,明确增值成本和非增值成本,然后再进一步确定如何将非增值成本减至最小。

按照对顾客价值的贡献,作业可以分为增值作业和非增值作业。

所谓增值作业,就是那些顾客认为可以增加其购买的产品或服务的有用性,有必要保留在企业中的作业。一项作业必须同时满足下列三个条件才可断定为增值作业:

(1)该作业导致了状态的改变;

(2)该状态的变化不能由其他作业来完成;

(3)该作业使其他作业得以进行。

例如:印刷厂的最后装订工序是先装订再裁边,那么装订作业使所有纸张订在一起,从而改变了原来的状态。这种状态之前的印刷或其他作业均不能实现该目的,而且只有装订以后,才能进行裁边作业。装订作业符合上述全部条件,因此为增值作业。增值作业又可分为高效作业和低效作业。增值成本即是那些以完美效率执行增值作业所发生的成本,或者说,是高效增值作业产生的成本。而那些增值作业中因为低效率所发生的成本则属于非增值成本。

非增值作业,是指即便消除也不会影响产品对顾客服务的潜能,不必要的或可消除的作业。如果一项作业不能同时满足增值作业的三个条件,就可断定其为非增值作业。例如检验工作,只能说明产品是否符合标准,而不能改变其形态,不符合第一个条件;次品返工作业是重复作业,在其之前的加工作业本就应提供符合标准的产品,因此也属于非增值作业。执行非增值作业发生的成本全部是非增值成本。持续改进和流程再造的目标就是寻找非增值作业,将非增值成本降至最低。

在区分了增值成本与非增值成本之后,企业要尽量消除或减少非增值成本,最大化利用增值作业,以减少不必要的耗费,提升经营效率。作业成本管理中进行成本节约的途径,主要有以下四种形式:

(1)作业消除:消除非增值作业或不必要的作业,降低非增值成本;

(2)作业选择:对所有能够达到同样目的的不同作业,选取其中最佳的方案;

(3)作业减少:以不断改进的方式降低作业消耗的资源或时间;

(4)作业共享:利用规模经济来提高增值作业的效率。

作业分析是流程价值分析的核心。通过对作业的分析研究,进而采取措施,消除非增值作业,改善低效作业,优化作业链,对于削减成本、提高效益具有非常重要的意义。

3. 作业业绩考核

实施作业成本管理,其目的在于找出并消除所有非增值作业,提高增值作业的效率,削减非增值成本。当利用作业成本计算系统各流程中的非增值作业及其成本动因后,就为业绩改善指明了方向。若要评价作业和流程的执行情况,必须建立业绩指标,可以是财务指标,也可以是非财务指标,以此来评价是否改善了流程。财务指标主要集中在增值成本和非增值成本上,可以提供增值与非增值报告,以及作业成本趋势报告。而非财务指标主要体现在效率、质量和时间三个方面,如投入产出比、次品率和生产周期等。

五、责任成本管理

(一)责任成本管理的内容

责任成本管理,是指将企业内部划分成不同的责任中心,明确责任成本,并根据各责任中心的权、责、利关系,来考核其工作业绩的一种成本管理模式。其中,责任中心也叫责任单位,是指企业内部具有一定权力并承担相应工作责任的部门或管理层次。责任成本管理的流程如图7-4所示。

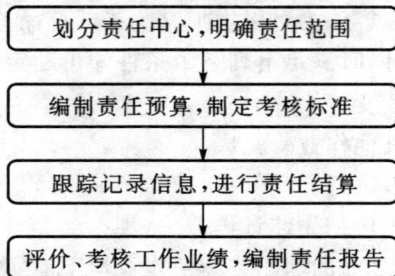

```
┌─────────────────────────┐
│  划分责任中心,明确责任范围  │
└─────────────────────────┘
            ↓
┌─────────────────────────┐
│  编制责任预算,制定考核标准  │
└─────────────────────────┘
            ↓
┌─────────────────────────┐
│  跟踪记录信息,进行责任结算  │
└─────────────────────────┘
            ↓
┌─────────────────────────┐
│ 评价、考核工作业绩,编制责任报告 │
└─────────────────────────┘
```

图7-4 责任成本管理流程图

(二)责任中心及其考核

按照企业内部责任中心的权责范围以及业务活动的不同特点,责任中心一般可以划分为成本中心、利润中心和投资中心三类。每一类责任中心均对应着不同的决策权力及不同的业绩评价指标。

1. 成本中心

成本中心是指有权发生并控制成本的单位。成本中心一般不会产生收入,通常只计量考核发生的成本。成本中心是责任中心中应用最为广泛的一种形式,只要是对成本的发生负有责任的单位或个人都可以成为成本中心。例如:负责生产产品的车间、工段、班组等生产部门或确定费用标准的管理部门等。成本中心具有以下特点:

(1)成本中心不考核收益,只考核成本。一般情况下,成本中心不能形成真正意义上的收入,故只需衡量投入,而不衡量产出,这是成本中心的首要特点;

(2)成本中心只对可控成本负责,不负责不可控成本。可控成本是指成本中心可以控制的各种耗费,它应具备三个条件:第一,该成本的发生是成本中心可以预见的;第二,该成本是成本中心可以计量的;第三,该成本是成本中心可以调节和控制的。

凡不符合上述三个条件的成本都是不可控成本。可控成本和不可控成本的划分是相对的。它们与成本中心所处的管理层级别、管理权限与控制范围大小有关。对于一个独立企业而言,几乎所有的成本都是可控的。

(3)责任成本是成本中心考核和控制的主要内容。成本中心当期发生的所有可控成本之和就是其责任成本。

成本中心考核和控制主要使用的指标包括预算成本节约额和预算成本节约率。计算公式为:

$$预算成本节约额=预算责任成本-实际责任成本$$
$$预算成本节约率=预算成本节约额/预算成本\times100\%$$

【例 7-10】 某企业内部某车间为成本中心,生产甲产品,预算产量 3500 件,单位成本 150 元,实际产量 4000 件,成本 145.5 元。

解析:

该成本中心的考核指标计算为:

预算成本节约额$=150\times4000-145.5\times4000=18000$(元)

预算成本节约率$=18000/(150\times4000)\times100\%=3\%$

结果表明,该成本中心的成本节约额为 18000 元,节约率为 3%。

2. 利润中心

利润中心是指既能控制成本,又能控制收入和利润的责任单位。它不但有成本发生,而且还有收入发生。因此,它要同时对成本、收入负责,也要对收入成本的差额即利润负责。利润中心有两种形式:一是自然利润中心,它是自然形成的,直接对外提供劳务或销售产品以取得收入的责任中心;二是人为利润中心,它是人为设定的,通过企业内部各责任中心之间使用内部结算价格结算半成品内部销售收入的责任中心。利润中心往往处于企业内部的较高层次,如分店或分厂等。利润中心与成本中心相比,其权利和责任对相对较大,它不仅要降低绝对成本,还要寻求收入的增长使之超过成本,即更要强调相对成本的降低。

通常情况下,利润中心采用利润作为业绩考核指标,分为边际贡献、可控边际贡献和部门边际贡献。相关公式为:

$$边际贡献 = 销售收入总额 - 变动成本总额$$
$$可控边际贡献 = 边际贡献 - 该中心负责人可控固定成本$$
$$部门边际贡献 = 可控边际贡献 - 该中心负责人不可控固定成本$$

其中:

边际贡献是将收入减去变动成本总额,反映了该利润中心的盈利能力。

可控边际贡献也称部门经理边际贡献,它衡量了部门经理有效运用其控制下的资源的能力,是评价利润中心管理者业绩的理想指标。但是,该指标一个很大的局限就是难以区分可控和不可控的与生产能力相关的成本。如果该中心有权处置固定资产,那么相关的折旧费是可控成本;反之,相关的折旧费用就是不可控成本。可控边际贡献忽略了应追溯但又不可控的生产能力成本,不能全面反映该利润中心对整个公司所做的经济贡献。

部门边际贡献,又称部门毛利,它扣除了利润中心管理者不可控的间接成本,因为,对于公司最高层来说,所有成本都是可控的。部门边际贡献反映了部门为企业利润和弥补与生产能力有关的成本所做的贡献,它更多地用于评价部门业绩而不是利润中心管理者的业绩。

【例 7-11】某企业内部乙车间是人为利润中心,本期实现内部销售收入 200 万元,销售变动成本为 120 万元,该中心负责人可控固定成本为 20 万元,不可控但应由该中心负担的固定成本 10 万元。

解析:该利润中心的考核指标计算为:

边际贡献 = 200 - 120 = 80(万元)
可控边际贡献 = 80 - 20 = 60(万元)
部门边际贡献 = 60 - 10 = 50(万元)

3. 投资中心

投资中心是指既对成本、收入和利润负责,又对投资及其投资收益负责的责任单位。它本质上也是一种利润中心,但它拥有最大程度的决策权,同时承担最大程度的经济责任,属于企业中最高层次的责任中心,如事业部、子公司等。从组织形式上看,投资中心一般具有独立法人资格,而成本中心和利润中心往往是内部组织,不具有独立法人地位。

对投资中心的业绩进行评价时,不仅要使用利润指标,还需要计算、分析利润与投资的关系,主要有投资报酬率和剩余收益等指标。

(1)投资报酬率。投资报酬率是投资中心获得的利润与投资额的比率,其计算公式为:

$$投资报酬率 = 营业利润 / 平均营业资产$$
$$平均营业资产 = (期初营业资产 + 期末营业资产) / 2$$

其中,营业利润是指扣减利息和所得税之前的利润,即息税前利润。由于利润是整个期间内实现并累积形成的,属于期间指标,而营业资产属于时点指标,故取其平均数。

投资报酬率主要说明了投资中心运用公司的每单位资产对公司整体利润贡献的大小。它能够反映投资中心的综合获利能力,并具有横向可比性,因此,可以促使经理人员关注营业资产运用效率,并有利于资产存量的调整,优化资源配置。然而,过于关注投资利润率也会引起短期行为的产生,追求局部利益最大化而损害整体利益最大化目标,导致经理人员为眼前利益而牺牲长远利益。

（2）剩余收益。剩余收益是指投资中心的营业收益扣减营业资产按要求的最低投资报酬率计算的收益额之后的余额。其计算公式为：

$$剩余收益＝经营利润－（经营资产×最低投资报酬率）$$

公式中的最低投资报酬率是根据资本成本来确定的。它一般等于或大于资本成本，通常可以采用企业整体的最低期望投资报酬率，也可以是企业为该投资中心单独规定的最低投资报酬率。

剩余收益指标弥补了投资报酬率指标会使局部利益与整体利益相冲突的不足，但由于其是一个绝对指标，故而难以在不同规模的投资中心之间进行业绩比较。另外，剩余收益同样仅反映当期业绩，单纯使用这一指标也会导致投资中心管理者的短期行为。

【例7－12】 某公司的投资报酬率如表7－10所示。

表7－10　某公司投资报酬率1

投资中心	利润	投资额	投资报酬率
A	280	2000	14％
B	80	1000	8％
全公司	360	3000	12％

假定A投资中心面临一个投资额为1000万元的投资机会，可获利润131万元，投资报酬率为13.1％，假定公司整体的预期最低投资报酬率为12％。

若A投资中心接受该投资，则A、B投资中心的相关数据计算如表7－11所示：

表7－11　某公司投资报酬率2

投资中心	利润	投资额	投资报酬率
A	280＋131＝411	2000＋1000＝3000	13.7％
B	80	1000	8％
全公司	491	4000	12.275％

（1）用投资报酬率指标衡量业绩。就全公司而言，接受投资后，投资报酬率增加了0.275％，应接受这项投资。然而，由于A投资中心的投资报酬率下降了0.3％，该投资中心可能不会接受这一投资。

（2）用剩余收益指标来衡量业绩。

A投资中心接受新投资前的剩余收益＝280－2000×12％＝40（万元）

A投资中心接受新投资后的剩余收益＝411－3000×12％＝51（万元）

所以如果用剩余收益指标来衡量投资中心的业绩，则A投资中心应该接受这项投资。

（三）内部转移价格的制定

内部转移价格是指企业内部有关责任单位之间提供产品或劳务的结算价格。内部转移价格直接关系到不同责任中心的获利水平，其制定可以有效地防止成本转移引起的责任中心之间的责任转嫁，使每个责任中心都能够作为单独的组织单位进行业绩评价，并且可以作为一种价格信号引导下级采取正确决策，保证局部利益和整体利益的一致。

内部转移价格的制定，可以参照一下几种类型。

(1)市场价格,即根据产品或劳务的市场现行价格作为计价基础。市场价格具有客观真实的特点,能够同时满足分部和公司的整体利益,但是它要求产品或劳务有完全竞争的外部市场,以取得市价依据。

(2)协商价格,即内部责任中心之间以正常的市场价格为基础,并建立定期协商机制,共同确定双方都能接受的价格作为计价标准。采用该价格的前提是中间有非竞争性的市场可以交易,在该市场内双方有权决定是否买卖这种产品。协商价格的上限是市场价格,下限则是单位变动成本。当双方协商僵持时,会导致公司高层的行政干预。

(3)双重价格,即由内部责任中心的交易双方采用不同的内部转移价格作为计价基础。采用双重价格,买卖双方可以选择不同的市场价格或协商价格,能够较好地满足企业内部交易双方在不同方面的管理需要。

(4)以成本为基础的转移定价,是指所有的内部交易均以某种形式的成本价格进行结算,它适用于内部转移的产品或劳务没有市价的情况,包括完全成本、完全成本加成、变动成本以及变动成本加固定制造费用四种形式。以成本为基础的转移定价方法具有简便、客观的特点,但存在信息和激励方面的问题。比如,采用完全成本作为计价基础,对于中间产品的"买方"有利,而"卖方"得不到任何利润,虽然采用完全成本加成可以解决这个问题,但加成比例的确定又容易产生代理问题。同样,变动成本和变动成本加固定制造费用的计价方法也存在类似的问题。

第四节　案例分析:标准成本法核算分析

丰泽公司生产机械产品,有职工 800 人,月生产能力 800 件,该公司设备落后,成本管理较差。企业年初实行标准成本控制制度,并以行业先进水平作为制定标准成本的依据,以缩短与先进水平的差距。标准制定与实施情况如下。

一、制定标准

企业根据行业先进水平制定标准,修改原有定额,并进行业绩考核,制定标准的有关资料如下:

表 7-12　材料

项　目	标准用量(公斤)	标准价格(元)	标准成本(元)
钢　　材	5	2.6	13
辅 助 材 料	20	0.5	10

表 7-13　人工工资

项　目	标准工时	标准工资率	标准成本(元)
平均工资	180	0.5	90

表 7－14 制造费用

变动性制造费用： 标准分配率 0.1	标准工时 180	标准成本（元） 18
固定性制造费用： 标准产量（件） 800	预算费用（元） 32000	标准成本（元） 40

二、计划与实施

企业 7 月份计划产量 800 件，预算标准变动成本 104800 元，固定成本 32000 元，预计总成本 136800 元，标准单位成本 17100 元。实际执行的结果超出预计范围，实际成本 148757 元，成本差异为 15377 元。为了分析成本差异，经过调查了解到以下情况：

1. 财务部门提供资料

表 7－15 当年上半年的成本资料

月份	标 准 成 本			实 际 成 本		
	变动成本	固定成本	合 计	实际产量	实际总成本	单位成本
1	104800	32000	136800	800	141600	177
2	103490	32000	135490	790	142200	180
3	102180	32000	134180	780	138620	179
4	104800	32000	136800	800	144800	181
5	100870	32000	132870	770	141680	184
6	102180	32000	134180	780	145080	186

2. 7 月份产品产量资料

表 7－16 当年 7 月份产品产量资料

实际产量：780 件			
材料耗用：钢材	4400 公斤	实际成本	12320 元
辅助材料	18000 公斤	实际成本	9000 元
工资支出：实际工时	144300 小时	实际工资	74593 元
变动性制造费用：15444 元			
固定性制造费用：37400 元			

3. 调查中又了解到的情况

（1）7 月份工人增加了工资，平均每人 4 元，共 3200 元（生产工人 2400 元，管理人员 800 元）；

（2）有 60％的工人没有完成生产定额，组织了工人加班，并发放了加班工资；

（3）钢材价格上涨，每公斤提高了 0.2 元；

（4）上月新增设备 2 台，月折旧率为 0.4％，新设备使用后，旧设备未做处理；

(5)本月营业外支出为 3000 元,比上月增加了一倍。

在由各部门代表参加的征询会上,可以听到人们对现行标准成本的议论:①标准制定不合理;②标准制定是合理的,主要是执行的问题;③标准反映的是基本情况,主要是情况难以估计,因此偏离标准是正常的。

案例思考题

1.请根据成本控制的基本理论分析,上述情况的发生主要是什么原因?

2.通过计算成本差异,对现行标准作出评价,考虑是否要修改标准。

3.如果要修改,应如何修改?

本章小结

1.**成本管理**:是指企业对在生产经营过程中全部费用的发生和产品成本的形成所进行的计划、控制、核算、分析和考核等一系列科学管理工作的总称。

2.**标准成本的类型**:标准成本按其制定所根据的生产技术和经营管理水平,分为理想标准成本和正常标准成本。标准成本按其适用期,分为现行标准成本和基本标准成本。

3.**成本差异**:是指一定时期生产一定数量的产品所发生的实际成本与相关的标准成本之间的差额。

4.**成本差异的计算**:变动成本差异和固定成本差异。

5.**ABC 成本管理**:是以提高客户价值、增加企业利润为目的,基于 ABC 成本法的新型集中化管理方法。它通过对作业及作业成本的确认、计量,最终计算产品成本,同时将成本计算深入到作业层次,对企业所有作业活动进行追踪并动态反映。

习题

一、单项选择题

1.以资源无浪费、设备无故障、产出无废品、工时都有效的假设前提为依据而制定的标准成本是( )。

    A.基本标准成本   B.理想标准成本

    C.正常标准成本   D.现行标准成本

2.固定制造费用的能量差异,可以进一步分为( )。

    A.闲置能量差异和耗费差异   B.闲置能量差异和效率差异

    C.耗费差异和效率差异   D.以上任何两种差异

3.出现下列情况时,不需要修订基本标准成本的是( )。

    A.产品的物理结构发生变化   B.重要原材料价格发生变化

    C.生产技术和工艺发生变化   D.市场变化导致生产能力利用程度的变化

4.在标准成本差异分析中,材料价格差异是根据实际数量与价格脱离标准的差额计算的,其中实际数量是指材料的( )。

    A.采购数量   B.入库数量

    C.领用数量   D.耗用数量

5.下列各项中,属于直接人工标准工时组成内容的是( )。

    A.由于设备意外故障产生的停工工时

    B.由于更换产品产生的设备调整工时

    C.由于生产作业计划安排不当产生的停工工时

    D.由于外部供电系统故障产生的停工工时

6.标准成本是一种( )。

    A.机会成本   B.历史成本

    C.重置成本   D.预计成本

7.固定制造费用的闲置能量差异,是( )。

    A.未能充分使用现有生产能量而形成的差异

    B.实际工时未达到标准生产能量而形成的差异

    C.实际工时脱离标准工时而形成的差异

    D.固定制造费用的实际金额脱离预算金额而形成的差异

8.本月生产甲产品 8000 件,实际耗用 A 材料 32000 公斤,其实际价格为每公斤 40 元。该产品 A 材料的用量标准为 3 公斤,标准价格为 45 元,其直接材料用量差异为( )。

    A.360000 元   B.320000 元

    C.200000 元   D.160000 元

9.下列变动成本差异中,无法从生产过程的分析中找出产生原因主要是( )。

    A.变动制造费用效率差异   B.变动制造费用耗费差异

    C.材料价格差异   D.直接人工差异

10.通常应对不利的材料价格差异负责的部门是( )

    A.质量控制部门   B.采购部门

    C.工程设计部门   D.生产部门

二、多项选择题

1.在进行标准成本差异分析时,形成直接材料数量差异的原因经常有( )。

    A.操作疏忽致使废品增加

    B.机器或工具不适用

    C.供应厂家材料价格增加,迫使降低材料用量

    D.紧急订货形成的采购成本增加

    E.操作技术改进而节省用料

2.下列成本差异中,通常不属于生产部门责任的是( )。

    A.直接材料价格差异

    B.直接人工工资率差异

    C.直接人工效率差异

    D.变动制造费用效率差异

    E.变动制造费用耗费差异

3.标准成本按其所依据的生产技术和经营管理水平的分类包括( )。

    A.基本标准成本   B.理想标准成本

    C.正常标准成本   D.现行标准成本

E.重置成本

4.在确定直接人工正常标准成本时,标准工时包括(　　)。

A.直接加工操作必不可少的时间

B.必要的工间休息

C.调整设备时间

D.不可避免的废品耗用工时

E.由于设备意外故障产生的停工工时

5.在标准成本账务处理系统下,下列账户中只包含标准成本,不含有成本差异的是(　　)。

A.在产品成本 　　　　　　　　B.半成品成本

C.产成品成本 　　　　　　　　D.产品销售成本

E.生产成本

6.各成本差异科目的贷方登记(　　)。

A.成本超支差异 　　　　　　　B.成本节约差异

C.超支差异转出额 　　　　　　D.节约差异转出额

7.原材料质量低劣,会造成(　　)向不利方面扩大。

A.直接材料成本的用量差异

B.直接人工成本的效率差异

C.变动制造费用的效率差异

D.固定制造费用的能量差异

E.变动制造费用的耗费差异

8.下列各项中,能够造成变动制造费用耗费差异的有(　　)。

A.直接材料质量次,废料过多

B.间接材料价格变化

C.间接人工工资调整

D.间接人工的人数过多

E.产品物理结构变化

9.影响变动制造费用效率差异的原因主要有(　　)。

A.工人劳动情绪不佳

B.作业计划安排不当

C.加班或使用临时工

D.出勤率变化

E.设备故障较多

10.成本差异的处理方法选择要考虑许多因素,包括(　　)。

A.差异的类型 　　　　　　　　B.差异的大小

C.差异的原因 　　　　　　　　D.差异的时间

三、判断题

1.标准成本都是面向未来的成本,不应计入账簿。　　　　　　　　　　　(　　)

2.标准成本制度不仅可以用于制造类企业,也可以用于服务类企业。　　　(　　)

3.利用三因素法分析固定制造费用差异时,固定制造费用闲置能量差异是根据生产能量

工时与实际产量标准工时的差额,乘以固定制造费用标准分配率计算得出的。（　　）

　　4.管理用的成本数据通常不受统一的财务会计制度约束,也不能从财务报表直接取数,故与财务会计中使用的成本概念无关。（　　）

　　5.在标准成本系统中,直接材料的价格标准是指预计下年度实际需要支付的材料市价。
（　　）

　　6.在成本差异分析中,数量差异的大小是由用量脱离标准的程度以及实际价格高低决定的。（　　）

　　7.利用三因素法进行固定制造费用的差异分析时,固定制造费用闲置能量差异是根据生产能量与实际工时之差,乘以固定制造费用标准分配率计算求得的。（　　）

　　8.在标准成本账务处理系统中,原材料无论是借方和贷方都只能登记实际数量的标准成本。（　　）

　　9.作为直接人工标准成本的用量标准必须是直接人工生产工时。（　　）

　　10.无论哪种变动成本项目的实际价格上升,都会引起整个变动成本差异的不利变化。
（　　）

四、业务题

　　1.某企业采用标准成本法,A产品的正常生产能量为1000件,单位产品标准成本如下:直接材料0.1千克×150元/千克=15元,直接人工5小时×4元/小时=20元,制造费用:

　　其中:变动费用6000元/1000件=6元,固定费用5000元/1000件=5元,单位产品标准成本46元。

　　本月生产A产品800件,实际单位成本为:直接材料0.11千克×140元/千克=15.4元,直接人工5.5小时×3.9元/小时=21.45元,制造费用:其中,变动费用4000元/800件=5元,固定费用5000元/800件=6.25元,单位产品实际成本48.1元。

　　要求:(1)计算分析直接材料成本差异。

　　(2)计算分析直接人工成本差异。

　　(3)计算分析变动制造费用差异。

　　(4)采用二因素法,计算分析固定制造费用差异。

　　(5)采用三因素法,计算分析固定制造费用差异。

第八章　财务预算

本章将帮助您——

认识财务预算；

知晓财务预算的作用、分类及具体构成内容；

掌握财务预算编制方法的特征及操作技巧；

掌握财务预算编制程序和方法；

掌握财务预算管理的流程及重点；

思考现实中的几个案例与本章学习内容的联系。

美国两党在 2013 年初"财政悬崖"问题上达成了阶段性协议，然而，却依然没有摆脱"关门危机"，由于美国民主、共和两党尚未解决 2014 新财年的政府预算分歧，美国政府非核心部门在 10 月 1 日（也就是 2014 财年首日）正式"停摆"。美国政府关门并非稀奇之事，一个预算之争都能让参众两院突破政府关门的"红线"，仅 20 世纪 80 年代以来，美国联邦政府就关门 6 次。1995 年克林顿时期，曾因两党预算矛盾致使美国联邦政府停摆长达 22 天，损失超过 14 亿美元，导致当年美国国内生产总值（GDP）增速放缓 0.25%，被视为美国历史上最为严重的预算危机。

"凡事预则立，不预则废。"在财务管理中，预算是计划这一职能在财务中的具体体现。预算发挥着越来越大的作用，大到政府小到企业都面临着如何做好财务预算管理的问题。那么预算如何编制？有效的预算管理如何达成？在这一章中我们将为大家解答这些问题。

第一节　财务预算概述

随着市场经济的发展，企业为了达到和完成预定的目标利润，企业的所有职能部门必须相互配合，并需均衡地开展工作。而企业编制预算就是要让每个职能部门的管理人员都知道在计划期间应该做些什么，以及怎样去做，从而保证其他部门和整个企业工作的顺利进行。

一、预算的概念与作用

(一)预算的概念与特征

预算一词源于英国,发展在美国。起先它是应用在政府机构,目的是控制国王对臣民的征税权力,以及对政府开支的限制,后来逐渐被应用到企业管理当中。

预算是指企业在预测、决策的基础上,以数量和金额的形式反映的企业未来一定时期内经营、投资、财务等活动的具体计划,是为实现企业目标而对各种资源和企业活动的详细安排。其实质是一套以货币及其他数量形式反映的预计财务报表和其他附表,主要用来规划预算期内企业的全部经济活动及其成果。

预算一般具有两个特征:首先,编制预算的目的是促成企业以最经济有效的方式实现预定目标,因此,预算必须与企业的战略或目标保持一致;其次,预算作为一种数量化的详细计划,它是对未来活动的细致、周密安排,是未来经营活动的依据,数量化和可执行化是预算最主要的特征。因此,预算是一种可据以执行和控制经济活动的、最为具体的计划;是对目标的具体化,是将企业活动导向预定目标的有力工具。

(二)预算的作用

预算的作用主要表现在以下几个方面:

1. 控制经济活动

预算通过引导和控制经济活动、使企业经营达到预期目标。通过预算指标可以控制实际活动过程,随时发现问题,采取必要的措施,纠正不良偏差,避免经济活动的漫无目的、随心所欲,通过有效的方式实现预期目标。因此,预算具有规划、控制、引导企业经济活动有序进行、以最经济有效的方式实现预定目标的功能。

2. 协调各部门内部活动

预算可以实现企业内部各个部门之间的协调。从系统论的观点来看,局部计划的最优化,对全局来说不一定是最合理的。为了使各个职能部门向着共同的战略目标前进,它们的经济活动必须密切配合,相互协调,统筹兼顾,全面安排,搞好综合平衡。通过各部门预算的综合平衡,能促使各部门管理人员清楚了解本部门在全局中的地位和作用,尽可能地做好部门之间的协调工作。各级各部门因其职责不同,往往会出现相互冲突的现象。各部门之间必须协调一致,才能最大限度地实现企业整体规划目标。例如,企业的销售、生产、财务等各部门可以分别编制出对自己来说最好的计划,而该计划在其他部门却不一定能行得通。销售部门根据市场预测提出了一个庞大的销售计划,生产部门可能没有那么大的生产能力。生产部门可能编制一个充分利用现有生产能力的计划,但销售部门可能无力将这些产品销售出去。销售部门和生产部门都认为应该扩大生产能力,财务部门却认为无法筹到必要的资金。全面预算经过综合平衡后可以提供解决各级各部门冲突的最佳办法,代表企业的最优方案,可以使各级各部门的工作在此基础上协调地进行。

3. 业绩考核的标准

预算作为企业财务活动的行为标准,使各项活动的实际执行有章可循。预算标准可以作为各部门责任考核的依据。经过分解落实的预算规划目标能与部门、责任人的业绩考评结合起来,成为奖勤罚懒、评估优劣的准绳。

二、预算的分类

(一)按内容不同分类

根据预算内容不同,预算可以分为日常业务预算(即经营预算)、专门决策预算和财务预算三大类。

1. 日常业务预算

日常业务预算是指与企业的日常经营活动直接相关的经营业务的各种预算。日常业务预算主要包括销售预算、生产预算、材料采购预算、直接材料消耗预算、直接人工预算、制造费用预算、产品生产成本预算、经营费用和管理费用预算等。

2. 专门决策预算

专门决策预算是指不经常发生的、一次性的重要决策预算。专门决策预算直接反映相关决策的结果,是实际中选方案的进一步规划。如资本支出预算,其编制依据可以追溯到决策之前搜集到的有关资料,只不过预算比决策估算更细致、更精确一些。例如,企业对一切固定资产购置都必须在事前做好可行性分析的基础上来编制预算,具体反映投资额需要多少,何时进行投资,资金从何筹的,投资期限多长,何时可以投产,未来每年的现金流量多少。

3. 财务预算

财务预算是指企业在计划期内反映有关预计现金收支、财务状况和经营成果的预算。它是全面预算的最后环节,是从价值方面总括的反映企业业务预算与专门决策预算的结果,又称为总预算。也就是说,业务预算和专门预算中的资料都可以以货币金额反映在财务预算内,这样一来,财务预算就成为了各项预算和专门预算的整体计划。其他预算相应称为辅助预算或分预算。因此财务预算在全面预算中占据着举足轻重的地位。财务预算包括现金预算和预计财务报表。其中预计财务报表包括预计资产负债表、预计损益表和预计现金流量表。

(二)按预算覆盖期间的长度分类

从预算指标覆盖的时间长短划分,企业预算可分为长期预算和短期预算。

1. 短期预算

通常将预算期在1年以内(含1年)的预算称为短期预算。可能是为1年内某个时期编制的,如1个月或1周。它主要依靠内部信息,详细说明了战术目标。它是结构化的、固定的、可预见到的和可以连续确定的。短期计划以战略计划为基础,关注现有的产品和市场。以部门为单位编制,包括销售、生产、营销、管理(行政)、研究和合并(整合)计划。有更多的较低层面上的管理人员为短期计划提供信息。一线管理人员通常参与短期计划而不参与长期计划。制定短期计划时,一线管理人员要考虑长期计划中提出的公司目标。管理人员的短期计划必须满足企业的长期目标。

2. 长期预算

通常将预算期在1年以上的预算称为长期预算。为达成目标而制定的长期计划比较宽泛、具有战略(战术)性质。长期计划通常是5到10年(或更长),关注企业未来的方向。它也要考虑经济、政治和行业环境。长期计划由高层管理者制定,处理产品、市场、服务和经营问题,提高销售、盈利能力、投资回报和增长。当出现新的信息时,应该不断地对长期计划进行修改。

长期计划涵盖了企业所有主要的领域,包括生产、营销、研究、财务、设计、法律、会计和人事。这些领域的计划应该协调成一个全面的计划,以实现企业的目标。

长期计划是经营和发展计划的组合。长期计划应该明确指出需要什么、谁需要、什么时候需要。要将责任分配给业务单元。长期目标包括市场份额、新市场扩张、新的分销渠道、成本削减、资本保持和风险降低。合理的长期目标的特征包括具有弹性、激发积极性、可以计量、一致性和相容性以及充分性。长期计划可以用在增长市场份额、产品开发、工厂扩张和融资等方面。

长期计划是完成战略计划的细节。与战略计划相比,长期计划更细致地计划了企业所有业务单元当前的经营。长期计划包括评价备选方案、开发财务信息、分析作业活动、分配资源、产品计划、市场分析、人工计划、财务分析、研发计划和生产计划。

长期计划的期限取决于产品开发、产品生命周期、市场开发和资本设施构建所需的时间。长期计划比短期计划有更多备选方案。经济和企业环境中的不确定性越大,长期计划越重要。然而,由于存在着更大的不确定性,长期比短期计划更难制定。

预算的编制时间可以视预算的内容和实际需要而定,可以是1周、1月、1季、1年或若干年等。在预算编制过程中,往往应结合各项预算的特点,将长期预算和短期预算结合使用。一般情况下,企业的业务预算和财务预算多为1年期的短期预算,年内再按季或月细分,而且预算期间往往与会计期间保持一致。

(三)按照预算的灵活程度分类

按照预算灵活程度不同,预算可分为固定预算、弹性预算、零基预算和滚动预算。固定预算是以预算期内正常的、可能实现的某一业务量(如生产量、销售量)水平为固定基础,不考虑可能发生的变动因素而编制的;弹性预算是在成本习性分析的基础上,以业务量、成本和利润之间的依存关系为依据,按照预算期可预见的各种业务量水平为基础,编制能够适应多种业务量预算;零基预算是不受以往费用水平的影响,而是以零为起点,根据预算期企业实际经营情况的需要,逐项的审议预算期内各项费用的内容及开支标准是否合理,在综合平衡的基础上编制的预算;滚动预算是随着预算的执行不断延伸补充预算,逐期向后滚动,使预算期始终保持为一个固定期间编制的预算。

(四)按照预算编制的主体分类

按照预算编制的主体可以,预算可分为部门预算和总预算。部门预算是以企业各分支机构、部门、单位等职能部门为主体,或按不同的业务类别等编制的预算,也就是指总体预算中的各个组成部分;总预算是指将各个部门预算进行汇总所形成的企业整体预算,这种预算通常由财务预算构成,具体包括预计资产负债表、预计利润表等。

(五)按照预算编制的特征分类

从预算编制的特征来看,预算主要分为未来状态预算、责任预算及措施预算。

1. 未来状态预算

未来状态预算是指对预算期末公司财务状况以及预算期内经营成果和现金流量状况进行的预算,具体包括预算资产负债表、预算利润表和预算现金流量表。实际上,未来状态预算是对财务报表进行的预计,它表明了如果经营按照计划进行,在预算期末,公司将获得何种财务报表。一般来说,财务报表预算建立在业务预算和财务预算的基础上,是在既定假设前提下对业务预算和财务预算结果进行的综合。

2. 责任预算

责任预算是以责任中心为主体,以其可控的指标为对象编制的预算。预算要有效地发挥控制作用,必须将业务预算、财务预算和特定的责任主体联系起来,否则预算目标的落实就很有可能落空。因此,需要将业务预算、财务预算分解至其可控主体,形成责任预算。责任预算是对业务预算和财务预算的分解,在指标分解过程中,既应按照组织的层级进行纵向分解,又应按照组织的部门及其管理权限进行横向分解,应保证事权、财权和预算责任的一致性。在各责任单位内部,应针对其负责的不同的预算项目分项进行预算的编制,在组织的层面汇总各责任主体的项目预算,即重新得到业务预算和财务预算。

3. 措施预算

措施预算又称保障预算,是对前述各项预算目标提供的具体措施,具体包括完成预算应采取的具体措施及该措施的可行性。实际上,措施预算是预算指标和责任主体日常工作相结合的一种有效方式,通过措施预算,前述各项预算指标才有实现的基础和保障。

➤ 三、财务预算的内容

(一)预算体系

各种预算是一个有机联系的整体。一般将由业务预算、专门决策预算和财务预算组成的预算体系,称为全面预算体系。

(二)预算工作组织

预算工作的组织包括决策层、管理层、执行层和考核层,具体如下:

(1)企业董事会或类似机构应当对企业预算的管理工作负总责。企业董事会或者经理办公会可以根据情况设立预算委员会或指定财务管理部门负责预算管理事宜,并对企业法定代表人负责。

(2)预算委员会或财务管理部门主要拟定预算目标、政策,制定预算管理的具体措施和办法,审议、平衡预算方案,组织下达预算,协调解决预算编制和执行中的问题,组织审计,考核预算的执行情况,督促企业完成预算目标。

(3)企业财务管理部门具体负责企业预算的跟踪管理,监督预算的执行情况,分析预算与实际执行的差异及原因,提出改进管理的意见与建议。

(4)企业内部生产、投资、物资、人力资源、市场营销等职能部门具体负责本部门业务涉及的预算编制、执行、分析等工作。其主要负责人参与企业预算委员会的工作,并对本部门预算执行结果承担责任。

(5)企业所属基层单位是企业预算的基本单位,在企业财务管理部门的指导下,负责本单位现金流量、经营成果和各项成本费用预算的编制、控制、分析工作,接受企业的检查、考核。其主要负责人对本单位财务预算的执行结果承担责任。

第二节　财务预算的编制

财务预算是企业全面预算的一部分,它和其他预算是联系在一起的,整个全面预算是一个数字相互衔接的整体。它是从价值方面总括地反映企业经营决策预算与业务预算的结果,也就是说业务预算和专门决策预算中的资料都可以用货币金额反映在财务预算内。这样,财务预算就成了各项经营业务预算和专门决策预算的整体计划。

➤一、财务预算编制的原则

企业财务预算是在预测和决策的基础上,围绕企业战略目标,对一定时期内企业资金取得和投放、各项收入和支出、企业经营成果及其分配等资金运动所作的具体安排。企业财务预算应当围绕企业的战略要求和发展规划,以业务预算、资本预算为基础,以经营利润为目标,以现金流为核心进行编制,并主要以财务报表形式予以充分反映。

企业编制财务预算应遵守的基本原则和要求:
(1)坚持效益优先原则,实行总量平衡,进行全面预算管理。
(2)坚持积极稳健原则,确保以收定支,加强财务风险控制。
(3)坚持权责对等原则,确保切实可行,围绕经营战略实施。

➤二、预算的编制方法

企业可以根据不同的预算项目,根据预算编制的角度不同,选择不同的预算编制方法,分别有固定预算、弹性预算、增量预算、零基预算、定期预算和滚动预算等方法编制各种预算。

(一)固定预算与弹性预算

全面预算按照与预算期内业务量变动关系及预算发挥效用中灵活程度不同,分为固定预算和弹性预算。

1. 固定预算

固定预算又称静态预算,是以预算期内正常的、可能实现的某一业务量(如生产量、销售量)水平为固定基础,不考虑可能发生的变动因素而编制预算的方法。它是最传统的,也是最基本的预算编制方法。

固定预算法的优点表现在简便易行。其缺点主要有:①过于机械呆板。因为编制预算的业务量基础是事先假定的某一个业务量,不论预算期内业务量水平可能发生哪些变动,都只按事先确定的某一个业务量水平作为编制预算的基础。②可比性差。这是固定预算方法的致命弱点,当实际的业务量与编制预算所根据的预计业务量发生较大差异时,有关预算指标的实际数与预算数就会因业务量基础不同而失去可比性。因此,按照固定预算方法编制的预算不利于正确地控制、考核和评价企业预算的执行情况。

一般来说,固定预算只适用于业务量水平较为稳定的企业或非营利组织编制预算,是一种最基本的全面预算编制方法,该方法所涉及的各项预定标准均为固定数据。

2. 弹性预算

弹性预算又称变动预算或滑动预算,是指为克服固定预算方法的缺点而设计的,在成本习性分析的基础上,以业务量、成本和利润之间的依存关系为依据,按照预算期可预见的各种业务量水平为基础,编制能够适应多种业务量预算的方法。

编制弹性预算所依据的业务量可以是产量、销售量、直接人工工时、机器工时、材料消耗量或直接人工工资等。业务量范围是指弹性预算所适用的业务量区间。业务量范围的选择应根据企业的具体情况而定。一般来说,可定在正常生产能力的 70%～110%之间,或以历史上最高业务量或最低业务量为其上下限。

与固定预算方法相比,弹性预算方法具有如下两个显著的优点:①预算范围较宽。弹性预算能够反映预算期内与一定相关范围内的可预见的多种业务量水平相对应的不同预算额:从而扩大了预算的适用范围,便于预算指标的调整。因为弹性预算不再是只适应一个业务量水平的一个预算,而是能够随业务量水平的变动作机动调整的一组预算。②可比性较强。在预算期实际业务量与计划业务量不一致的情况下,可以将实际指标与实际业务量相应的预算额进行对比,从而能够使预算执行情况的评价与考核建立在更加客观和可比的基础上,便于更好地发挥预算的控制作用。

由于未来业务量的变动会影响到成本、费用、利润等各个方面,因此,弹性预算方法从理论上讲适用于编制全面预算中所有与业务量有关的各种预算。但从实用角度看,主要用于编制弹性成本费用预算和弹性利润预算等。

(1)弹性成本预算。

企业在编制弹性成本预算前,必须将全部费用按成本性态划分为变动成本和固定成本。在编制预算时,固定成本则按总额控制,只要将变动成本按不同的业务量水平作相应的调整,其计算公式如下:

$$弹性成本预算＝固定成本预算＋\sum(单位变动成本预算×预计业务量)$$

在此基础上,按事先选择的业务量计量单位和确定的有效变动范围,根据该业务量与有关成本费用项目之间的关系即可编制弹性成本预算。弹性成本预算的具体编制方法包括公式法和列表法两种。

①公式法。公式法是假设成本和业务量之间存在线性关系,成本总额、固定成本总额、业务量和单位变动成本之间的变动关系可以表示为:

$$Y=a+bx$$

其中,a 表示不随业务量变动而变动的那部分固定成本,b 为单位变动成本,x 表示业务量,y 为成本总额。某项目成本总额 y 是该项目固定成本总额和变动成本总额之和。在进行成本习性分析的基础上,可以将任何成本近似地表示 $y=a+bx$。在公式法下,如果事先确定了有关业务量 x 的变动范围,只要根据有关成本项目 a 和 b 的参数,就可以很方便地推算出业务量在允许范围内任何水平上的预算成本。这种方法要求按上述成本与业务量之间的线性假定,将企业各项目成本总额分解为变动成本和固定成本两部分。

公式法的优点是便于计算任何业务量下的预算成本,不受一定范围业务量的限制,编制预算的工作量较小。缺点是在进行预算控制和考核时,不能直接查出特定业务量下的总成本预算额,而且逐项甚至按细目分解成本的工作量较大。

②列表法。列表法是指通过列表的方式,在相关范围内每隔一定业务量范围计算相关数值预算,来编制弹性成本预算的方法。此法可以在一定程度上弥补公式法的不足。

列表法的优点是直观明了,在一定程度上能克服公式法无法直接查到不同业务量下总成本预算的弱点,而且结果会比公式法更精确,便于预算的控制和考核;但这种编制方法工作量较大且不能包括所有业务量条件下的费用预算,故适用面较窄。

(2)弹性利润预算。

弹性利润预算是根据成本、业务量和利润之间的依存关系,为适应多种业务量变化而编制的利润预算。弹性利润预算是以弹性成本预算为基础编制的,其主要内容包括销售量、价格、单位变动成本、边际贡献和固定成本。弹性利润预算的编制主要有以下两种方法:

①因素法。因素法是指根据业务量、收入、成本等因素与利润的关系,来反映在不同业务量条件下利润水平的预算方法。如果销售价格、单位变动成本、固定成本发生变动,也可参照此方法,分别编制在不同销售价格、不同单位变动成本、不同固定成本水平下的弹性利润预算,从而形成多个完整的弹性利润预算体系。这种方法适用于单一品种经营或采用分算法处理固定成本的多品种经营的企业。

②百分比法。百分比法又称销售额百分比法,是指按不同的销售额的百分比来编制弹性利润预算的方法。一般来说,大多数企业都经营多个品种的产品,在实际工作中,分别按品种逐一编制弹性利润预算是不现实的,这就要求我们用一种综合的方法——销售收入百分比法对全部经营商品或按商品大类编制弹性利润预算。应用百分比法的前提条件是销售收入的变化不会影响企业的单位变动成本和固定成本总额。此法主要适用于多品种经营的企业。

(二)增量预算与零基预算

全面预算按照编制预算方法的出发点不同,可分为增量预算和零基预算两大类。

1. 增量预算

增量预算方法简称增量预算,又称调整预算方法,是指以基期成本费用水平为基础,考虑到预算期内各种影响成本因素的未来变动情况,通过调整有关原有费用项目而编制预算的一种方法。增量预算以过去的费用发生水平为基础,主张不需在预算内容上作较大的调整,它的编制遵循下列假定:

第一,企业现有业务活动是合理的,不需要进行调整;

第二,企业现有各项业务的开支水平是企业必须发生的,应当在预算期内予以保持;

第三,以现有业务活动和各项活动的开支水平,确定预算期各项活动的预算数。

由于预算以过去的经验为基础,实际上是承认过去所发生的一切都是合理的,主张不需在预算内容上做较大改进,而是沿袭以前的预算项目。因而,该方法简便易行。但是增量预算同时存在缺点:①受到原有费用项目与预算内容的限制。由于按增量预算方法编制预算,往往不加分析地保留或接受原有的成本项目,可能使原来不合理的费用开支继续存在下去,形成不必要开支合理化,造成预算上的浪费;②容易导致预算中的"平均主义"和"简单化"。采用此法,容易鼓励预算编制人凭主观臆断按成本项目平均削减预算或只增不减,不利于调动各部门降低费用的积极性;③不利于企业未来发展。按照该方法编制的费用预算,对于那些未来实际需要开支的项目可能因没有考虑未来情况的变化而造成预算不够确切。

2. 零基预算

零基预算方法的全称为"以零为基础编制计划和预算的方法",简称零基预算,又称零底预算,主要用于对各项费用的预算。它是指在编制成本费用预算时,完全不考虑以往会计期间所发生的费用项目或费用数额的影响,而是将所有的预算开支均以零为起点,根据预算期企业实际经营情况的需要,逐项地审议预算期内各项费用的内容及开支标准是否合理,在综合平衡的基础上编制费用预算的一种方法。

它是为克服增量预算缺陷而设计的一种先进的预算方法,是由美国德州仪器公司彼得·派尔在 20 世纪 60 年代提出来的,现已被西方国家广泛采用作为管理间接费用的一种新的有效方法。

零基预算的程序如下:

第一,拟定预算草案。企业内部所有部门根据企业在预算期内的总体经营目标和各部门的具体任务,在充分讨论的基础上提出本部门在预算期内应当发生的费用项目,并以零为基础,详细提出其费用预算数额,而不考虑这些费用项目以往是否发生过,及其发生额的多少。

第二,对预算期各项费用的支出方案进行成本效益分析及综合评价,权衡轻重缓急,划分成不同等级并排出先后顺序。在预算编制过程中,全部费用按其在预算期是否发生的可能性大小可划分为不可避免项目和可避免项目。不可避免项目是指在预算期内必须发生的费用项目。可避免项目是指在预算期通过采取措施可以不发生的费用项目。对不可避免项目必须保证资金供应;对可避免项目则需要逐项进行成本效益分析,按照各项目开支必要性的大小确定各项费用预算的优先顺序。

第三,分配资金落实预算。在预算编制过程中,全部费用按其在预算期支付的时间是否可以延缓划分为不可延缓项目和可延缓项目。不可延缓项目是指必须在预算期内足额支付的费用项目。可延缓项目是指可以在预算期内,部分支付或延缓支付的费用项目。根据已确定的预算项目的先后顺序,将企业在预算期内所拥有的经济资源,以及可以动用的资金来源,应优先保证满足不可延缓项目的开支,然后再根据需要和可能,按照项目的轻重缓急确定可延缓项目的开支标准。

零基预算的优点是:①不受原有费用项目和费用额的限制。这种方法可以促使企业合理有效地进行资源分配,将有限的资金用在刀刃上。②有利于调动有关各方有效地降低费用,提高资金的使用效果和合理性。③有利于企业未来发展。由于这种方法以零为出发点,对一切费用一视同仁,有利于企业面向未来发展考虑预算问题。

零基预算的缺点在于:工作量很大。由于这种方法一切从零出发,在编制费用预算时需要完成大量的基础工作,如历史资料分析、市场状况分析、现有资金使用分析和投入产出分析等等,这势必带来很大的工作量,也需要比较长的编制时间。因此,企业可以每隔几年编制一次零基预算,在其他时间采用增量预算的编制方法。

(三)定期预算与滚动预算

全面预算按照预算期间起讫时间是否变动,为定期预算和滚动预算。

1. 定期预算

定期预算也称为阶段性预算,是指在编制预算时以不变的会计期间(如日历年度)作为预算期的一种编制预算的方法。

定期预算的优点是能够使预算期间与会计期间保持一致,便于考核和评价预算的执行结果。

其缺点是:①盲目性。由于定期预算往往是在年初甚至提前两三个月编制的,对于整个预算年度的生产经营活动很难作出准确的预算,尤其是对预算后期的数据只能进行笼统地估算,数据笼统含糊,缺乏远期指导性,给预算的执行带来很多困难,不利于对生产经营活动的考核与评价。②滞后性。由于定期预算不能随情况的变化及时调整,当预算中所规划的各种活动在预算期内发生重大变化时(如预算期临时中途转产),就会造成预算滞后过时,使之成为虚假预算。③间断性。由于受预算期间的限制,致使经营管理者们的决策视野局限于本期规划的经营活动,通常不考虑下期。例如,一些企业提前完成本期预算后,以为可以松一口气,其他事等来年再说,形成人为的预算间断。因此,按固定预算方法编制的预算不能适应连续不断的经营过程,从而不利于企业的长远发展。为了克服定期预算的缺点,在实践中可采用滚动预算的方法编制预算。

2. 滚动预算

滚动预算又称连续预算或永续预算,是指在编制预算时,将预算期与会计年度脱离开,随着预算的执行不断延伸补充预算,逐期向后滚动,使预算期始终保持为一个固定期间(如 12 个月)的一种预算编制方法。滚动预算按其预算编制和滚动的时间单位不同可分为逐月滚动、逐季滚动和混合滚动三种方式。其具体做法是:每过一个预算期,立即根据其预算执行情况,对以后各期预算进行调整和修订,并增加一个预算期的预算。这样逐期向后滚动,使预算始终保持一定的时间幅度,从而以连续不断的预算形式规划企业未来的经营活动。

(1)逐月滚动方式。

逐月滚动方式是指在预算编制过程中,以月份为预算的编制和滚动单位,每个月调整一次预算的方法。如在 2012 年 1 月至 12 月的预算执行过程中,需要在 1 月份末根据当月预算的执行情况,修订 2 月至 12 月的预算,同时补充 2013 年 1 月份的预算;2 月份末根据当月预算的执行情况,修订 3 月至 2013 年 1 月的预算,同时补充 2013 年 2 月份的预算,以此类推,逐月滚动。按照逐月滚动方式编制的预算比较精确,但工作量太大。

(2)逐季滚动方式。

逐季滚动方式是指在预算编制过程中,以季度为预算的编制和滚动单位,每个季度调整一次预算的方法。如在 2012 年第 1 季度至第 4 季度的预算执行过程中,需要在第 1 季末根据当季预算的执行情况,修订第 2 季度至第 4 季度的预算;同时补充 2013 年第 1 季度的预算;第 2 季度末根据当季预算的执行情况,修订第 3 季度至 2013 年第 1 季度的预算,同时补充 2013 年第 2 季度的预算;以此类推,逐季滚动。逐季滚动编制的预算比逐月滚动的工作量小,但预算精确度较差。

(3)混合滚动方式。

混合滚动方式是指在预算编制过程中,同时使用月份和季度作为预算的编制和滚动单位的方法。它是滚动预算的一种变通方式。这种预算方法的理论依据是:人们对未来的了解程度具有对近期把握较大,对远期的预计把握较小的特征。为了做到长计划短安排,远略近详,在预算编制过程中,可以对近期预算提出较高的精度要求,使预算的内容相对详细;对远期预算提出较低的精度要求,使预算的内容相对简单,这样可以减少预算工作量。如对 2012 年 1 月份至 3 月份的头三个月逐月编制详细预算,其余 4 月份至 12 月份分别按季度编制粗略预算;3 月末根据第 1 季度预算的执行情况,编制 4 月份至第 6 月份的详细预算,并修订第 3 至第 4 季度的预算,同时补充 2013 年第 1 季度的预算,以此类推,混合滚动。在实际工作中,采用哪一种滚动预算方式应视企业的实际需要而定。

与传统的定期预算方法相比，按滚动预算方法编制的预算具有以下优点：①透明度高。由于预算的编制不再是预算年度开始之前几个月的事情，而是实现了与日常管理的紧密衔接，可以使管理人员始终能够从动态的角度把握住企业近期的规划目标和远期的战略布局，使预算具有较高的透明度；②及时性强。由于滚动预算能根据前期预算的执行情况，结合各种因素的变动影响，及时调整和修订近期预算，从而使预算更加切合实际，能够充分发挥预算的指导和控制作用；③预算年度完整。由于滚动预算在时间上不再受日历年度的限制，能够连续不断地规划未来的经营活动，不会造成预算的人为间断，同时可以使企业管理人员了解未来预算期内企业的总体规划与近期预算目标，能够确保企业管理工作的完整性与稳定性。采用滚动预算的方法编制预算的主要缺点是预算工作量较大，尤其是滚动预算的延续工作将耗费大量的人力、物力，代价较大。

即问即答

各种预算方法企业如何选用？

➤三、全面预算的编制

我国早在战国时期就出现了关于预算管理的管理理念，意思是不论做什么事，事先有准备就能成功，不然就会失败。事前做好计划对企业各项经营决策是至关重要的，企业经营过程中对每个决策在实施前都要做严密周全的经济性评价，预计该项目盈亏情况，最终选择最优投资策略，达到企业收益最大化。预算编制在预算管理流程和系统中处于基础地位。预算编制的科学、合理与否，直接影响资源配置的效率和效果，进而影响企业战略目标的实现。

在预算编制过程中，通过目标利润预算确定利润目标以后，即可以此为基础，编制全面预算，全面预算的编制以销售预算为起点，根据各种预算直接的勾稽关系，按顺序从前往后逐步进行，直至编制出预计财务报表。业务预算、专门决策预算和财务预算是全面预算的三个组成部分。

（一）业务预算

业务预算主要包括销售预算、生产预算等。这些预算以实物量指标和价值量指标分别反映企业收入与费用的构成情况。业务预算以公司经营预算目标为基础，分析用户需求、资费标准、市场份额和市场竞争情况，对预算年度各业务的用户发展数量等进行预测，并以此为起点编制业务收入预算。同时根据业务发展需要，预测各项支出，编制业务发展费用预算，最后形成业务预算。

1. 销售预算

只要商品经济存在，任何企业都必须实行以销定产。因此，销售预算就成为编制全面预算的关键，是整个预算的起点，其他预算都以销售预算作为基础。销售预算是对销售估计规模的保守估计，主要用于目前购买、生产和现金流量的决策。显然，销售预算既要考虑销售预测，又要避免过高的风险，一般销售预算要略低于企业预测值。

销售预算是在销售预测的基础上，根据企业的年度目标利润和市场需求确定的预计销售量、销售单价和销售收入等参数编制的，用于规划预算期销售活动的一种业务预算。编制过程中，应根据年度内每类产品各季度市场预测的销售量和单价，确定预计销售收入，并根据各季度现销收入与收回前期的应收账款反映现金收入额,以便为编制现金收支预算提供资料。根据销售预测确定的销售量和销售单价确定各期销售收入,并根据各期销售收入和企业信用政策,确定每期的销售现金流量,是销售预算的两个核心问题。

【例 8-1】假定甲公司在计划年度(2012 年)只生产并销售一种产品。据估计产品每季的销售收入中有 60% 能于当季收到现金,其余 40% 要到下季收回。基期(2011 年)末的应收账款余额为 31000 元。编制该公司的销售预算表。

解析: 该公司计划年度的销售预算如表 8-1 所示。

表 8-1 甲公司销售预算表

2012 年度 单位:元

项目	第一季度	第二季度	第三季度	第四季度	全年合计
预计销售量(件)	5000	7500	10000	9000	31500
销售单价(元/件)	20	20	20	20	20
预计销售额(元)	100000	150000	200000	180000	630000
期初应收账款	31000				31000
第一季度销售收入	60000	40000			100000
第二季度销售收入		90000	60000		150000
第三季度销售收入			120000	80000	200000
第四季度销售收入				108000	108000
现金收入合计	91000	130000	180000	188000	589000

2. 生产预算

生产预算是根据销售预算编制的,计划为满足预算期的销售量以及期末存货所需的资源的一种预算。计划期间除必须有足够的产品以供销售之外,还必须考虑到计划期期初和期末存货的预计水平,以避免存货太多形成积压,或存货太少影响下期销售。计算公式为:

预计生产量=预计销售量+预计期末存货-预计期初存货

为了了解现有生产能力是否能够完成预计的生产量,生产设备管理部门有必要再审核生产预算,若无法完成,预算委员会可以修订销售预算或考虑增加生产能力;若生产能力超过需要量,则可以考虑把生产能力用于其他方面。

生产预算涵盖生产过程。企业由销售预算中得出生产总额和总产量,以满足预算期内预计的销售需要和为下一期准备的存货需要。完成生产总量的需要后,企业就可以制订附属生产预算:①原材料预算;②劳动力预算;③生产间接费用预算。

生产预算的编制,除了考虑计划销售量外,还要考虑现有存货和年末存货。

生产预算的要点是确定预算期的产品生产量和期末结存产品数量,前者为编制材料预算、人工预算、制造费用预算等提供基础,后者是编制期末存货预算和预计资产负债表的基础。

【例 8-2】假定甲公司在计划年度(2012 年)年初结存产成品 500 件,单位成本 8 元,计划年度各季末结存保持相当于下季度销售量 10% 的期末存货。预计下年第一季度销售量为 10000 件,编制该公司销售预算表。

解析: 该公司销售量预算如表 8-2 所示。

表 8-2 甲公司生产预算表

2012 年度 单位:件

项目	第一季度	第二季度	第三季度	第四季度	全年合计
预计销售量(件)	5000	7500	10000	9000	31500
加:预计期末结存	750	1000	900	1000	1000
预计需要量合计	5750	8500	10900	10000	32500
减:期初存货	500	750	1000	900	500
预计生产量	5250	7750	9900	9100	32000

3. 直接材料采购预算

完成生产预算后,就可以根据生产预算编制直接材料采购预算。直接材料预算是为了规划预算其材料消耗情况及采购活动而编制的,以预计生产量为基础,根据单位产品的材料消耗定额确定预计材料需要量,然后再根据预计期初期末的直接材料库存量来解决材料的预计采购量。

直接材料采购预算就可以根据预计的直接材料采购量与材料的预计采购价格得出,其计算公式为:

某种材料耗用量=预计生产量×单位产品材料用量

某种材料采购量=某种材料耗用量+该材料期末结存量-该材料期初结存量

某种材料采购金额=预计材料采购量×预计材料单价

【例 8-3】假定甲公司生产产品只耗用一种材料,单价产品材料消耗定额为 2 千克,材料单价为 2.5 元。公司期望每季末材料库存量分别为 2100kg,3100kg,3960kg,3640kg。预计每季度材料采购金额中,有 50% 在当季付款,其余在下季支付。2012 年初,材料应付采购账款为 11000 元。编制该公司采购预算表和材料采购现金支出预算。

解析:该公司采购预算如表 8-3 所示。

表 8-3 甲公司材料采购预算表

2012 年度 单位:元

项目	第一季度	第二季度	第三季度	第四季度	全年合计
预计产量(件)	5250	7750	9900	9100	32000
单位产品材料用量	2	2	2	2	2
预计需要量 A	10500	15500	19800	18200	64000
加:期末存料量	2100	3100	3960	3640	3640
预计需要量合计	12600	18600	23760	21840	67640
减:期初存料量	1500	2100	3100	3960	1500
预计采购量	11100	16500	20660	17880	66140
单价	2.5	2.5	2.5	2.5	2.5
预计采购金额	27750	41250	51650	44700	165350

编制直接材料预算的要点是反映预算期材料消耗量、采购量和期末结存量,编制时要考虑由前期应付账款和本期采购的付款条件决定的实际支付情况,确定各预算期材料采购现金支

出预算。

该公司材料采购现金支出预算如表 8－4 所示。

表 8－4 甲公司材料采购预算表

2012 年度 单位:元

项目	本期发生额	第一季度	第二季度	第三季度	第四季度
应付账款年初余额	11000	11000			
第一季度购料付现额	27750	13875	13875		
第二季度购料付现额	41250		20625	20625	
第三季度购料付现额	51650			25825	25825
第四季度购料付现额	44700				22350
期末数	22350				
现金支出合计	154000	24875	34500	46450	48175

4. 直接人工预算

直接人工预算是一种既反映预算期内人工工时消耗水平,又规划人工成本开支的业务预算。这项预算是根据生产预算中的预计生产量以及单位产品所需的直接人工小时和单位小时工资率进行编制的。在通常情况下,企业往往要雇佣不同工种的人工,必须按工种类别分别计算不同工种的直接人工小时总数;然后将算得的直接人工小时总数分别乘以该工种的工资率,再予以合计,即可求得预计直接人工成本的总数。

直接人工预算的基本编制程序如下:

(1)计算某种产品消耗的直接人工工时;

某产品消耗的直接人工工时＝单位产品工时定额×该产品预计产量

产品工时定额是由产品生产工艺和技术水平决定的,由产品技术和生产部门提供定额标准,产品预计产量来自于生产预算。

(2)计算预算期某产品的直接人工成本;

预算期某产品的直接人工成本＝单位工时工资率×该产品直接人工工时总数

单位工时工资率来自于企业人事部门工资标准和工资总额。

编制直接人工预算时,一般认为各预算期直接人工都是直接以现金发放的,因此不再特别列示直接人工的现金支出。

另外,按照我国现行制度规定,在直接工资以外,还需要计提应付福利费,此时应在直接人工预算中根据直接工资总额进一步确定预算期的预计应付福利费,并估计应付福利费的现金支出,本处假定应付福利费包括在直接人工总额中并全部以现金支付。

【例 8－4】甲公司 2012 年各季度甲产品预计生产量为 5250 件、7750 件、9900 件、9100件,单位工时工资率为 10 元/时,单位产品工时率为 0.2 时/件,编制甲公司直接人工预算表。

解析:该公司直接人工预算表如表 8－5 所示。

表 8 - 5　甲公司直接人工预算表

2012 年度　　　　　　　　　　　　　　　单位:元

项目	第一季度	第二季度	第三季度	第四季度	全年合计
预计产量(件)	5250	7750	9900	9100	32000
单耗工时(小时)	0.2	0.2	0.2	0.2	0.2
直接人工小时数	1050	1550	1980	1820	6400
单位工时工资率	10	10	10	10	10
预计直接工资	10500	15500	19800	18200	64000

5. 制造费用预算

制造费用预算是一种能反映直接人工预算和直接材料使用和采购预算以外的所有产品成本的预算计划。

为编制预算,制造费用通常可按其成本性态分为变动性制造费用、固定性制造费用两部分,分别编制变动制造费用预算和固定制造费用预算。编制制造费用预算时,应以计划期的一定业务量为基础来规划各个费用项目的具体预算数字。另外,在制造费用预算表下还要附有预计现金支出表,以方便编制现金预算。

变动制造费用预算部分,应区分不同费用项目,逐一项目根据单位变动制造费用分配率和业务量(一般是直接人工总工时或机器工时等)确定各项目的变动制造费用预算数。

其中:

某项目变动制造费用分配率＝该项目变动制造费用预算总额÷业务量预算总数

固定性制造费用预算部分,也应区分不同费用项目,逐一项目确定预算期的固定费用预算。

在编制制造费用预算时,为方便现金预算编制,还需要确定预算期内制造费用预算的现金支出部分,为方便起见,一般将制造费用中扣除折旧费后的余额,作为预算期内的制造费用现金支出。

制造费用预算的要点是确定各个变动和固定制造费用项目的预算金额,并确定预计制造费用的现金支出。

【例 8 - 5】甲公司变动制造费用按各种产品直接人工工时比例分配,除折旧以外的各项制造费用均在当季支付现金。编制该公司制造费用预算表。

解析:该公司制造费用预算如表 8 - 6 所示。

表 8 - 6　甲公司制造费用预算表

2012 年度　　　　　　　　　　　　　　　单位:元

项目	每小时费用分配率	第一季度	第二季度	第三季度	第四季度	全年合计
预计人工总工时(小时)		1050	1550	1980	1820	6400
变动制造费用:						
间接材料	1	1050	1550	1980	1820	6400
间接人工	0.6	630	930	1188	1092	3840
维修费用	0.4	420	620	792	728	2560

项目	每小时费用分配率	第一季度	第二季度	第三季度	第四季度	全年合计
水电费用	0.5	525	775	990	910	3200
小计	2.5	2625	3875	4950	4550	16000
固定制造费用		3000	3000	3000	3000	12000
修理费		1000	1000	1000	1000	4000
水电费		2000	2000	2000	2000	8000
管理人员工资		5000	5000	5000	5000	20000
折旧		1000	1000	1000	1000	4000
保险费		12000	12000	12000	12000	48000
小计		14625	15875	16950	16550	64000
合计		5000	5000	5000	5000	20000
减：折旧		9625	10875	11950	11550	44000
现金支出费用		3000	3000	3000	3000	12000

6. 产品成本预算

产品成本预算是指为了规划一定预算期内每种产品的单位产品成本、生产成本、销售成本等内容而编制的一种日常业务预算。产品生产成本预算是生产预算、直接材料预算、直接人工预算、制造费用预算的汇总。为了计算产品的销售成本，必须先确定产品的单位生产成本和生产总成本。

单位生产成本预算是反映预算期内各种产品生产成本水平、技术装备和管理水平好坏的一种业务预算。这种预算是在生产预算、直接材料消耗及采购预算、直接人工预算和制造费用预算的基础上编制的，通常应反映各产品单位生产成本。

单位产品预计生产成本＝单位产品直接材料成本＋单位产品直接人工成本＋单位产品
制造费用

以单位产品成本预算为基础，还可以确定期末结存产品成本：

期末结存产品成本＝期初结存产品成本＋本期产品生产成本－本期销售产品成本

期初结存产品成本和本期销售成本，需要根据具体的存货计价方法确定，确定期末结存产品成本后，可以与预计直接材料期末结存成本一起，一并在期末存货预算中予以反映。

【例 8－6】假设甲公司全年生产量为 32000 件，据前面已编制的各种业务预算表的资料，编制甲公司产品成本预算表。

解析：该公司产品成本预算如表 8－7 所示。

表8-7 甲公司生产成本预算表

2012年度　　　　　　　　　　　　　　　　　　单位:元

成本项目	单位用量	单价	单位成本	总成本
直接材料	2kg	2.5元/kg	5	160000
直接人工	0.2	10元/工时	2	64000
变动制造费用	0.2	2.5元/工时	0.5	16000
合计			7.5	240000
产成品存货	数量(件)	单位成本(元)	总成本	
加:产成品期初余额	500	8	4000	
减:产成品期末余额	1000	7.5	7500	
预计产品销售成本	31500		236500	

7. 销售及管理费用预算

销售及管理费用预算,是指为了规划预算期与组织产品销售活动和一般行政管理活动有关费用而编制的一种业务预算。其编制的主要依据是预算期全年和各季度的销售量及各种相关的标准耗用量和标准价格资料。

销售费用预算是对销售环节的支出所做的预算,销售费用按照与销售数量之间的储存关系,可分为变动销售费用和固定销售费用。变动销售费用是指随销售量的变动而变动的销售费用;固定销售费用是指不能随销售数量的变动而变动的销售费用,如销售人员的工资,销售机构的折旧费用、广告费用、保险费用等。

对变动销售费用的预算应当以销售预算为基础编制,预算期内变动销售费用应是预计销售数量与单位变动销售费用的乘积。固定销售费用因不能随销售量变动而变动,通常以过去实际开支为基础,根据预算期的变动进行调整来编制预算。

销售及管理费用大部分也需要本期支付现金,为了给现金预算提供资料,在编制销售及管理费用预算时应编制现金支出预算,但应该注意的是,一些不需要支付现金的销售及管理费用应扣除。

【例8-7】甲公司根据预算期的销售量及有关标准耗用量和标准价格分别编制销售和管理费用预算。其中,变动销售费用为各项变动费用的单位标准费用乘以销售额计算。固定销售费用及管理费用在一定时期内是固定不变的。编制该公司销售及管理费用预算表。

解析:该公司销售及管理费用预算如表8-8所示。

表8-8 甲公司销售及管理费用预算表

2012年度　　　　　　　　　　　　　　　　　　单位:元

项目	变动费用率 (按销售收入)	第一季度	第二季度	第三季度	第四季度	全年合计
预计销售收入		60000	72000	84000	96000	312000
变动销售费用:						
销售佣金	1%	1000	1500	2000	1800	6300

项目	变动费用率 （按销售收入）	第一季度	第二季度	第三季度	第四季度	全年合计
运输费	1.6%	1600	2400	3200	2880	10080
广告费	5%	5000	7500	10000	9000	31500
小计	7.5%	7600	11400	15200	13680	47880
固定销售费用：						
工资		5000	5000	5000	5000	20000
办公用品		4500	4500	4500	4500	18000
其他		3500	3500	3500	3500	14000
小计		13000	13000	13000	13000	52000
合计		20600	24400	28200	26680	99880

(二)专门决策预算

专门决策预算又称为特种决策预算，是指企业为不经常发生的长期投资项目或者一次性专门业务所编制的预算。通常是指与企业投资活动、筹资活动、收益分配或根据长期投资决策结论编制的与购置、更新、改造、扩建固定资产决策有关的资本支出等相关的各种预算。

专门决策预算可以分为资本预算和一次性专门业务预算两类。其中，资本预算主要是针对企业长期投资决策编制的预算，包括固定资产投资预算、权益性资本投资预算和债券投资预算；一次性专门业务预算主要有资金筹措及运用预算、交纳税金与发放股利预算等。

(三)财务预算

财务预算是指企业在计划期内反映有关现金收支、经营成果和财务状况的预算。在完成了生产经营预算、资本预算的编制之后，就可以进入全面预算体系的财务预算的编制，也即总预算的编制。财务预算是把经营预算、资本预算的数据进行分析汇总后编制的。

企业的财务预算是在预测和决策的基础上，围绕企业战略目标，对一定时期内企业资金取得和投放、各项收入和支出、企业经营成果及其分配等资金运动所做的具体安排。

财务预算编制时应遵循以下原则：第一，坚持效益优先原则，实行总量平衡，进行全面预算管理；第二，坚持积极稳健原则，确保以收定支，加强财务风险控制；第三，坚持全责对等原则，确保切实可行，围绕经营战略实施。

1. 现金预算的编制

现金预算是按照现金流量表主要项目内容编制的反映企业预算期内一切现金收支及其结果的预算。这里所说的现金包括库存现金、银行存款和其他货币资金。现金预算是企业财务预算体系的核心。

现金预算是以生产经营预算、资本预算为基础，是所有有关现金收支的预算的汇总，综合反映了企业在预算期内现金流转的预计情况，主要作为企业资金调控管理的依据。其目的在于根据现金预算确定企业未来的现金需要量，制定筹资计划，使现金流入和流出的金额满足经营需要、时间分布合理，从而能在资金不足时合理筹措资金，资金多余时合理运用资金，并且提供现金收支的控制限额，以便发挥现金管理的作用。

现金预算的编制一般包括现金收入、现金支出、现金多余和不足、资金的筹集和使用四部分。现金收入包括期初的现金结余数和预算期内预计发生的现金收入；现金支出主要是预算期内预计发生的现金支出，如采购原材料支付货款、支付工资等；现金多余和不足主要是预算期内现金收支相抵后的余额，若为收大于支，则现金多余，处理可以用来偿还银行借款之外，还可以用来进行投资，如各种有价证券；若为收小于支，则现金不足，需要设法筹集资金；现金融通反映预算期内因为资金不足，而向银行借款或发放债券以筹集资金，以及还本付息等。

编制现金预算要遵循：

$$期初现金余额＋现金收入－现金支出＝期末现金余额$$

【例8-8】根据例8-1至例8-7所编制的各种预算提供的资料，并假设甲公司每季度应保持现金余额10000元，若资金不足或多余，可以以2000元为单位进行借入或偿还，借款年利率为8%，于每季度初借入，每季度末偿还，借款利息于偿还本金时一起支付。同时甲公司准备2012年投资100000元购入设备，于第二季度与第三季度分别支付价款50%，每季度预交所得税20000元，在第三季度发放现金股利30000元，第四季度购买国库券10000元。编制甲公司现金预算表。

解析：该公司现金预算表如表8-9所示。

表8-9 甲公司现金预算表

2012年度 单位：元

项目	第一季度	第二季度	第三季度	第四季度	全年合计
期初现金余额	8000	13400	10125	11725	8000
加：销货现金收入	91000	130000	180000	188000	589000
可供使用现金	9000	143400	190125	199725	597000
减：现金支出					
直接材料	24875	34500	46450	48175	154000
直接人工	10500	15500	19800	18200	64000
制造费用	9625	10875	11950	11550	44000
销售及管理费用	20600	24400	28200	26680	99880
预交所得税	10000	10000	10000	10000	40000
购买国库券				10000	10000
发放股利			30000		30000
购买设备		50000	50000		100000
支出合计	75600	145275	196400	124605	541880
现金收支差额	13400	(11875)	(16275)	65120	15120
向银行借款		22000	28000		50000
归还银行借款				50000	50000
借款利息（年利8%）				2440	2440
期末现金余额	13400	10125	11725	12680	12680

即问即答

现金预算和业务预算的关系是怎样的？

2. 预算财务报表

预算财务报表是财务管理的重要工具主要包括预计损益表、预计资产负债表和预计现金流量表。预计财务报表的作用与历史报表不同,根据企业会计制度的规定,所有企业都要在年终编制当年的财务报表,其主要目的是向有关报表使用人提供财务信息,而且主要是为外部报表使用人提供财务信息。而预计财务报表主要是为企业内部财务管理服务,是控制企业资金、成本和利润总量的重要手段和方法。

预计利润表是在经营预算的基础上按照权责发生制的原则进行编制的,其编制方法和编制一般财务报表中的利润表相同。预计资产负债表是反映企业预算期期末各账户的预计余额,管理部门可以据此了解企业在预算期末的财务状况,为生产经营做指导。

(1)预计损益表。

预计损益表是企业营业预算的总结,它反映了企业在下一预算年度内各种经营情况的表现及最终的盈利情况,它能够直观地说明预算度企业价值的贡献。预计损益表是根据业务预算和专项预算的相关资料分析编制的。

预计损益表按照损益表的内容和格式编制的反映预算执行单位在预算期内利润目标的预算报表。其构成来自两方面,其一是企业生产经营管理活动的收支,其二是企业财务活动的收支。

【例 8-9】根据前述的各种预算,编制甲公司 2012 年度的预计损益表。

解析：该公司预计损益表如表 8-10 所示。

表 8-10　甲公司预计损益表

2012 年度　　　　　　　　　　　　　　　　单位:元

项目	第一季度	第二季度	第三季度	第四季度	全年合计
销售收入	100000	150000	200000	180000	630000
减:变动生产成本	37750	56250	75000	67500	236500
变动销售费用	7600	11400	15200	13680	47880
边际贡献	54650	82350	109800	98820	345620
减:固定制造费用	12000	12000	12000	12000	48000
固定销售费用	13000	13000	13000	13000	52000
利息支出				2440	2440
税前利润	29650	57350	84800	71380	243180
减:所得税(25%)	7413	14338	21200	17845	60795
税后利润	22238	43013	63600	53535	182385

变动生产成本(第一季度)=500×8+4500×7.5=37750(元)

(2)预计资产负债表。

预计资产负债表是以货币单位反映预算期末财务状况的总括性预算。在预算期终了时,以期初资产负债表为基础,根据销售、生产、资本等预算的有关数据加以调整编制的反映企业的资产、负债、所有者权益项目与当期情况相比会有什么样的变化,体现了预算对企业价值的最终影响。

【例 8-10】根据前述的各种预算,编制甲公司 2012 年度的预计资产负债表。

解析:该公司预计资产负债表表如表 8-11 所示。

表 8-11 甲公司预计资产负债表

2012 年度   单位:元

资产	期初数	期末数	负债及所有者权益	期初数	期末数
流动资产			流动负债		
现金	8000	12680	应付账款	11000	22350
应收账款	31000	72000	应交税费	21000	1795
原材料	3750	9100	流动负债合计	32000	24145
产成品	4000	7500	长期负债		
短期投资		10000	长期借款	40000	40000
流动资产合计	46750	111280	负债合计		
固定资产原值	270000	370000	实收资本	200000	200000
减:累计折旧	32250	52250	留存收益	12500	164885
固定资产净值	237750	317750	所有者权益合计	284500	429030
资产合计	284500	429030			

①固定资产原值期末数＝270000＋100000＝370000

②累计折旧＝32250＋20000＝52250

③应交税费＝21000＋60795－80000＝1795

④留存收益＝12500＋182385－30000＝164885

(3)预计现金流量表。

现金流量表以现金的流入和流出来反映企业一定时期内的经营活动、投资活动和筹资活动的动态情况。该表能说明企业一定期间内现金流入和流出的原因、偿债能力和支付股利的能力,能够为企业管理部门控制财务收支和提高经济效益提供有用的信息。

现金流量表的编制方法有直接法和间接法两种,本教材以直接发编制现金流量表。

【例 8-11】根据前述的各种预算,编制甲公司 2012 年预计现金流量表。

解析:该公司预计现金流量表算如表 8-12 所示。

表 8-12 甲公司 2012 年预计现金流量表

2012 年度   单位:元

项目	金额	备注
一、经营活动产生的现金流量		
销售商品、提供劳务收到的现金	589000	
收到的其他与经营活动有关的现金		

项目	金额	备注
现金流入小计	589000	
购买商品、接受劳务支付的现金	198000	
支付给职工以及为职工支付的现金	64000	
支付的其他与经营活动有关的现金	99880	
支付预交的所得税	80000	
现金流出小计	441880	
经营活动产生的现金流量净额	147120	
二、投资活动产生的现金流量		
收回投资所收到的现金		
收回的其他与投资活动有关的现金		
现金流入小计	0	
购建固定资产、无形资产和其他长期资产支付的现金	100000	
支付的其他与投资活动有关的现金	10000	
现金流出小计	110000	
投资活动产生的现金流量净额	-110000	
三、筹资活动产生的现金流量		
吸收权益性投资所收到的现金		
发行债券所支付的现金		
借款所收到的现金	50000	
收到的其他与筹资活动有关的现金		
现金流入小计	50000	
偿还债务所支付的现金	50000	
分配股利或利润所支付的现金	30000	
偿还利息所支付的现金	2440	
支付的其他与筹资活动有关的现金		
现金流出小计	82440	
筹资活动产生的现金流量净额	-32440	
现金流量净增加额	4680	

第三节 财务预算的管理

财务预算管理是指企业开展的财务预算编制、报告、执行、调整与控制等一系列管理活动，以确保实现年度经营目标。财务预算管理是单位为实现既定的经济目标，通过编制预算、内部控制、考核业绩所进行的一系列财务管理活动，它贯穿于单位财务预算的编制和执行全过程，预算管理质量的优劣直接关系到单位总体目标的实现。

财务预算管理是企业经济链条中的首要环节，也是在市场经济条件下，财务工作由被动的核算型向主动的管理型转变的一项突破。预算是现代企业下一步发展战略与经营目标的细化发展的要求,预算管理是企业发展的重要保证机制,是企业经营过程中最主要和有效的内部控制机制,是财务集中控制的重要一环。因此,我们要理顺预算管理体制,划清预算工作界面,强化管理预算基础工作,科学测算预算定额,使预算实现对各业务计划和规划的归纳与综合,确保预算贯彻企业整体经营战略。

一、财务预算管理的作用

财务预算是企业预算管理的关键,实行财务预算管理是企业资本经营机制运行的必然需要,企业要进行资本经营,必然要引入财务预算管理机制。财务预算与企业现金收支、经营成果和财务状况有关,并反映出各项经营业务和投资的整体计划。其主要作用表现在以下几个方面:

(一)促进企业经营决策的科学化,提高企业综合盈利能力和企业的综合管理水平

财务预算管理以市场为导向,是连接市场与企业的纽带和桥梁。通过财务预算管理,可以合理配置企业内部资源,以保证最大限度满足市场需求,在市场上获得最大收益。

首先,通过财务预算管理可以控制成本费用,降低成本费用是提高经济效益的关键,从而为直接提高企业经济效益奠定了坚实的基础。

其次,财务预算管理实行程序化管理,指标层层分解,落实到各责任单位,将经济效益目标落到实处,为提高企业经济效益提供了可靠的保证。

第三,财务预算管理与其他管理相结合,为提高经济效益提供了广阔的空间和充足的时间。

因此,财务预算管理能够减少决策盲目性,降低决策风险,合理地挖掘现有资源潜力,努力使决策达到科学化,使企业的行为符合市场的客观需求,进一步提高企业的综合盈利能力。

(二)可以有效地规避财务风险

财务预算管理是在科学经营预测与决策的基础上,围绕企业战略目标,对一定时期内企业资金的筹集、使用、分配等财务活动所进行的计划与规划,使生产经营活动按照预定的计划与规划进行流转和运动,以实现企业理财目标的有效管理机制,因此财务预算既着眼于公司资金的运用,同时指导公司的筹资策略,合理安排公司的财务结构。企业的财务预算就是要处理好资产的盈利性和流动性,财务结构的成本和风险的关系。而财务预算可以提供现金流量预算,使经营者能够及早采取措施,为企业合理规避财务风险提供有力保障。

二、财务预算管理模式

预算管理实施效果的好坏在某种程度上取决于预算编制起点的选取是否合理。选择预算的编制起点要结合行业和企业的特点。制造业的预算可能考虑降低生产成本的因素要多一些,而服务业则热衷于对成本合理控制并通过增加收入进行补偿的方式。在企业的成长期,如何打开市场,销售是企业的重点,因此此时的预算模式是以销售预算为起点。而在企业的成熟期,市场趋于稳定,成本压力逐渐增大,因此,以成本为起点的预算管理模式就称为主导模式。在企业的衰退期,现金管理成为企业战略关注的重点,此时以现金为起点的预算管理模式则具有重要意义。

(一)以销售为核心的预算管理模式

以销售预测为核心的预算是按"以销定产"为原则,以销售预测为起点编制的预算;然后再根据销售预算考虑期初、期末存货的变动来安排生产;最后是保证生产顺利进行的前提下编制材料、人工、费用预算,最终以确保各项资源的供应及配置为目标的一种预算管理模式。

以销售为核心的预算管理模式的预算体系,主要包括:销售预算、生产预算、供应预算、成本费用预算、利润预算和现金流量预算。其主要适用如下企业:以快速增长为目标的企业,处于市场增长期的企业,季节性经营的企业。

以销售为核心的预算管理模式的优点主要有:符合市场需要,能够实现以销定产;有利于减少资金沉淀,提高资金使用效率;有利于不断提高市场占有率,使企业快速增长。缺点主要是:可能会造成产品过度开发,不利于企业长远发展;可能会忽略成本降低,不利于提高企业利润;可能出现过度赊销,增加企业坏账损失。

(二)以利润为核心的预算管理模式

以利润为核心的预算管理模式是企业以实现"利润最大化"最为全面预算编制的核心,以目标利润为预算编制的起点,以利润实现程度作为主导考核指标的一种预算管理模式。

以利润为核心的预算管理模式的预算体系基本上与以销售为核心的预算管理模式相同。其主要包括利润预算、销售预算、成本费用预算、现金预算。其主要适用于以利润最大化为目标的企业和大型企业集团的利润中心。

以利润为核心的预算管理模式的优点主要有:有助于使企业管理方式由直接管理转向间接管理;有助于明确工作目标;有利于增强企业集团的综合盈利能力。缺点主要是:可能引发短期行为,使企业只顾预算年度利润,忽略企业长远发展;可能引发冒险行为,使企业只顾追求高额利润,增加企业的财务风险和经营风险;可能引发虚假行为,使企业通过一系列手段虚降成本,虚增利润。

(三)以成本为核心的预算管理模式

以成本为核心的预算管理模式是以编制成本预算为起点,以目标成本为核心,以控制成本为主轴,以成本控制绩效为主要考评指标的一种预算管理模式。编制时主要包括三个基本环节:设定目标成本,分解落实目标成本;实现目标成本。其主要适用于产品处于市场成熟期的企业和大型企业集团的成本中心。

以成本为核心的预算管理模式的优点主要有:有利于促进企业采取降低成本的各种办法,不断降低成本,提高盈利水平;有利于企业采取低成本扩张战略,扩大市场占有率,提高企业成长速度。缺点主要是:可能会只顾降低成本,而忽略新产品开发;可能会只顾降低成本,而忽略产品质量。

(四)以现金流量为核心的预算管理模式

以现金流量为核心的预算管理模式是依据企业现金流量确定企业一定时期内货币资金的流入流出额并加以平衡的一种预算管理模式。其主要适用于产品处于衰退期的企业、现金短缺的企业和重视现金回收的企业。

以现金流量为核心的预算管理模式的优点有:有利于增加现金流入;有利于控制现金支出;有利于实现资金收支平衡;有利于尽快摆脱财务危机。缺点是:预算中安排的资金投入较少,不利于企业高速发展;预算思想比较保守,可能错过企业发展的有利时机。

(五)以资本支出为核心的预算管理模式

以资本支出为核心的预算管理模式的又称现值指数法,是指将各年净现金流量的现值总额与项目初始投资总额进行比较,从而判断资本支出预算是否可行的一种方法。从经营特点来看,资本支出预算管理模式,是由大量现金投入于研发、市场研究、固定资产,净现金流量为负,新业务开发的成败及未来现金流量的大小具有较大的不确定性,面临较大的投资和经营风险。一般来说,企业的初创期,市场营销的前期开展工作,项目投放,对于大型区域性的基础建设前期投入,以及对于矿山的前期勘探、开采,或者在拿到开采诸多证件之前,都是这样,在现金流量表做成的坐标轴上,都在零以下,没有达到现金平衡点。

从资本预算管理模式来说,公司从资本投入预算开始介入管理全过程,预算以资本投入为中心,积极进行投资概算,利用财务决策技术进行资本支出的项目评价,项目投资总额预算和各期现金流出总额预算。融资预算,利用上述各种预算对实际构建过程进行监控与管理,对照资本预算,评价资本支出项目的实际支出效果。

(六)不同发展时期预算管理模式的选择

以上各种预算管理模式在实际工作中并无绝对的界限,不是那么泾渭分明的,往往需要结合运用。由于预算管理一头连着市场,一头连着企业内部,而不同的市场环境与不同的企业规模与组织,其预算管理的模式又是不同的。因此,企业要根据自身发展阶段,选择适合自身需要的预算管理模式。

1. 开发投产期选择以资本支出为核心的预算管理模式

在开发投产期。企业面临着极大的经营风险,这种较高的经营风险来自两方面:一方面是大量的现金流出,净现金流量为绝对负数,这一时期的现金投入包括研究与开发费用、市场研究费用和固定资产投入,在此期间进行市场研究,可以为产品研制成功后的战略决策提供依据、减少市场增长和成熟期的不确定性,而产品开发成功并决定投产后,企业即面临着大量的固定资产投资。

另一方面是新产品开发的成败及未来现金流量的大小具有较大的不确定性、较大的投资及较大的风险。因此,开发投产期的不确定性,企业需要从资本预算开始介入管理全过程,以资本投入为中心的资本预算也就成为该阶段主要的预算管理模式。

2. 市场增长期选择以销售为核心的预算管理模式

随着产品逐渐为市场所接受,市场需求总量直线上升,这时产品发展进入市场增长期。尽管对产品生产技术的把握程度都较为确定,但这一时期企业仍然面临较高的经营风险,这主要是由于这一时期需要大量的市场营销费用投入,而市场成熟期的现金流入大小仍然不确定,净现金流量为负数或处于较低水平。

这一时期管理的重心是通过市场营销,来开发市场潜力和提高市场占有率。市场营销费用的投入仍然属于针对整个寿命期的长期投资,而从其作用来说,包括了两个部分:有助于整体市场迅速扩大的市场投入和有助于本企业市场占有率提高的竞争投入。前者一般是以行业或产品的先驱者为主,例如,国内新近兴起的果汁饮料市场,市场营销活动包括两个方面:一方面是关于果汁饮料本身的优势宣传,以使大众对这一种新兴饮料感兴趣和认同;另一方面则是关于特定品牌的宣传,以使本企业的产品销售能在市场中有较快的增长。

尽管新产品开发项目效益主要取决于成熟期的净现金流量,但在成熟期产生效益的竞争优势往往是在增长期形成的,所以这一时期战略成功的关键是在达到成熟期前形成自身的可持续的竞争优势,获取较高的市场占有率。

因此,在市场增长期,以销售为起点编制销售预算,以销定产,编制生产及费用预算,进而编制财务预算,是帮助企业提高市场应变能力、提高竞争优势的主要策略之一。

3. 成熟期选择以成本为核心的预算管理模式

随着市场增长速度减缓,由于有较高且较为稳定的销售份额,现金净流量也为正数,且较为稳定,经营风险相对较低。市场进入成熟期,此时企业面临的市场风险有两个:一是成熟期长短变化所导致的风险;二是成本降低风险。前者是不可控风险,而后者是可控风险,也就是说,在既定产品价格的前提下,企业收益大小完全取决于成本这一相对可控因素。

因此以企业成本预算为起点的预算管理模式,对于大多数产品处于成熟状态的企业,具有重要的指导意义。

4. 衰退期选择以现金流为核心的预算管理模式

随着市场日益饱和,产品开始进入衰退期,原有产品已经被市场所抛弃,或者被其他替代产品所替代。这一时期的财务特征主要是大量应收账款收回,而潜在的投资项目并未确定,因此有大量的现金流量(正值)产生。如何针对其经营特点,做到监控现金有效收回、收回现金的有效利用等,均应成为管理的重点。

以现金流量为起点的预算管理,以现金流入流出控制为核心,是这一阶段的生产经营特征所决定的,具有必然性。

【例 8 - 12】 美国箭牌糖果有限公司是国际糖果业界的领导者之一和全球最大的口香糖生产及销售商,生产包括绿箭、黄箭、白箭、益达等知名品牌产品。该公司于 1989 年在中国设立独资企业即 W 公司,现为中国最大的口香糖生产厂商,也是该企业全球 15 家生产设施中规模最大的一家。W 公司根据公司的需要,在预算管理流程中,以股东的期望值为预算编制起点,具体指标是"投资回报率—净资产收益率",根据该指标和市场调查研究预测可能达到的市场占有率、预计销售额、预计利润等制定目标成本。此方案的执行产生了良好的经济效果:2002年、2003 年、2004 年财政年度总销售额分别达到 27 亿美元、31 亿美元和 36 亿美元,2002 年、2003 年、2004 年的平均净股东收益率分别达到 28.7%、26.75%和 24.7%,2003 年、2004 年的每股利润达到 1.98 美元和 2.19 美元。

第四节 案例分析:天津市汽车模具制造有限公司 2011 年财务预算的编制

天津市汽车模具制造有限公司坐落于天津市空港物流加工区航天路 77 号,是经营、设计、制造汽车车身内外覆盖件模具的专业公司,有近四十年的模具制造历史,曾为国内外诸多汽车制造厂家提供服务。2003 年公司进行了从国营到民营的改制。面对国内外市场的需要,走专业化、规模化道路。其主导产品是与第一汽车制造厂生产的"解放"牌卡车相配套的随车工具。转制后,公司生产能力大幅度提高。除生产工具类产品外,还生产其他机械加工类产品。本案例采集的是该公司第一分公司于 2010 年第四季度编制 2011 年财务总预算的一些相关资料。(相关资料来源于该企业财务报表,数据进行了删改处理。)

(一)资产负债表

该公司预算期初的资产负债表如表 8 - 13 所示:

表 8 - 13　第一分公司预算期初资产负债表(简要部分)

200×年×月×日		单位:元	
流动资产		流动负债	
现金	45000	应付账款	6000
应收账款	18000	长期负债	

原材料存货	6120		
产成品存货	5400		
流动资产小计	74520	负债小计	6000
固定资产		所有者权益	
房屋及设备	300000	实收资本	200000
减:折旧	40000	盈余公积	128520
小计	260000	所有者权益小计	328520
资产合计	334520	负债和权益合计	334520

(二)2011 年度经营资料

预算期为一年,与企业的会计年度相一致,按季度编写总预算。2011 年度相关经营资料预计如下:

(1)分公司只生产一种产品,销售单价为 200 元,预算年度内 4 个季度的销售量经测算分别为 300 件、600 件、400 件和 450 件。根据以往经验预计销货款在当季可收回 70%,其余部分将在下季收到。预计预算年度第一季度可收回上年第四季度的应收账款 18000 元。

(2)分公司各期末存货量为下一季度销售量的 10%,预算年度第一季度期初存货量为 50 件,预算年度期末存货量为 40 件。

(3)假设该公司生产产品只需要一种原材料,单位产品消耗定额为 4 千克,每千克单位成本为 12 元;每季度的材料结存量为下一季度生产需要量的 30%;每季度的购料款当季支付 60%,其余款项在下一季度支付。预算年度第一季度应付上年第四季度赊购材料款为 6000 元。估计预算年度期初材料存量为 510 千克,期末材料存量为 500 千克。

(4)分公司预算期内所需直接人工小时工资率为 5 元,单位产品定额工时为 3 小时,以现金支付的直接人工工资均于当期付款。

(5)制造费用是除直接材料、直接人工以外的产品成本构成内容,该费用按其同生产量的相关性可分为变动性制造费用和固定性制造费用两类,在编制预算时通常将两类费用分别进行编制。预计该分公司预算期间的变动性间接制造费用为:间接人工 10000 元、间接材料 8000 元、水电费 12000 元、维修费 1320 元;固定性间接制造费用为:管理人员工资 12000 元、维护费 4980 元、保险费 10000 元、设备折旧费 20000 元。变动性间接制造费用分配率按产量计算,固定性间接制造费用按季度平均分配,均于当期付款。固定资产折旧作为固定制造费用,由于其不涉及现金的支出,因此在编制制造费用预算,计算现金支出时,需将其从固定制造费用中扣除。

(6)预计分公司在预算期间的变动销售及管理费用总计 35000 元,按销售量计算分配率;固定性销售及管理费为 13600 元,按季度分配。

(7)预计分公司在第一季度购置设备 94000 元,期末现金余额不得少于 20000 元,否则将向银行借款,年利息率为 10%。预算期初现金余额为 45000 元,按季度编制现金预算。

(8)在编制该公司全面预算的过程中,如需某些数据,但上述给定的资料中无法找到,可根据需要及企业实际财务资料进行合理设定。

案例要求:

编制该分公司 2011 年度的全面预算,其中包括:销售预算、生产预算、单位成本预算、直接材料预算、直接人工预算、制造费用预算、销售成本及销售与管理费用预算、现金预算、预计损益表和预计资产负债表等项内容。编制的预算既有表格表示形式,又要有文字说明及计算公式。

本章小结

1. **财务预算**:财务预算是指企业在计划期内反映有关预计现金收支、财务状况和经营成果的预算。它是全面预算的最后环节,包括现金预算、预计利润表、预计资产负债表和预计现金流量表。

2. **固定预算和弹性预算的特点**:固定预算是针对某一特定业务量编制的;弹性预算是针对一系列可能达到的预计业务量水平编制的。

3. **增量预算和零基预算的特点**:增量预算是以基期成本费用水平为基础;零基预算是一切从零开始。

4. **定期预算和滚动预算的特点**:定期预算一般以会计年度为单位编制;滚动预算的要点在于不将预算期与会计年度挂钩,而是始终保持在 12 个月。

5. **现金预算**:现金预算的编制一般包括现金收入、现金支出、现金多余和不足、资金的筹集和使用四部分。现金预算的编制以业务预算编制为基础。

6. **预算财务报表**:预算财务报表是财务管理的重要工具,主要包括预计损益表、预计资产负债表和预计现金流量表。

7. **财务预算管理体系**:财务预算管理体系包括预算管理机构、预算编制管理、预算的执行、控制与调整、预算考评体系。

8. **财务预算管理模式**:以销售为核心的预算管理模式、以利润为核心的预算管理模式、以成本为核心的预算管理模式、以现金流量为核心的预算管理模式、以资本支出为核心的预算管理模式。

9. **预算管理模式的选择**:开发投产期选择以资本支出为核心的预算管理模式,市场增长期选择以销售为核心的预算管理模式,成熟期选择以成本为核心的预算管理模式,衰退期选择以现金流为核心的预算管理模式。

习题

一、单项选择题

1. 下列各项中属于总预算的是(　　)。

A. 投资决策预算　　　　B. 销售预算　　　　C. 现金预算　　　　D. 预计利润表

2. 固定预算编制方法的致命缺点是(　　)。

A. 过于机械呆板　　　　　　　　　　B. 可比性差

C. 计算量大　　　　　　　　　　　　D. 可能导致保护落后

3. 关于预算的编制方法下列各项中正确的是(　　)。

A. 零基预算编制方法适用于非盈利组织编制预算时采用

B. 固定预算编制方法适用于产出较难辨认的服务性部门费用预算的编制

C. 固定预算编制方法适用于业务量水平较为稳定的企业预算的编制

D. 零基预算编制方法适用于业务量水平较为稳定的企业预算的编制

4. 现金预算的编制基础包括(　　)。

A. 销售预算　　　　　　　　　　　　B. 投资决策预算

C. 销售费用预算　　　　　　　　　　D. 预计利润表

5. 下列（　　　）是在生产预算的基础上编制的。

  A. 直接材料预算   B. 直接人工预算

  C. 产品成本预算   D. 管理费用预算

6. 销售预算中"某期经营现金收入"的计算公式正确的是（　　　）。

  A. 某期经营现金收入＝该期期初应收账款余额＋改期含税销售收入后入－该期期末
    应收账款余额

  B. 某期经营现金收入＝该期含税收入×该期预计现销率

  C. 某期经营现金收入＝该期预计销售收入＋该期销项税额

  D. 某期经营现金收入＝该期期末应收账款余额＋该期含税销售收入－该期期初应收
    账款余额

7. 某企业每季度销售收入中，本季度收到现金60%，另外40%下季度才能收回，若预算年
度的第四季度销售收入为40000元，则预计资产负债表中年末应收账款项目金额为（　　　）。

  A. 16000   B. 24000   C. 40000   D. 20000

8. 全面预算的起点是（　　　）。

  A. 销售预算   B. 生产预算   C. 材料预算   D. 产品成本预算

9. 列各项中，不属于日常业务预算内容的有（　　　）。

  A. 生产预算   B. 产品成本预算

  C. 销售费用预算   D. 资本支出预算

10. 直接材料预算的主要编制基础是（　　　）。

  A. 销售预算   B. 现金预算   C. 生产预算   D. 产品成本预算

11. 在编制预算方法中，能够克服定期预算缺陷的方法是（　　　）。

  A. 弹性预算   B. 零基预算   C. 动预算   D. 责任预算

12. 处于成熟期的企业，其预算模式的特点是以（　　　）为起点。

  A. 销售预算   B. 资本预算   C. 成本预算   D. 现金流量预算

13. 通过预算编制可以进行（　　　）。

  A. 事前控制   B. 事中控制   C. 事后控制   D. 全程控制

14. 在现金预算表中，（　　　）应分类列示预算期内可能发生的一切。

  A. 现金收支项目   B. 资金增减项目

  C. 现金流入和流出项目   D. 营业收入和支出项目

15. 需要根据成本性态分析的方法将企业划分为固定成本和变动成本的预算编制方法是
（　　　）。

  A. 固定预算   B. 零基预算

  C. 滚动预算   D. 弹性预算

二、多项选择题

1. 预算编制的程序包括（　　　）。

  A. 自上而下   B. 自下而上

  C. 上下结合   D. 上下并行

2. 预算管理模式可分为（　　　）。

  A. 以销售为核心的预算管理模式

  B. 以成本为核心的预算管理模式

  C. 以利润为核心的预算管理模式

  D. 以现金流量为核心的预算管理模式

  E. 以财务为核心的预算管理模式

3. 下列各项中属于总预算的是（ ）。

  A. 投资决策预算   B. 销售预算

  C. 现金预算   D. 预计利润表

4 弹性预算编制方法的优点是（ ）。

  A. 预算范围宽   B. 可比性强

  C. 及时性强   D. 透明度高

5 弹性成本预算的编制方法包括（ ）。

  A. 公式法   B. 因素法

  C. 列表法   D. 百分比法

6. 预算的编制方法主要有（ ）。

  A. 弹性预算   B. 零基预算

  C. 全面预算   D. 滚动预算

7. 下列预算中,既能反映经营业务又能反映现金收支内容的有（ ）。

  A. 销售预算   B. 直接材料预算

  C. 生产预算   D. 制造费用预算

8. 为编制现金预算提供依据的预算有（ ）。

  A. 销售预算   B. 预计现金流量表

  C. 成本预算   D. 资本支出预算

9. 预算按内容可以分为（ ）。

  A. 销售预算   B. 经营预算

  C. 专门决策预算   D. 财务预算

10. 目标利润预算方法有（ ）。

  A. 量本利分析法   B. 比例预算法

  C. 百分比法   D. 列表法

三、判断题

  1. 企业财务管理部门负责企业预算的编制、执行、分析和考核等工作,并对预算执行结果承担直接责任。 （ ）

  2. 材料采购预算不属于财务预算。 （ ）

  3. 在编制零基预算时,应以企业现有的费用水平为基础。 （ ）

  4. 滚动预算的主要特点是在连续不断的滚动中始终保持一个完整的预算年度。 （ ）

  5. 生产预算和直接材料消耗量预算是日常业务预算中以实物作为计量单位的预算,不直接涉及现金收支。 （ ）

  6. 日常业务预算是指在科学的生产经营预测和决策的基础上,根据企业确定的经营目标,用数量和金额的表格形式反映并规划一定预算期内企业销售、生产经营、采购等各项基本经营业务的专门预算。 （ ）

  7. 销售量和单价预测的准确性,直接影响企业财务预算的质量。 （ ）

  8. 短期预算通常是指年度预算,也包括月度预算或季度预算。 （ ）

9. 能克服固定预算缺点的方法是滚动预算。 （　　）

10. 企业成熟期选择的预算管理模式为以销售为核心的预算管理模式。 （　　）

四、计算分析题

1. 某企业的装配车间，正常年生产能力的机器工作小时为 6000 小时，有关制造费用的资料如表 8-14 所示：

表 8-14　某企业装配车间的制造费用

费用项目	变动费用率 （元/小时）	固定费用 （元/6000 小时）
间接材料	15	1200
间接人工	3	48000
维修费用	3	3600
水电费	2	2400
折旧费		90000
办公费		1800
其他费用		5400
小　　计	23	152400

要求：

（1）若 2014 年的生产能力预计为 5400 小时，计算确定装配车间的制造费用预算。

（2）若 2014 年的生产能力预计为 6600 小时、固定费用中的折旧费将增长 5%，计算确定装配车间的制造费用预算。

2. 某企业生产 B 种产品，预算期 2014 年四个季度预计销售量分别为 2000 件、1800 件、2400 件和 2200 件；年初结存量 400 件；预计各季度期末结存量为下一季度销售量的 20%；预计 2015 年一季度销售量 2100 件。

要求：计算各季度生产量的预算数

五、综合题

1. 某企业拟编制 2013 年 9 月份的现金收支预算。预计 2013 年 9 月初现金余额为 9000元；月初应收账款 40000 元，预计可收回 60%；本月销售收入 200000 元，预计现销比例为40%；本月采购材料 40000 元，预计现付比例为 50%；月初应付账款 30000 元需在月内全部付清；月内需支付的工资为 35000 元、制造费用 18000 元、营业费用 13000 元、管理费用 36000元；购置设备需支付的现金 20000 元。企业现金不足时，可向银行借款，借款金额为 2000 元的倍数；现金多余时可购买有价证券。企业月末现金余额不低于 8000 元。

要求：（1）计算本月经营现金收入。

（2）计算本月经营现金支出。

（3）计算本月现金收支差额。

（4）确定最佳资金筹措或运用数。

（5）确定现金月末余额。

第九章 财务分析

> **本章将帮助您——**
>
> 认识财务分析；
> 了解财务分析的作用、目的及基础；
> 掌握财务分析的编制基本方法和种类；
> 熟练掌握财务综合评价的方法；
> 思考现实中的几个案例与本章学习内容的联系。

当今世界经济已经进入了一体化和全球化的时代，各个地区和国家之间的经济依赖性增强，公司作为市场经济中最重要的主题，拥有更多的发展机会，也面临着更加残酷的市场竞争环境，随着市场经济的不断发展以及现代公司制度的建立，人们越来越离不开公司信息。财务信息作为公司最重要的信息之一，贯穿于公司进行管理决策的各项活动中。

财务报表所表达的信息价值虽然重要，但是仍然不能明确和充分地表达公司的经营效益和财务状况，不能满足信息使用者的需求，而财务分析可以弥补这方面的缺陷，采用财务分析方法对这些数据进行分析和评价，准确理解数据的含义，可以获取重要的财务信息。对于公司外部信息使用者来说，财务分析是对公司已有的财务数据的加工和提炼，通过财务分析可以比较全面地获取有关公司经营业绩和财务质量的信息。对于公司经营管理人员来说，财务分析有助于公司完善经营管理的各项活动，从而促使公司加强财务管理制度的建设并提高财务管理的水平。由于公司面临越来越激烈的外部竞争，需要通过财务分析加强管理以提高竞争力，同时财务分析在公司管理过程中的重要作用日益凸显，所以在现代公司制度下财务分析已经被越来越多人认可。

第一节 财务分析概述

➤一、财务分析的概念和分类

(一)财务分析的概念

财务分析又称为财务报表分析，财务报表是企业财务状况和经营成果的信息载体，但财务报表所列示的各类项目金额,如果孤立地看,并无多大意义,必须与其他数据相比较,才能成为有用的信息。这种参照一定标准将财务报表的各项数据与有关数据进行比较、评价的方法就是企业财务分析。具体地说,财务分析就是以会计核算资料、财务会计报告和其他相关资料为依据,采用一系列分析技术和方法,对企业等经济组织的财务状况、经营成果、资金使用效率、总体财务管理水平以及未来发展趋势等进行的分析和评价。

在全球化的市场经济环境中,企业之间的竞争十分激烈,企业组织形式和经营领域不断多样化,并购、重组、分立时有发生。因而,企业的财务活动变得越来越复杂,财务风险增大。通过对企业的财务数据和经营管理数据进行科学系统的分析,可以为企业投资者、债权人、经营者及其他关心企业的组织和个人了解企业过去、评价企业现状、预测企业未来提供依据,以便做出正确的经营决策。

(二)财务分析的分类

1. 按信息使用者分类

按照财务分析信息的使用者不同,财务分析可分为外部财务分析和内部财务分析。

外部财务分析主要是指企业财务信息的外部使用者,包括投资者、债权人、供应商、政府部门、证券分析师等根据各自需要,对企业财务状况、经营成果以及未来发展趋势等进行的分析。

外部财务分析的主要内容有权益投资人的投资分析、债权人的授信分析、供应商的信用分析、政府部门的监管分析等。外部分析者只能依赖企业所提供的财务报告和其他公开披露的信息进行分析。我国证券法规定,凡是公开发行股票的公司,都应该定期公布财务信息。

内部财务分析主要是指企业内部经营者对企业财务状况、经营成果及其形成原因进行的分析。由于企业内部经营者掌握的信息较多,因此内部财务分析的范围比较广,除了上述外部财务分析的内容外,还包括预算执行情况分析、收入完成情况分析、成本费用分析、财务危机预警分析以及企业绩效综合分析等。内部财务分析主要为企业管理当局制定发展战略、改善经营管理、提高经济效益服务。

2. 按对象分类

按照财务分析的对象(资料来源)不同,财务分析可分为资产负债表分析、损益表分析和现金流量表分析。

资产负债表分析是以资产负债表为对象所进行的财务分析。从财务分析的历史看,最早的财务分析都是以资产负债表为中心,通过资产负债表可以分析企业资产的流动状况、负债水平、偿还债务能力、企业经营的风险等财务状况。

损益表分析是以损益表为对象进行的财务分析。在分析企业的盈利状况和经营成果时,必须要从损益表中获取财务资料,而且,即使分析企业偿债能力,也应结合损益表,因为一个企业的偿债能力同其获利能力密切相关,一般而言,获利能力强,偿还债务的能力也强;因此,现代财务分析的中心逐渐由资产负债表转向损益表。

现金流量表分析是以现金流量表为对象进行的财务分析。现金流量表是资产负债表与损益表的中介,也是这两张报表的补充。通过现金流量表的分析,可以了解到企业资金周转状况,在一定时期内,有多少资金来源,是从何而来,又有多少资金被运用,运用到哪些方面。这种分析可以了解到企业财务状况变动的全貌,可以有效地评价企业的偿付能力。

3. 按方法分类

按财务分析的方法不同,财务分析可分为趋势分析法、比率分析法、结构分析法、因素分析法和比较分析法

趋势分析法是通过对比两期或连续数期财务报告中的相同指标,确定其增减变动的方向、数额和幅度,来说明企业财务状况和经营成果的变动趋势的一种方法。

比率分析法是将财务报表中的相关项目进行对比,得出一系列财务比率,以此来揭示企业的财务状况。

结构分析法是通过利用一个相关基础的百分比来表达各报表项目,从而使财务报表组成项目标准化。

因素分析法是指在分析某一因素变化时,利用统计方法假定其他因素不变,分别测定各个因素变化对分析指标的影响程度的一种统计分析方法。

比较分析法是将报告期的某一项实际指标同某些选定的基数进行比较,确定其增减差异,用以评价企业财务状况和经营成果的优劣。

4. 按目的分类

按照财务分析的目的不同,财务分析可分为偿债能力分析、获利能力分析、营运能力分析、发展能力分析和综合分析。

二、财务分析的目的

财务分析的目的是指财务分析主体通过对企业进行财务分析所要达到的目标。一般来说,财务分析的目的是评价企业过去的经营成果,衡量企业现在的财务状况,预测企业未来的发展趋势,为分析主体进行经济决策提供依据。由于财务信息使用者包括外部使用者和内部使用者,各使用者面临的问题和决策形态不同,因此其分析的目的和重点也有所不同。现就财务分析的一般目的和各个分析主体的特定目的加以说明。

(一)财务分析的一般目的

1. 评估企业过去的经营成果

包括了解企业营业收入的来源和营业支出的去向,分析净利润的多少及其构成,评价投资报酬率高低和市场占有率的变化等。通过分析企业过去的经营成果,并与同行业相互比较,可以了解企业过去经营活动的成败得失。

2. 衡量企业现在的财务状况

包括了解企业资产、负债、所有者权益的构成,分析企业资产结构和资本结构是否合理,评价企业的财务实力和财务弹性等。财务状况反映了企业资产、资本存量以及企业的产权关系,通过分析企业现在的财务状况,并与历史数据和同行业相互比较,可以了解企业财务状况的真实情况,并据此预测企业未来发展的潜力。

3. 预测企业未来发展的趋势

根据企业过去的经营业绩,可以预测企业未来创造收入和利润的能力。根据企业现在的财务状况和未来创造利润的能力,可以预测企业的成长潜力,为制定经济决策提供参考依据。

(二)财务分析的特定目的

财务分析的特定目的因财务分析主体的不同而有所不同。从财务信息使用者和分析主体需求的角度看,财务分析的特定目的主要有以下几个方面。

1. 为投资决策进行财务分析

企业所有者最关注投资的内在风险和资本利得,因此在进行初始投资、追加投资、转让投资时都要对企业的盈利能力、发展能力、资本结构、股利政策等进行分析,据以评价投资收益和投资风险,预测未来的盈利及其可能的变动,作为投资决策的依据。

2. 为信贷决策进行财务分析

企业贷款的提供者最关注信贷本金和利息能否按期收回,因此在选择贷款企业、决定贷款期限和利率时都要对企业的偿债能力、信用和风险情况进行财务分析,评价信贷资金的安全性,以便作出理性的贷款决策。

企业贷款的提供者分为短期债权人和长期债权人,两者关注的重点有所不同。短期债务需要动用企业的流动资产偿付,因此短期债权人最关心企业资产的流动性和周转能力,更重视对企业目前财务状况和资本结构的分析,以评价企业短期偿债能力。长期债务需要企业在几个会计年度内偿付,因此长期债权人更关心企业在较长时间内的偿债能力和付息能力,需要对企业未来的财务状况、资本结构、盈利能力以及现金流量等进行分析,以作为制定长期信贷决策的依据。

3. 为赊销决策进行财务分析

供应商也是企业的债权人,他们在选择赊销企业、决定赊销规模、确定赊销条件和赊销期限时,需要对企业的偿债能力、财务稳健性、信用和风险情况进行分析,作为制定赊销决策的依据。

4. 为购买和消费进行财务分析

购买企业产品的单位和个人,在选择供货厂商或选购商品时,需要对企业的持续经营能力和发展能力进行分析,评价企业的信用和风险,以确保所购商品的质量和售后服务。

5. 为业绩评价进行财务分析

为业绩评价进行财务分析包括两个方面,一是企业所有者在选聘和考核企业经营者时,需要对企业的经营业绩进行分析,作为任免的依据;二是企业经营管理者可以通过财务分析做自我检查和企业诊断,包括检查内部财务结构是否稳健、检查企业的偿债能力是否充足、衡量企业在同行业的地位、预测企业未来的变化趋势等。同时,企业经营管理者还可以通过财务分析,考核企业各部门的工作效率,评价企业内部的经营管理政策和内部控制制度,为管理决策提供依据。

6. 为行政监督进行财务分析

国有资产管理部门进行财务分析,可以监督企业对国家投资的保值增值情况,防止国有资产流失;税务部门进行财务分析,可以监督企业税金是否及时缴纳,有无计算错误和偷税漏税;国家宏观经济管理部门进行财务分析,可以了解各部门和地区的财务状况和经营成果,为制定宏观经济政策提供依据。

第二节　财务分析的方法

➤一、财务分析的基本方法

财务分析是一项技术性很强的工作,应该根据分析目标采用不同的分析方法。常用的方法有趋势分析法、比率分析法、因素分析法、比较分析法,有时还会使用回归分析法、结构分析法、层次分析法等数理统计方法。本书主要介绍前四种方法。

(一)趋势分析法

趋势分析法又称水平分析法,是通过对比两期或连续数期财务报告中的相同指标,确定其增减变动的方向、数额和幅度,来说明企业财务状况和经营成果的变动趋势的一种方法。采用该种方法可以分析企业的财务状况和经营成果发展变化的原因和变动性质,并由此预测企业未来的发展前景。

趋势分析法的具体运用主要有三种比较方式:

1. 重要财务指标的比较

这种方法是将不同时期财务报告中相同的重要指标或比率进行比较,直接观察其增减变动幅度及发展趋势。对不同时期财务指标的比较,又分为两种比率。

(1)定基动态比率。

定基动态比率,是以某一时期的数额为固定的基期数额而计算出来的动态比率。

$$定基动态比率＝分析期数额/固定基期数额×100\%$$

(2)环比动态比率。

环比动态比率,是以每一分析期的前期数额为基期数额而计算出来的动态比率。

$$环比动态比率＝分析期数额/分析期前期数额×100\%$$

2. 会计报表的比较

会计报表的比较是指将连续数期的会计报表的金额并列起来,比较其相同指标的增减变动金额和幅度,据以判断企业财务状况和经营成果发展变化的一种方法。一般可通过编制比较资产负债表、比较损益表以及比较现金流量表来进行,计算出各有关项目增减变动的金额及变动百分比。

3. 会计报表项目构成的比较

会计报表项目构成的比较是在会计报表比较的基础上发展而来的,是以会计报表中的某个总体指标作为100%,再计算出其各组成项目占该总体指标的百分比,从而比较各个项目百分比增减变动,以此来判断有关财务活动的变化趋势。采用这种方法既可用于统一企业不同时期财务状况的纵向比较,又可用于不同企业间的横向比较,并且还可以消除不同时期(不同企业)业务规模差异的影响,有助于正确分析企业财务状况及发展趋势。

采用趋势分析法时,必须注意以下几点:

第一,用于进行对比的各个时期的指标,在计算口径上必须一致;

第二,剔除偶发性项目的影响,使作为分析的数据能反映正常的经营状况;

第三,应运用例外原则,对某项有显著变动的指标做重点分析,研究其产生的原因,以便采取对策,趋利避害。

(二)比率分析法

比率分析法是利用指标之间的相互关系,通过计算财务比率来考察和评价企业财务状况和经营成果的一种方法。比率分析法是财务分析中最重要的方法,也是应用最为普遍的方法之一。比率是一种相对数,以百分比或比例分数表示,反映各会计要素之间的相互关系和内在联系,揭示企业在某一方面的状态或能力。

根据分析的目的和要求的不同,比率分析主要有以下三种:

1. 构成比率

构成比率又称结构比率,是某个经济指标的各个组成部分与总体的比率,反映部分与总体的关系。

$$构成比率 = 某个组成部分数额 / 总体数额$$

利用构成比率,可以考察总体中某个部分的形成和安排是否合理,以便协调各项财务活动。

2. 效率比率

效率比率是某项经济活动中所费与所得的比率,反映投入与产出的关系。利用效率比率指标,可以进行得失比较,考察经营成果,评价经济效益。

3. 相关比率

相关比率是根据经济活动客观存在的相互依存、相互联系的关系,以某个项目和与其有关但又不同的项目加以对比所得的比率,反映有关经济活动的相互关系。如流动比率、资金周转率等。

比率分析法的优点是计算简便,计算结果便于理解和判断,而且排除了生产经营规模的影响,将一些不可比指标变为可比指标,扩大了分析对象的可比性,可广泛用于预算比较、历史比较和同行业比较。但是比率分析法也存在局限性:一是使用比率指标分析财务报表时,容易将观察重点放在两个项目之间的关系上,而忽略了全表各项目的相互关系;二是比率只是一个抽象的数字,并非财务报表上的实际金额,有时候较难解释比率与实际金额的关系。

应该注意的是,虽然比率的计算只涉及简单的算术演算,但是比率的运用却比较复杂。使用比率分析时,必须符合两个条件:

第一,比率必须具有财务上的含义,如流动资产与流动负债的比率,可以代表企业短期偿债能力。

第二,比率的分子分母在逻辑上必须相互配合。如存货周转率等于销售成本除以平均存货,由于分子是企业在某一年度的销售成本,分母则应采用年度内存货的平均占用额。

(三)因素分析法

一个经济指标往往是由多种因素造成的。它们各自对某一经济指标都有不同程度的影响。只有将这一综合性的指标分解成各个构成因素,才能从数量上把握每一个因素的影响程度,给工作指明方向。因素分析法是指在分析某一因素变化时,利用统计方法假定其他因素不变,分别测定各个因素变化对分析指标的影响程度的一种统计分析方法。因素分析法主要包括连环替代法、差额分析法、指标分解法、定基替代法。

因素分析法的最大功用,就是运用数学方法对可观测的事物在发展中所表现出的外部特征和联系进行由表及里、由此及彼、去粗取精、去伪存真的处理,从而得出客观事物普遍本质的概括。

在财务分析中,因素分析法应用颇为广泛,但在应用这一方法是必须注意:

第一,因素分解的关联性。即构成经济指标的各因素确实是形成该项指标差异的内在构成原因,它们之间存在着客观的因果关系。

第二,因素替代的顺序性。替代因素时,必须按照各因素的依存关系,排列成一定顺序依次替代,不可随意加以颠倒,否则各个因素的影响值就会得出不同的计算结果,在实际工作中,往往是先替代数量因素,后替代质量因素;先替代实物量、劳动量因素,后替代价值量因素;先替代原始的、主要的因素,后替代派生的、次要的因素;在有除号的关系式中,先替代分子,后替代分母。

第三,顺序替代的连环性。即计算每一个因素变动时,都是在前一次计算的基础上进行,并采用连环比较的方法确定因素变化影响结果。

第四,计算结果的假定性。由于因素分析法计算各个因素变动的影响值会因替代计算顺序的不同而有差别,因而,计算结果具有一定顺序上的假定性和近似性。

(四)比较分析法

比较分析法又称为对比分析法,是指将实际数据与分析标准相比较,确定其数量差异,作为分析和判断企业财务状况和经营成果的一种方法。通过比较分析,可以揭示财务活动中的数量关系,发现差异并寻找差异产生的原因。人们常说,有比较才有鉴别,比较是认识客观事物的基本方法之一,比较分析法不仅在财务分析中运用最为广泛,而且其他分析方法也是建立在比较分析法基础之上的。

根据比较对象的不同,比较分析法主要分为以下几种:

1. 绝对数比较分析

绝对数比较分析是指将财务报表某个项目的金额与评价标准进行对比,以揭示其数量差异。

例如,企业上年净利润为 1000 万元,今年净利润为 1200 万元,则今年比上年增加了 200 万元。

绝对数比较一般通过编制比较财务报表进行,包括比较资产负债表、比较利润表、比较现金流量表等。比较资产负债表是将两期或两期以上的资产负债表项目并行排列,以直接观察资产、负债、所有者权益各项目增减变化的数额;比较利润表是将两期或两期以上的利润表项目并行排列,以直接观察收入、费用各项目增减变化的数额;比较现金流量表是将两期或两期以上的现金流量表项目并行排列,以直接观察现金流入、流出各项目增减变化的数额。

比较财务报表的信息对会计信息使用者十分有用,通过各年度会计报表的相互比较,不仅可以看出企业财务状况与经营成果的消长和发展趋势,而且可以了解影响其变动的主要因素。按我国 2006 年颁布的《企业会计准则》规定,企业的资产负债表、损益表、现金流量表、所有者权益变动表采用两期对照的方式编制,同时列示本期数和上年同期数,从中也可以看出比较财务报表的重要性。

2. 相对数比较分析

相对数比较分析是指利用财务报表中有相互关系的数据的相对数进行对比,如将绝对数转换成百分比、结构比重、比率等进行比较,以揭示相对数之间的差异。一般而言,进行绝对数比较只能说明差异金额,不能说明差异变动的程度,而相对数比较则可以说明差异变动程度。

例如,有两家企业,本年净利润均比上年增加 100 万元,其中一家企业上年净利润为 500 万元,另一家上年净利润为 5000 万元。如果仅从净利润增长数额看,两家企业没有差别,但实际上前者比上年增长 20%,后者只增长 2%。而通过计算销售利润率等指标一并进行比较,可以揭示这两家企业的盈利能力和经营效率。如果第一家企业销售利润率为 18%,第二家企业的销售利润率为 13%,两者相比,前者比后者的销售利润率高出 5 个百分点,从这个结果可以非常直观地看出前一家企业的盈利能力更强。

在实际工作中,绝对数比较分析和相对数比较分析经常同时使用,以便通过比较作出更客观的判断和评价。经常使用的比较标准有:与预算比较、与上年同期或若干期历史数据比较、与本企业历史最高水平比较、与国内外同行业平均水平或先进水平比较等。

运用比较分析法时应注意指标是否具有可比性,具体来说应注意四个方面:

第一,指标内容和计算方法要一致;

第二,会计政策和会计估计应基本一致,如果不一致应进行调整,使之具备可以比较的基础;

第三,指标的时间长度和时间单位要一致,特别是进行企业不同时期比较或不同企业之间的比较时,所选择的时间长度和年份必须具有可比性;

第四,企业经营范围和经营规模应大体一致,这样在进行不同企业之间的比较时,数据才有可比性,比较的结果才有实际意义。

二、财务分析的基本指标

(一)盈利能力分析

1. 盈利能力的概念

盈利能力是指企业获取利润的能力。利润是企业内外有关各方都关心的中心问题。利润是投资者取得投资收益、债权人收取本息的资金来源,是经营者经营业绩和管理效能的集中表现,也是职工集体福利设施不断完善的重要保障。因此,企业盈利能力分析十分重要。企业的各项经营活动都会影响到企业的盈利,但是,对企业盈利能力的分析,一般只分析企业正常经营活动的盈利能力,不涉及非正常的经营活动。这是因为一些非正常的、特殊的经营活动,虽然也会给企业带来收益,但它不是经常的和持久的,不能将其作为企业的一种盈利能力加以评价。

盈利能力的大小是一个相对的概念,即利润相对于一定的资源投入、一定的收入而言。利润率越高,盈利能力越强;利润率越低,盈利能力越差。企业经营业绩的好坏最终可通过企业的盈利能力来反映。无论是企业的经理人员、债权人,还是股东(投资人)都非常关心企业的盈利能力,并重视对利润率及其变动趋势的分析与预测。

从企业的角度来看,企业从事经营活动,其直接目的是最大限度地赚取利润并维持企业持续稳定地经营和发展。持续稳定地经营和发展是获取利润的基础;而最大限度地获取利润又是企业持续稳定发展的目标和保证,只有在不断地获取利润的基础上,企业才可能发展。同样,盈利能力较强的企业比盈利能力较弱的企业具有更大的活力和更好的发展前景。因此,盈利能力是企业经营人员最重要的业绩衡量标准和发现问题、改进企业管理的突破口。

2. 盈利能力分析的内容

盈利能力的分析是企业财务分析的重点,其包括财务结构分析、偿债能力分析等。其根本目的是通过分析及时发现问题,改善企业财务结构,提高企业偿债能力、经营能力,最终提高企业的盈利能力,促进企业持续稳定地发展。对企业盈利能力的分析主要指对利润率的分析。因为尽管利润额的分析可以说明企业财务成果的增减变动状况及其原因,为改善企业经营管理指明了方向,但是,由于利润额受企业规模或投入总量的影响较大,一方面使不同规模的企业之间不便于对比;另一方面它也不能准确地反映企业的盈利能力和盈利水平。因此,仅进行利润额分析一般不能满足各方面对财务信息的要求,还必须对利润率进行分析。

利润率指标从不同角度或从不同的分析目的看,可有多种形式。在不同的所有制企业中,反映企业盈利能力的指标形式也不同。我们对企业盈利能力的分析将从以下几方面进行:

(1)与投资有关的盈利能力分析。

与投资有关的盈利能力分析主要对总资产报酬率、净资产收益率指标进行分析与评价。

(2)与销售有关盈利能力分析。

商品经营盈利能力分析即利用损益表资料进行利润率分析,包括收入利润率分析和成本利润率分析两方面内容。而为了搞好利润率因素分析,有必要对销售利润进行因素分析。

(3)上市公司盈利能力分析。

上市公司盈利能力分析即对每股收益指标、普通股权益报酬率指标、股利发放率指标以及价格与收益比率指标进行分析。

一般企业的盈利能力只涉及正常营业状况。非正常营业状况也会给企业带来收益或损失,但只是特殊情况下的个别结果,不能说明企业的能力。在分析企业盈利能力时应排除以下因素:一是证券买卖等非正常项目;二是已经或将要停止的营业项目;三是重大事故或法律更改等特别项目;四是会计准则和财务制度变更带来的累积影响等因素。

3. 盈利能力分析的指标

(1)净资产收益率。

净资产收益率又称为净资产报酬率、股东权益报酬率、所有者权益报酬率,是企业实现的净利润与平均净资产的比率,是反映企业资本经营盈利能力的核心指标。

$$净资产收益率=净利润/平均净资产×100\%$$

净资产收益率为正指标,净资产收益率的标准通常可用社会平均利润率、行业平均利润率或资本成本率来评价。影响资产报酬率高低的因素主要有:产品的价格、单位成本的高低、产品的质量和销售数量、资金占用量的大小等。净资产收益率越高,说明企业所有者权益的盈利能力越强。

(2)总资产报酬率。

总资产报酬率是反映企业资产经营盈利情况的指标,又称为资产报酬率、资产收益率、资产利润率、投资报酬率,是企业运营全部资产所产生的收益能力。

$$总资产报酬率=息税前利润/平均总资产×100\%$$
$$息税前利润=利润总额+利息支出$$
$$平均总资产=(期初总资产+期末总资产)/2$$

总资产报酬率为正指标。评价总资产报酬率时,需要与企业前期的比率、同行业其他企业的这一比率等进行比较,并进一步找出影响该指标的不利因素,以利于企业加强经营管理。

总资产收益率是站在企业总体资产利用效率的角度上来衡量企业的盈利能力的,是对企业分配和管理资源效益的基本衡量。该指标越高越好。该指标越高,表明资产利用效果越好,整个企业的获利能力越强,经营管理水平越高。

由于:

$$总资产周转率＝营业收入/平均总资产$$

$$销售息税前利润率＝息税前利润/营业收入×100\%$$

所以总资产报酬率的公式可以变形为:

$$总资产报酬率＝总资产周转率×销售息税前利润率$$

总资产收益率的高低取决于总资产周转率和息税前利润率两个因素,因此提高总资产报酬率可以从两方面入手:①加强资产管理,提高资产利用率;②加强销售管理,增加营业收入,节约成本费用,提高利润水平。如果某企业总资产报酬率偏低,说明该企业资产利用效率较低,经营管理存在问题。应调整经营方针,挖掘潜力,从增收节支、提高资产利用效率等方面采取措施。

(3)收入利润率。

反映收入利润率的指标主要有产品销售利润率、营业收入利润率、总收入利润率、销售净利润率、销售息税前利润率等。不同的收入利润率,其内涵不同,揭示的收入与利润的关系也不同,在分析评价中的作用也不同,本书中主要介绍销售净利率。

销售净利率是企业净利润与企业营业收入的比率。它反映企业销售的最终获利能力。

$$销售利润率＝利润总额/销售收入净额×100\%$$

该项比率越高,表明企业为社会新创价值越多,贡献越大,也反映企业在增产的同时,为企业多创造了利润,实现了增产增收。销售净利率与净利润成正比关系,与销售收入成反比关系,企业在增加销售收入额的同时,必须相应地获得更多的净利润,才能使销售净利率保持不变或有所提高。通过分析销售净利率的升降变动,可以促使企业在扩大销售的同时,注意改进经营管理,提高盈利水平。

销售净利率的指标受行业影响较大。通常说来越是资本密集型企业,其销售净利率就越高;反之,资本密集型程度较低的行业,其销售净利率也较低。

(4)成本利润率。

反映成本率的指标有多种形式,其主要形式有:营业成本利润率、营业成本费用利润率、全部成本费用利润率等,本书主要介绍全部成本费用利润率指标。

全部成本费用利润率是指企业利润总额与成本费用总额的比率。它是反映企业生产经营过程中发生的耗费与获得的收益之间关系的指标。

$$全部成本费用利润率＝利润总额/成本费用总额×100\%$$

成本利润率是正指标,指标值越高越好,表明生产和销售产品的每一元成本取得的利润越多,表明企业耗费所取得的收益越高。这是一个能直接反映增收节支、增产节约效益的指标。企业生产销售的增加和费用开支的节约,都能使这一比率提高。

(5)上市公司盈利能力指标。

①每股收益。

股份公司中的每股收益是指普通股每股税后利润。该指标中的利润是利润总额扣除应缴所得税的税后利润,如果发行了优先股还要扣除优先股应分的股利,然后除以流通股数,即发行在外的普通股平均股数。它反映了每股发行在外的普通股所能分摊到的净收益额。

$$普通股每股收益＝(税后利润－优先股股利)/流通股数$$

每股收益越高,说明企业的盈利能力越强。在分析每股收益指标时,应注意企业利用回购库存股的方式减少发行在外的普通股股数,使每股收益简单增加。另外,如果企业将盈利用于派发股票股利或配售股票,就会使企业流通在外的股票数量增加,这样将会大量稀释每股收益。在分析上市公司发布的信息时,投资者应注意区分公布的每股收益是按原始股股数还是按完全稀释后的股份计算规则计算,以免受到误导。

对于投资者来说,每股收益是一个综合性的盈利概念,能比较恰当地说明收益的增长或减少。人们一般将每股收益视为企业能否成功地达到其利润目标的计量标志,也可以将其看成一家企业管理效率、盈利能力和股利来源的标志。

每股收益这一财务指标在不同行业、不同规模的上市公司之间具有相当大的可比性,因而在各上市公司之间的业绩比较中被广泛地加以引用。此指标越大,盈利能力越好,股利分配来源越充足,资产增值能力越强。在判断企业盈利能力强弱时,应将几家不同企业或者同一企业不同时期的每股收益进行比较,才能得出正确认识。

②每股股利。

每股股利是企业股利总额与流通股数的比率。

股利总额是用于对普通股分配现金股利的总额,流通股数是企业发行在外的普通股股份平均数。

$$每股股利＝股利总额/流通股数$$

每股股利是反映股份公司每一普通股获得股利多少的一个指标。

每股股利的高低,一方面取决于企业获利能力的强弱;另一方面,还受企业股利发放政策与利润分配需要的影响。如果企业为扩大再生产,增强企业的后劲而多留,则每股股利就少,反之,则当前的每股股利会增加。

即问即答

每股股利与每股收益之间存在怎样的关系?

③市盈率。

市盈率,又称价格与收益比率,是普通股每股市场价格与每股利润的比值。它是反映股票盈利状况的重要指标,也是投资者对从某种股票获得1元利润所愿支付的价格。

$$市盈率＝普通股每股市场价格/普通股每股利润$$

例如,有一只股票,它的价值是50元,预期每股可以带来5元的盈利,那么这只股票的市盈率为50/5＝10。

市盈率可以用来估计股票的投资报酬和风险。它是市场对公司共同的期望指标,市盈率高表明市场对公司的未来越看好。但在每股收益确定的情况下,市盈率越高风险越大,太高的市盈率意味着股票的价格较大地高于价值,这种股票就不应该购买;市盈率太低,意味着该股的价值被低估,正是投资的好时机。目前我国股票的市盈率普遍高于国外。

④每股净资产。

每股净资产,又称每股账面价值,是指企业净资产与发行在外的普通股股数之间的比率。

$$每股净资产＝股东权益总额/发行在外的普通股股数$$

例如,某上市公司年末股东权益为 15600 万元,全部为普通股,年末普通股股数为 12000 万股,那么该公司每股净资产为 15600/12000＝1.3 元。

每股净资产显示了发行在外的每一普通股股份所能分配的企业账面净资产的价值,反映了在会计期末每一股份在企业账面上到底值多少钱。

利用该指标进行横向和纵向对比,可以衡量上市公司股票的投资价值。如在企业性质相同、市价相近的条件下,每股净资产越高,则企业发展潜力和投资价值越大,投资者承担的风险越小。

⑤市净率。

市净率是每股市价与每股净资产的比率,是投资者用以衡量、分析个股是否具有投资价值的工具之一。

$$市净率＝每股市价/每股净资产$$

例如,上例中的公司在年末每股市价为 3.9 元,那么该公司市净率为 3.9/1.3＝3。

一般来说,市净率较低的股票,投资价值较高;反之,则投资价值较低。但有时较低市净率反映的可能是投资者对公司前景的不良预期,而较高市净率则相反。

(二)企业偿债能力分析

1. 偿债能力的概念及分析目的

企业的偿债能力是指企业对债务清偿的承受能力或保障程度,即企业偿还全部到期债务的现金保证程度。企业有无支付现金的能力和偿还债务能力,是企业能否生存和健康发展的关键,通过这种分析可以揭示企业的财务风险。任何与企业有关联的人都关心这一重要问题。偿债能力分析包括短期偿债能力分析、长期偿债能力分析。

2. 短期偿债能力分析

(1)短期偿债能力概念及影响因素。

短期偿债能力是指企业偿还流动负债的能力,即企业短期债务到期时可以变现为现金用于偿还流动负债的能力。对债权人来说,企业要具有充分的偿还能力才能保证其债权的安全,按期取得利息,到期取回本金;对投资者来说,如果企业的短期偿债能力发生问题,就会牵制企业经营的管理人员耗费大量精力去筹集资金,以应付还债,还会增加企业筹资的难度,或加大临时紧急筹资的成本,影响企业的盈利能力。这部分负债对企业的财务风险影响较大,如果不能及时偿还,就可能使企业面临倒闭的危险。

一个企业的短期偿债能力大小,要看流动资产和流动负债的多少和质量状况。

短期偿债能力受多种因素的影响,包括行业特点、经营环境、生产周期、资产结构、流动资产运用效率等。仅凭某一期的单项指标,很难对企业短期偿债能力作出客观评价。因此,在分析短期偿债能力时,一方面应结合指标的变动趋势,动态地加以评价;另一方面,要结合同行业平均水平,进行横向比较分析。同时,还应进行预算比较分析,以便找出实际与预算目标的差距,探求原因,解决问题。一些在财务报表中没有反映出来的因素,也会影响企业的短期偿债能力,甚至影响力相当大。增加偿债能力的因素有:可动用的银行贷款指标、准备很快变现的长期资产和偿债能力声誉。减少偿债能力的因素有:未作记录的或有负债、担保责任引起的或有负债等。在分析时应多了解一些这方面的情况,有利于作出正确的判断。

(2)短期偿债能力分析指标。

①营运资本。

营运资本是指流动资产总额减流动负债总额后的剩余部分,也称净营运资本,它意味着企业的流动资产在偿还全部流动负债后还有多少剩余。实际上反映的是流动资产可用于归还和抵补流动负债后的余额,营运资本越多,说明企业可用于偿还流动负债的资金余额充足,企业的短期偿债能力越强,债权人收回债权的安全性越高。

$$营运资本＝流动资产－流动负债$$

例如,某上市公司年初流动资产为 710 万元,流动负债为 340 万元,那么该公司的营运资本为 $710-340=370$ 万元。

营运资本能够直接反映流动资产保障流动负债偿还后还能够剩余的金额,是反映企业短期偿债能力的绝对数指标。对于短期债权人来说,希望营运资本越高越好。对企业来说,过多持有营运资本虽然可以提高短期偿债能力,降低财务风险,但有可能降低企业的盈利能力(流动资产与长期资产相比流动性强,但获利能力差),所以需要在风险和收益之间进行权衡,采取不同融资策略,合理安排企业营运资本数额。

②流动比率。

流动比率是流动资产与流动负债的比率,它表示每一元流动负债有多少流动资产作为偿还的保证,它反映公司可在短期内转变为现金的流动资产偿还对流动负债的能力。

$$流动比率＝流动资产合计/流动负债合计$$

例如,以上例中数据计算,那么该企业流动比率为 $710/340=2.088$。

这表明该公司每有 1 元的流动负债,就有 2.088 元的流动资产做保障。流动比率是衡量企业短期偿债能力的一个重要财务指标。一般情况下,该指标越大,表明公司短期偿债能力越强,债权人的权益越有保证。流动比率高,不仅反映企业拥有的营运资金多,可用以抵偿债务,而且表明企业可以变现的资产数额大,债权人遭受损失的风险小。按照西方企业的长期经验,一般认为 2:1 的比例比较适宜,它表明企业财务状况稳定可靠,除了满足日常生产经营的流动资金需要外,还有足够的财力偿付到期短期债务。如果比例过低,则表示企业可能捉襟见肘,难以如期偿还债务。但是,流动比率也不能过高,过高则表明企业流动资产占用较多,会影响资金的使用效率和企业的获利能力。流动比率过高,还可能是由于应收账款占用过多,在产品、产成品呆滞、积压的结果。而且,企业也很容易伪造这个比率,以掩饰其偿债能力。如年终时故意将借款还清,下年初再借入,这样就可以人为地提高流动比率。假设某一公司拥有流动资产 20 万元、流动负债 10 万元,则流动比率为 2:1;如果该公司在年终编制会计报表时,故意还清 5 万元短期借款,待下年初再借入,则该公司的流动资产就变成了 15 万,流动负债就变成了 5 万,流动比率为 3:1。这样,流动比率提高,粉饰了短期偿债能力。利用流动比率来评价企业短期偿债能力存在一定的片面性,因此,分析流动比率还需注意流动资产的结构、流动资产的周转情况、流动负债的数量与结构等情况。

流动负债是计算流动比率和营运资本的因素之一,其数额和结构都会影响到对流动资产的需要程度。因此,分析流动比率和营运资本时,应对不同性质的流动负债分别加以考察,以利于合理安排。

流动资产主要包括现金、短期投资、应收及预付款项、存货、待摊费用和一年内到期的长期债券投资等,一般用资产负债表中的期末流动资产总额。

　　流动负债是指企业在一年内或者超过一年的一个营业周期内应当偿还的债务,包括短期借款、应付及预收款项、各种应交款项、一年内即将到期的长期负债等,通常也用资产负债表中的期末流动负债总额。这些短期负债项目,有的是因为短期借入和商业信用而形成的,有的则是因为结算程序的原因而形成的。作为借入资金,企业要按期还本付息,商业信用也必须按期偿付,这些都是首先要用易于变现的流动资产来保证偿还的。至于由于法定结算程序的原因,使得一部分应付款形成在先,支付在后,而占用其他单位或个人的资金,也必须遵守结算纪律,按规定要求支付,否则也会影响企业的信誉。

　　③速动比率。

　　从前面的分析可知,流动比率在评价企业短期偿债能力时,存在一定局限性。如果流动比率较高,但流动资产的流动性较差,则企业的短期偿债能力仍然不强。在流动资产中,短期有价证券、应收票据、应收账款的变现能力均比存货强,存货需经过销售才能转变为现金,如果存货滞销,则变现就成问题,所以存货是流动性相对较差的流动资产。一般来说,流动资产扣除存货后的资产称为速动资产,主要包括现金、银行存款(即货币资金)、短期投资、应收票据、应收账款等。至于待摊费用和预付账款等,它们本质上属于费用,同时又具有资产的性质,它们只能减少企业未来时期的现金付出,却不能转变为现金,因此,不应计入速动资产。

　　速动比率是企业速动资产与流动负债的比率,它表示每一元流动负债有多少速动资产作为偿还的保证,进一步反映流动负债的保障程度,这一比率用以衡量企业流动资产中可以立即用于偿付流动负债的财力。

$$速动比率＝速动资产/流动负债$$

　　速动资产＝流动资产－存货－预付款项－一年内到期的非流动资产－其他流动资产等

　　例如,上例中该企业流动资产中存货有 50 万,那么该企业速动比率为(710－50)/340＝1.94。

　　一般情况下,该指标越大,表明公司短期偿债能力越强。速动比率可用作流动比率的辅助指标。有时企业流动比率虽然较高,但流动资产中易于变现、可用于立即支付的资产很少,则企业的短期偿债能力仍然较差。因此,速动比率能更准确地反映企业的短期偿债能力。根据西方经验,一般认为速动比率为 1 较为合适。它表明企业的每一元短期负债,都有一元易于变现的资产作为抵偿。如果速动比率过低,说明企业的偿债能力存在问题;但如果速动比率过高,则又说明企业因拥有过多的货币性资产,而可能失去一些有利的投资和获利机会。

　　但在实际分析时,应该根据企业性质和其他因素来综合判断,不可一概而论。通常影响速动比率可信度的重要因素是应收账款的变现能力,如果企业的应收账款中,有较大部分不易收回,可能会变成坏账,那么速动比率就不能真实地反映企业的偿债能力。

　　④现金比率。

　　现金比率是企业现金类资产与流动负债的比率,它表示每一元流动负债有多少现金及现金等价物作为偿还的保证,反映公司可用现金及变现方式清偿流动负债的能力。现金类资产包括企业的库存现金、随时可以用于支付的存款和现金等价物,它是速动资产扣除应收账款后的余额。由于应收账款存在着发生坏账损失的可能,某些到期的账款也不一定能按时收回,因此,速动资产扣除应收账款后计算出来的金额,最能反映企业直接偿付流动负债的能力。

$$现金比率＝(货币资金＋交易性金融资产)/流动负债$$

　　例如,上例中的企业其货币资金为 90 万,交易性金融资产为 50 万,那么该企业的现金比率＝(90＋50)/340＝0.41。

该指标能真实地反映企业的直接支付能力,能真实地反映企业实际的短期偿债能力。现金作为企业偿还债务的最终手段,如果企业现金缺乏,就可能会发生支付困难,将面临财务危机,因此该指标值越大,说明企业有较好的支付能力,对偿付债务是有保障的。但在一般情况下,企业不可能、也无必要保留过多的现金类资产。如果这一比率过高,就意味着企业所筹集的流动负债未能得到合理的运用,而经常以获利能力低的现金类资产保持着。

3. 长期偿债能力分析

(1)长期偿债能力概念及影响因素。

长期偿债能力是指企业偿还长期债务的现金保障程度。企业的长期债务是指偿还期在一年或超过一年的一个营业周期以上的负债,包括长期借款、应付债券、长期应付款等。分析一个企业长期偿债能力,主要是为了确定该企业偿还债务本金和支付债务利息的能力。

由于长期债务的期限长,企业的长期偿债能力主要取决于企业资产与负债的关系比例以及企业的获利能力两个方面。

资本结构是指企业各种长期筹资来源的构成和比例关系。长期资本来源,主要是指权益筹资和长期债务。资本结构对企业长期偿债能力的影响主要体现在以下两个方面:①权益资本是承担长期债务的基础。②资本结构影响企业的财务风险,进而影响企业的偿债能力。

长期偿债能力与获利能力密切相关。企业能否有充足的现金流入偿还长期负债,在很大程度上取决于企业的获利能力。一般来说,企业的获利能力越强,长期偿债能力越强;反之,则越弱。

(2)长期偿债能力分析指标。

①资产负债率。

资产负债率又称负债比率,是企业负债总额对资产总额的比率。它表明企业资产总额中,债权人提供资金所占的比重,以及企业资产对债权人权益的保障程度。

$$负债比率＝负债总额/资产总额$$

例如,上例中的上市企业,其负债总额为540万元,资产总额为2000万元,那么该企业的资产负债率＝540/2000＝0.27。

这表明,该公司的资产有27%是来自于举债,或者说每27元债务的背后就有100元的资产作为偿还的后盾。

对于资产负债率,企业的债权人、股东和企业经营者往往从不同的角度来评价。

从债权人角度看,他们最关心的是其贷给企业资金的安全性。如果这个比率过高,说明企业的全部资产中,股东提供的资本所占比重太低,这样,企业的财务风险就主要由债权人负担,其贷款的安全也缺乏可靠的保障,所以,债权人总是希望企业的负债比率低一些。

从公司股东的角度看,其关心的主要是投资收益的高低,企业借入的资金与股东投入的资金在生产经营中可以发挥同样的作用,如果企业负债所支付的利率低于资产报酬率,股东就可以利用举债经营取得更多的投资收益。因此,股东所关心的往往是全部资产报酬率是否超过了借款的利率。企业股东可以通过举债经营的方式,以有限的资本、付出有限的代价而取得对企业的控制权,并且可以得到举债经营的杠杆利益。在财务分析中,资产负债率也因此被人们称作财务杠杆。

站在企业经营者的立场来看,他们既要考虑企业的盈利,也要顾及企业所承担的财务风险。资产负债率作为财务杠杆不仅反映了企业的长期财务状况,也反映了企业管理当局的进取精神。如果企业不利用举债经营或者负债比率很低,则说明企业比较保守,对前途信心不足,利用债权人资本进行经营活动的能力较差。但是,负债也必须有一定限度,负债比率过高,企业的财务风险将增大,一旦资产负债率超过1,则说明企业资不抵债,有濒临倒闭的危险,债权人将受损失。

至于资产负债率为多少才是合理的,并没有一个确定的标准,不同的行业、不同类型的企业都是有较大差异的。一般而言,处于高速成长时期的企业,其负债比率可能会高一些,这样所有者会得到更多的财务杠杆利益。但是,作为财务管理者在确定企业的负债比率时,一定要审时度势,充分考虑企业内部各种因素和企业外部的市场环境,在收益与风险之间全权衡利弊得失,然后才能做出正确的财务决策。

②股东权益比率和权益乘数。

股东权益比率是所有者权益同资产总额的比率。该比率反映企业资产中有多少是所有者投入的。

$$股东权益比率＝所有者权益/资产总额$$

例如,上例中的上市企业,其所有者权益为1460万元,那么该企业股东权益比率＝1460/2000＝0.73。

股东权益比率与资产负债比率之和按同口径计算应等于1。股东权益比率越大,资产负债比率就越小,企业的财务风险也就越少。股东权益比率是从另一个侧面来反映企业长期财务状况和长期偿债能力的。

股东权益比率的倒数,称为权益总资产率,又称权益乘数,说明企业资产总额是股东权益的多少倍。

$$权益乘数＝资产总额/所有者权益$$

例如,上例中,权益乘数＝2000/1460＝1.37。

该项比率越大,表明股东投入的资本在资产总额中所占的比重越小,对负债经营利用得越充分。

③产权比率。

产权比率又称为负债与股东权益比率,是负债总额与所有者权益之间的比率。它反映企业投资者权益对债权人权益的保障程度。

$$产权比率＝负债总额/所有者权益$$

例如,上例中,该企业产权比率＝540/1460＝0.37。

从公式中可以看出,这个比率实际上是负债比率的另一种表现形式,它反映了债权人所提供资金与股东所提供资金的对比关系,因此它可以揭示企业的财务风险以及股东权益对债务的保障程度。产权比率越低,表明企业的长期偿债能力越强,债权人权益的保障程度越高,承担的风险越小。在这种情况下,债权人就愿意向企业增加借款。

④利息保障倍数。

利息保障倍数又称已获利息倍数,是指企业生产经营所获得的息税前利润与利息费用的比率。

$$利息保障倍数＝息税前利润/利息费用$$
$$息税前利润＝净利润＋所得税费用＋利息费用＝利润总额＋利息费用$$

例如,上例中,该企业利润总额为 400 万元,利息费用为 20 万元,那么该企业利息保障倍数=(400+20)/20=21。

公式中的税前利润是指缴纳所得税之前的利润总额,利息费用不仅包括财务费用中的利息费用,还包括计入固定资产成本的资本化利息。利息保障倍数反映了企业的经营所得支付债务利息的能力。如果这个比率太低,说明企业难以保证用经营所得来按时按量支付债务利息,这会引起债权人的担心。一般来说,企业的利息保障倍数至少要大于 1,否则,就难以偿还债务及利息,若长此以往,甚至会导致企业破产倒闭。

但是,在利用利息保障倍数这一指标时,必须注意,因为会计采用权责发生制来核算费用,所以本期的利息费用不一定就是本期的实际利息支出,而本期发生的实际利息支出也并非全部是本期的利息费用;同时,本期的息税前利润也并非本期的经营活动所获得的现金。这样,利用上述财务指标来衡量经营所得支付债务利息的能力就存在一定的片面性,不能清楚地反映实际支付利息的能力,因此可以进一步用现金利息保障倍数来分析经营所得现金偿付利息支出的能力。

其计算公式为:

现金利息保障倍数=(经营活动净现金流量+现金利息支出+付现所得税)/现金利息支出

从上式可知,现金利息保障倍数是企业一定时期经营活动所取得的现金是支付利息支出的倍数,它更明确地反映了企业实际偿付利息支出的能力。

以上两个财务指标究竟是多少才能说明企业偿付利息的能力强弱,并没有一个确定的标准,通常是要根据企业历年的经验和行业特点来判断。

4.影响企业偿债能力的其他因素

上述的财务比率是分析企业偿债能力的主要指标,分析者可以比较最近几年的有关财务比率来判断企业偿债能力的变化趋势,也可以比较某一企业与同行业其他企业的财务比率,来判断企业的偿债能力强弱。但是,在分析企业偿债能力时,除了使用上述指标之外,还应该考虑到以下因素对企业偿债能力的影响,这些因素既可影响企业的短期偿债能力,也可以影响企业的长期偿债能力。

(1)或有负债。

或有负债是企业在经营活动中有可能或发生的债务,根据我国《企业会计准则》的规定,或有负债不作为负债在资产负债表的负债类项目中进行反映,除了已贴现未到期的商业承兑汇票在资产负债表的附注中列示外,其他的或有负债在会计报表中均未得到反映,如销售的产品可能会发生的质量事故赔偿、诉讼案件和经济纠纷可能败诉并需赔偿的金额等。这些或有负债在资产负债表编制日还不能确定未来的结果如何,一旦将来称为企业现实的负债,则会对企业的财务状况产生重大影响,尤其是金额巨大的或有负债项目,在进行财务分析时不能不考虑这一因素的影响。

(2)担保责任。

在经济活动中,企业可能会发生以本企业的资产为其他企业提供法律担保,如为其他企业的银行借款担保、为其他企业履行有关经济合同提供法律担保等,这种担保责任,在被担保人没有履行合同时,就有可能会成为企业的负债,增加企业的债务负担,但是,这种担保责任在会计报表中并未得到反映,因此,在进行财务分析时,必须要考虑到企业是否有巨额的法律担保责任。

（3）租赁活动。

企业在生产经营活动中,可以通过财产租赁的方式解决急需的设备。通常财产租赁有两种形式:融资租赁和经营租赁。采用融资租赁的方式,租入的固定资产都作为企业的固定资产入账,租赁费用作为企业的长期负债入账,这在计算前面有关的财务比率中都已经计算在内。但是,经营租赁的资产,其租赁费用并未包含在负债之中,如果经营租赁的业务量较大、期间较长或者具有经常性,则其租金虽然不包含在负债之中,但对企业的偿债能力也会产生较大的影响。在进行财务分析时,也应考虑这一因素。

（4）可动用的银行贷款指标。

可动用的银行贷款指标是指银行已经批准而企业尚未办理贷款手续的银行贷款限额。这种贷款指标可以随时使用,增加企业的现金,这样可以提高企业的支付能力,缓解目前的财务困难。

（三）营运能力分析

1.营运能力概念及分析目的

营运能力是指企业资金的利用效率,它表明企业管理人员经营管理、运用资金的能力。

它通过企业生产经营资金周转速度的有关指标来反映。企业资金利用的效率主要是指资产的周转率或周转速度。企业生产经营资金周转的速度越快,表明企业资金利用的效果越好效率越高,企业管理人员的经营能力越强。营运能力分析就是要通过反映企业资产营运效率与效益的指标进行计算与分析,评价企业的营运能力,为企业提高经济效益指明方向。通过营运能力分析,可评价企业资产营运的效率,可发现企业在资产营运中存在的问题,它是盈利能力分析和偿债能力分析的基础与补充。

2.营运能力分析的指标

（1）存货周转率。

在流动资产中,存货所占比重较大,存货的流动性将直接影响企业的流动比率。因此,必须特别重视对存货的分析。存货流动性的分析一般通过存货周转率进行。存货周转率是一定时期内企业销货成本与存货平均资金占用额间的比率。它是反映企业销售能力和流动资产流动性的一个指标,也是衡量企业生产经营各个环节中存货运营效率的一个综合性指标。

$$存货周转次数＝销货成本/存货平均余额$$
$$存货平均余额＝(期初存货＋期末存货)/2$$
$$存货周转天数＝计算期天数/存货周转次数$$
$$＝计算期天数×存货平均余额/销货成本$$

例如,上例中的企业,其销售成本为1232万元,存货年末余额为400万元,存货年初余额为380万元,则存货平均余额＝(400＋380)/2＝390万元,那么该企业存货周转次数＝1232/390＝3.15。

在存货平均水平一定的条件下,存货周转次数越多,表明企业的销售能力越强,反之,则销售能力不强。此外存货直接周转次数还可以反映存货结构是否合理,存货储存是否恰当,是否能保证生产不间断地进行和产品有序的销售。存货周转天数越少,则说明存货资金周转越快,企业的利润就越高。存货周转率太高则存货太少,进货成本增加;太低则存货储备过少。存货既不能储存过少,造成生产中断或销售紧张;又不能储存过多形成呆滞、积压。

存货周转率也反映存贷结构合理与质量合格的状况。因为只有结构合理,才能保证生产和销售任务正常、顺利地进行;只有质量合格,才能有效地流动,从而达到存货周转率提高的目的。一般来说在公司流动资产中应收账款和存货所占比重较大,其质量的好坏、周转速度的快慢以及运作效率的高低,对公司流动资产周转速度和营运能力都有着决定性的影响。

(2)应收账款周转率。

应收账款周转率是反映应收账款周转速度的指标,它是一定时期内赊销收入净额与应收账款平均余额的比率。应收账款周转率有两种表示方法。一种是应收账款在一定时期内(通常为一年)的周转次数,另一种是应收账款的周转天数即所谓应收账款账龄。

$$应收账款周转次数=赊销收入净额/应收账款平均余额$$

其中: 销售收入净额=销售收入-现销收入-销售退回-销售折让-销售折扣

$$应收账款平均余额=(期初应收账款+期末应收账款)/2$$

公式中的应收账款包括会计报表中"应收账款"和"应收票据"等全部赊销账款在内,且其金额应为扣除坏账后的金额。

例如,上例中的企业,赊销收入净额为540万元,应收账款年末余额120万元,应收账款年初余额为115万元,则应收账款平均余额为(120+110)/2=115万元,那么应收账款周转次数=540/115=4.7。

应收账款周转率反映了企业应收账款周转速度的快慢以及企业对应收账款管理效率的高低。在一定时期内应收账款周转的次数越多,表明应收账款回收速度越快,企业管理工作的效率越高。这不仅有利于企业及时收回贷款,减少或避免发生坏账损失的可能性而且有利于提高企业资产的流动性,提高企业短期债务的偿还能力。

$$应收账款周转天数=计算期天数/应收账款周转次数$$
$$=计算期天数×应收账款平均余额/赊销收入净额$$

例如,上例中企业的应收账款周转天数=360/4.7=76.6。

应收账款周转天数,表示企业自产品销售出去开始,至应收账款收回为止所需经历的天数。周转天数越少,说明应收账款变现的速度越快,企业资金被外单位占用的时间越短,管理工作的效率越高。

通过以上方式计算的应收账款周转速度,不仅反映企业的营运能力而且由于应收账款是企业流动资产的重要组成部分。其变现速度和变现程度是企业流动比率的重要补充,它也反映着企业的短期偿债能力,通过应收账款账龄指标,与原定的赊销期限进行对比,还可借以评价购买单位的信用程度,以及企业原订的信用条件是否恰当。

(3)流动资产周转率。

流动资产周转率是反映企业流动资产周转速度的指标。它是流动资产的平均占用额与流动资产在一定时期所完成的周转额之间的比率。流动资产周转率有两种表示方法。一种是流动资产在一定时期内(通常为一年)的周转次数,另一种是流动资产的周转天数。

$$流动资产周转次数=流动资产周转额(或销售收入)/流动资产平均余额$$
$$流动资产周转天数=计算期天数/流动资产周转次数$$
$$=计算期天数×流动资产平均余额/销售收入净额$$

其中: 流动资产平均余额=(期初流动资产+期末流动资产)/2

例如,上例中的企业,销售收入净额为18000万元,流动资产年末余额为7100万元,流动资产年初余额为 6000 万元,流动资产平均余额为(6000+7100)/2=6550 万元。那么流动资产周转次数=18000/6550=2.75,流动资产周转天数=360/2.75=131。

在一定时期内,流动资产周转次数越多,表明以相同的流动资产完成的周转额越多,流动资产利用的效果越好。流动资产周转率用周转天数表示时,周转一次所需要的天数越少,表明流动资产在经历生产和销售各阶段时占用的时间越短,周转越快。生产经营任何一个环节上的工作得到改善,都会反映到周转天数的缩短上来。按天数表示的流动资产周转率能更直接地反映生产经营状况的改善,便于比较不同时期的流动资产周转率,应用较为普遍。

(4)固定资产周转率。

固定资产周转率是指企业年销售收入净额与固定资产平均净额的比率。它反映企业固定资产周转情况,从而衡量固定资产利用效率的一项指标。

$$固定资产周转率=销售收入净额/固定资产平均净值$$

其中:　　　　固定资产平均净值=(期初固定资产净值+期末固定资产净值)/2

例如,上例中的企业,销售收入净额为 1800 万元,固定资产年末净值余额为 4775 万元,固定资产年初净值为 6190 元,固定资产平均净值为(4775+6190)/2=5483。那么总资产周转率=1800/5483=0.33。

这一比率可以用来反映企业固定资产的使用情况。如果这个比率较低,则说明企业利用固定资产进行经营的效率较差,最终会影响企业的获得能力。这样,企业就应该采取措施提高固定资产的利用程度从而提高销售收入或处理多余资产。

(5)总资产周转率。

总资产周转率是企业销售收入净额与企业资产平均总额的比率。这一比率可用来分析企业全部资产的使用情况。

$$总资产周转率=销售收入净额/资产平均总额$$

其中:　　　　资产平均总额=(期初资产总额+期末资产总额)/2

例如,上例中的企业,销售收入净额为 1800 万元,全部资产年末余额为 2000 万元,全部资产年初余额为 1900 元,流动资产平均余额为(2000+1900)/2=1950。那么总资产周转率=1800/1950=0.92。

如果资金占用的波动性较大,企业应采用更详细的资料进行计算,如按照各月份的资金占用额计算。

$$月平均资产总额=(月初资产总额+月末资产总额)/2$$
$$季平均资产总额=(1/2 季初+第一月末+第二月末+1/2 季末)/3$$
$$年平均资产总额=(1/2 年初+第一季末+第二季末+1/2 年末)/4$$

计算总资产周转率时分子和分母在时间上应保持一致。

这一比率可用来分析企业全部资产的使用效率。如果这个比率较低,则说明企业利用全部资产进行经营的效率较差,最终会影响企业的获得能力。这样,企业就应该采取措施提高各项资产的利用程度从而提高销售收入或处理多余资产。

第三节　财务综合评价

财务分析的最终目的在于全面、准确、客观地揭示与披露企业财务状况和经营情况,并借以对企业经济效益优劣作出合理的评价。显然,要达到这样一个分析目的,仅仅测算几个简单、孤立的财务指标,或者将一些单独的财务指标简单地堆砌在一起,彼此之间毫无联系地考察,不可能得出合理、正确的综合性结论,有时甚至会得出错误的结论。因此,只有将企业偿债能力、营运能力、盈利能力以及发展能力等各项分析指标有机地联系起来,作为一套完整的体系,相互配合使用,作出系统的综合评价,才能从总体意义上把握企业财务状况和经营情况的优劣。

综合评价的意义在于能够全面、正确地评价企业的财务状况和经营成果,因为局部不能代替整体,某项指标的好坏不足以说明整个企业经济效益的高低,除此之外,综合评价的结果在企业对不同时期的比较分析以及不同企业之间比较分析时就消除了时间上和空间上的差异,使之更具有可比性,有利于总结经验、吸取教训、发现差距、赶超先进。进而,从整体上、本质上反映和把握企业生产经营的财务状况和经营成果。通过综合分析评价明确企业财务活动与经营活动的相互关系,找出制约企业发展的"瓶颈",明确企业的经营水平、位置及发展方向,为企业利益相关者进行投资决策提供参考,为完善企业财务管理和经验管理提供依据。

➤一、财务综合评价概述

(一)财务综合评价的概念

财务综合评价的指标体系,是在汇总相关指标并考虑其实际价值后,从中筛选出的财务分析的重要指标。指标涵盖了企业盈利能力分析、偿债能力分析、运营能力分析等方面,有利于对企业进行客观、公正的评价。

财务综合评价以财务报表分析为前提,财务报表分析以财务评价为结论,只有在综合分析的基础上进行综合评价,才能从整体上系统全面地评价企业的财务状况和经营成果。

(二)财务综合评价的特点

一个健全有效的财务综合指标体系必须具有以下特点:

第一,评价指标要全面。设置的评价指标要尽可能涵盖偿债能力、营运能力和盈利能力等各方面的考虑要求。

第二,主辅指标功能要匹配。在分析中要做到明确企业分析指标的主辅地位;要能从不同侧面、不同层级反映企业财务状况,揭示企业经营业绩。

第三,满足各方面经济需求。设置的指标体系既要能满足企业内部管理者决策的需要,也要能满足外部投资者和政府管理机构决策及实施宏观调控的要求。

➤二、财务综合评价方法

企业综合财务评价的方法有很多,如沃尔比重评分法、财务绩效综合评价、杜邦财务分析体系、改进的财务分析体系等综合分析方法。本书主要讲述杜邦财务分析体系和沃尔比重评分法。

(一)杜邦分析体系

杜邦分析体系是企业财务状况综合分析的一种方法,此方法是在考虑企业各财务比率内在联系的条件下,通过制定多种比率的综合财务分析体系,来揭示各个比率形成的原因,通过指标分解和分析进一步深入、全面地了解和评价企业财务状况,并为决策者提供改善经营、优化管理、提高效益的思路。

由于该方法因最早由美国杜邦公司创造并成功运用而得名。该体系是以评价企业绩效最具综合性和代表性的指标净资产收益率为起点,以总资产净利率和权益乘数为核心,层层分解至企业最基本生产要素的使用、成本与费用的构成和企业风险,重点解释企业获利能力及权益乘数对净资产收益率的影响,以及各相关指标间的相互影响作用关系。采用杜邦分析体系对企业盈利能力和股东权益回报水平进行评价,从财务角度分析评价企业绩效。在经营目标发生异动时经营者能及时查明原因并加以修正,同时为投资者、债权人及政府评价企业提供依据。

财务状况进行综合分析,通常需要借助杜邦分析结构图,将有关分析指标按内在联系加以排列,从而直观地反映出企业的财务状况和经营成果的总体面貌。杜邦分析法将净资产收益率(权益净利率)分解如图9-1所示。

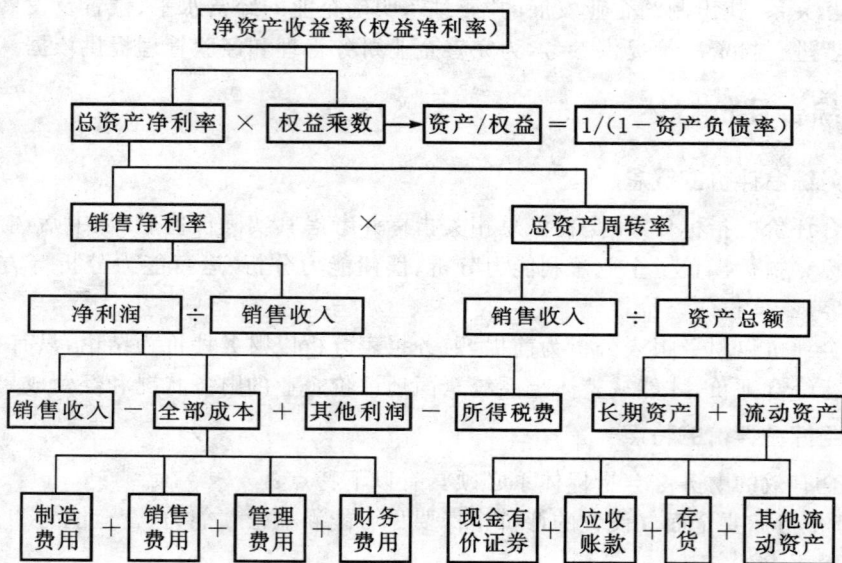

图9-1 杜邦分析结构图

1. 杜邦分析体系的含义

杜邦分析法是将净资产收益率分解为三部分(利润率、总资产周转率、财务杠杆)进行分析的方式。这种方法说明净资产收益率受三类因素影响,其中利润率用销售利润率来衡量,表明企业的盈利能力;总资产周转率用来衡量企业的营运能力;财务杠杆用权益乘数衡量,表明企业的偿债能力。杜邦分析体系的分析关系式为:

$$净资产收益率=销售净利率×总资产周转率×权益乘数$$

杜邦系统主要反映了以下几种主要的财务比率关系:

(1)净资产收益率与总资产净利率及权益乘数之间的关系。

$$净资产收益率=净利润/总权益$$

用净资产收益率乘以1得到:

$$净资产收益率=(净利润/总权益)×(总资产/总资产)$$

$$=（净利润/总资产）×（总资产/总权益）$$
$$=总资产净利率×权益乘数$$

（2）总资产净利率与销售净利率及总资产周转率之间的关系。

$$总资产净利率=净利润/总资产$$

用总资产报酬率乘以1得到：

$$总资产净利率=（净利润/总资产）×（销售收入/销售收入）$$
$$=（净利润/销售收入）×（销售收入/总资产）$$
$$=销售净利率×总资产周转率$$

（3）销售净利率与净利润及销售收入之间的关系。

$$销售净利率=净利润/销售收入$$

（4）总资产周转率与销售收入及资产总额之间的关系。

$$总资产周转率=销售收入/资产总额$$

在上述公式中，"总资产净利率=销售净利率×总资产周转率"这一等式被称为杜邦等式。

杜邦系统在揭示上述几种关系之后，再将净利润、总资产进行层层分解，这样就可以全面、系统地揭示出企业的财务状况以及财务状况这个系统内部各个因素直接的相互关系。

2. 运用杜邦分析法的注意要点

运用杜邦分析法需要抓住以下几点：

（1）净资产收益率是一个综合性最强的财务分析指标，是杜邦分析系统的起点。

财务管理的目标之一是使股东财富最大化，净资产收益率反映了企业所有者投入资本的获利能力，说明企业筹资、投资、资产营运等各项财务及其管理活动的效率，而不断提高净资产收益率是使所有者权益最大化的基本保证。所以，这一财务分析指标是企业所有者、经营者都十分关心的。而净资产收益率高低的决定因素主要有三个，即销售净利率、总资产周转率和权益乘数。这样，在进行分解之后，就可以将净资产收益率这一综合性指标发生升降变化的原因具体化，从而它比只用一项综合性指标更能说明问题。

（2）销售净利率反映了企业净利润与销售收入的关系，它的高低取决于销售收入与成本总额的高低。

要想提高销售净利率，一是要扩大销售收入，二是要降低成本费用。扩大销售收入既有利于提高销售净利率，又有利于提高总资产周转率；降低成本费用是提高销售净利率的一个重要因素，从杜邦分析图可以看出成本费用的基本结构是否合理，从而找出降低成本费用的途径和加强成本费用控制的办法。如果企业财务费用支出过高，就要进一步分析负债比率是否过高；如果管理费用过高，就要进一步分析其资产周转情况等等。而提高销售净利率的另一个途径是提高其他利润。为了详细地了解企业成本费用的发生情况，在具体列示成本总额时，还可根据重要性原则，将那些影响较大的费用单独列示，以便为寻求降低成本的途径提供依据。

（3）影响总资产周转率的一个重要因素是资产总额。

资产总额由流动资产与长期资产组成，它们的结构合理与否将直接影响资产的周转速度。一般来说，流动资产直接体现企业的偿债能力和变现能力，而长期资产则体现了企业的经营规模、发展潜力。两者之间应该有一个合理的比例关系。如果发现某项资产比重过大，影响资金周转，就应深入分析其原因，例如企业持有的货币资金超过业务需要，就会影响企业的盈利能力；如果企业占有过多的存货和应收账款，则既会影响获利能力，又会影响偿债能力。因此，还应进一步分析各项资产的占用数额和周转速度。

（4）权益乘数主要受资产负债率指标的影响。

权益乘数表示企业的负债程度，反映了公司利用财务杠杆进行经营活动的程度。资产负债率越高，权益乘数越大，这就说明公司的负债程度比较高，公司会有较多的杠杆利益，但风险也高；反之，资产负债率低，权益乘数就小，说明公司负债程度低，公司会有比较少的杠杆利益，但相应的所承担的风险也低。

企业的营运能力，既关系到企业的获利能力，又关系到企业的偿债能力。一般而言，流动资产直接体现企业的偿债能力和变现能力；非流动资产体现企业的经营规模和发展潜力。两者之间应有一个合理的结构比率，如果企业持有的现金超过业务需要，就可能影响企业的获利能力；如果企业占用过多的存货和应收账款，则既要影响获利能力，又要影响偿债能力。为此，就要进一步分析各项资产的占用数额和周转速度。对流动资产应重点分析存货是否有积压现象、货币资金是否闲置、应收账款中分析客户的付款能力和有无坏账的可能；对非流动资产应重点分析企业固定资产是否得到充分的利用。

【例 9－1】A 企业有关财务数据如表 9－1 所示。分析该企业净资产收益率变化的原因。

表 9－1　A 公司资料

年度	净利润	销售收入	平均资产总额	平均负债总额	全部成本	制造费用	销售费用	管理费用	财务费用
2011	10284	411224	306223	205677	403966	373534	10203	18667	1562
2012	12654	757614	330580	215659	736747	684262	21741	25718	5026

解析：

（1）对净资产收益率的分析。

该企业的净资产收益率在 2011—2012 年间出现了一定程度的好转，从 2011 年的 10.25% 增加到了 2012 年的 11.03%。企业的投资者在很大程度上依据这个指标来判断是否投资或是否转让股份，考察经营者业绩和决定股利分配政策。这些指标对企业的管理者也至关重要。

净资产收益率＝总资产净利率×权益乘数

2011 年 10.25%＝3.36%×3.05

2012 年 11.03%＝3.83%×2.88

通过分解可以明显地看出，该企业净资产收益率的变动在于资本结构（权益乘数）变动和资产利用效果（总资产净利率）变动两方面共同作用的结果，而该企业的总资产净利率太低，显示出很差的资产利用效果。

（2）对总资产净利率的分析。

总资产净利率＝销售净利率×总资产周转次数

2011 年 3.36%＝2.5%×1.34

2012 年 3.83%＝1.67%×2.29

通过分解可以看出 2012 年该企业的总资产周转率有所提高，说明资产的利用得到了比较好的控制，显示出比前一年较好的效果，表明该企业利用其总资产产生销售收入的效率在增加。总资产周转率提高的同时销售净利率的减少阻碍了总资产净利率的增加。

(3)对销售净利率的分析。

$$销售净利率＝净利润/销售收入$$

2011 年 2.5％＝10284/411224

2012 年 1.67％＝12654/757614

该企业 2012 年大幅度提高了销售收入，但是净利润的提高幅度却很小，分析其原因是成本费用增多，全部成本从 2011 年的 403967 万元增加到了 2012 年的 736747 万元，与销售收入的增加幅度大致相当。

(4)对全部成本的分析。

$$全部成本＝制造成本＋销售费用＋管理费用＋财务费用$$

2011 年 403967＝373534＋10203＋18667＋1562

2012 年 736747＝684262＋21741＋25718＋5026

本例中，导致该企业净资产收益率小的主要原因是全部成本过大。也正是因为全部成本的大幅度提高导致了净利润提高幅度不大，而销售收入大幅度增加，就引起了销售利率的降低，显示出该企业销售盈利能力的降低。资产净利率的提高当归功于总资产周转率的提高，销售净利率的减少却起到了阻碍的作用。

(5)对权益乘数的分析。

$$权益乘数＝资产总额/权益总额$$

2011 年 3.05＝306223/(306223－205677)

2012 年 2.88＝330580/(330580－215659)

该企业下降的权益乘数，说明企业的资本结构在 2011 年至 2012 年发生了变动，2012 年的权益乘数较 2011 年有所减小。权益乘数越小，企业的负债程度越低，偿还债务能力越强，财务风险程度越低。这个指标同时也反映了财务杠杆对利润水平的影响。该企业的权益乘数一直处于 2 到 5 之间，也即负债率在 50％ 到 80％ 之间，属于激进战略性企业。管理者应该准确把握企业所处的环境，准确预测利润，合理控制负债带来的风险。

表 9－2　A公司财务比率

年度	2011	2012
净资产收益率	＝3.36％×3.05＝10.25％	＝3.83％×2.88＝11.03％
权益乘数	＝306223÷(306223－205677)＝3.05	＝330580÷(330580－215659)＝2.88
资产负债率	＝205677÷306223×100％＝67.2％	＝215659÷330580×100％＝65.2％
总资产净利率	＝2.5％×1.34＝3.36％	＝1.67％×2.29＝3.83％
销售净利率	＝10284÷411224×100％＝2.5％	＝12654÷757614×100％＝1.67％
总资产周转次数	＝411224÷306223＝1.34	＝757614÷330582×100％＝2.29

(6)结论。

对于该企业，最为重要的就是要努力降低各项成本，在控制成本上下工夫，同时保持较高的总资产周转率。这样，可以使销售净利率得到提高，进而使总资产净利率有很大的提高。

3.杜邦分析体系的优势

(1)财务分析的全面性和层次感。

现代财务管理理论对企业经营绩效的评价主要是从生产经营和财务运作两方面来考虑，并且要求两者互相协调，而杜邦分析体系正是通过对财务指标的组织与分析体现了这一点，把总资产报酬率分解为销售净利率、总资产周转率和权益乘数三个二级指标，可以分别从企业的盈利能力、经营能力、偿债能力三个方面对企业状况进行全面考察。

(2)财务分析的系统性与联系性。

杜邦分析体系利用了反映经营管理各方面状况的各种基础指标之间的有机联系，对企业的财务状况和经营成果进行综合分析，一方面使分析者得以从整体的角度、全局的高度来综合评价企业经营管理状况；另一方面使分析者对各指标的分析更具科学性，可以说，杜邦分析体系是局部与整体的统一。

(3)数据资料的易取得性和客观性。

杜邦分析体系的数据资料来源于资产负债表和利润表，而根据会计准则，企业必须编制财务报告对外报送，且报告格式统一，对于上市公司而言财务报告还需要专业的会计事务所审计并发表意见，因此对于财务分析评价时，其数据来源的真实性与可比性具有很大优势。

4.杜邦分析体系的不足

(1)没有包含资产成本这一重要因素。

没有包含资产成本这一重要因素而导致杜邦财务分析体系存在不可忽视的缺陷。企业通过从股东处筹集的资本必须承担相应的资产成本即企业可以从现有资产获得的、符合投资人期望的最小收益率。倘若企业在经营过程中仅仅以净利润作为衡量股东财富的标准，而忽视资产成本的存在，就会导致企业为追求短期利润而盲目投资，给企业的长期发展带来不利影响。

(2)权益净利率指标单一。

单纯地用权益净利率这一指标来反映企业经营者的运营能力，往往会导致经营者为追求企业的高利润、社会的高评价，而做出错误的投资决策，使企业在权益净利率增长的情况下而实际利益却受到损害。当企业的经营财务状况处于低谷时，经营者往往会选择一个只要能够提高权益净利率，即使它会给企业带来亏损的项目，借此来达到提高企业业绩的目的，然而这种错误的决策却仅能给企业带来表面"盈利"而实际"亏损"的不利局面。

再者作为杜邦分析法核心指标的权益净利率，与现金流量指标相比，不够真实，容易受公司操纵。现金流量表是根据收付实现制编制的，可以减少人为操纵的空间，因此通过对现金流量的分析能评价企业的收益质量及获取现金的能力，预测企业未来的现金流量，准确地判断企业的偿债能力。

(3)计算总资产利润率的"总资产"与"净利润"不匹配。

总资产是全部资产提供者享有的权利，而净利润是专门属于股东的，两者不匹配。由于总资产净利率与"投入与产出"不匹配，该指标不能反映实际的回报率。为了改善该比率，要重新调整其分子和分母。

(4)无法有效满足企业加强内部管理的需要。

一方面，杜邦分析法主要是利用股东权益报酬率、资产净利率、权益乘数等主要财务指标间的关系综合分析企业财务状况。这些资料主要来源于企业过去的财务报表，实际上是利用过去的财务资料对企业过去的财务状况进行分析。另一方面，该方法所用的资料主要源于财务报表，未能充分利用成本分析数据、风险分析数据等管理会计的资料，不利于企业加强内部控制。

(5)未能反映企业的经营风险及财务风险。

在激烈的市场竞争中企业经营风险是不可能避免的,且经营风险会导致财务风险。如:产品销售不畅或产品售价降低会给企业的收益造成不确定性;利率调高,会增加财务费用,增加筹资成本,从而影响企业的利润,引发财务风险。在当前市场竞争越来越激烈的情况下,风险分析更加需要引起重视。杜邦分析体系未能反映企业的经营风险和财务风险,不能直观地反映财务杠杆的效应。

(6)不能反映上市公司的经济技术指标。

如股东权益股份,每股净资产、合并利润表中的"少数股东本期收益"项目等。现有杜邦财务分析体系中,以净资产收益率为核心指标存在一些问题,它不完全符合上市公司股东财富最大化的要求。股东财富最大化是对企业未来价值的认可,考虑了时间价值和风险因素,而净资产收益率是权责发生制下的财务报表的反映,不能完全衡量股东价值。

(7)忽略了对现金流量的分析导致财务分析结果的可信度降低。

利润指标在财务分析体系中起到了承上启下的连接作用,但是利润指标提供的财务信息远弱于现金流量。因为在实际中,现金流量对于一个企业经营活动是否顺畅至关重要,现金流量信息是财务分析者对企业的财务状况做出准确判断的重要依据。财务分析者通过现金流量分析,可以得到企业现金流量来源、结构、数量等重要信息,从而可以对企业经营资产的真实效率和创造现金的能力做出正确判断,因而也可以由此认识企业的偿债能力以及推断企业未来财务发展趋势。

(8)没有进行企业发展能力的分析,不利于企业的可持续发展。

一般而言,对企业财务能力的分析应该包括企业的偿债能力、营运能力、盈利能力和发展能力,而传统的杜邦分析体系包括了前三者,作为一个综合财务分析体系,却没有包含反映企业发展能力的指标及其分解指标。

但是杜邦分析法毕竟是财务分析方法的一种,作为一种综合分析方法,并不排斥其他财务分析方法。相反与其他分析方法结合,不仅可以弥补自身的缺陷和不足,而且也弥补了其他方法的缺点,使得分析结果更完整、更科学。比如以杜邦分析为基础,结合专项分析,进行一些后续分析对有关问题作更深更细致分析了解;也可结合比较分析法和趋势分析法,将不同时期的杜邦分析结果进行对比趋势化,从而形成动态分析,找出财务变化的规律,为预测、决策提供依据;或者与一些企业财务风险分析方法结合,进行必要的风险分析,也为管理者提供依据,所以这种结合,实质上也是杜邦分析自身发展的需要。

即问即答

根据杜邦分析,企业提高股东权益报酬率的途径有哪些?

(二)沃尔评分法

在进行财务分析时,人们遇到的最主要困难是计算出财务指标之后,无法判断他是偏高还是偏低。与本企业的历史比较也只能看到自身的变化,却难以评价其在市场竞争中的地位。为了弥补这些缺陷,企业财务综合分析的先驱者之一亚历山大-沃尔在20世纪初创立一种分析方法,称为沃尔评分法,后来被称为财务比率综合评分法或指数分析法。他在《信用晴雨表研究》和《财务报表比率分析》书中提出了信用能力指数的概念,把若干个财务比率用线性关系结合起来,以此来评价企业的信用水平。他选择了 7 个财务比率即流动比率、产权比率、固定资产比率、存货周转率、应收账款周转率、固定资产周转率和自有资金周转率,分别给定各指标在总评价中所占的比重,总和为 100。然后确定标准比率(以行业平均数为基础),将实际比率与标准比率相比,得出相对比率,将此相对比率与各指标比重相乘,得出总评分。

沃尔评分法是指将选定的财务比率用线性关系结合起来,并分别给定各自的分数比重,然后通过与标准比率进行比较,确定各项指标的得分及总体指标的累积分数,从而对企业的信用水平做出评价的方法。

1. 沃尔评分法的具体步骤

在选用沃尔评分法进行分析时,可以按照以下步骤操作。

首先,选择评价企业财务状况的比率指标;其次,确认财务比率标准评分值,分数综合为 100 分;第三,确定财务比率评分值的上下限;第四,计算这些指标的标准值;第五,求出评判指标实际值和标准值的关系比率;第六,求出评判指标的评分值和关系比率乘积的实际得分,一般以百分制表示。

【例 9-2】甲企业是一家中型电力企业,2012 年的财务状况评分的结果如表 9-3 所示。

表 9-3　甲企业沃尔评分表

财务比率	比重 1	标准比率 2	实际比率 3	相对比率 4=3/2	综合指数 5=1×4
流动比率	25	2.0	1.66	0.83	20.75
净资产/负债	25	1.5	2.39	1.59	39.75
资产/固定资产	15	2.5	1.84	0.74	11.10
销售成本/存货	10	8	9.94	1.24	12.40
销售收入/应收账款	10	6	8.61	1.44	14.40
销售收入/固定资产	10	4	0.55	0.14	1.40
销售收入/净资产	5	3	0.4	0.13	0.65
合计	100				100.45

该企业的综合指数为 100.44,总体财务状况不错,综合评分达到标准的要求。

沃尔评分法从理论上讲,有一个弱点,就是未能证明为什么要选择这七个指标,而不是更多或者更少些,或者选择别的财务比率,以及未能证明每个指标所占比重的合理性。沃尔的分析法从技术上讲有一个问题,就是当某一个指标严重异常时,会对综合指数产生不合逻辑的重大影响。这个缺陷是由相对比率与比重相乘引起的。财务比率提高一倍,其综合指数增加 100%;而财务比率缩小为原来的二分之一,其综合指数只减少 50%。

现代社会与沃尔的时代相比较,已经发生了很大的变化。一般认为企业财务评价的内容首先是盈利能力,其次是偿债能力,再次是成长能力,它们之间大致可按 5∶3∶2 的比重来分配。盈利能力的主要指标是总资产报酬率、销售净利率和净资产收益率,这三个指标可按 2∶2∶1 的比重来安排。偿债能力的主要指标是自由资本比率、流动比率、应收账款周转率、存货周转率。成长能力的主要指标是销售增长率、净利增长率、总资产增长率。现代企业可以根据这种方法，对企业的财务状况进行综合评价。

企业财务状况的实际得分反映了企业综合财务状况是否良好。如果实际得分等于或接近100分，说明企业的财务状况是良好的，达到了预先的标准；如果实际得分远远低于100分，说明企业的财务状况较差，应当采取适当的措施加以改善；如果实际得分远远超过100分，则说明企业的财务状况很理想。

2. 沃尔评分法的优缺点

沃尔评分法将彼此孤立的偿债能力和营运能力指标进行了组合，做出了较为系统的评价。它的优点可概括为简单扼要便于操作。各财务指标权重，根据定性分析及过去的评价经验主观给出，并通过几项财务评价指标的线性组合，确定财务综合评价结果。这给实际评价工作带来了很大的方便，评价指标体系较为完整，基本上能反映企业的财务状况，能较好地反映企业的获利能力、偿债能力和营运能力，便于分析，揭示原因。通过财务指标实际值与标准值的对比分析，便于找出影响企业财务状况的主要因素，以明确改善企业财务状况的方向。

同时沃尔评分法也有缺点：

在比率选择上具有主观性、随意性。不同行业不同企业在指标的选择上都会有自己的独特特点，所以无法确定一个固定的体系来作为评判体系；沃尔评分法的公式为：实际分数＝（实际值/标准值）/权重。当实际值大于标准值为理想情况时，用此公式计算的结果正确。但当实际值小于标准值为理想情况时，实际值越小，得分本应越高，但是直接套用公式计算的结果却恰恰相反，实际值变小，得分变低。

另外，当某一单项指标的实际值畸高时，会导致最后总分大幅度增加，会掩盖情况不良的指标，影响最后评价的得分，从而给管理者造成假象。沃尔评分法无法提供赋予权重大小的依据。它无法证明每个指标所占权重的合理性。指标权重的赋予具有很大的主观随意性。评分规则方面，比率的实际值越高，其单项得分就越高，企业的总体评价就越好，这并不符合企业的实际与尝试。比如流动比率就并非越高越好，因为这将对企业的盈利能力与发展能力造成不利影响，并削弱其长期偿债能力。

第四节　案例分析：对伊利集团财务综合分析的思考

内蒙古伊利实业集团股份有限公司（以下简称：伊利集团或者伊利股份）是全国乳品行业龙头企业之一，公司于1996年3月在上海证券交易所挂牌上市，简称伊利股份，所属行业为食品制造业或食品生产（Ⅳ），证券类型为流通A股，总股本187085.80万股，流通股本158749.62万股，发行价5.95元，上市首日开盘价9元。注册资本187086万元。

2002年8月，伊利股份作为中国证监会批准的七家增发股票的公司之一，增发了不超过5000万股A股，成功募集到资金8亿元，为伊利扩大生产规模、扩展产品结构，建立起全国性物流配送体系和现代化的营销体系提供了有力的资金保障。

2003年前三季度，伊利集团公司资产总额达到41.07亿元，比2002年末增长41.68%；实现主营业务收入48.54亿元，同比增长54.46%，居国内同行业第一；完成利润总额2.56亿元，同比增长61.23%；实现净利润1.65亿元，同比增长45.56%；实现税金3.75亿元，实现每股收益0.42元。

2005 年度,伊利集团实现主营业务收入 121.75 亿元,同比增长 39.38%;实现利润总额 4.92 亿元,同比增长 29.75%;创净利润 2.93 亿元,同比增长 22.69%;每股收益 0.75 元,资产总额达到 54.5 亿元。2006 年上半年,伊利集团实现主营业务收入 79.33 亿元,同比增长 40.17%;净利润 2.02 亿元,同比增长 18.17%;上缴税金 5.08 亿元。

截至 2011 年,伊利集团已累计纳税超过 120 亿元,在其每年出色完成上缴国家利税的同时,伊利持续的公益事业投入,带动农业产业链发展,发挥着行业领导者的作用,为中国商界树立了新的责任标杆,成为推进和谐社会建设的有益补充力量。

2012 年 1—9 月,伊利股份实现营业收入 329.09 亿元,实现净利润 13.82 亿元。截至 2012 年 12 月 31 日,营业收入 420 亿元,毛利润 122 亿元,营业收入同比增长 12.12%,实现净利润 17.17 亿元。

截至 2013 年 6 月 18 日,伊利股份总数 202482.19 万股,已上市的流通 A 股为 158749.62 万股,占总股数的 78.40%,受限流通股份 43732.57 万股,占总股数的 21.60%。

作为中国乳业的领导者,伊利在企业社会责任和社会公益方面一直走在中国乳品行业前列。伊利股份在食品制造业中属于大型企业。

今天的伊利集团,面对全球经济一体化的挑战,提出"用全球的资源,做中国的市场",推行"以人为本,制度为保障,团队为前提,平等信任"的企业文化,以不断创新、追求人类健康生活为己任。

案例思考题

1. 试根据以上案例所提供资料及伊利股份 2010 年至 2012 年的财务报表(见表 9-4、表 9-5)为基础对伊利的偿债能力、盈利能力、营运能力各项指标进行分析。

2. 对伊利的综合能力进行评价,写出财务分析报告,提出改进意见。

表 9-4　伊利股份 2010—2012 年的资产负债表　　　　　单位:元

报表日期	2012-12-31	2011-12-31	2010-12-31
流动资产			
货币资金	2004200000	3921130000	3341740000
应收票据	130950000	105810000	22500000
应收账款	289298000	281270000	257223000
预付款项	647830000	834925000	1239510000
应收利息	4802840	10280100	0
其他应收款	135579000	264443000	112983000
存货	2994640000	3309590000	2583650000
流动资产合计	6207300000	8727440000	7557610000
非流动资产			

报表日期	2012 - 12 - 31	2011 - 12 - 31	2010 - 12 - 31
可供出售金融资产	16719800	14316800	17735900
长期股权投资	568453000	566780000	605602000
固定资产原值	12944800000	10317200000	8276930000
累计折旧	4011920000	3265300000	2654590000
固定资产净值	8932930000	7051930000	5622340000
固定资产减值准备	32592100	25097900	31771500
固定资产净额	8900340000	7026830000	5590570000
在建工程	1511180000	1590590000	666373000
工程物资	6981180	44686600	54211500
生产性生物资产	1339660000	871364000	136219000
无形资产	831604000	676075000	461106000
长期待摊费用	65273500	43268700	4753260
递延所得税资产	367891000	368145000	268140000
非流动资产合计	13608100000	11202100000	7804710000
资产总计	19815400000	19929500000	15362300000
短期借款	2577790000	2985290000	2697830000
应付票据	0	141821000	175400000
应付账款	4361200000	4378730000	3704270000
预收款项	2598820000	3052490000	1923400000
应付职工薪酬	1209100000	1214560000	871916000
应交税费	−369661000	−23807600	−114443000
应付利息	2230580	26818300	1583300
应付股利	12159500	9440770	9440770
其他应付款	1083710000	1072750000	880832000
一年内到期的非流动负债	2550000	7689010	48268000
其他流动负债	0	0	0
流动负债合计	11477900000	12865800000	10198500000
非流动负债			
长期借款	4629000	7179000	59729000
长期应付款	0	0	5401470
专项应付款	63545400	58005100	69971700
预计非流动负债	0	0	0
递延所得税负债	2368170	2007720	2520580

报表日期	2012 - 12 - 31	2011 - 12 - 31	2010 - 12 - 31
其他非流动负债	741978000	691045000	514166000
非流动负债合计	812521000	758237000	651789000
负债合计	12290400000	13624000000	10850300000
所有者权益			
实收资本	1598650000	1598650000	799323000
资本公积	1844500000	1851180000	2653630000
盈余公积	683385000	532015000	406918000
未分配利润	3208980000	2042810000	358683000
外币报表折算差额	－610642	－788731	－30404
归属于母公司股东权益合计	7334900000	6023850000	4218520000
少数股东权益	190083000	281620000	293516000
所有者权益合计	7524980000	6305470000	4512040000
负债和所有者权益合计	19815400000	19929500000	15362300000

表 9 - 5　伊利股份 2010—2012 年的利润表　　　　　　单位:元

报表日期	2012 - 12 - 31	2011 - 12 - 31	2010 - 12 - 31
一、营业总收入	41990700000	37451400000	29665000000
营业收入	41990700000	37451400000	29665000000
二、营业总成本	40401600000	35959200000	29071100000
营业成本	29504900000	26485700000	20686300000
营业税金及附加	249480000	232922000	87784900
销售费用	7777710000	7290960000	6807070000
管理费用	2809690000	1970690000	1520810000
财务费用	49156300	－49159400	－20707600
资产减值损失	10573800	28112600	－10195700
投资收益	26524100	253825000	11767500
其中:对联营企业和合营企业的投资收益	5878730	－1571930	5585610
三、营业利润	1615660000	1746010000	605688000
营业外收入	501888000	421321000	302361000
营业外支出	30784700	30911000	54425800
非流动资产处置损失	7957610	23478500	21829400
利润总额	2086760000	2136420000	853624000

报表日期	2012 - 12 - 31	2011 - 12 - 31	2010 - 12 - 31
所得税费用	350740000	303979000	57860800
四、净利润	1736020000	1832440000	795763000
归属于母公司所有者的净利润	1717210000	1809220000	777197000
少数股东损益	18815400	23217800	18566100
五、每股收益			
基本每股收益	1.07	1.13	0.97
稀释每股收益	1.00	1.06	0.91
六、其他综合收益	2220650	−3664540	3698550
七、综合收益总额	1738240000	1828770000	799461000
归属于母公司所有者的综合收益总额	1719430000	1805550000	780895000
归属于少数股东的综合收益总额	18815400	23217800	18566100

本章小结

1. **财务分析**：财务分析是以财务报表和其他资料为依据和起点，采用专门方法，系统分析和评价企业的财务状况、经营成果和现金流量状况的过程。财务分析是评价财务状况及经营业绩的重要依据，是实现理财目标的重要手段，也是实施正确投资决策的重要步骤。

2. **财务分析的方法**：财务分析的方法多种多样，但常用的有趋势分析法、比率分析法、结构分析法、因素分析法、比较分析法。

3. **趋势分析法有**：重要财务指标的比较，会计报表的比较，会计报表项目构成的比较。其中重要财务指标的比较通过定基动态比率和环比动态比率两种。

4. **比率分析法**：构成比率、效率比率、相关比率。

5. **结构分析法**：资产负债表的结构分析、利润表的结构分析、现金流量表的结构分析。

6. **盈利能力分析**：净资产收益率、总资产报酬率、收入利润率、成本利润率。

7. **上市公司盈利能力分析**：每股收益、每股股利、市盈率、每股净资产、市净率。

8. **偿债能力分析**：短期偿债能力分析指标有营运资本、流动比率、速动比率、现金比率；长期偿债能力分析指标有资产负债率、股东权益比率、权益乘数、产权比率、利息保障倍数。

9. **营运能力分析**：存货周转率、应收账款周转率、流动资产周转率、固定资产周转率、总资产周转率。

10. **财务综合评价**：财务综合评价是将企业营运能力、偿债能力和盈利能力等方面的分析纳入到一个有机的分析系统之中，全面地对企业财务状况、经营状况进行解剖和分析，从而对企业经济效益做出较为准确的评价和判断。财务综合评价的方法主要有杜邦分析体系和沃尔比重评分法。

习题

一、单项选择题

1. 债权人在进行企业财务分析时,最为关注的是( )。

    A. 获利能力　　　　　　　　B. 偿债能力

    C. 发展能力　　　　　　　　D. 资产运营能力

2. 较高的现金比率一方面会使企业资产的流动性增强,另一方面也会带来( )。

    A. 存货购进的减少　　　　　B. 销售机会的丧失

    C. 利息费用的增加　　　　　D. 机会成本的增加

3. 如果企业速动比率很小,下列结论成立的是( )。

    A. 企业流动资金占用过多　　B. 企业短期偿债能力很强

    C. 企业短期偿债风险很大　　D. 企业资产流动性很强

4. 某公司年末资产总额为 9800000 元,负债总额为 5256000 元,据以计算的产权比率为( )。

    A. 1.16　　　　　　　　　　B. 0.54

    C. 0.46　　　　　　　　　　D. 0.86

5. 从营业利润率的计算公式可以得知,当主营业务收入一定时,影响该指标高低的关键因素是( )。

    A. 主营业务利润　　　　　　B. 营业利润

    C. 利润总额　　　　　　　　D. 净利润

6. 某公司当年实现销售收入 3800 万元,净利润 480 万元,总资产周转率为 2,则资产净利率为( )%。

    A. 12.6　　　　　　　　　　B. 6.3

    C. 25　　　　　　　　　　　D. 10

7. 财务报表分析的对象是( )。

    A. 企业的各项基本活动　　　B. 企业的经营活动

    C. 企业的投资活动　　　　　D. 企业的筹资活动

8. 下列各项指标中,能够反映企业长期偿债能力的是( )。

    A. 现金比率　　　　　　　　B. 资产负债率

    C. 流动比率　　　　　　　　D. 速动比率

9. 若流动比率大于 1,则下列结论中一定成立的是( )。

    A. 速动比率大于 1　　　　　B. 营运资金大于零

    C. 资产负债率大于 1　　　　D. 短期偿债能力绝对有保障

10. 某企业主营业务收入净额为 36000 万元,流动资产平均余额为 4000 万元,固定资产平均余额为 8000 万元。假定没有其他资产,则该企业的总资产周转率为( )次。

    A. 3.0　　　　　　　　　　B. 3.4

    C. 2.9　　　　　　　　　　D. 3.2

11. 在杜邦财务分析体系中,综合性最强的财务比率是( )。

  A. 净资产收益率   B. 总资产净利率

  C. 总资产周转率   D. 销售净利率

  12. ABC 公司本年实现利润情况如下:主营业务收入 4800 万元,主营业务利润 3000 万元,其他业务利润 68 万元,存货跌价损失 56 万元,营业费用 280 万元,管理费用 320 万元,则营业利润率为( )。

  A. 62.5%   B. 51.4%

  C. 50.25%   D. 64.2%

  13. 财务报表分析采用的技术方法日渐增加,但最主要的分析方法是( )。

  A. 比较分析法   B. 因素分析法

  C. 回归分析法   D. 模拟模型分析法

  14. ABC 公司本年的资产总额为 500000 万元,流动负债为 100000 万元,长期负债为 15000 万元。该公司的资产负债率是( )。

  A. 29.87%   B. 20%

  C. 3%   D. 23%

  15. 某企业期末速动比率为 0.6,以下各项中能引起该比率提高的是( )。

  A. 银行提取现金   B. 赊购商品

  C. 收回应收账款   D. 取得短期银行借款

二、多项选择题

  1. 属于营运能力分析指标的是( )。

  A. 应收账款周转率   B. 固定资产周转率

  C. 流动资产周转率   D. 资产负债率

  2. 下列会影响企业存货周转率的经济业务是( )。

  A. 收回应收账款   B. 销售产成品

  C. 期末购买存货   D. 产品完工验收入库

  3. 反映企业获利能力的财务指标有( )。

  A. 资产利润率   B. 存货周转率

  C. 资产负债率   D. 所有者权益净利率

  4. 财务分析的种类按目的不同主要包括( )。

  A. 偿债能力评价   B. 营运能力评价

  C. 盈利能力评价   D. 财务状况综合评价

  5. 影响资产净利率的因素有( )。

  A. 资产负债率   B. 流动负债与长期负债的比率

  C. 销售净利率   D. 资产周转率

  6. 如果流动比率过高,意味着企业存在以下( )可能。

  A. 存在闲置现金   B. 存在存货积压

  C. 应收账款周转缓慢   D. 偿债能力很差

  7. 下列经济业务会影响股份公司每股净资产的有( )。

  A. 以固定资产的账面价值对外进行投资

  B. 发行普通股

C. 支付现金股利

D. 用资本公积转增资本

8. 从杜邦等式可知,提高资产报酬率的途径可以有(　　)。

A. 加强负债管理,提高负债比率

B. 加强资产管理,提高资产周转率

C. 加强销售管理,提高销售利润率

D. 增强资产流动性,提高流动比率

9. 影响企业的长期偿债能力的其他因素包括以下(　　)几项。

A. 担保责任　　　　　　　　B. 可动用的银行贷款指标

C. 经营租赁　　　　　　　　D. 或有项目

10. 反映上市公司盈利能力的指标有(　　)。

A. 每股收益　　　　　　　　B. 普通股权益报酬率

C. 股利发放率　　　　　　　D. 价格与收益比率

三、判断题

1. 相关比率反映部分与总体的关系。　　　　　　　　　　　　　　　　(　　)

2. 在采用因素分析法时,可以任意颠倒顺序,其计算结果是相同的。　　(　　)

3. 盈利能力分析主要分析企业各项资产的使用效果。　　　　　　　　(　　)

4. 存货周转率是销售收入与存货平均余额之比。　　　　　　　　　　(　　)

5. 偿债能力是指企业清偿债务的现金保障程度。　　　　　　　　　　(　　)

6. 从股东角度分析,资产负债率高,节约所得税带来的收益就越大。　　(　　)

7. 分析企业的流动比率,可以判断企业的营运能力。　　　　　　　　(　　)

8. 在杜邦分析体系中计算权益乘数时,资产负债率是用期末负债总额与期末资产总额来计算的。　　　　　　　　　　　　　　　　　　　　　　　　　　(　　)

9. 在总资产净利率不变的情况下,资产负债率越低,净资产收益率越高。　(　　)

10. 产权比率高、低报酬的财务结构,说明债权人的利益因股东提供的资本所占比重较大而具有充分保障。(　　)

四、计算分析题

1. 某商业企业 2014 年赊销收入净额为 4000 万元,销售成本为 3200 万元;年初、年末应收账款余额分别为 400 万元和 800 万元;年初、年末存货余额分别为 400 万元和 1200 万元;年末速动比率为 1.2,年末现金比率为 0.7。假定该企业流动资产由速动资产和存货组成,速动资产由应收账款和现金资产组成,一年按 360 天计算。

要求:

(1)计算 2014 年应收账款周转天数。

(2)计算 2014 年存货周转天数。

(3)计算 2014 年年末流动负债余额和速动资产余额。

(4)计算 2014 年年末流动比率。

2. ABC 公司 2013 年财务报表有关数据如下:

(1)利润表有关数据:销售收入净额 90000 元;现销收入 10000 元;利息费用 4500 元;产品销售成本 41130 元;利润总额 18800 元;净利润 6204 元。

（2）ABC 公司资产负债表资料如表 9-6 所示。

表 9-6　ABC 公司资产负债表　　　　　　（单位：元）

资产	年初数	年末数	负债和所有者权益	年初数	年末数
流动资产			流动负债		
货币资金	12500	3750	短期借款	9162.5	12725
应收款项净额	21250	18750	应付账款	500	10525
存货	1612.5	18750	流动负债合计	14162.5	26250
流动资产合计	35362.5	41250	长期负债	15000	18750
固定资产净值	41000	41250	所有者权益		
			股本	11250	11250
			资本公积	13500	13625
			盈余公积	6450	6475
			未分配利润	6000	6150
			所有者权益合计	37200	37500
资产总计	66352.5	82500	负债与所有者权益	66362.5	82500

要求：根据上述资料，计算 ABC 公司 2014 年下列指标：

（1）流动比率；

（2）速动比率；

（3）现金比率；

（4）应收账款周转次数；

（5）存货周转天数；

（6）资产负债率；

（7）净资产负债率；

（8）利息保障倍数。

附　录

期数	1%	2%	3%	4%	5%	6%	7%	8%	9%	10%
1	1.0100	1.0200	1.0300	1.0400	1.0500	1.0600	1.0700	1.0800	1.0900	1.1000
2	1.0201	1.0404	1.0609	1.0816	1.1025	1.1236	1.1449	1.1664	1.1881	1.2100
3	1.0303	1.0612	1.0927	1.1249	1.1576	1.1910	1.2250	1.2597	1.2950	1.3310
4	1.0406	1.0824	1.1255	1.1699	1.2155	1.2625	1.3108	1.3605	1.4116	1.4641
5	1.0510	1.1041	1.1593	1.2167	1.2763	1.3382	1.4026	1.4693	1.5386	1.6105
6	1.0615	1.1262	1.1941	1.2653	1.3401	1.4185	1.5007	1.5869	1.6771	1.7716
7	1.0721	1.1487	1.2299	1.3159	1.4071	1.5036	1.6058	1.7138	1.8280	1.9487
8	1.0829	1.1717	1.2668	1.3686	1.4775	1.5938	1.7182	1.8509	1.9926	2.1436
9	1.0937	1.1951	1.3048	1.4233	1.5513	1.6895	1.8385	1.9990	2.1719	2.3579
10	1.1046	1.2190	1.3439	1.4802	1.6289	1.7908	1.9672	2.1589	2.3674	2.5937
11	1.1157	1.2434	1.3842	1.5395	1.7103	1.8983	2.1049	2.3316	2.5804	2.8531
12	1.1268	1.2682	1.4258	1.6010	1.7959	2.0122	2.2522	2.5182	2.8127	3.1384
13	1.1381	1.2936	1.4685	1.6651	1.8856	2.1329	2.4098	2.7196	3.0658	3.4523
14	1.1495	1.3195	1.5126	1.7317	1.9799	2.2609	2.5785	2.9372	3.3417	3.7975
15	1.1610	1.3459	1.5580	1.8009	2.0789	2.3966	2.7590	3.1722	3.6425	4.1772
16	1.1726	1.3728	1.6047	1.8730	2.1829	2.5404	2.9522	3.4259	3.9703	4.5950
17	1.1843	1.4002	1.6528	1.9479	2.2920	2.6928	3.1588	3.7000	4.3276	5.0545
18	1.1961	1.4282	1.7024	2.0258	2.4066	2.8543	3.3799	3.9960	4.7171	5.5599
19	1.2081	1.4568	1.7535	2.1068	2.5270	3.0256	3.6165	4.3157	5.1417	6.1159
20	1.2202	1.4859	1.8061	2.1911	2.6533	3.2071	3.8697	4.6610	5.6044	6.7275
21	1.2324	1.5157	1.8603	2.2788	2.7860	3.3996	4.1406	5.0338	6.1088	7.4002
22	1.2447	1.5460	1.9161	2.3699	2.9253	3.6035	4.4304	5.4365	6.6586	8.1403
23	1.2572	1.5769	1.9736	2.4647	3.0715	3.8197	4.7405	5.8715	7.2579	8.9543
24	1.2697	1.6084	2.0328	2.5633	3.2251	4.0489	5.0724	6.3412	7.9111	9.8497
25	1.2824	1.6406	2.0938	2.6658	3.3864	4.2919	5.4274	6.8485	8.6231	10.835
26	1.2953	1.6734	2.1566	2.7725	3.5557	4.5494	5.8074	7.3964	9.3992	11.918
27	1.3082	1.7069	2.2213	2.8834	3.7335	4.8223	6.2139	7.9881	10.245	13.110
28	1.3213	1.7410	2.2879	2.9987	3.9201	5.1117	6.6488	8.6271	11.167	14.421
29	1.3345	1.7758	2.3566	3.1187	4.1161	5.4184	7.1143	9.3173	12.172	15.863
30	1.3478	1.8114	2.4273	3.2434	4.3219	5.7435	7.6123	10.063	13.268	17.449
40	1.4889	2.2080	3.2620	4.8010	7.0400	10.286	14.975	21.725	31.409	45.259
50	1.6446	2.6916	4.3839	7.1067	11.467	18.420	29.457	46.902	74.358	117.39
60	1.8167	3.2810	5.8916	10.520	18.679	32.988	57.946	101.26	176.03	304.48

期数	12%	14%	15%	16%	18%	20%	24%	28%	32%	36%
1	1.1200	1.1400	1.1500	1.1600	1.1800	1.2000	1.2400	1.2800	1.3200	1.3600
2	1.2544	1.2996	1.3225	1.3456	1.3924	1.4400	1.5376	1.6384	1.7424	1.8496
3	1.4049	1.4815	1.5209	1.5609	1.6430	1.7280	1.9066	2.0972	2.3000	2.5155
4	1.5735	1.6890	1.7490	1.8106	1.9388	2.0736	2.3642	2.6844	3.0360	3.4210
5	1.7623	1.9254	2.0114	2.1003	2.2878	2.4883	2.9316	3.4360	4.0075	4.6526
6	1.9738	2.1950	2.3131	2.4364	2.6996	2.9860	3.6352	4.3980	5.2899	6.3275
7	2.2107	2.5023	2.6600	2.8262	3.1855	3.5832	4.5077	5.6295	6.9826	8.6054
8	2.4760	2.8526	3.0590	3.2784	3.7589	4.2998	5.5895	7.2058	9.2170	11.703
9	2.7731	3.2519	3.5179	3.8030	4.4355	5.1598	6.9310	9.2234	12.167	15.917
10	3.1058	3.7072	4.0456	4.4114	5.2338	6.1917	8.5944	11.806	16.060	21.647
11	3.4785	4.2262	4.6524	5.1173	6.1759	7.4301	10.657	15.112	21.199	29.439
12	3.8960	4.8179	5.3503	5.9360	7.2876	8.9161	13.215	19.343	27.983	40.038
13	4.3635	5.4924	6.1528	6.8858	8.5994	10.699	16.386	24.759	36.937	54.451
14	4.8871	6.2613	7.0757	7.9875	10.147	12.839	20.319	31.691	48.757	74.053
15	5.4736	7.1379	8.1371	9.2655	11.974	15.407	25.196	40.565	64.359	100.71
16	6.1304	8.1372	9.3576	10.748	14.129	18.488	31.243	51.923	84.954	136.97
17	6.8660	9.2765	10.761	12.468	16.672	22.186	38.741	66.461	112.14	186.28
18	7.6900	10.575	12.376	14.463	19.673	26.623	48.039	85.071	148.02	253.34
19	8.6128	12.056	14.232	16.777	23.214	31.948	59.568	108.89	195.39	344.54
20	9.6463	13.744	16.367	19.461	27.393	38.338	73.864	139.38	257.92	468.57
21	10.804	15.668	18.822	22.575	32.324	46.005	91.592	178.41	340.45	637.26
22	12.100	17.861	21.645	26.186	38.142	55.206	113.57	228.36	449.39	866.67
23	13.552	20.362	24.892	30.376	45.008	66.247	140.83	292.30	593.20	1178.7
24	15.179	23.212	28.625	35.236	53.109	79.497	174.63	374.14	783.02	1603.0
25	17.000	26.462	32.919	40.874	62.669	95.396	216.54	478.90	1033.6	2180.1
26	19.040	30.167	37.857	47.414	73.949	114.48	268.51	613.00	1364.3	2964.9
27	21.325	34.390	43.535	55.000	87.260	137.37	332.96	784.64	1800.9	4032.3
28	23.884	39.205	50.066	63.800	102.97	164.84	412.86	1004.3	2377.2	5483.9
29	26.750	44.693	57.576	74.009	121.50	197.81	511.95	1285.6	3137.9	7458.1
30	29.960	50.950	66.212	85.850	143.37	237.38	634.82	1645.5	4142.1	10143
40	93.051	188.88	267.86	378.72	750.38	1469.8	5455.9	19427	66521	*
50	289.00	700.23	1083.7	1670.7	3927.4	9100.4	46890	*	*	*
60	897.60	2595.9	4384.0	7370.2	20555	56348	*	*	*	*

附表二 复利现值系数表

期数	1%	2%	3%	4%	5%	6%	7%	8%	9%	10%
1	0.9901	0.9804	0.9709	0.9615	0.9524	0.9434	0.9346	0.9259	0.9174	0.9091
2	0.9803	0.9612	0.9426	0.9246	0.9070	0.8900	0.8734	0.8573	0.8417	0.8264
3	0.9706	0.9423	0.9151	0.8890	0.8638	0.8396	0.8163	0.7938	0.7722	0.7513
4	0.9610	0.9238	0.8885	0.8548	0.8227	0.7921	0.7629	0.7350	0.7084	0.6830
5	0.9515	0.9057	0.8626	0.8219	0.7835	0.7473	0.7130	0.6806	0.6499	0.6209
6	0.9420	0.8880	0.8375	0.7903	0.7462	0.7050	0.6663	0.6302	0.5963	0.5645
7	0.9327	0.8706	0.8131	0.7599	0.7107	0.6651	0.6227	0.5835	0.5470	0.5132
8	0.9235	0.8535	0.7894	0.7307	0.6768	0.6274	0.5820	0.5403	0.5019	0.4665
9	0.9143	0.8368	0.7664	0.7026	0.6446	0.5919	0.5439	0.5002	0.4604	0.4241
10	0.9053	0.8203	0.7441	0.6756	0.6139	0.5584	0.5083	0.4632	0.4224	0.3855
11	0.8963	0.8043	0.7224	0.6496	0.5847	0.5268	0.4751	0.4289	0.3875	0.3505
12	0.8874	0.7885	0.7014	0.6246	0.5568	0.4970	0.4440	0.3971	0.3555	0.3186
13	0.8787	0.7730	0.6810	0.6006	0.5303	0.4688	0.4150	0.3677	0.3262	0.2897
14	0.8700	0.7579	0.6611	0.5775	0.5051	0.4423	0.3878	0.3405	0.2992	0.2633
15	0.8613	0.7430	0.6419	0.5553	0.4810	0.4173	0.3624	0.3152	0.2745	0.2394
16	0.8528	0.7284	0.6232	0.5339	0.4581	0.3936	0.3387	0.2919	0.2519	0.2176
17	0.8444	0.7142	0.6050	0.5134	0.4363	0.3714	0.3166	0.2703	0.2311	0.1978
18	0.8360	0.7002	0.5874	0.4936	0.4155	0.3503	0.2959	0.2502	0.2120	0.1799
19	0.8277	0.6864	0.5703	0.4746	0.3957	0.3305	0.2765	0.2317	0.1945	0.1635
20	0.8195	0.6730	0.5537	0.4564	0.3769	0.3118	0.2584	0.2145	0.1784	0.1486
21	0.8114	0.6598	0.5375	0.4388	0.3589	0.2942	0.2415	0.1987	0.1637	0.1351
22	0.8034	0.6468	0.5219	0.4220	0.3418	0.2775	0.2257	0.1839	0.1502	0.1228
23	0.7954	0.6342	0.5067	0.4057	0.3256	0.2618	0.2109	0.1703	0.1378	0.1117
24	0.7876	0.6217	0.4919	0.3901	0.3101	0.2470	0.1971	0.1577	0.1264	0.1015
25	0.7798	0.6095	0.4776	0.3751	0.2953	0.2330	0.1842	0.1460	0.1160	0.0923
26	0.7720	0.5976	0.4637	0.3607	0.2812	0.2198	0.1722	0.1352	0.1064	0.0839
27	0.7644	0.5859	0.4502	0.3468	0.2678	0.2074	0.1609	0.1252	0.0976	0.0763
28	0.7568	0.5744	0.4371	0.3335	0.2551	0.1956	0.1504	0.1159	0.0895	0.0693
29	0.7493	0.5631	0.4243	0.3207	0.2429	0.1846	0.1406	0.1073	0.0822	0.0630
30	0.7419	0.5521	0.4120	0.3083	0.2314	0.1741	0.1314	0.0994	0.0754	0.0573
35	0.7059	0.5000	0.3554	0.2534	0.1813	0.1301	0.0937	0.0676	0.0490	0.0356
40	0.6717	0.4529	0.3066	0.2083	0.1420	0.0972	0.0668	0.0460	0.0318	0.0221
45	0.6391	0.4102	0.2644	0.1712	0.1113	0.0727	0.0476	0.0313	0.0207	0.0137
50	0.6080	0.3715	0.2281	0.1407	0.0872	0.0543	0.0339	0.0213	0.0134	0.0085
55	0.5785	0.3365	0.1968	0.1157	0.0683	0.0406	0.0242	0.0145	0.0087	0.0053

续附表二

期数	12%	14%	15%	16%	18%	20%	24%	28%	32%	36%
1	0.8929	0.8772	8696	8621	0.8475	0.8333	0.8065	0.7813	0.7576	0.7353
2	0.7972	0.7695	0.7561	0.7432	0.7182	0.6944	0.6504	0.6104	0.5739	0.5407
3	0.7118	0.6750	0.6575	0.6407	0.6086	0.5787	0.5245	0.4768	0.4348	0.3975
4	0.6355	0.5921	0.5718	0.5523	0.5158	0.4823	0.4230	0.3725	0.3294	0.2923
5	0.5674	0.5194	0.4972	0.4761	0.4371	0.4019	0.3411	0.2910	0.2495	0.2149
6	0.5066	0.4556	0.4323	0.4104	0.3704	0.3349	0.2751	0.2274	0.1890	0.1580
7	0.4523	0.3996	0.3759	0.3538	0.3139	0.2791	0.2218	0.1776	0.1432	0.1162
8	0.4039	0.3506	0.3269	0.3050	0.2660	0.2326	0.1789	0.1388	0.1085	0.0854
9	0.3606	0.3075	0.2843	0.2630	0.2255	0.1938	0.1443	0.1084	0.0822	0.0628
10	0.3220	0.2697	0.2472	0.2267	0.1911	0.1615	0.1164	0.0847	0.0623	0.0462
11	0.2875	0.2366	0.2149	0.1954	0.1619	0.1346	0.0938	0.0662	0.0472	0.0340
12	0.2567	0.2076	0.1869	0.1685	0.1372	0.1122	0.0757	0.0517	0.0357	0.0250
13	0.2292	0.1821	0.1625	0.1452	0.1163	0.0935	0.0610	0.0404	0.0271	0.0184
14	0.2046	0.1597	0.1413	0.1252	0.0985	0.0779	0.0492	0.0316	0.0205	0.0135
15	0.1827	0.1401	0.1229	0.1079	0.0835	0.0649	0.0397	0.0247	0.0155	0.0099
16	0.1631	0.1229	0.1069	0.0930	0.0708	0.0541	0.0320	0.0193	0.0118	0.0073
17	0.1456	0.1078	0.0929	0.0802	0.0600	0.0451	0.0258	0.0150	0.0089	0.0054
18	0.1300	0.0946	0.0808	0.0691	0.0508	0.0376	0.0208	0.0118	0.0068	0.0039
19	0.1161	0.0829	0.0703	0.0596	0.0431	0.0313	0.0168	0.0092	0.0051	0.0029
20	0.1037	0.0728	0.0611	0.0514	0.0365	0.0261	0.0135	0.0072	0.0039	0.0021
21	0.0926	0.0638	0.0531	0.0443	0.0309	0.0217	0.0109	0.0056	0.0029	0.0016
22	0.0826	0.0560	0.0462	0.0382	0.0262	0.0181	0.0088	0.0044	0.0022	0.0012
23	0.0738	0.0491	0.0402	0.0329	0.0222	0.0151	0.0071	0.0034	0.0017	0.0008
24	0.0659	0.0431	0.0349	0.0284	0.0188	0.0126	0.0057	0.0027	0.0013	0.0006
25	0.0588	0.0378	0.0304	0.0245	0.0160	0.0105	0.0046	0.0021	0.0010	0.0005
26	0.0525	0.0331	0.0264	0.0211	0.0135	0.0087	0.0037	0.0016	0.0007	0.0003
27	0.0469	0.0291	0.0230	0.0182	0.0115	0.0073	0.0030	0.0013	0.0006	0.0002
28	0.0419	0.0255	0.0200	0.0157	0.0097	0.0061	0.0024	0.0010	0.0004	0.0002
29	0.0374	0.0224	0.0174	0.0135	0.0082	0.0051	0.0020	0.0008	0.0003	0.0001
30	0.0334	0.0196	0.0151	0.0116	0.0070	0.0042	0.0016	0.0006	0.0002	0.0001
35	0.0189	0.0102	0.0075	0.0055	0.0030	0.0017	0.0005	0.0002	0.0001	*
40	0.0107	0.0053	0.0037	0.0026	0.0013	0.0007	0.0002	0.0001	*	*
45	0.0061	0.0027	0.0019	0.0013	0.0006	0.0003	0.0001	*	*	*
50	0.0035	0.0014	0.0009	0.0006	0.0003	0.0001	*	*	*	*
55	0.0020	0.0007	0.0005	0.0003	0.0001	*	*	*	*	*

附表三　年金终值系数表

期数	1%	2%	3%	4%	5%	6%	7%	8%	9%	10%
1	1.0000	1.0000	1.0000	1.0000	1.0000	1.0000	1.0000	1.0000	1.0000	1.0000
2	2.0100	2.0200	2.0300	2.0400	2.0500	2.0600	2.0700	2.0800	2.0900	2.1000
3	3.0301	3.0604	3.0909	3.1216	3.1525	3.1836	3.2149	3.2464	3.2781	3.3100
4	4.0604	4.1216	4.1836	4.2465	4.3101	4.3746	4.4399	4.5061	4.5731	4.6410
5	5.1010	5.2040	5.3091	5.4163	5.5256	5.6371	5.7507	5.8666	5.9847	6.1051
6	6.1520	6.3081	6.4684	6.6330	6.8019	6.9753	7.1533	7.3359	7.5233	7.7156
7	7.2135	7.4343	7.6625	7.8983	8.1420	8.3938	8.6540	8.9228	9.2004	9.4872
8	8.2857	8.5830	8.8923	9.2142	9.5491	9.8975	10.260	10.637	11.029	11.436
9	9.3685	9.7546	10.159	10.583	11.027	11.491	11.978	12.488	13.021	13.580
10	10.462	10.950	11.464	12.006	12.578	13.181	13.816	14.487	15.193	15.937
11	11.567	12.169	12.808	13.486	14.207	14.972	15.784	16.646	17.560	18.531
12	12.683	13.412	14.192	15.026	15.917	16.870	17.889	18.977	20.141	21.384
13	13.809	14.680	15.618	16.627	17.713	18.882	20.141	21.495	22.953	24.523
14	14.947	15.974	17.086	18.292	19.599	21.015	22.551	24.215	26.019	27.975
15	16.097	17.293	18.599	20.024	21.579	23.276	25.129	27.152	29.361	31.773
16	17.258	18.639	20.157	21.825	23.658	25.673	27.888	30.324	33.003	35.950
17	18.430	20.012	21.762	23.698	25.840	28.213	30.840	33.750	36.974	40.545
18	19.615	21.412	23.414	25.645	28.132	30.906	33.999	37.450	41.301	45.599
19	20.811	22.841	25.117	27.671	30.539	33.760	37.379	41.446	46.019	51.159
20	22.019	24.297	26.870	29.778	33.066	36.786	40.996	45.762	51.160	57.275
21	23.239	25.783	28.677	31.969	35.719	39.993	44.865	50.423	56.765	64.003
22	24.472	27.299	30.537	34.248	38.505	43.392	49.006	55.457	62.873	71.403
23	25.716	28.845	32.453	36.618	41.431	46.996	53.436	60.893	69.532	79.543
24	26.974	30.422	34.427	39.083	44.502	50.816	58.177	66.765	76.790	88.497
25	28.243	32.030	36.459	41.646	47.727	54.865	63.249	73.106	84.701	98.347
26	29.526	33.671	38.553	44.312	51.114	59.156	68.677	79.954	93.324	109.18
27	30.821	35.344	40.710	47.084	54.669	63.706	74.484	87.351	102.72	121.10
28	32.129	37.051	42.931	49.968	58.403	68.528	80.698	95.339	112.97	134.21
29	33.450	38.792	45.219	52.966	62.323	73.640	87.347	103.97	124.17	148.63
30	34.785	40.568	47.575	56.085	66.439	79.058	94.461	113.28	136.31	164.49
40	48.886	60.402	75.401	95.026	120.80	154.76	199.64	259.06	337.88	442.59
50	64.463	84.579	112.80	152.67	209.35	290.34	406.53	573.77	815.08	1163.9
60	81.670	114.05	163.05	237.99	353.58	533.13	813.52	1253.2	1944.8	3034.8

续附表三

期数	12%	14%	15%	16%	18%	20%	24%	28%	32%	36%
1	1.0000	1.0000	1.0000	1.0000	1.0000	1.0000	1.0000	1.0000	1.0000	1.0000
2	2.1200	2.1400	2.1500	2.1600	2.1800	2.2000	2.2400	2.2800	2.3200	2.3600
3	3.3744	3.4396	3.4725	3.5056	3.5724	3.6400	3.7776	3.9184	4.0624	4.2096
4	4.7793	4.9211	4.9934	5.0665	5.2154	5.3680	5.6842	6.0156	6.3624	6.7251
5	6.3528	6.6101	6.7424	6.8771	7.1542	7.4416	8.0484	8.6999	9.3983	10.146
6	8.1152	8.5355	8.7537	8.9775	9.4420	9.9299	10.980	12.136	13.406	14.799
7	10.089	10.731	11.067	11.414	12.142	12.916	14.615	16.534	18.696	21.126
8	12.300	13.233	13.727	14.240	15.327	16.499	19.123	22.163	25.678	29.732
9	14.776	16.085	16.786	17.519	19.086	20.799	24.713	29.369	34.895	41.435
10	17.549	19.337	20.304	21.322	23.521	25.959	31.643	38.593	47.062	57.352
11	20.655	23.045	24.349	25.733	28.755	32.150	40.238	50.399	63.122	78.998
12	24.133	27.271	29.002	30.850	34.931	39.581	50.895	65.510	84.320	108.44
13	28.029	32.089	34.352	36.786	42.219	48.497	64.110	84.853	112.30	148.48
14	32.393	37.581	40.505	43.672	50.818	59.196	80.496	109.61	149.24	202.93
15	37.280	43.842	47.580	51.660	60.965	72.035	100.82	141.30	198.00	276.98
16	42.753	50.980	55.718	60.925	72.939	87.442	126.01	181.87	262.36	377.69
17	48.884	59.118	65.075	71.673	87.068	105.93	157.25	233.79	347.31	514.66
18	55.750	68.394	75.836	84.141	103.74	128.12	195.99	300.25	459.45	700.94
19	63.440	78.969	88.212	98.603	123.41	154.74	244.03	385.32	607.47	954.28
20	72.052	91.025	102.44	115.38	146.63	186.69	303.60	494.21	802.86	1298.8
21	81.699	104.77	118.81	134.84	174.02	225.03	377.46	633.59	1060.8	1767.4
22	92.503	120.44	137.63	157.42	206.34	271.03	469.06	812.00	1401.2	2404.7
23	104.60	138.30	159.28	183.60	244.49	326.24	582.63	1040.4	1850.6	3271.3
24	118.16	158.66	184.17	213.98	289.49	392.48	723.46	1332.7	2443.8	4450.0
25	133.33	181.87	212.79	249.21	342.60	471.98	898.09	1706.8	3226.8	6053.0
26	150.33	208.33	245.71	290.09	405.27	567.38	1114.6	2185.7	4260.4	8233.1
27	169.37	238.50	283.57	337.50	479.22	681.85	1383.1	2798.7	5624.8	11198
28	190.70	272.89	327.10	392.50	566.48	819.22	1716.1	3583.3	7425.7	15230
29	214.58	312.09	377.17	456.30	669.45	984.07	2129.0	4587.7	9802.9	20714
30	241.33	356.79	434.75	530.31	790.95	1181.9	2640.9	5873.2	12941	28172
40	767.09	1342.0	1779.1	2360.8	4163.2	7343.9	22729	69377	207874	609890
50	2400.0	4994.5	7217.7	10436	21813	45497	195373	819103	*	*
60	7471.6	18535	29220	46058	114190	281733	*	*	*	*

注：* >999 999.99

附表四　年金现值系数表

期数	1%	2%	3%	4%	5%	6%	7%	8%	9%	10%
1	0.9901	0.9804	0.9709	0.9615	0.9524	0.9434	0.9346	0.9259	0.9174	0.9091
2	1.9704	1.9416	1.9135	1.8861	1.8594	1.8334	1.8080	1.7833	1.7591	1.7355
3	2.9410	2.8839	2.8286	2.7751	2.7232	2.6730	2.6243	2.5771	2.5313	2.4869
4	3.9020	3.8077	3.7171	3.6299	3.5460	3.4651	3.3872	3.3121	3.2397	3.1699
5	4.8534	4.7135	4.5797	4.4518	4.3295	4.2124	4.1002	3.9927	3.8897	3.7908
6	5.7955	5.6014	5.4172	5.2421	5.0757	4.9173	4.7665	4.6229	4.4859	4.3553
7	6.7282	6.4720	6.2303	6.0021	5.7864	5.5824	5.3893	5.2064	5.0330	4.8684
8	7.6517	7.3255	7.0197	6.7327	6.4632	6.2098	5.9713	5.7466	5.5348	5.3349
9	8.5660	8.1622	7.7861	7.4353	7.1078	6.8017	6.5152	6.2469	5.9952	5.7590
10	9.4713	8.9826	8.5302	8.1109	7.7217	7.3601	7.0236	6.7101	6.4177	6.1446
11	10.3676	9.7868	9.2526	8.7605	8.3064	7.8869	7.4987	7.1390	6.8052	6.4951
12	11.2551	10.5753	9.9540	9.3851	8.8633	8.3838	7.9427	7.5361	7.1607	6.8137
13	12.1337	11.3484	10.6350	9.9856	9.3936	8.8527	8.3577	7.9038	7.4869	7.1034
14	13.0037	12.1062	11.2961	10.5631	9.8986	9.2950	8.7455	8.2442	7.7862	7.3667
15	13.8651	12.8493	11.9379	11.1184	10.3797	9.7122	9.1079	8.5595	8.0607	7.6061
16	14.7179	13.5777	12.5611	11.6523	10.8378	10.1059	9.4466	8.8514	8.3126	7.8237
17	15.5623	14.2919	13.1661	12.1657	11.2741	10.4773	9.7632	9.1216	8.5436	8.0216
18	16.3983	14.9920	13.7535	12.6593	11.6896	10.8276	10.0591	9.3719	8.7556	8.2014
19	17.2260	15.6785	14.3238	13.1339	12.0853	11.1581	10.3356	9.6036	8.9501	8.3649
20	18.0456	16.3514	14.8775	13.5903	12.4622	11.4699	10.5940	9.8181	9.1285	8.5136
21	18.8570	17.0112	15.4150	14.0292	12.8212	11.7641	10.8355	10.0168	9.2922	8.6487
22	19.6604	17.6580	15.9369	14.4511	13.1630	12.0416	11.0612	10.2007	9.4424	8.7715
23	20.4558	18.2922	16.4436	14.8568	13.4886	12.3034	11.2722	10.3711	9.5802	8.8832
24	21.2434	18.9139	16.9355	15.2470	13.7986	12.5504	11.4693	10.5288	9.7066	8.9847
25	22.0232	19.5235	17.4131	15.6221	14.0939	12.7834	11.6536	10.6748	9.8226	9.0770
26	22.7952	20.1210	17.8768	15.9828	14.3752	13.0032	11.8258	10.8100	9.9290	9.1609
27	23.5596	20.7069	18.3270	16.3296	14.6430	13.2105	11.9867	10.9352	10.0266	9.2372
28	24.3164	21.2813	18.7641	16.6631	14.8981	13.4062	12.1371	11.0511	10.1161	9.3066
29	25.0658	21.8444	19.1885	16.9837	15.1411	13.5907	12.2777	11.1584	10.1983	9.3696
30	25.8077	22.3965	19.6004	17.2920	15.3725	13.7648	12.4090	11.2578	10.2737	9.4269
35	29.4086	24.9986	21.4872	18.6646	16.3742	14.4982	12.9477	11.6546	10.5668	9.6442
40	32.8347	27.3555	23.1148	19.7928	17.1591	15.0463	13.3317	11.9246	10.7574	9.7791
45	36.0945	29.4902	24.5187	20.7200	17.7741	15.4558	13.6055	12.1084	10.8812	9.8628
50	39.1961	31.4236	25.7298	21.4822	18.2559	15.7619	13.8007	12.2335	10.9617	9.9148
55	42.1472	33.1748	26.7744	22.1086	18.6335	15.9905	13.9399	12.3186	11.0140	9.9471

期数	12%	14%	15%	16%	18%	20%	24%	28%	32%	36%
1	0.8929	0.8772	8696	0.8621	0.8475	0.8333	0.8065	0.7813	0.7576	0.7353
2	1.6901	1.6467	0.6257	0.6052	1.5656	0.5278	1.4568	1.3916	1.3315	1.2760
3	2.4018	2.3216	0.2832	0.2459	2.1743	0.1065	1.9813	1.8684	1.7663	1.6735
4	3.0373	2.9137	0.8550	0.7982	2.6901	0.5887	2.4043	2.2410	2.0957	1.9658
5	3.6048	3.4331	0.3522	0.2743	3.1272	0.9906	2.7454	2.5320	2.3452	2.1807
6	4.1114	3.8887	0.7845	0.6847	3.4976	0.3255	3.0205	2.7594	2.5342	2.3388
7	4.5638	4.2883	0.1604	0.0386	3.8115	0.6046	3.2423	2.9370	2.6775	2.4550
8	4.9676	4.6389	0.4873	0.3436	4.0776	0.8372	3.4212	3.0758	2.7860	2.5404
9	5.3282	4.9464	0.7716	0.6065	4.3030	0.0310	3.5655	3.1842	2.8681	2.6033
10	5.6502	5.2161	0.0188	0.8332	4.4941	0.1925	3.6819	3.2689	2.9304	2.6495
11	5.9377	5.4527	0.2337	0.0286	4.6560	0.3271	3.7757	3.3351	2.9776	2.6834
12	6.1944	5.6603	0.4206	0.1971	4.7932	0.4392	3.8514	3.3868	3.0133	2.7084
13	6.4235	5.8424	0.5831	0.3423	4.9095	0.5327	3.9124	3.4272	3.0404	2.7268
14	6.6282	6.0021	0.7245	0.4675	5.0081	0.6106	3.9616	3.4587	3.0609	2.7403
15	6.8109	6.1422	0.8474	0.5755	5.0916	0.6755	4.0013	3.4834	3.0764	2.7502
16	6.9740	6.2651	0.9542	0.6685	5.1624	0.7296	4.0333	3.5026	3.0882	2.7575
17	7.1196	6.3729	0.0472	0.7487	5.2223	0.7746	4.0591	3.5177	3.0971	2.7629
18	7.2497	6.4674	0.1280	0.8178	5.2732	0.8122	4.0799	3.5294	3.1039	2.7668
19	7.3658	6.5504	0.1982	0.8775	5.3162	0.8435	4.0967	3.5386	3.1090	2.7697
20	7.4694	6.6231	0.2593	0.9288	5.3527	0.8696	4.1103	3.5458	3.1129	2.7718
21	7.5620	6.6870	0.3125	0.9731	5.3837	0.8913	4.1212	3.5514	3.1158	2.7734
22	7.6446	6.7429	0.3587	0.0113	5.4099	0.9094	4.1300	3.5558	3.1180	2.7746
23	7.7184	6.7921	0.3988	0.0442	5.4321	0.9245	4.1371	3.5592	3.1197	2.7754
24	7.7843	6.8351	0.4338	0.0726	5.4509	0.9371	4.1428	3.5619	3.1210	2.7760
25	7.8431	6.8729	0.4641	0.0971	5.4669	0.9476	4.1474	3.5640	3.1220	2.7765
26	7.8957	6.9061	0.4906	0.1182	5.4804	0.9563	4.1511	3.5656	3.1227	2.7768
27	7.9426	6.9352	0.5135	0.1364	5.4919	0.9636	4.1542	3.5669	3.1233	2.7771
28	7.9844	6.9607	0.5335	0.1520	5.5016	0.9697	4.1566	3.5679	3.1237	2.7773
29	8.0218	6.9830	0.5509	0.1656	5.5098	0.9747	4.1585	3.5687	3.1240	2.7774
30	8.0552	7.0027	0.5660	0.1772	5.5168	0.9789	4.1601	3.5693	3.1242	2.7775
35	8.1755	7.0700	0.6166	0.2153	5.5386	0.9915	4.1644	3.5708	3.1248	2.7777
40	8.2438	7.1050	0.6418	0.2335	5.5482	0.9966	4.1659	3.5712	3.1250	2.7778
45	8.2825	7.1232	0.6543	0.2421	5.5523	0.9986	4.1664	3.5714	3.1250	2.7778
50	8.3045	7.1327	0.6605	0.2463	5.5541	0.9995	4.1666	3.5714	3.1250	2.7778
55	8.3170	7.1376	0.6636	0.2482	5.5549	0.9998	4.1666	3.5714	3.1250	2.7778

图书在版编目(CIP)数据

初级财务管理/白宁,黄占银主编.—西安:西安
交通大学出版社,2015.4
普通高等教育"十三五"应用型本科系列规划教材
ISBN 978-7-5605-7247-5

Ⅰ.①初…　Ⅱ.①白…②黄…　Ⅲ.①财务管理-
高等学校-教材　Ⅳ.①F275

中国版本图书馆 CIP 数据核字(2015)第 068553 号

书　　名	初级财务管理
主　　编	白　宁　黄占银
副 主 编	孙惠娟　妥晓芬　李瑞瑞
责任编辑	袁　娟

出版发行　西安交通大学出版社
　　　　　　（西安市兴庆南路 10 号　邮政编码 710049）
网　　址　http://www.xjtupress.com
电　　话　(029)82668357　82667874(发行中心)
　　　　　　(029)82668315　82669096(总编办)
传　　真　(029)82668280
印　　刷　陕西丰源印务有限公司

开　　本　787mm×1092mm　1/16　**印张** 18.875　**字数** 460 千字
版次印次　2015 年 9 月第 1 版　　2015 年 9 月第 1 次印刷
书　　号　ISBN 978-7-5605-7247-5/F・514
定　　价　36.80 元

读者购书、书店添货、如发现印装质量问题,请与本社发行中心联系、调换。
订购热线:(029)82665248　(029)82665249
投稿热线:(029)82668133　(029)82665375
读者信箱:xj_rwjg@126.com